高齢者法の
理論と実務

関　ふ佐子〔編著〕

中央経済社

序　文

1　本書の目的

　高齢者をとりまく法的課題を多くの人が認識して久しいものの，これが体系的に整理され，十分に検討されているとは言い難い。それぞれの法分野で検討されてはいるものの，横断的な考察が十分になされているわけでもない。また，高齢者をとりまく法的課題は，高齢者に特化したものも含めて，若・中年者と区別することなく既存の法分野で研究すればよいという考え方も根強い。これに対して，本書の執筆メンバーは，「高齢者法」という視角から検討する意義もあるのではないかという問題意識のもと考察を続け，本書を執筆した。

　高齢者は，医療や介護，意思決定にはじまる各種のニーズをかかえ，これを保障する法制度が求められている。他方で，人生100年時代が謳われ，働いたり社会参加する高齢者が増え，高齢者に適した活躍の場所や環境の開発・整備を支える法制度の構築も求められている。高齢者は多様であり，高齢化が急速に進むなかで，その法的課題は山積みである。本書の執筆メンバーは，それぞれ高齢者をとりまく法的課題についての問題意識や意見は異なるものの，何らかの解決策を見いださねばと集まった各分野の研究者と実務家である。2014年に高齢者法研究会を立ち上げ[1]，ともに積み重ねてきた研究が本書の基盤となった。これまでもその一部を社会保障法学会などで報告してきたが，その研究を，もう一歩進めたものが本書である[2]。

　日本においては，高齢者に特化した法分野である「高齢者法」は，いまだ確立途上の新しい法分野である。本書は，高齢者をとりまく法的課題について研究者と実務家の双方の視点から考察することで，高齢者法という法分野の一端を紐解いていくことを目指している。これにより，高齢者特有の法理論を一歩ずつでも確立していきたい。

---

1)　高齢者法研究会は，高齢者をとりまく法的課題について研究者と実務家がともに研究する場である。研究会の内容や高齢者をめぐる情報は，HP「高齢者法 Japan」参照。

2)　シンポジウム「高齢者法の全体像」，ミニシンポジウム「高齢者の意思決定支援の実務とこれから」日本社会保障法学会第74回大会春季大会（2019年5月25日）など。

2 本書の構成

第1部の総論では，高齢者法の全体像を示すとともに，高齢者の人権を考察するための枠組みについて検討する。第2部の理論編では，研究者が高齢者法の視角から，社会保障法や労働法といった社会法における高齢者をめぐる理論的な課題を中心に掘り下げる。第3部の実務編では，実務家が実務における課題を具体的に検討する。

2.1 第1部 総論

第1章「高齢者法をとりまく状況と理論」（関ふ佐子執筆）は，本書の論考全体を読み進める土台とすべく高齢者法の全体像を概説するとともに，高齢者法の土台となる法理論について検討したものである。第1に，高齢者法の論点のいくつかを例示し，高齢者法が具体的にどのような課題について取り組む法分野なのかを示した。次に，高齢者法の定義や高齢者と年齢との関係など，高齢者法という法分野を論じるうえで前提となる論点を整理した。さらに，高齢者の現状を示すべく，高齢者をめぐる動向を統計などをもとに紹介した。第2に，多次元でとらえるべき高齢者法の性格，障害法との比較，個人とコミュニティの関係などを他国の議論も含めて紹介したうえで，関がとらえる高齢者法の法理論を論じた。そのうえで，高齢者法の意義と到達点を示した。第1章は，本書全体を読み進めるうえでの1つの視角を示すとともに，高齢者をめぐる統計などを各章で繰り返し紹介せずともよいよう，本書全体にかかわる前提知識をまとめて提示することを目指したものである。

第2章「高齢者の人権を考察するための枠組み」（秋元美世執筆）では，高齢者の人権について理論的な考察が行われている。一口に高齢者の人権あるいは権利の問題と言っても，具体的に問題とされる状況は一様ではないものの，あえて大別するならば3つのパターンに分けることができると指摘している。第1は，一般的な自由権・社会権の問題として取り扱われるパターンである。ただし，この場合は高齢者が当事者となっているという点で，形式的には高齢者の権利に違いないのだが，その実質は一般的な権利・利益の問題であり，高齢者固有の権利というわけではない。第2は，一般的な自由権や社会権の延長線上にあって，かつ高齢者の固有の問題として論じられる場合である。個人の市民法上の，あるいは社会法上の権利や利益の問題であるが，高齢者固有の法理

がかかわってくるような場合がこれにあたる。第3は，グループとしての高齢者（あるいはカテゴリーとしての高齢者）の権利・利益の問題である。不特定多数の高齢者が集団として有する権利・利益の問題がこの場合にあたる。第2章では，実質的な意味での高齢者固有の権利の問題である第2・第3の場合に該当するパターンを取り上げて，高齢者の人権や権利を認識し分析していくためにはどのような観点や分析の枠組みが必要となるのかが論じられている。

2.2　第2部　理論編

第3章「高齢者の人間像」（関執筆）では，年齢差別を禁止し，高齢者が他の世代とは異なる保障・保護・配慮を受けうる根拠や範囲を探る前提として，高齢者という主体の特徴を探った。「高齢者の心身の機能」に加えて，「高齢者が直面する社会的な障壁」の検討に資するよう，高齢者の人間像を考察した。第1に，多様化した高齢者の人間像，社会法といった法における人間像，老年学といった他分野や社会保障政策がとらえてきた高齢者の人間像の変遷などについて論じた。第2に，高齢者の特徴を，特徴のリストや障害者の特徴との比較などから検討するとともに，高齢者の「功績」について高齢者の「貢献」との関係などから考察し，人間像を検討する意義を述べた。高齢者の人間像を探ることで，高齢者の尊厳を重んじた生活の保障につなげる糸口としたい。

第4章「高齢者の意思決定に対する法的支援」（西森利樹執筆）では，高齢者の意思決定に対する支援について，障害者権利条約をはじめとした法的規制の状況および従来の議論状況を概観している。高齢者の意思決定支援において課題となりうる制度や主要なガイドラインの検討を通じ，意思決定支援のあり方を考察するとともに，その保障といった今後求められる法的支援の方向性を模索した。また，人間の意思は衣食住などの生活の基本となるものであり，高齢期にどういう状況におかれているのかにかかわらず，その意思と意思決定は尊重され，支援される必要がある。そこで，高齢者の意思決定をめぐる問題は高齢者の特徴をどのようにとらえるのかにかかわりなく生じうるのであり，意思決定に対する支援が課題となるとした。人間の生活の基本である意思決定支援をめぐる課題は，高齢者法において取り扱う必要があるのみならず，高齢者法における根幹的な課題として検討対象になるとともに，各法分野などを横断的に検討することが求められる課題でもあると問題提起した。

第5章「エイジズムの視点からみた高齢者雇用」（柳澤武執筆）では，長期的

な観点から高齢者雇用の法政策について論じるとともに，近年の裁判例についても分析している。まずは，エイジズム一般についての理論展開を確認した上で，エイジズムという視点から，アメリカと日本の高齢者雇用の歴史と法政策を考察した。次に，アメリカ社会における「年齢」規範が，どのように変遷したのかという歴史的背景を探るとともに，エイジズムと法との関係性を描き，連邦法である ADEA（雇用における年齢差別禁止法）の立法に至った背景を探っている。その後，日本に目を転じ，戦後の日本的な雇用慣行の変化に対して，どのような高齢者雇用政策が行われてきたのかを振り返る。また，現代的課題として，日米の職場におけるエイジ・ハラスメントをめぐる訴訟の現状を分析することで，同ハラスメントについて被害者の法的救済も不十分であることを明らかにした。第5章では，これらの分析をふまえ，長期的な高年齢者雇用政策を検討する際の課題として，(1)新規採用時の年齢差別，(2)「休息」の権利の確立，(3)エイジズムの除去，を挙げている。

第6章「高齢者の経済的問題に関する法制度—所得保障と資産管理」（西村淳執筆）では，高齢者の経済的問題に着目して，高齢者法のあり方について論じている。とくに，高齢者特有のニーズに着目した所得保障制度と資産管理支援のあり方について，高齢者特有の消費構造，格差の大きさ，65歳以降の雇用などに着目しつつ，生活保護，公私年金，雇用関連給付，税制，医療介護の自己負担を取り上げて論じている。その際，第6章では，高齢者を一方的に保護されるべき存在として見るのではなく，自立した人格・蓄積をもち，長い人生において社会に参加・貢献できる存在として支援する法体系をつくるべきであるという観点に立っている。所得保障については，これまでの老後の稼働能力低下を前提とした貧困リスク対応としての所得保障から，過去の社会参加に基づく所得保障制度，かつ高齢者の現在と未来の社会参加を支援する所得保障制度への転換を求めている。資産管理については，資産を取り崩して生活するという高齢者家計の特徴を踏まえ，高齢者になるまでの資産形成支援，高齢者になってからの安定的な資産活用の仕組みの必要性，意思決定能力の低下に対応しつつ資産に関する意思決定を支援する仕組みの必要性などを論じている。

第7章「高齢者医療をめぐる法的諸問題—医療における「高齢者」に着目して」（原田啓一郎執筆）では，高齢者法の視角から，高齢者医療をめぐる諸問題を検討している。これらの諸問題は多くの学問領域の対象となっており，様々な要素が複雑に絡み合い，また，倫理的な側面も多分に含まれている。高齢者

法の視角から諸問題をとらえた場合，その議論にいかなる特質を見いだすことができるのかを明らかにすることで，高齢者医療についての高齢者法研究の出発点としている。第7章では，第1に，健康の視点から高齢者の特性を探っている。第2に，高齢者法研究の主要な研究テーマであり，かつ，一定の議論の蓄積がみられる「エイジズム」について，高齢者医療に関連する海外のいくつかの議論を参照することで，高齢者法がいかなる視点から高齢者医療に関心を示してきたのかの一端を明らかにした。第3に，日本の高齢者医療をめぐる問題群を，第2でみたアプローチに照らしてみた場合，いかなる法的課題が浮き彫りになるのかを検討している。そして「おわりに」で，現時点での医療における高齢者法の議論のまとめと今後の課題を提示した。

第8章「高齢者の住まいの選択における情報提供・相談―『住み替え』を支える制度に着目して」（川久保寛執筆）では，施設への入所や介護を理由にした転居における支援に着目して，現在行われている情報提供・相談を確認し，必要な支援について論じている。近年，介護を見越してサ高住などの介護保険外の住居・施設に住み替える高齢者が増えており，情報提供・相談が積極的に行われている。しかし，事業者による情報提供・相談は利益を追求するがゆえに一定の限界があり，必ずしも専門性が高いわけではない。これまで行われてきた医療保険における医療相談や，ケアマネジャーによる支援は専門性が高く，高齢者にとって有益な支援であるが，介護を見越した予防的な住み替えでは機能しにくい現状を問題提起した。そして，高齢者の住まいにかかわる法制度を横断的に検討し，行政に期待される役割とともに必要な支援を検討している。

第9章「中国の高齢者をめぐる法制度―高齢者権益保障法を中心として」（余乾生執筆）では，中国の高齢者をめぐる法制度に関する主要な法規定および学説の整理を通じて，その現状を概観し，学説の限界を検討し，今後の研究の核となる高齢者権益保障法の重要性を指摘している。中国の高齢者をめぐる法制度に関する研究は，それ自体が少なく，整理も十分なされておらず，日本にほとんど紹介されていない。そこで，第9章では，本書で検討されている日本の高齢者法の議論と比較しつつ，日中の異同を確認している。具体的には，高齢者権益保障法を中心とする様々な法律を含む法体系の横断的な性質や，高齢者像として高齢者の特殊性に注目し，グループと個人，弱い存在と強い存在の対比を意識している点が，日本の議論と共通しているとする。他方で，高齢者に対する特別立法である高齢者権益保障法の存在から，中国の議論はより法体

系に注目している点で，日本の議論と異なるとする。さらに，中国の高齢者を
めぐる法制度の具体的な仕組みを明らかにするために，まだ詳細に紹介されて
いない高齢者権益保障法の沿革，条文の構造および特徴を明らかにした。

2.3　第3部　実務編

　第10章「認知症の医療現場における課題」（鈴木ゆめ執筆）では，認知症の専
門医が認知症の判断基準などを説明するとともに，医療現場における認知症に
起因した法的課題について論じた。高齢者をめぐる法的課題について論ずる際
に認知症の影響を避けて通ることはできない。そこで，第1に，「認知症」の
概念とその変遷，認知症の診断基準と評価スケールについて確認した。第2に，
認知機能障害と認知症の違いを確認・分析し，認知症の治療について説明して
いる。最後に，高齢者による事件・事故・裁判の例を整理し（自動車暴走事故，
万引き事件，列車事故，意思能力に関する裁判），臨床医の視点から見た法的
課題を論じている。さらに，高齢者の自動車事故の原因と認知症との関連性，
高齢人口の増加と事故の増加可能性，認知症と交通事故の原因や自動車運転と
の関係などについて分析している。

　第11章「認知症高齢者の意思能力をめぐる司法判断」（川島通世執筆）では，
「認知症」と「意思能力」について論じている。「認知症」は，75歳以上の半数
が罹患している罹患率の高い病気である。その罹患率の高さから，弁護士は相
談者などとしての高齢者と対面するとき，常に「意思能力」に注意を払ってい
る。したがって，高齢者法の現場において，「認知症高齢者の意思能力をめぐ
る問題」は頻出の問題となっていると指摘している。そうしたなか，第11章は，
平成20年から10年間に出された裁判例の検討により，国内の専門医がよく使っ
ている長谷川式認知症スケールの点数と裁判における意思能力の有無の判断が
相関しているとはいえず，公正証書遺言の効力が否定されることもあった点を
明らかにした。今般の民法（債権関係）改正でも意思能力の定義を具体的に条
文に盛り込むことは見送られるなど，問題の解明は進んでおらず，法律家と医
療関係者などによる多角的検討により，認知症の特徴を踏まえた意思能力判断
基準の構築が望まれるとした。

　第12章「福祉現場での高齢者の意思決定支援―ソーシャルワーク実践におけ
る支援のプロセス」（水谷紀子執筆）では，高齢者が生活上必要な意思決定（意
思形成，意思表出，意思実現）をする場面において，社会福祉士として関係機

関と連携しながら継続的にかかわり支援したソーシャルワーク実践事例を紹介している。事例をもとに，高齢者の介護・医療・住まいに関する意思決定支援について論じた。事例に登場する高齢者は，預貯金が少なく，収入は公的年金のみや生活保護であり，親族が不在か疎遠で頼る人がおらず，社会保障制度の利用にも課題がある人たちである。さらに，その生活には，課題解決の手立てとしての制度や事業を利用する支援のみでは対応できない事柄があり，また課題解決後もチーム連携と意思決定支援による継続的な支援が必要である。第12章では，今後増え続ける高齢者が，自己決定を尊重されながら生活を送るためには，意思決定支援が生活上の権利擁護に必要な制度となることを述べている。

第13章「法律相談における高齢者対応」（丸尾はるな執筆）では，弁護士として経験した具体的な事例を交えて，法律相談における高齢者に対する理解と配慮のポイントをまとめている。高齢者に異なる配慮が必要な理由について，長い人生経験により独自の価値観や自尊心を構築していること，個々に加齢に伴う身体的機能の低下があること，生活環境の変化による複雑な心理的変化が生まれていることなどを指摘している。高齢者であることが具体的に法律相談や紛争解決の場面でどのような影響を及ぼすのかを紹介するとともに，丸尾が試行錯誤してきた対処方法を紹介する。高齢者に特化した法律相談の技法をまとめた実務的な内容となっている。

第14章「高齢者の財産承継—高齢者の真意に配慮した法的対応」（田中恒司執筆）では，財産承継をめぐる制度を概観し，財産承継における高齢者の意思とはどのようなものかを検討している。その意思の形成過程に高齢者以外の者がかかわっていることを確認し，問題点を具体的事例を挙げながら指摘した。第1に，財産承継にかかわる遺言，贈与，信託といった制度を概観し，さらに高齢者が財産承継について意思を形成せずに死亡した場合を検討している。第2に，実際に高齢者の考えには，財産承継にかかる法律行為のみならず，その目的，動機，高齢者自身をとりまく環境の調整，推定相続人に対する将来の希望など様々な事象が含まれているとして，財産承継にかかわる真意・動機を反映させる法制度を概観し，その問題を指摘した。また，親族や親族以外の第3者の関与によって，高齢者の意思の確認が困難な状況となった場合の対応についても述べている。第3に，単身高齢者や財産が少ない場合の財産承継などについても事例と問題点を提示している。

第15章「特別養護老人ホームにおけるサービスの質の確保と方法」（本間郁

子執筆）では，高齢者施設で最も歴史があり，介護保険施設でもある特別養護老人ホームにおいて入居者の尊厳を守るという視点から，第3者機関の果たす意義と役割について検討している。日本で初めてサービスの質を認証する評価制度「悠」を創設した公益財団法人理事長の本間が，評価システム全般について論じている。人生100年時代，超高齢者が増え，家族のいない人，家族がいても協力が得られない人が増えていく状況において，特別養護老人ホームの高齢社会に果たす役割は重要になるとする。社会保障制度のなかで，ホームの役割や責務が明確にされ，利用者の尊厳を守るための体制も整えられているものの，制度と現場との乖離が大きく，様々な課題が多く存在すると指摘する。そして，この現状を少しでも改善するために，サービスの質を確保する第3者機関である認証制度の必要性について論じている。

3　本書の射程

　第1章から第3章は，高齢者法の法理論や高齢者の人権・人間像を探るという大局的な視角からアプローチする。他方で，第4章以降の論考では，主に高齢者をとりまく具体的な法的課題を高齢者法の視角から分析する。全体を通して，大局的な視角と具体的な課題からアプローチする視角の双方から検討していく。また，高齢者は多様な人たちで，その課題がとらえづらい点が1つの特徴である。想定する高齢者の人間像は論考によって異なる。本書は何度も互いの原稿を突き合わせる形で執筆を進めたが，それぞれの論考で展開する議論は個々人の見解であり，全体で統一してはいない。

　高齢者法は，高齢者をとりまく法的課題を分野横断的・体系的に整理・検討しようとする法分野ではあるが，本書でもこれは十分できておらず，今後も研究を積み重ねていきたい。本書は，網羅的な検討よりも，掘り下げた課題の検討を目指すものである。高齢者法の視角から高齢者をとりまく法的課題を掘り下げることで，高齢者の尊厳のある生活を保障する法政策につなげたい。

　「高齢者よりも子どもへの保障を充実した方がよいのではないか」といった声もある。高齢者法について誤解を生みやすい点だが，高齢者法は，高齢者を若・中年者よりも優先することを目的とした法分野ではない。それぞれの対象を保障する根拠を探し，その主体に適した法政策を考えるのは，子どもについては子ども法，障害者については障害法といった各法分野の役割であろう[3]。それぞれの法主体特有の保障の内容・程度・方法をよりきめ細やかに検討し，

そのうえで限られた資源を配分することが重要なのである。これにより，各法分野で保障すべき範囲や内容もより明確になろう。

4　謝辞

　本書の執筆に至った研究は，執筆者全員が参加する高齢者法研究会で行い，これが可能となったのは，科学研究費などの助成を得ることができたからである[4]。本書は，当初から集まるメンバーを中心に，合宿なども行いつつ研究してきた成果のいったんである。その後，高齢者法研究会はメンバーも増えており，今後も研究を続け，本書で始めた研究をさらに発展させていきたい。

　本書は，中央経済社の気長なご支援がなければ出版にいたらなかった。高齢者法の本を出版してはというお話をいただいたのは2016年のことである。本の構想段階からお付き合いいただき，ご担当の露本敦さんには，本書を温かく見守っていただいた。人生100年時代の多様な子どもからシニアの姿を描いた表紙と裏表紙の絵は，片桐三晴画伯に描いていただいた。片桐さんは，イメージを共有すべく何度もお願いした描き直し作業にも快くお付き合いくださった。

　本書は，各研究会や学会のみなさま，研究室・研究会のアシスタントのみなさま，学生，そして何より家族といった様々な方々に支えられて出来上がった。とりわけ，なかなか出版できない本書の内容について，何度も議論し何度も書き直してくださった執筆者のみなさまには頭があがらない。

　これらのみなさまに深く感謝したい。

関　ふ佐子

---

3)　子ども，障害者といった対象集団ごとに必要な保障内容を模索する代表的な研究として，齋藤宙治『子どもと法──子どもと大人の境界線をめぐる法社会学』（東京大学出版会，2022），大村敦志＝横田光平ほか『子ども法』（有斐閣，2015），菊池馨実＝中川純ほか編著『障害法〔第2版〕』（成文堂，2021），河野正輝『障害法の基礎理論──新たな法理念への転換と構想』（法律文化社，2020）。障害者法学の設立可能性を探るものとして，新田秀樹「日本における障害者法学の成立可能性──障害者基本法を素材とした試論」大原社会問題研究所雑誌 No.640（2012）33頁参照。

4)　日本学術振興会科学研究費補助金21H00665・基盤研究(B)2021〜2024年度「高齢者の障壁と法──実務と研究から探る高齢者法の展開」研究代表者：関ふ佐子，同学術研究助成基金助成金20KK0022・国際共同研究加速基金（国際共同研究強化(B)）2020〜2024年度「パンデミック下での高齢者の保護と年齢差別」研究代表者：関ふ佐子，同科学研究費15KT0002・基盤研究(B)特設分野研究2015〜2018年度「高齢者法の確立に向けて──学際的研究による高齢者特有の法的課題の究明」研究代表者：関ふ佐子，三菱UFJ信託奨学財団研究助成「高齢者の経済的課題を支える保護と意思決定支援①②③」（2020・2021・2023年度）。

目　　次

序　　文　1

第1部　総　　論

第1章　高齢者法をとりまく状況と理論
〔関　ふ佐子〕――――――――――――――――――――――― 2

Ⅰ　高齢者法概説　2
　　1　高齢者法の論点　2　　2　「高齢者法」の前提　10
　　3　高齢者をめぐる動向　13
Ⅱ　高齢者法の法理論　18
　　1　多次元でとらえる高齢者法　18　　2　障害法との比較　21
　　3　個人とコミュニティ　23　　4　法理念をめぐる議論　26
　　5　高齢者法の意義と到達点　29

第2章　高齢者の人権を考察するための枠組み
〔秋元　美世〕――――――――――――――――――――――― 31

はじめに　31
Ⅰ　高齢者の人権の分析枠組み　32
　　1　目的とのかかわりについて　33　　2　対象とのかかわりについて　35
Ⅱ　高齢者の権利の類型化　36
Ⅲ　バルネラビリティとオートノミーのかかわり方をめぐって　40
Ⅳ　個別具体的な対象者と不特定多数の対象者
　　―対象となる高齢者像の違いと関係性について　42

第2部　理論編

第3章　高齢者の人間像

〔関　ふ佐子〕 ———————————————————— 50

Ⅰ　高齢者の障壁と人間像　50

   1　はじめに　50　　2　多様化した高齢者の人間像　53

   3　法における人間像　54　　4　高齢者の人間像の変遷　57

Ⅱ　高齢者の特徴　64

   1　高齢者の特徴の全体像　64　　2　功績という概念を用いる意義　73

   3　人間像の検討とは　80

おわりに　82

第4章　高齢者の意思決定に対する法的支援

〔西森　利樹〕 ———————————————————— 84

Ⅰ　高齢者法における意思決定と支援　84

Ⅱ　障害者権利条約と意思決定支援　85

   1　障害者権利条約　85　　2　一般的意見1号　86

Ⅲ　日本国内における意思決定支援をめぐる状況　87

   1　意思決定支援に関する現行規定　87

   2　意思決定支援に関する先行研究　87

   3　障害者施策と意思決定支援　89　　4　高齢者施策と意思決定支援　90

   5　資力が不十分な高齢者の意思決定支援　94

   6　終末期と意思決定支援　96

Ⅳ　意思決定支援に関するガイドライン　98

   1　障害者福祉サービス等の提供に係る意思決定支援ガイドライン　98

   2　認知症の人の日常生活・社会生活における意思決定支援ガイドライン　100

   3　人生の最終段階における医療・ケアの決定プロセスに関する
　　　ガイドライン　103

   4　身寄りがない人の入院及び医療に係る意思決定が困難な人への
　　　支援に関するガイドライン　105

5　高齢者ケアの意思決定プロセスに関するガイドライン
　　　─人工的水分・栄養補給の導入を中心として　106
　6　意思決定支援を踏まえた成年後見人等の事務に関するガイドライン　107
　7　意思決定支援を踏まえた後見事務のガイドライン　109
　8　考　　察　112
Ⅴ　今後求められる法的支援の方向性─意思決定支援の保障　117
　1　意思決定支援の法的構成　117　　2　意思決定支援の保障　120
Ⅵ　意思決定支援と高齢者法の意義　121

第5章　エイジズムの視点からみた高齢者雇用

〔柳澤　武〕 ──────────────── 123

はじめに　123
Ⅰ　エイジズムの定義と変容　125
　1　バトラーによる発掘（1969年）　125
　2　パルモアが示した両面性（1999年）　126
　3　法律学者によるエイジズムの要因分析（2016年）　127
Ⅱ　アメリカ社会とエイジズム　128
　1　尊敬される高齢者　128　　2　エイジズムの広がり　129
　3　否定的エイジズムへの転換　130　　4　強制的な退職制度の広がり　131
　5　差別禁止法への結実　132　　6　ADEAの概要　134
　7　現在の課題　134
Ⅲ　日本型雇用システムと年齢　136
　1　日本社会とエイジズム　136
　2　日本型定年制度としての復活　137
　3　高齢者雇用率制度の失敗　137　　4　定年制度を基軸とする法政策へ　138
　5　現在の高年齢者雇用法制　139　　6　現行法下の法的紛争　140
Ⅳ　現代的な法課題─エイジ・ハラスメント　142
　1　エイジ・ハラスメントの看過　142
　2　アメリカのエイジ・ハラスメントにかかわる裁判例　142
　3　日本のエイジ・ハラスメント裁判　144
Ⅴ　今後の課題　147
　1　新規採用に及ぼす効果　147
　2　雇用における肯定的エイジズム─「休息」の権利　147

3　職場のエイジズムが与える悪影響　148

第6章　高齢者の経済的問題に関する法制度
―所得保障と資産管理〔西村　淳〕――――――――――― 149

Ⅰ　高齢者法と高齢者の経済的問題　149
　　1　本章のねらい　149　　　2　高齢者のとらえ方と高齢者法の理念　149
　　3　高齢者の経済的生活実態と課題　154
Ⅱ　各分野の現状と課題　155
　　1　公的年金　155　　　　2　企業年金と退職金　156
　　3　雇用と所得保障　157　　4　金融資産の管理　159
　　5　貧困と生活保護　163　　6　医療・介護の自己負担　165
Ⅲ　高齢者特有の経済的ニーズに対応した高齢者法の検討　166
　　1　社会参加と自己決定の支援　166
　　2　長い準備期間における老後準備の支援　168
　　3　高齢者の貧困と医療・介護ニーズへの対応　169
おわりに　171

第7章　高齢者医療をめぐる法的諸問題
―医療における「高齢者」に着目して〔原田　啓一郎〕――――――― 172

はじめに　172
Ⅰ　高齢者の特性と高齢者医療　173
　　1　健康の視点からみた高齢者の特性　173
　　2　高齢者医療を考える視点　175
Ⅱ　高齢者医療をめぐる高齢者法の問題関心　176
　　1　高齢者と医療におけるエイジズム　176
　　2　医療におけるエイジズムに対する法的アプローチの可能性　177
　　3　小　括　178
Ⅲ　高齢者法の視点からみる高齢者医療の法的諸問題　179
　　1　医療における高齢者と家族　179
　　2　人生の最終段階における医療と高齢者　181
　　3　高齢者入居施設における医療　184

4　後期高齢者医療制度と高齢者医療　187　　5　小　　括　192

おわりに　193

第8章　高齢者の住まいの選択における情報提供・相談
―「住み替え」を支える制度に着目して〔川久保　寛〕――――――― 194

はじめに　194

　　1　高齢者の住まいと住み続ける難しさ　194

　　2　「住み替え」と本章の構成　196

　　3　「住み替え」の実際と本章の検討対象　197　　4　具体的な検討対象　199

Ⅰ　介護保険にかかわる支援　199

　　1　介護保険における在宅介護と家族介護　200

　　2　施設介護とその変化　200

　　3　民間事業者・社会福祉法人による情報提供・相談　202

　　4　行政による情報提供・相談とその変化　203

　　5　介護保険における支援と「住み替え」　206

Ⅱ　医療サービスの提供に付随する支援　207

　　1　近年の医療政策と医療機関の変化　207　　2　退院時の施設入所　208

　　3　医療相談と高齢者　209　　4　医療における支援と「住み替え」　210

Ⅲ　保険外施設介護サービスにおける支援　211

　　1　有料老人ホームとサ高住　211　　2　高齢者向け住宅政策と公営住宅　212

　　3　介護を見越した予防的転居と支援　213

　　4　保険外施設介護サービスにおける支援と「住み替え」　214

Ⅳ　高齢者の「住み替え」と支援　215

　　1　医療・介護における支援と専門性　215

　　2　医療・介護における支援と「住み替え」　216

　　3　保険外施設介護サービスの広まりと高齢者の支援　217

　　4　行政への期待と支援の限界　218

おわりに　219

第9章　中国の高齢者をめぐる法制度
―高齢者権益保障法を中心として〔余　乾生〕――――――――― 220

はじめに　220

Ⅰ　中国の高齢者をめぐる法制度の全体像　221

　1　高齢者をめぐる主要な法規定　221

　2　高齢者をめぐる法制度のとらえ方　223

Ⅱ　高齢者権益保障法の枠組み　228

　1　沿革と条文の構造　229　　2　高権法の特徴　235

おわりに　238

第3部　実務編

第10章　認知症の医療現場における課題

〔鈴木　ゆめ〕 ———————————————————————— 242

Ⅰ　「認知症」をめぐる用語　242

　1　用語の概念と変遷　242　　2　認知症の診断基準と評価スケール　245

Ⅱ　認知機能障害と認知症　247

　1　認知機能障害　247　　2　真の「認知症」　249

　3　認知症の治療　251

Ⅲ　事件・事故・裁判と認知症―医師から見た法的課題　253

　1　高齢者による事件・事故・裁判の例　253

　2　臨床医から見た高齢者による事故　255

おわりに―認知症の今後　259

第11章　認知症高齢者の意思能力をめぐる司法判断

〔川島　通世〕 ———————————————————————— 261

はじめに　261

Ⅰ　認知症高齢者の意思能力をめぐる事件の増加　262

　1　認知症とはどのような病気か　262　　2　「意思能力」の定義　263

　3　認知症高齢者の意思能力をめぐる事件の増加と特徴　265

Ⅱ　裁判例の検討　266

1　検討の対象　266　　　2　検討の内容　267

Ⅲ　裁判例の検討からみられる課題　273
　　1　「意思能力」とその近接概念の定義に関する課題　273
　　2　判断構造の各要素における課題　275

Ⅳ　課題克服の方策　279
　　1　認知症の特徴をふまえた意思能力判断基準の構築　279
　　2　紛争予防策　280

おわりに　281

第12章　福祉現場での高齢者の意思決定支援
―ソーシャルワーク実践における支援のプロセス〔水谷　紀子〕―――― 283

はじめに　283

Ⅰ　生活費管理と介護保険制度利用の支援事例　285
　　1　法テラス相談・介護サービス利用契約　285
　　2　日常生活自立支援事業利用・生活保護受給申請　288
　　3　生活保護受給申請・介護サービス利用契約・孤立　289

Ⅱ　医療や看取りに関する判断の支援事例　291
　　1　受診および服薬支援　292　　　2　治療方針の意思決定　294
　　3　治療方針の共同意思決定と死後事務　296

Ⅲ　「生き方」「暮らし方」の意思実現の支援事例　297
　　1　住まいの選択と住み替え　297
　　2　施設の住み替えと趣味活動の実現　300
　　3　看取りと葬送・納骨の希望の実現　302

Ⅳ　高齢者の生活と意思決定のソーシャルワーク　304

おわりに　306

第13章　法律相談における高齢者対応
〔丸尾　はるな〕――――――――――――――――――― 308

Ⅰ　高齢者からの法律相談　308
　　1　高齢者の特徴と法律相談における工夫の必要性　308
　　2　高齢者と法律相談の類型　310

viii

II　高齢者に対する各種の理解と配慮　318

　1　高齢者の「長い人生体験」　318　　2　身体的な機能の低下　320

　3　理解力・記憶力の低下　324　　4　高齢者の心理の変化・生活状態　326

　5　高齢者の寿命　330

おわりに　330

第14章　高齢者の財産承継
—高齢者の真意に配慮した法的対応〔田中　恒司〕———————— 332

I　高齢者の財産承継　332

　1　「承継」に関する高齢者の真意　332　　2　財産承継の制度概要　333

II　財産承継の意思および真意の内容と決定過程　335

　1　意思および真意の内容並びに既制度における対処　335

　2　財産承継についての高齢者の意思の明確性　338

　3　承継の意思の決まり方—真意・動機の形成過程と第三者の関与　340

　4　専門家の関与の必要性　343

III　事業承継と高齢者　344

　1　同族会社の事業承継　344

　2　事業承継の意思決定に関する高齢者の真意と社会的要請　348

IV　単身高齢者の財産承継　349

　1　承継させるものがいない場合　349　　2　財産が少ない場合　350

第15章　特別養護老人ホームにおける
　　　　サービスの質の確保と方法
〔本間　郁子〕———————————————————————— 351

はじめに　351

I　サービスの質の評価に関する法規定と現状　352

　1　サービスの質の評価に関する法規定　352　　2　特養ホームの現状　354

II　質を確保する3つの強化体制における現状　355

　1　監　査　355　　2　介護サービス情報の公表　356

　3　福祉サービス第三者評価事業　357

III　認証「悠」の評価システム　363

1　「悠」の概要と意義　363　　　2　認証の方法　364

　　3　評価者養成　366　　　4　福祉サービス第三者評価と認証「悠」の評価　366

Ⅳ　第三者評価や認証「悠」に期待される社会的役割　367

　　1　5つの社会的役割　367

　　2　サービスの質の確保に欠かせない施設評価　369

おわりに　370

索引　373

第1部

総　　論

2　第1部　総　　論

第1章

高齢者法をとりまく状況と理論

関ふ佐子

I　高齢者法概説

1　高齢者法の論点

1.1　高齢者をとりまく様々な法制度

　人生の晩年，とりわけ，終盤の尊厳をもった生活は，多くの人びとが望む将来であろう。高齢期に侘しい思いをせずにすむ人生は，より若い世代にとっても希望のある人生となろう。とはいえ，超高齢社会には多くの課題があり，高齢期をどのように過ごせるのか，不安は大きい。

　高齢者は，高齢であることにより差別されるおそれがあるため，差別を禁止し，差別が生じないよう配慮を求める法制度が必要となろう。しかし，何が年齢差別にあたるのかを見極めるのは難しい。一定年齢になると退職せねばならない定年制は年齢差別にあたるのだろうか（例えば，高年齢者等の雇用の安定等に関する法律8条）。また，高齢運転者による事故は大きな課題ではある。しかし，若年運転者の事故率も高いのにもかかわらず[1]，運転免許証の更新において，70歳以上になると原則として一律に高齢者講習の受講が義務付けられ（道路交通法101条の4第1項），75歳以上になるとさらに認知機能検査（同条2項）が義務付けられているのは，年齢差別にあたるのだろうか[2]。

---

1)　原付以上運転者の10万人あたりの死亡事故件数をみると，2023年は85歳以上が9.75人と最も多く，次いで16〜19歳が7.57人となっている。他方で，高齢者講習の受講が義務付けられる70歳以上は4.18人（70〜74歳は2.92人），認知機能検査が義務付けられる75歳以上は5.26人（75〜79歳は4.19人）であり，16〜19歳と比べて死亡事故件数は少ない。警察庁交通局「令和5年中の交通死亡事故の発生状況及び道路交通法違反取締り状況等について（令和6年3月7日）」22頁，表3－1－1「原付以上運転者（第1当事者）の年齢層別免許保有者10万人当たり死亡事故件数の推移」（各年12月末）参照。

他方で，高齢者は，そのニーズから保障・保護・配慮の対象となっている[3]。貧困といった一般的なニーズに加えて，高齢になると高まるニーズ，高齢者特有のニーズから保障・保護・配慮の対象となっているのである。例えば，認知症による意思能力の低下といった高齢になると高まるニーズに備え，その意思決定を支援する法制度が用意されている。さらに，高齢者は，そのニーズの有無や程度にかかわらず，他の世代とは異なる特別な保障の対象となる場合があると考えられる。例えば，若・中年者は貧困というニーズがあると，その医療費は生活保護で賄われうる。これに対して，75歳以上の高齢者は，後期高齢者医療制度の存在により，裕福であったとしても，その医療費の多くが若・中年世代により保障されている。この点，高齢者になると高まるニーズや高齢者特有のニーズの内容および保障・保護・配慮の根拠や範囲は十分に明確になっていない。また，高齢者が他の世代とは異なる特別な保障の対象となる根拠や範囲は，さらに不明瞭である。

　高齢者をめぐっては，状況によって「年齢による差別禁止」と「保障・保護・配慮の必要性」や「特別な保障」とが相克しており，その関係も探る必要がある。しかし，高齢者にかかわる法制度を支える法理論は確立しているとはいえない。この点，「高齢者法（Elder Law）」は，こうした超高齢社会の法的課題にどう向き合っていくのか，その基軸となる法理念も含めて模索する法分野である[4]。高齢者をとりまく法制度については様々な法的課題がある。1.2から1.4では，高齢者法の論点のいくつかを例示し，高齢者法が具体的にどのような課題について取り組む法分野なのかということを示していく。

---

2)　高齢者の自動車運転に伴うリスクについて，医学の観点から論じたものとして，本書10章Ⅲの2「臨床医から見た高齢者による事故」参照。

3)　ニード（英語の複数形：ニーズ）とは，「『ある種の状態が，ある種の目標や一定の基準からみて乖離の状態にある』ものを仮に依存的状態（dependency）あるいは広義のニードと呼び，この依存的状態の『回復，改善等を行う必要があると社会的に認められたもの』を要救護性あるいは狭義のニードと呼ぶ」と説明されている。三浦文夫『＜増補改訂＞社会福祉政策研究』（全国社会福祉協議会，2000）60〜61頁。

　「保障」「保護」「配慮」という言葉を，本章および第3章では，第1章のⅡ4「法理念をめぐる議論」における考察との関係で，次の意味で使用する。「保障・保護」は，ニーズに基づく保障および保護を指す。これとは別に，功績などに基づく保障を「特別な保障」と呼ぶ。「配慮」という言葉は，差別や社会的障壁を取り除くための配慮，時として合理的配慮を念頭に使用する。

4 第1部 総 論

1.2 年齢差別

　年齢差別は，人種差別や男女差別といった他の差別以上に，差別の存在が認識されづらく，何が差別となるのかが論点となっている。高齢者法の視角から，他の差別とは区別して論じる意義がある差別である。

　長澤運輸事件では，バラセメントタンク車の乗務員が会社を定年退職した後に同じ会社に有期労働契約で再雇用され，同じ仕事を続けた際に賃金が定年退職前より2割前後減額された点の是非が争われた[5]。最高裁は，精勤手当および超勤手当（時間外手当）を除いた，各賃金項目に係る嘱託乗務員と正社員との労働条件の相違は，当時の労働契約法20条にいう不合理とは認められないと判断した。学説は見解が分かれているが，定年退職後の高齢者雇用における労働条件の相違の不合理性の検討にあたっては，高齢者をめぐる様々な事情が考慮されているととらえられている。事業主は，継続雇用制度の導入といった高年齢者雇用確保措置を講じなければならない（高年齢者雇用安定法9条1項）。そして，若年層を含めた労働者全体の安定的雇用を実現し，年齢とともに賃金が上がる年功序列型賃金制度といった賃金体系全体を踏まえて高齢者の処遇を検討せねばならない。高齢者の再雇用時の賃金減額の是非をめぐっては，高齢者が受給しうる高年齢雇用継続給付（雇用保険法61条以下）や老齢年金給付（国

---

4) 日本の「高齢者法」については次の論考などがある。西希代子「高齢者法の意義と可能性」，「高齢者の財産管理・承継（上）」，「高齢者の財産管理・承継（下）」，「『高齢者法』の試み」から「高齢者法」へ―研究と教育の交錯」梶村太市編著『家事事件研究アラカルト2―高齢者法を中心として』（恒春閣，2024）3～110頁，関ふ佐子「高齢者法の課題」伊川正樹＝関ふ佐子ほか「高齢社会における法・政策上の課題」（名城大学法学部創立70周年記念シンポジウム）名城法学71巻2号（2021）1～63頁，日本社会保障法学会編『高齢者法の理論と実務／生活困窮者自立支援の法的仕組み（社会保障法第35号）』（法律文化社，2019），樋口範雄＝関ふ佐子編著『シリーズ超高齢社会のデザイン：高齢者法―長寿社会の法の基礎』（東京大学出版会，2019），山口浩一郎＝小島晴洋『高齢者法』（有斐閣，2002），清野幾久子「特集　高齢社会と高齢者法学：高齢者法学と高齢者人権―高齢者法学序論として」法律時報70巻4号（1998）58～63頁，升田純「高齢者等をめぐる法律問題の概要と高齢者法の体系化―連載に当たって」判例タイムズ48巻1号（1997）49～56頁。
　　本章の検討は次の拙稿を展開させたものである。紙幅の関係から本章で取り上げなかった点もあり，あわせて参照されたい。高齢者法の総論について，関ふ佐子「第1章高齢者法の意義」樋口＝関・前掲書（本注）1～25頁（以下，「高齢者法の意義」とする。）。社会法の視角からみた高齢者法について，関ふ佐子「高齢者法の全体像」日本社会保障法学会・前掲書（本注）5～19頁。
5) 長澤運輸事件・最二小判平30・6・1民集72巻2号202頁。長澤運輸事件や年齢差別をめぐる各種の判例について，詳しくは，柳澤・本書第5章Ⅲ6「現行法下の法的紛争」を参照されたい。

民年金法26条，厚生年金保険法42条など）の意義，定年制や終身雇用制と定年後の雇用との関係，非正規雇用と高齢者雇用の異同など，様々な高齢者特有の事情や論点が考慮されているといえよう。この点，世界的には，こうした課題は合理性の問題ではなく，主として年齢差別の問題として検討されている。高齢者に限って賃金の減額や労働条件の不利益な変更を許容する法制度が，高齢者に対する差別，すなわち，年齢差別にあたらないかが問われることになる。

　高齢者の失業保険の内容が他の世代のそれとは異なる点も[6]，年齢差別が問われかねない。1984年の雇用保険法の改正で，雇用保険の被保険者に年齢要件が設けられ，65歳以上で新たに雇用された人たちは，雇用保険への新規加入ができなくなった（改正前の雇用保険法6条1号）。さらに，65歳以降継続雇用されている人たちは，給付が他の世代の人たちとは異なる別の枠組みとなった（同37条の2〜6）。この改正は，高齢になると定年退職などにより概ね引退するという，当時の労働市場の状況が影響している可能性がある[7]。失業保険についての1984年の雇用保険法の改正では，高齢者を定年退職後も再就職を繰り返しうる人たちととらえなかったのではないか。すなわち，再就職の後に失業し，再度再就職する可能性のある人たちととらえなかったために，雇用保険に新規加入できる形としなかったのではないか。2016年の同法の改正では，65歳以上で新たに雇用された人たちも雇用保険の適用対象となった。しかし，この改正後も，65歳以上の人たちには失業給付の基本手当は支給されず，高年齢求職者給付金が支給されることとなった（雇用保険法37条の2）。65歳未満の人たちを対象とする失業給付の基本手当では，90日から360日分の基本手当日額が28日分ずつ支給される。これに対して，65歳以上の人たちを対象とする高年齢求職者給付金では，50日分または30日分の一時金が，一括して1回限り支給されるのみである（雇用保険法37条の4）。こうした，他の世代に用意された失業保険の内容とは異なる高齢者についての定めをおく雇用保険制度は，高齢者にとっては年齢差別にあたるのだろうか。1.3で検討する，高齢者が特別な保障の対象となっている点との関係も検討せねばならない。

　新型コロナウイルス感染症の感染拡大は，高齢者・障害者・貧困者といった

---

6)　嶋田佳広「引退過程と雇用保険」日本社会保障法学会編『子ども支援／遺族年金／引退と所得保障（社会保障法第32号）』（法律文化社，2017）203〜205頁参照。

7)　濱口桂一郎「高齢者雇用施策を考える―第3回　雇用保険制度と年齢」エルダー38巻7号（2016）46〜47頁，加藤孝『改正雇用保険の理論』（財形福祉協会，1985）181，242，297頁参照。

バルネラブル（脆弱）[8] な人たちを苦境に立たせた。高齢者は新型コロナウイルス感染症による症状の重症化や死亡というリスクと[9]，感染症対策へのニーズをかかえているのみではない。病院が介護を必要とする高齢者を受け入れる余裕がなく，感染したにもかかわらず高齢者施設から病院に移れず施設で死亡した高齢者もいたことが明らかとなった[10]。感染を危惧し休業する事業者が出たことも含めて，高齢者施設や訪問介護といった在宅でのケアに携わる人手が手薄になり，適切なケアを受けられず要介護度が上昇するリスクや死亡するリスクも高まった。さらに，海外では，人工呼吸器といった医療機器や薬剤などの医療資源に限りがある場合に，感染症患者の基礎疾患のみならず，その年齢が医療資源を使用する優先順位を決める指標となった[11]。命の選択をしてよいのか，患者の年齢を治療の費用対効果を計る指標の1つとしてよいのかといった従来からある問いについて，現実のものとして回答を迫られた。

　80代の人たちと比べて余命が短いかもしれない50代や60代の人たちもいるなかで，80歳という年齢基準を設けたうえで，その基準を上回る80歳以上の人たちに対する治療が行われない仕組みは年齢差別にあたるのか。そもそも，推測

8）　「弱い」や「脆弱」といった意味以上に特定の側面を示す言葉として使用されている「バルネラビリティ」という言葉については，本章Ⅰの3.2「弱い高齢者像」，秋元・本書第2章Ⅰ1「目的とのかかわりについて」参照。

9）　2023年5月（最終集計値），新型コロナウイルス感染症による日本での死亡者数のうち，60歳以上は96％を占めている。厚生労働省「データからわかる―新型コロナウイルス感染症情報」の「性別・年代別死亡者数（累計）」から筆者が計算。国内の全死者数は74,699人（2023年5月9日）であるが，性別・年代が明らかとなっている（2023年4月25日まで）全年代の死亡者60,915人のなかで，60歳以上は58,306人（96％）である。なお，70歳以上が54,497人（89％），80歳以上が42,466人（70％）と，死者に占めるより高齢の者の割合は高い。高齢者は基礎疾患を多くかかえうる人たちとはいえ，死者に占める割合が高いという状況が長く続く事態に，高齢者に対する法政策が十分に検討されてきたのかという疑問が生じてくる。

10）　公益財団法人Ｕビジョン研究所の調査や各種ニュース報道などが高齢者施設の悲惨な状況を報じた。新型コロナウイルスの高齢者への影響について，全般的に，鈴木静「コロナ禍における医療政策の課題と展望―高齢者に焦点を当てて」法の科学第53号（2022）54～64頁，高齢者施設への影響の実態について，筆者もかかわった神奈川県高齢者福祉施設協議会「感染症のBCP（業務継続計画）の策定にも資する新型コロナウイルス感染症第7波に関する実態調査分析結果報告書」HP高齢者法Japan参照。

11）　Nina A. Kohn, *Nursing Homes, COVID-19, and the Consequences of Regulatory Failure*, GEORGETOWN L. REV., 1-18 (2021), Bridget Sleap et al.eds., *Time for a UN Convention on the Rights of Older Persons : How the COVID-19 Pandemic has Shown the Need to Protect Our Rights in Older Age*, August 2020, United Nations, *Policy Brief: The Impact of COVID-19 on older persons*, May 2020. 日本でも現場では年齢が医療資源を使用する優先順位を決める指標となったという声を聞く。

された余命の長短によって，命の優先順位を定めてよいのだろうか。患者本人が生き延びたいという意思をもっていた場合に，自らの選択ではなく，高齢であるという点が延命治療を含む治療機会を奪う理由となってよいのだろうか。治療の可能性があるのにもかかわらず治療の機会を奪うと，医療従事者にも大きな精神的負担をかけうる。余命を左右しうる基礎疾患の有無などではなく，高齢であること，すなわち，年齢のみを理由に人工呼吸器が装着されなかった新型コロナウイルス感染症の治療は，年齢差別にあたるのではないか。いずれにせよ，人種差別や男女差別と比べて，これまで認識されづらかった年齢差別が存在する可能性を，多くの人が目の当たりにしたのである。新型コロナウイルス感染症の感染拡大は，年齢差別について検討を要する場面を顕在化させた。

　なお，新型コロナウイルス感染症のワクチン接種においては，高齢者への接種が他の世代よりも優先された。これまで述べた年齢差別をめぐる各論点と同様に，年齢差別と次に述べる高齢者の保障・保護・配慮は裏腹の関係になりうる。さらに，人生全体を通してみれば，特定年齢において不利な処遇を受けたとしても他の年齢で有利に処遇されており，年齢差別は生じないという指摘もある[12]。こうした点が年齢差別を他の差別と比べてより難しい論点としている。年齢差別については，第5章の柳澤論文や第7章の原田論文で検討していく。本書では，差別禁止と保障・保護・配慮といった，相反するようにとらえられがちな各種の論点を整理し，様々な観点から検討していく。

1.3　高齢者の保障・保護・配慮と特別な保障

　齢を重ねた「高齢」という点を根拠に，なぜ高齢者は若・中年者とは異なる保障・保護・配慮を受けうるのだろうか。例えば，高齢者は第7章や第10章で取り上げるように医療ニーズが高く，高齢になると高まるニーズ，高齢者特有のニーズもある。そうしたなか，前述した75歳以上の人が主として加入する後期高齢者医療制度は，窓口での自己負担を除き，その財源の約4割は他の世代が加入する医療保険制度からの後期高齢者支援金で賄われ，約5割は公費（税金），残りの1割のみが後期高齢者の保険料で賄われており，他の世代がこの制度を支えているといってよい。75歳以上の被保険者は，貧困といったニーズ

---

12)　ライフコースを通じた平等との関係の議論も含めて，年齢差別をめぐる詳細な研究として，Alexander A. Boni-Saenz, *Age, Time, and Discrimination,* 53 GEORGIA L. REV. 845-904（2019）.

がなくとも，他の世代が支える仕組みとなっている医療保障，特別な保障を受けることができるのである。

老齢年金制度は，働く世代が支払う保険料を主たる財源としており，働く世代が年金受給者となった高齢者を支えているといってよい。そして，貧困といったニーズがなくとも，一定の年齢に達した必要な受給資格を満たした人は，老齢年金を受給できる。もっとも，厚生年金における在職老齢年金制度では，就労収入が増えると年金が減額される。老齢厚生年金の性格を定年退職や高齢期における失業といった所得喪失のニーズを理由に支給する「退職年金」ととらえるのか，一定年齢に達したこと，すなわち老齢を理由に支給する「老齢年金」ととらえるのか，その性格をめぐる議論は揺れ動いている[13]。

生活保護法4条1項は，保護の補足性から，資産・能力その他あらゆるものを生活に活用しても最低限度の生活の維持ができないことを受給の要件としており，働く能力のある人たちは基本的に働くことを求められる。しかし，65歳以上の人たちについては，働く能力があっても，生活保護の受給にあたっては働くことを求められない運用がなされている[14]。なぜ，若・中年者と異なり，高齢者は働く能力があっても就労を求められず，生活保護を受給しうるのか。

これらの法制度は，必ずしも高齢者のニーズのみを根拠に高齢者を保障・保護・配慮の対象としてはいない。そして，こうした高齢者を他の世代とは異なる形で特別に保障する法制度は，日本に限らず世界各国に存在する。第9章の余論文で検討する中国には，高齢者をめぐる法制度について総合的に規定する高齢者権益保障法がある。また，公的な保障を抑えようとする傾向があるアメリカでさえ，高齢者は他の世代にはない年金制度や医療保険制度によって支えられている[15]。

もちろん，高齢者のニーズは各種の保障の主たる根拠である。第6章の西村論文が考察するとおり，高齢者特有の経済的ニーズに対応した高齢者法のあり方が問われている。第8章の川久保論文が取り上げた高齢者の住まいの選択に

---

13)　令和2年6月5日に公布された「年金制度の機能強化のための国民年金法等の一部を改正する法律」では，在職老齢年金制度を廃止すべきという声もあるなかで，60歳から64歳を対象とした在職老齢年金制度は見直されたが，65歳以上については見直しが見送られた。在職老齢年金制度をめぐる課題は長らく問われている。例えば，良永彌太郎「老齢年金受給要件の意義―引退要件を中心として」九大法学38号（1979）1〜38頁。

14)　脇野幸太郎「引退過程と生活保護」日本社会保障法学会編『子ども支援／遺族年金／引退と所得保障（社会保障法第32号）』（法律文化社，2017）215〜219頁参照。

おいても，高齢者のニーズに対応した支援が求められている。高齢者を対象とした居住施設におけるサービスの質といったニーズを確保するためには，第15章の本間論文が検討するように，第3者評価や認証を通じた安心と安全の保障も必要となろう。

　高齢者を保障・保護・配慮する法制度の検討に際して，高齢者法の視角が資する例として，人生の最終段階をめぐる論点を挙げておく。人生の最終段階が近づくと，日々の過ごし方，受けたい医療や介護の内容，財産の行方，これらを事前に計画する方法などを考えるニーズが高まっていく。人生のなかでも余命をより身近に感じる高齢者を支える法制度のあり方が問われている。この点，高齢者と若・中年者とでは，それぞれの人生の最終段階の受け止め方，過ごし方は異なりうる。これからの未来を夢見ている若年期，または子育てや仕事などに勤しむ中年期に突然の病気で余命を宣告された場合と，それまでの人生の蓄積の延長線上にあり，様々なことを経験してきた80代90代などの高齢者が人生の終盤を迎えた場合とでは，直面する状況は異なりうる。それぞれの世代の人生の最終段階に適した法制度，高齢者ならではの人生の終盤に適した保障・保護・配慮の検討が必要となろう。人生の最終段階も含めた高齢者医療をめぐる法的課題については，第7章の原田論文で掘り下げていく。

1.4　高齢者特有の横断的な法的課題

　高齢者法には，医療・介護・雇用・契約など様々な局面において横断的に論点となりうる，高齢者特有の横断的な法的課題がある[16]。例えば，高齢者本人とその家族との関係や高齢者本人の意思能力をめぐる論点が様々な局面で課題となっている[17]。実務家は，高齢の依頼者に対応する際に，これらの論点に直面している。①依頼者は誰か（高齢者本人かその家族か），②依頼者が高齢

---

15)　アメリカは，在職老齢年金制度と同様の仕組みである earnings test を廃止し，公的年金制度を「老齢年金」と位置づけた。関ふ佐子「日米の在職老齢年金制度にみる差別禁止と特別な保障」清家篤編著『エイジフリー社会』（社会経済生産性本部，2006）参照。また，あらゆる人に医療ニーズがあるなかで，公的医療保障制度が対象としているのは高齢者・障害者・子どもといった特定の集団および低所得者であり，その他の人は民間の医療保険を購入する形となっており，ニーズのみが保障の根拠とはなっていない。

16)　詳しくは，関・前掲論文「高齢者法の意義」（注4）8～9，22～25頁参照。

17)　LAWRENCE A. FROLIK, ELDER LAW: CASES, MATERIALS, AND PROBLEMS 511-512 (7th ed. 2024). 高齢者の意思能力をめぐる様々な法的課題について，三輪まどか『契約者としての高齢者』（信山社，2019）97頁以下参照。

10　第1部　総　論

者である場合，その高齢者が意思能力を有しているのか否かが問われている。

　依頼者は誰かという①の法的課題については，相談にあたって高齢者の意思より家族などの意思が尊重されかねないといった，高齢者本人とその家族との関係が弁護士実務において鋭く問われている。また，法律の専門家と福祉の専門家とでは，高齢の依頼者やその家族との接し方が異なる点にも留意する必要がある。実務家と依頼者との関係について，より具体的には，第12章の水谷論文や第13章の丸尾論文で検討していく。

　高齢者の意思能力について問う②の法的課題は，意思決定支援や紛争解決をめぐって問われている。高齢者の意思能力は「ある」か「ない」かの二者択一ではなく，局面ごとに異なる能力に適した対応が必要とされる。自律や自己決定を尊重して高齢者の意思決定を支援する必要があり，その方法などは第4章の西森論文で検討していく。第14章の田中論文が検討するとおり，財産承継をめぐっても高齢者の意思を明確化する必要がある。また，意思能力をめぐる裁判上の基準と医学的な基準との相違点などを明らかにしなければならず，これは第10章の鈴木論文や第11章の川島論文で検討していく。

2　「高齢者法」の前提

2.1　「高齢者法」の定義

　高齢者法は，1980年代後半から主にアメリカを中心に発展しつつある法分野である[18]。そこで，第1章と第3章では，アメリカの高齢者法をめぐる議論を参照しつつ，高齢者法の内容や意義を問うていく[19]。

　「高齢者法」の定義は，日本のみならず世界的にも定まっていない。日本で

---

18)　世界やアメリカにおける高齢者法の範囲，高齢者法が法分野として発展してきた経緯などについて，詳しくは，Israel Doron, *25 Years of Elder Law: An Integrative and Historical Account of the Field of Law and Aging,* 21 THEORETICAL INQUIRIES L.187 (2020). 西・前掲論文（注4）6～9頁，樋口範雄「アメリカにおける高齢者法の始まり」片山直也＝北居功ほか編著『池田眞朗先生古希記念論文集―民法と金融法の新時代』（慶應義塾大学出版会，2020），樋口範雄『アメリカ高齢者法』（弘文堂，2019），関ふ佐子「アメリカ高齢者法の沿革」横浜国際経済法学16巻2号（2008）33～53頁参照。

19)　本章や第3章における検討はアメリカで構築されてきた高齢者法をめぐる議論を土台にしており，全般的に，NINA A. KOHN, ELDER LAW: PRACTICE, POLICY, AND PROBLEMS (2nded.2020), REBECCA C. MORGAN ET AL., ELDER LAW IN CONTEXT (2017), FROLIK, *supra* note 17といった，アメリカの高齢者法に関する各種ケースブック（教科書）並びに高齢者法についてコンパクトにまとめたLAWRENCE A. FROLIK & RICHARD L. KAPLAN, ELDER LAW IN A NUTSHELL (6th ed. 2014) を参照している。

初めて「高齢者法」と題する体系書で本分野を世に提起した山口浩一郎と小島晴洋は，2002年に「今の段階では，高齢者法は描写できても定義はできない」と述べている[20]。高齢者を対象とした法制度のまとまりとして，フィールドとしての高齢者法は存在している状況にあるといえよう。アメリカでは，現在，人生の最終段階に焦点をあてた，実務をベースとした高齢者法の定義がある[21]。

　本章は次のとおり定義するが，とりわけ，後半の傍点部分については，さらに議論を深める必要があろう。「高齢者法とは，社会保障法，労働法，民事法，医事法，刑事法といった各領域でそれぞれ取り扱っている高齢者にかかわる法的課題を，体系的・横断的・学際的に取り扱う，高齢者に着目した法分野である。高齢者法は対象を高齢者に特化した法分野であり，高齢者特有の法的課題に焦点をあてることで，高齢者の権利保障を進め，その尊厳の保障を目指している。」

　なお，「高齢者法」とは，そうした名称の法律を指す言葉ではなく，1つの法分野を指す言葉である。

2.2　高齢者法と年齢

　高齢者法は，一定年齢以上の人を指す言葉である「高齢者」を対象とした法分野である。一定年齢以上の人を対象とする法制度の内容を検討し，その法的課題とともにその意義を探っている。とはいえ，年齢による人の区分を必ずしも推奨しておらず，エイジフリーを目指す社会においても存在意義のある法分野である。

　「高齢者」は，一般的に65歳以上の人と年齢によって定義されているが，日本老年学会などは2017年に高齢者の年齢を75歳以上へと見直すことを提言した[22]。この点，それぞれの法律では，その趣旨・目的に沿って対象者の年齢

---

20)　山口＝小島・前掲書（注4）1頁。本書の法制度の整理は，高齢者をめぐる法的課題の理解に資する。関・前掲論文「高齢者法の意義」（注4）4頁参照。

21)　KOHN, *supra* note 19, at 1. 詳しい訳などは，関・前掲論文「高齢者法の意義」（注4）3頁参照。Kohn の定義への疑問と，それへの返答について，Nina A. Kohn, *A Framework for Theoretical Inquiry into Law and Aging,* 21 THEORETICAL INQUIRIES L.196-201（2020）.

22)　日本老年学会・日本老年医学会「高齢者の定義と区分に関する，日本老年学会・日本老年医学会　高齢者に関する定義検討ワーキンググループからの提言」（2017年1月6日），日本老年学会・日本老年医学会『高齢者に関する定義検討ワーキンググループ報告書』（2017年3月31日）8頁。

12 第1部 総 論

を定め，何歳を「高齢者」とするのかを個別に定めている[23]。さらに，Boni-Saenz は，そもそも年齢には「暦年齢」「生物学的年齢」「主観年齢」があるとして，法制度で利用する年齢のあり方について問題提起する[24]。高齢者法では，何歳という具体的な年齢以上に，ある一定の年齢を境に，それ以上の人を高齢者として区分することの意義を考察することが重要になる。また，本書で「高齢者」と記述する場合は，一般的に65歳以上の人を指すが，本書の執筆者が一律に高齢者を65歳以上の人であると考えているわけではなく，必要に応じて何歳の人を指すのかを各章で示していく。

2.3 高齢者と法をめぐる動向

高齢者をめぐる法的課題についての研究は多数存在する[25]。実務では，日本弁護士連合会や各都道府県の弁護士会が「高齢社会対策本部」や「高齢者・障害者の権利に関する委員会」などを設置してきた。日本の学界[26]と実務の動向は，アメリカで高齢者法が発展してきた軌跡に一部通じるところがある。

世界の動向に目を転じると，高齢者の権利保障に向けて，高齢者法をめぐる議論に加えて，高齢者人権条約の制定を目指した取組みが国際連合で進んでいる[27]。人権条約には1965年の「人種差別撤廃条約」に続き，1979年には女子，1989年には児童，2006年には障害者を対象としたものがある。障害法は2006年の「障害者の権利に関する条約」を契機に発展しつつある。高齢者については，2011年の国連事務総長による「高齢者の人権の現状に関する報告書」，国連人

---

23) 関ふ佐子「高齢者と年齢」週刊社会保障2483号（2008）42～47頁参照。

24) Alexander A. Boni-Saenz, *Legal Age*, 63 BOSTON COLLEGE L. REV. 521-569 (2022).

25) 山口絢『高齢者のための法的支援―法律相談へのアクセスと専門機関の役割（東京大学出版会，2020），樋口範雄『超高齢社会の法律，何が問題なのか』（朝日新聞出版，2015），岩村正彦編著『高齢化社会と法』（有斐閣，2008），堀勝洋＝岩志和一郎編著『高齢者の法律相談』（有斐閣，2005），河野正輝＝菊池高志編著『高齢者の法』（有斐閣，1997）ほか，関・前掲論文「高齢者法の意義」（注4）注8や HP 高齢者法 Japan の文献リスト参照。

26) 日本において高齢者と法にかかわる学会報告は多数あるなか，「高齢者法」と題した学会のシンポジウムには，次のものがある。「高齢者法からみる高齢者特有の課題」日本社会保障法学会第74回大会（2019年），「高齢者法にみるアメリカの社会保障」日米法学会（2007年）。この他，近年では，「高齢社会における人・財の法」比較法学会第86回総会（2023年）や「高齢者と私法」日本私法学会第85回大会（2022年）において，高齢者法の意義について論じられている。

27) Bridget. *supra* note 11, 高田清恵「国連高齢者人権条約の制定に向けた取組みの現状と意義」賃金と社会保障1702号（2018）14頁ほか，同号の特集「高齢者人権条約の実現を！」，井上英夫『高齢化への人類の挑戦』（萌文社，2003）参照。

権高等弁務官による「高齢者の人権状況に関する報告書」(2012年)，「高齢者によるすべての人権の享受に関する独立専門官の報告書」(2016年) などがある。いまだ高齢者を対象とした人権条約は制定されていないものの，ここにきて，その機運が少し高まりつつある。

2.4 「高齢者法」と「高齢法」

本書では，「高齢者法」という言葉を使用するが，この法分野を「高齢者法」と呼ぶか「高齢法」と呼ぶかは議論のありうるところである。障害者をめぐる法分野では，「障害法」とするか「障害者法」とするかで議論があり，「障害」概念の医学モデルから社会モデルへの転換が法の研究において基本的に重要であることなどから，「障害法」と呼ばれている[28]。アメリカにおいても，高齢者をめぐる法分野について，Elder Law, Elderlaw, Aging and Law, Elderly and Law といった名称のいずれを使用するかが議論されてきた。

「高齢者法」と「高齢法」は重なり合う概念であるが，違いは，「高齢者」という人と「高齢」という年齢のいずれにより着目するのかによる。この他，「高齢」より「加齢」に着目すると，Aging and Law のように「高齢化」をキーワードとする用法もあろう。本書では，「高齢」という状態に着目するとともに，個別具体的な高齢者の法的課題を検討し，さらに高齢世代という高齢者の集団の特性を考察することから，「高齢者法」という言葉を使用する。高齢者という個人や集団がどのような特徴をもち，社会的にどのように扱われてきたのかを検討することで，これらの人たちをめぐる法制度のあり方を考察したく，「高齢者」にこだわることとした。とはいえ，「高齢者法」は「高齢」や「高齢化」にも着目している点に留意する必要がある。

3　高齢者をめぐる動向

高齢者をめぐる動向を整理するにあたっては，人生100年時代に向けた法政策に象徴されるような，健康で活躍を期待される強い高齢者像をめぐる動向と，保障・保護・配慮を必要とするバルネラブルな弱い高齢者像をめぐる動向の双方についてみていく必要がある[29]。

---

28)　菊池馨実＝中川純ほか編著『障害法〔第2版〕』(成文堂，2021) 3頁参照。
29)　高齢者の多様性と法制度について掘り下げて検討したものとして，Alexander A. Boni-Saenz, *Age Diversity,* 94 S.CAL.L.REV.303-355 (2021).

14　第1部　総　　論

3.1　強い高齢者像

　日本の総人口は明治時代から顕著に増えた後，2011年以降は減り続け，日本はいわゆる人口減少社会に突入した。数百年単位で人口の推移をみると，現在は歴史的にみて大きな人口構造の転換期にあることが分かる。2024年現在，総人口に占める高齢者の割合（高齢化率）は29.3％である[30]。また，2023年現在，特定年齢の平均余命をみると，75歳まで生きた女性は91歳まで生きうる（男性は87歳まで）と推計されており，日本はすでに人生90年時代に突入している[31]。2065年になると，0歳からの平均余命についても男性は85.57歳，女性は91.61歳となると見込まれている[32]。さらに，2049年には200人に1人が100歳以上となりえ，日本は人生100年時代を迎えようとしている[33]。人生100年時代ということは，平均して100年生きるのであり，人によっては110歳を超えて生きうることを意味する。

　「人生100年時代」という言葉が広まったことにより，65歳以降も働き活躍する人生設計について考える人が以前より増えつつあろう。この点，政策的には，強い高齢者像を想定した政策が以前から進められてきた。例えば，1995年に制定された高齢社会対策基本法は，2条で，次に掲げる社会が構築されることを基本理念として高齢社会対策は行われなければならないと定めている。「国民が生涯にわたって就業その他の多様な社会的活動に参加する機会が確保される公正で活力ある社会」。また，2012年に策定された高齢社会対策大綱が（現在の大綱は2024年策定），その目的において，すでに「人生65年時代」を前提としたとらえ方や仕組みから「人生90年時代」を前提とした仕組みに転換させる必要性を掲げている[34]。そして，「意欲と能力のある高齢者には社会の支え手となってもらうと同時に，支えが必要となった時には，周囲の支えにより自立し，人間らしく生活できる尊厳のある超高齢社会を実現させていく必要がある。」

---

30)　総務省統計局「統計トピックス No.142　統計からみた我が国の高齢者―『敬老の日』にちなんで」「1．高齢者の人口」（2024年9月15日）。

31)　厚生労働省 HP「令和5年簡易生命表の概況」「主な年齢の平均余命」。

32)　国立社会保障・人口問題研究所 HP「日本の将来推計人口（令和5年推計）結果の概要」44頁「表4-2　平均寿命（出生時の平均余命）の推移」。

33)　国立社会保障・人口問題研究所・前掲 HP（注32）日本の将来推計人口（令和5年推計）報告書（全体版）」220頁「表1-4　(J)　総数，高年齢区分（70歳，80歳，90歳，100歳以上）別日本人口及び年齢構造係数：出生中位（死亡中位）推計」。政府は，2017年9月に「人生100年時代構想推進室」を設置した。政府の人生100年時代構想については，首相官邸 HP「人生100年時代構想」参照。

34)　内閣府 HP「高齢社会対策大綱」。

第1章　高齢者法をとりまく状況と理論　15

と唱えている。

　国連が65歳以上の人たちを「高齢者」と区分した頃の1959年，日本の65歳以上の人たちは，総人口の5.6％を構成していた[35]。これに対し，2023年には，総人口の5.4％を構成しているのは85歳以上，6.1％を構成しているのは84歳以上の人となる[36]。また，1947年，日本人の平均寿命は50代であり（男性50.06歳，女性53.96歳），2023年の平均寿命（男性81.09歳，女性87.14歳）と比べると，76年間で男性は31歳，女性は33歳も平均寿命が延びている[37]。30歳も寿命が延びた場合，社会制度のみならず，個々人の人生設計のあり方も変わってこよう。高齢者像の変化は，例えば，働く高齢者の増加に表れており，60歳～64歳で就業している男性の割合は84.4％，65歳～69歳で61.6％（男女あわせて52％）にもなる[38]。70歳～74歳で42.6％，75歳以上でも17％，65歳以上で一括りすると34％（男女あわせて25.2％）である（2023年）。高齢化の課題は，長寿化がもたらした歴史的にみても新しい課題といえる。

　65歳から69歳の働く男性は6割を超え，働き活躍し社会を支えている高齢者が増えている。65歳以上の人は支えられる側であるという先入観を変え，高齢者の多様性を認識する必要があろう。とりわけ，所得税や厚生年金保険料などを支払う65歳以上の人にとって，自身が支えられる側ととらえられるのは心外であろう。第6章の西村論文でも検討するとおり，バルネラブルな弱い高齢者への保障・保護・配慮に加えて，社会で活躍する強い高齢者の存在も前提にした制度設計が必要となっている。

3.2　弱い高齢者像

　健康な社会で活躍する高齢者が増える一方で，長寿化による認知症となるリ

---

35)　政府の統計窓口 e-Stat HP，総務省統計局「人口推計」「長期時系列データ」「我が国の推計人口（大正9年～平成12年）」表番号3「年齢（5歳階級及び3区分），男女別人口（各年10月1日現在）―総人口（大正9年～平成12年）」。

36)　最も高齢な人たちの5.9％を構成する年齢は，総務省統計局 HP「人口推計2023年（令和5年）10月1日現在―全国：年齢（各歳），男女別人口・都道府県：年齢（5歳階級），男女別人口」第1表「年齢（各歳），男女別人口及び人口性比―総人口，日本人人口（2023年10月1日現在）」から筆者が計算した。5.6％に近い数字として，切りのよい数字が何歳以上となるかを計算した。

37)　1947年の数字は内閣府『平成14年版高齢社会白書』72頁，2023年の数字は，厚生労働省・前掲 HP（注31）2頁参照。

38)　政府の統計窓口 e-Stat HP，総務省統計局「令和5年労働力調査年報」「結果の概要 I 基本集計」（2023年）表 I - 4「年齢階級別就業率の推移」参照。

スクの増大などに起因した，バルネラブルな弱い高齢者も増えている。介護保険制度における要介護または要支援の認定を受けた人は，2024年9月末現在で719.8万人となり，第1号被保険者に対する65歳以上の要介護（要支援）認定者数の割合は，約19.3％となっている[39]。介護が必要となった主な原因を現在の要介護度別にみると（2022年），要支援者では「関節疾患」が19.3％で最も多く，次いで「高齢による衰弱」が17.4％，「骨折・転倒」が16.1％となっている[40]。要介護者では「認知症」が23.6％で最も多く，次いで「脳血管疾患（脳卒中）」が19.0％，「骨折・転倒」が13.0％となっている。2022年，65歳以上の高齢者の認知症患者数は約443万人（65歳以上人口の12.3％）であり，軽度認知障害（MCI）の人（約559万人）と合わせると，65歳以上の約4人に1人が認知症またはその予備軍であると推計されている[41]。さらに，2030年には認知症患者数は14.2％（523万人），2040年には14.9％（584万人），2050年には15.1％（587万人），2060年には17.7％（645万人）になると推計されている。

　弱い高齢者像に着目するにあたって，「ニーズ」と「バルネラビリティ（vulnerability）」という用語の関係を整理しておく。バルネラビリティという用語は，社会政策や社会福祉の分野で用いられ，法学においても注目が高まりつつある用語である[42]。バルネラビリティとは，「あるものが弱かったり小さかったりするために，傷つきやすかったり，攻撃を受けやすかったりすることを意味するものであり，日本語で言うところの『社会的に弱い立場』や『社会的弱者』にあたるような概念である。」と説明されている[43]。そして，バルネラブルな人々とは，「その立場などの弱さゆえに虐待を受け，その権利の擁護

---

39)　厚生労働省HP「介護保険事業状況報告　月報（暫定）」「1．結果の概要」「介護保険事業状況報告の概要（令和6年9月暫定版）」。

40)　厚生労働省HP「2022年国民生活基礎調査の概況」「Ⅳ　介護の状況　2」23頁「表17　現在の要介護度別にみた介護が必要となった主な原因」（2022年は大規模調査年）。

41)　九州大学『老人保健健康増進等事業　認知症及び軽度認知障害の有病率調査並びに将来推計に関する研究報告書』（2024年，二宮利治研究班長）12頁。2012年の次の調査（認知症有病率15％）と比べ低値であった。二宮利治「日本における認知症の高齢者人口の将来推計に関する研究」（2015年3月）2頁以下参照。

42)　秋元・本書第2章Ⅰ1「目的とのかかわりについて」，秋元美世＝平田厚「ウオッチング2019『ヴァルネラブル』な人々の権利を守るには」月刊福祉102号（2019）54～59頁，Alexander A. Boni-Saenz, *Age, Equality, and Vulnerability*, 21 Theoretical Inquiries L.161 (2020), Titti Mattsson & Lottie Giertz, *Vulnerability, Law, and Dementia:An Interdisciplinary Discussion of Legislation and Practice*, 21 Theoretical Inquiries L.139 (2020), Nina A. Kohn, *Vulnerability Theory and the Role of Government*, 26 Yale J.of Law and Feminism 1-26 (2014).

や社会的な保護を必要としている人々のことをさ」すと言われるように，近年，バルネラビリティという用語は，「弱い／脆弱」という意味よりも限定した意味で用いられてきている。そして，差別を受けるほかニーズをもつ弱い立場におかれた個々人のみならず，集団として「社会的に弱い立場」におかれた人たちに着目する用語として使われている点に意義があろう。バルネラビリティは，バルネラブルな属性のある人たちを対象とする用語なのである。

　「バルネラビリティ」という用語を「ニーズ」とは別に使用する意義は，「ニーズ」を理由とした権利・利益の擁護や社会的な保護の必要性と「バルネラビリティ」を理由としたものとの違いから見えてこよう。古典的に各種の社会保障政策は，個々人の「ニーズ」を理由とした各種の給付を中心としてきた。ところが，例えば，貧困や疾病といった，従来「ニーズ」と位置付けられてきた必要性は個々になくとも，孤独死の危険に脅かされているといった，孤立化に対する保障・保護・配慮や継続的な支援を必要とする人たちの存在が社会で顕在化してきた。これが，新たに，「バルネラビリティ」という用語が注目されるようになってきた理由なのではないか。社会保障政策全般において，個別的な「ニーズ」の充足に加えて，本章Ⅱ3.2でも取り上げる地域の再構築や事業の必要性が問われてきている[44]。例えば，在宅福祉事業費補助金は，高齢者が地域で元気に生活でき，仲間づくりなどが促進されるよう，老人クラブの活動の経費を支援している。こうした事業の必要性を説明する概念として，「バルネラビリティ」という用語が有用となろう。高齢者法においても，事前の予防を中心とする権利擁護や継続的な支援の重要性に加えて，集団としての高齢者への合理的配慮の必要性などが指摘されている。例えば，意思決定支援のように，これまではどこまで法的保護や社会保障政策の対象とすべきかが明確になっていなかった事由について，保障・保護・配慮，政策としての予算措置の意義を明らかにする必要性が生じている。

---

43)　秋元美世＝平田厚『社会福祉と権利擁護―人権のための理論と実践』（有斐閣，2015）ⅰ頁。

44)　岩村正彦＝菊池馨実ほか「〈研究座談会〉解釈論と政策論」社会保障法研究8号（2018）16～20頁，菊池馨実「社会保障法と持続可能性―社会保障制度と社会保障法理論の新局面」岩村＝菊池ほか・前掲書（本注）139～147頁，菊池馨実『社会保障再考〈地域〉で支える』（岩波書店，2019）参照。

18　第1部　総　　論

Ⅱ　高齢者法の法理論

1　多次元でとらえる高齢者法

1.1　法理論をめぐる世界的な動向

　本章では基軸となる高齢者法の法理論を探るが，高齢者法が法分野として発展しているアメリカをはじめとして，世界的にもこれは模索の途上にある。Israel Doron は2009年に，高齢者法の実務は展開されているものの，その法理論は十分に解明されていないと問題提起する研究書を編集したが[45]，その後の議論は十分に進んでいるとはいえない。そうしたなか，2018年には，高齢者法の研究者を中心に，"Elder Law and Its Discontents（高齢者法とこれへの不満）"と題する国際会議で[46]，高齢者法の法理論が探求された。ここでは，高齢者法はこの法分野特有の法理論を必要とするという見解と，すでにある各種の法理論を高齢者にかかわる法的課題においても適用すれば十分であるとする見解が対立した[47]。そして，高齢者法の研究において有用な法理論を現段階で整理するのは難しいとして，これを探求する際に問うべき論点を列挙する作業が行われた。日本でも，高齢者に特化した法理論が必要との見解と，各法分野ですでに構築されてきた法理論で足りるとの見解がある[48]。また，本章が展開する法理論の検討も，本書の各論者が全面的に合意しているものではない。

---

45)　ISRAEL DORON EDS, THEORIES ON LAW AND AGEING: THE JURISPRUDENCE OF ELDER LAW (2009). Doron は，アメリカでの在外研究をきっかけに高齢者法を専門としてきたイスラエルの研究者であり，国連での高齢者人権条約の制定にかかわる活動にも携わっている。この他，各国の研究者が高齢者法をめぐる課題や高齢者法の可能性について研究したものとして，ISRAEL DORON & ANN M. SODEN EDS, BEYOND ELDER LAW : NEW DIRECTIONS IN LAW AND AGING (2012).

46)　2018年6月にテルアビブで開催された"Elder Law and Its Discontents"と題する国際会議は，中堅の研究者として現在アメリカで高齢者法を牽引している Nina A. Kohn とテルアビブ大学で家族法の視点から高齢者法を研究する Daphna Hacker が主催した。なお，アメリカで高齢者法を法分野として確立した Lawrence A. Frolik は，2018年7月1日にピッツバーグ大学を退職した。現在は次の世代の研究者がアメリカの高齢者法研究を担っているが，その数は限られている。

47)　本国際会議では，バルネラビリティやライフコースをめぐる議論，社会保障法，家族法，老年学，フェミニズム法学の視点などの利用可能性，高齢者差別や親孝行との関係といった具体的な論点が討議され，筆者も年齢差別などについて問題提起した。本国際会議の研究成果は，Elder Law and Its Discontents, 21 THEORETICAL INQUIRIES IN LAW, No.1 (2020) 参照。

1.2 高齢者法の多次元モデル

高齢者法の法理論を探る諸外国の研究において，その後の議論に影響を及ぼしたのが Doron の高齢者法の多次元モデル（Multi-dimensional Model）である[49]。豊かで多様な高齢者法をとらえるために，法の異なる機能や目的を連携させる多次元モデルの必要性が提起された。多次元モデルには，図1のとおり5つの側面がある。

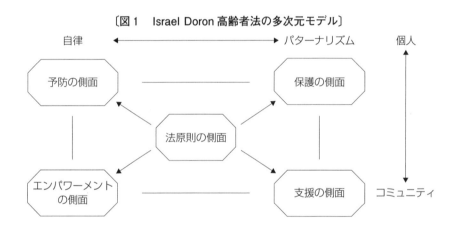

〔図1　Israel Doron 高齢者法の多次元モデル〕

中心にある「法原則の側面（The Legal Principles Dimension）」は，普遍的な法原則を指す。例えば，法の下の平等など，日本の憲法などでも定める社会のあらゆる事象に適用される基本的な法原則・価値・理念がこれにあたる。高齢者をめぐる法的課題も，差別の禁止といった一般的な法理念を用いて解決しうるものが多い。

「保護の側面（The Protective Dimension）」は，高齢者固有・特有のニーズに起因した，高齢者の保護を目的としたパターナリスティックな法制度にみられる。高齢者施設の質を保障する法制度，虐待対策など，バルネラブルな高齢者

---

[48] 日本での議論について，西・前掲論文（注4）5～6頁，清野・前掲論文（注4）59～61頁参照。
[49] Israel Doron, *A Multi-Dimensional Model of Elder Law,* DORON, *supra* note 45, at 59. 本モデルは Doron により何度か修正されている。

に公的機関が介入する法制度などである。高齢者本人への支援のみならず，高齢者を介護するその家族への経済的支援などもこれにあたる。

「予防の側面（The Preventive Dimension）」は，ニーズが高まった後の高齢者の生活への介入をできるだけ避けようと，高齢者による事前の準備や計画を支える法制度にみられる。外からの法的介入を排除し，高齢者本人の能力に着目し，高齢者が自身の人生を計画し，身体・精神的能力が低下した後の各種決定を自らできるよう整備された法制度がこれにあたる。年金制度・信託・リバースモーゲージといった財産管理，医療の事前指示といった医療保障，高齢期に加えて死後に備えた意思決定を可能とする制度などである。ここでは，高齢者の自律が何よりも尊重されることになる。

しかし，予防の側面を重視した法制度には，その崇高な理念に反し，実際には利用が進まないといった弱点があった。各種の計画を立てるためには，関連する法制度の知識や理解が必要であるのみならず，財源も必要となるからである。多くの高齢者の日々の生活では，個人主義や自律・自立よりも，例えば，ケースワーカーや地域のボランティアによる高齢者の支援が重要な場合がある。そこでコミュニティの関与の重要性が指摘され，「支援の側面（The Supportive Dimension）」に着目した法制度が発展していった。ここでは，事前の計画を立てるうえでの相談支援，高齢者を孤立させないためのコミュニティ・カフェによる居場所づくりなどを下支えする法制度が模索されている。

高齢者の心身や経済状況を保障・保護・配慮する法制度や高齢者自身による各種の計画を支える法制度の不十分性が明らかになるなかで，高齢者の自律性は重視された。そこで，支援の側面が有するパターナリスティックな法制度に加えて，高齢者自身をエンパワーする，高齢者に権利や力を与える「エンパワーメントの側面（The Empowering Dimension）」を重視した法的支援の必要性も認識された。ミーンズテスト（資力調査）などがなく，あらゆる高齢者に適用され，各人の権利の認識や権利行使を可能とする法制度である。例えば，高齢者本人が自らの希望について声をあげやすいよう支援する仕組みなどがこれにあたる。

高齢者法の多次元モデルは，高齢者法が，自律の尊重やパターナリスティックな保障・保護・配慮のいずれかのみを行う法分野ではないことを示している。私的自治が公的な介入に優先するわけではなく，個人の権利が家族などの権利より優先されるわけでもない。高齢者法では幅広いアプローチや視点を用い，

すべての要素のバランスを理解する必要があると言われている[50]。また，本モデルは，自律とパターナリズムの視点に加えて，個人の視点と社会的なコミュニティの視点の双方に着目する点にも意義があろう。支援やエンパワーメントの側面では，コミュニティによる高齢者の支援が必要となるのである。

　日本では，高齢者法のキーワードとして，樋口範雄が，「事前（ex ante）」，年の取り方はそれぞれという「個別化（personalized aging）」，権利や力を与える支援である「エンパワーメント（empowerment）」の3つをあげている[51]。これは，Doron の多次元モデルでいえば，高齢者の自律を重視した予防やエンパワーメントの側面に着目した視点といえよう。

2　障害法との比較

2.1　高齢者の障壁

　高齢者法の特徴や法的課題は，障害法と比較することでより鮮明にみえてくる[52]。高齢者のニーズやリスクの内容，高齢者に対する保障・保護・配慮の根拠を探るために，まず，障害法が何を障壁ととらえ，それについての保障・保護・配慮が展開されてきたのかという点を整理する。

　障害法は，「新たな社会法」ととらえられており，その際，河野は「従属としての障害（者）」という障害（者）像を提起している[53]。障害者を主として機能障害と社会的障壁との相互作用により社会参加を妨げられてきた人たちととらえ，構造的に生活上の不利益を受ける，社会的地位として障害を位置付けた。障害法では，機能障害に着目する医学モデルとは別に，社会的障壁（障害者基本法2条2号参照）に着目する社会モデルを構築したことで，障害者は社会的障壁により社会参加などが妨げられてきたとして，合理的配慮（障害者の権利に関する条約2条，障害者基本法4条2項，障害を理由とする差別の解消の推

---

50)　Doron, *supra* note 49, at 70.

51)　樋口・前掲書（注18）9頁以下，樋口範雄「100歳時代の到来で求められる人生を再設計するための法制度とは」Geriatric Medicine Vol.55. No.11（2017）1273-1281頁など参照。詳しくは，関・前掲論文「高齢者法の意義」（注4）16〜21頁参照。

52)　高齢者法と障害法の比較について，より詳しくは，関ふ佐子＝永野仁美ほか「座談会　高齢・障害と社会法」法律時報92巻10号（2020）11頁以下，本書第3章のⅡの1.4参照。

53)　新しい法分野として，障害法が高齢者法の一歩先を進むなか，障害法を新たな社会法として位置づける論考に，河野正輝「『新たな社会法』としての障害法—その法的構造と障害者総合支援法の課題」障害法1号（2017）9頁がある。「従属としての障害（者）（disability as a subordinated group status）」については，同論文15頁参照。

22 第1部 総　論

進に関する法律5条など参照）という概念を導き出した。これにより，職場など
で，他の人たちとは異なる合理的配慮がなされるようになったのである。

　高齢者は，いわゆる従属としての障害をもつ場合もある。高齢者法も「新た
な社会法」として位置付けうる側面があろう。そこで，合理的配慮や差別の禁
止を規定する法制度は，障害者と同様に高齢者にとっても必要であろう。

　他方で，Ⅰの1.2「年齢差別」でも述べたとおり，人種・男女差別，障害者
などに対する差別と異なり，これまで，高齢者に対する差別は明確な形で多く
の人に意識されることが少なかった。年齢差別の存在は認識されていても，高
齢者は年齢を理由とした保障・保護・配慮の対象ともなっていることから，差
別の諸相が人種差別や男女差別などとは異なるととらえられてきた。第5章の
柳澤の論考で詳しく取り上げるとおり，年齢差別には他の差別とは異なる側面
があるのである。この点，障害者と異なり，高齢者については，高齢者の社会
的障壁が十分に洗い出されてこなかったために，年齢差別の深刻さが意識され
づらかったのではないか。高齢者法においては，障害法でいう医学モデルのよ
うに，高齢者の機能の特性が主に探られてきた。これに加えて，社会との関係
で，様々な法制度のなかで，高齢者はどういった障壁に直面しているのか，い
かなる差別を受けているのかということを，より明らかにしていく必要があろ
う。障害法の社会モデルのような，社会環境による影響について議論を重ねて
いく必要がある。

2.2　自由権的側面と社会権的側面の総合的な保障

　社会法は，市民（私）法原理のもとで生み出された従属労働（労働法），社会
的生活阻害（社会保障法），障害（障害法），高齢（高齢者法）といった社会的不
合理を修正する。新たな社会法と位置付けうる高齢者法は，障害法と同様に，
対象領域が社会保障法や労働法と重なる部分がある。そして，自由権的側面と
社会権的側面を総合的に保障するという特徴をもつ。Doron が示した高齢者
法の多次元モデルにおいて，自由権的側面と社会権的側面を横軸におくと，自
律とパターナリズムとの関係を重ね合わせてみることができる。

　他方で，高齢者法は，障害法とは異なる特別な保障，保護，合理的配慮を要
請する。高齢者は，第3章で検討するように，長く生きてきたうえに死を身近
に感じる生活主体である点が障害者と異なる。例えば，自由権的側面を重んじ
たとしても，長い人生に必要な計画的な財産管理や終末期に向けた事前の医療

指示などは後回しにされがちである。このため，高齢者特有の総合的で継続的な意思決定支援が必要となろう。高齢者ならではのパターナリスティックな保護や支援の側面を重視した特別な保障，所得の再分配などを通じた生存権の実現などが求められている。加えて，自律を重んずる予防策や差別禁止といった多様な手法による，総合的で継続的な保障を必要とするのである。

高齢者法や障害法は市民法上の権利の実質的実現を図るうえで役立つ。この点，高齢者は多様であり，どの程度市民法の原理を重視するのか，社会法の原理を重視するのかが高齢者の人間像や局面により変化する。意欲と能力のある自立（律）した強い高齢者は，差別なく接せられることを求め，ニーズのあるバルネラブルな高齢者は，各種の保障・保護・配慮を必要とする。

3　個人とコミュニティ

3.1　固有の権利と一般的な権利との関係

高齢者法では，一般的に保障される人権に加えて，高齢者固有の権利（Specific Rights）が存在するのか否か，高齢者固有の利益が存在するのか否か，これらを追求すべきか否かが問われている。Doron の多次元モデルには，高齢者以外の人も対象とする普遍的な「法原則の側面」とは別に，高齢者を対象とする4つの側面が存在する。他方で，すべての人を対象とする一般的な権利（General Rights），一般的な法原則により，高齢者の権利も保障すべきという声もある。高齢者の人権を考察するための枠組みについて，詳しくは，第2章の秋元論文で検討する。ここでは，高齢者固有の権利と一般的な権利の関係，そして個人とコミュニティの関係を簡単に整理しておく。

固有の権利と一般的な権利との関係については，ある種の特別扱いを人権として設定できるかが課題となる。例えば，アボリジニなど少数民族の権利，狩猟や言語など特定の生活スタイルを保障する権利は，固有の権利の典型例である。人に着目した法分野のなかで，子ども法における「子どもの最善の利益」の保障は，子ども固有の権利・利益といえる。「子ども法」を確立する理由を探るのと同様の形で[54]，高齢者法を確立する理由を探り，高齢者の固有の権利・利益を高齢者法により保障する必要があるのかが問われている。例えば，他と同様の消費行動を可能とするための高齢者への配慮は，一般的な権利の延長線にあるのだろうか。さらに，終末期の尊厳・プライドの保障などは，高齢者固有の権利・利益として保障の対象となるのだろうか。

24 第1部 総 論

子ども法や消費者法は，一般的な権利・利益とは区別された固有の権利・利益を見いだしつつある。こうしたなか，高齢者法や障害法では，すべての人びとを法の対象とする市民法などとは異なる，特定の人びとを法の主体とする法領域として，固有の権利・利益を見いだしうるのかが模索されている。

さらに，高齢者のいかなる固有の利益，さらには権利を保障すべきなのかが法的課題となる。例えば，Ⅰの1.3で挙げたように，年金の性格は退職年金なのか老齢年金なのかが，在職老齢年金制度が変遷する過程で問われており，退職年金ととらえる場合，所得喪失という一般的なニーズが保障の根拠となる。他方で，年金をニーズがなくとも一定の年齢を理由に支給する老齢年金ととらえると，「高齢」が保障の根拠となる。ここでは，納付した保険料の対価であるという点や所得喪失というニーズ以外に，一定の年齢，「高齢」を理由に年金を支給する根拠が高齢者の権利や利益といえるのかが問われることになる。

また，ニーズといっても，高齢者には，例えば，障害者や子どもとは異なる介護ニーズがあるのだろうか。福祉の現場では，高齢者については，食事の仕方，洋服の着方それぞれにおいて，長年積み重ねられてきた，その人ごとのルールが尊重され[55]，高齢者特有のニーズが保障されてきた。すると，高齢者の利益として，長年の人生の積み重ねの尊重を求めうるといえるのだろうか。

3.2 シェアされた利益と個人の利益

Doron の多次元モデルでは，個人の権利や利益と直接関係する法制度に予防と保護の側面を見いだし，コミュニティによる支援を必要とする法制度にエンパワーメントと支援の側面を見いだしている。

健康長寿を延ばすためには，「栄養（食・口腔機能）」「身体活動（運動や多岐にわたる活動など）」「社会参加（就労，余暇活動，ボランテイアなど）」の３つが

---

54) 特定の集団である「子ども」の人間像や「子ども」特有の法制度について，大江洋『子どもの道徳的・法的地位と正義論』（法律文化社，2020）1～60頁，大村敦志＝横田光平ほか『子ども法』（有斐閣，2015）4頁参照。

「子ども法」を確立する理由：①子どもが発達途上にある可塑的な存在であること，②子どもは自分の意思を十分には表明できないこと，③子どもは関係的な存在であること（孤立・自閉した存在ではなく親や周囲の人々との関係の中で自己を形成すること），④子どもは全体的な存在であって，法領域ごとの把握では十分にとらえられないこと，⑤子どもは私たちの社会の未来・希望であること。大村＝横田・前掲書（本注）4頁参照。

55) 全般的に，水谷・本書第12章，とりわけⅣ「高齢者の生活と意思決定のソーシャルワーク」参照。

重要であると言われている[56]。この点，身体活動（運動習慣）のみを行っている高齢者よりも，運動習慣はないものの文化活動や地域活動を習慣的に行っている高齢者の方が，フレイル[57]になる危険度が約3分の1であると実証された。地域における人とのつながりを基盤とした社会参加など，集って様々な活動をすることがフレイル予防につながるのである。高齢者は，コミュニティ・スペースといった居場所に参加し，ボランティアとして活動するなどして支え手となることで，健康度などが増す。サービスの受け手である，支えられる側になる早さなどが低減しうるといった利益を受けうるのである。人とのつながりが，運動以上に高齢者の健康増進に資する点が注目されている。

　この際，コミュニティ・スペースといった居場所が，高齢者の自立した生活と孤立化の防止の両立，つながりづくりによる健康増進などを図っている。すると，コミュニティ・スペースの創設を金銭的に支援する法政策が，高齢者の自立の保障に結びつきうる。これは，年金制度などとは性格が異なる自立の保障策となる。近時注目されている各種の事業がこれにあたる[58]。高齢者は事業によって利益を受けうることになるが，民間委託も含めた各種の「事業」の性格はどのように位置づけるべきなのだろうか。これを求める権利・利益は高齢者にあるのだろうか。

　個人の権利・利益の問題とは異なる，コミュニティ・スペースを設置するための補助金といった，コミュニティが「共に」所持する（シェアされた）利益が必要な理由とその内容を明らかにせねばならない。この点，グループとしての高齢者の集団としての利益と「共に」所持する利益は異なる。高齢者のグループとしての利益と，一定の地域に居住することなどによって受けられる「共に」所持する利益との異同などについて，詳しくは，第2章の秋元論文で検討する。

---

56)　飯島勝矢「超高齢社会を見据えた未来医療予想図―地域コミュニティのリ・デザインによる健康寿命延伸戦略」21世紀政策研究所編『高齢者の自立と日本経済』（21世紀政策研究所，2019）83頁参照。

57)　高齢者は，加齢に伴い心身の機能が徐々に低下し，虚弱（frailty）に傾きながら，自立度の低下を経て要介護状態に陥っていく。「フレイル」とは，この「虚弱」のことである。飯島・前掲論文（注56）79頁参照。

58)　菊池・前掲論文（注44）142～144頁参照。

26 第1部 総 論

4 法理念をめぐる議論

　以上の検討などから，高齢者が保障・保護・配慮の対象となる根拠は次の3
点に分類しえよう。①差別されてきた／いる。②ニーズがある。③「高齢」で
ある。③は，高齢者特有の保障を受けうる根拠である。差別禁止との関係も含
めて，保障・保護・配慮の内容や範囲を検討する必要がある。こうした点から，
本章は，高齢者法の基軸となる法理念として，次の4つを提示する。

4.1 差別禁止の法理

　年齢による社会的排除や年齢差別の問題は絶えない。他の世代と同様の高齢
者の強い人間像に着目した場合，年齢を理由とした差別が法的課題として浮き
彫りになる。これを対象とするのが，差別禁止の法理である。

　高齢者を特定の集団としてとらえる視点が生みかねない差別に焦点をあてた
のが，第5章の柳澤論文で詳しく検討するエイジズムという概念である[59]。あ
る一定の年齢集団に対する肯定的エイジズム（肯定的な区別）と否定的エイジ
ズム（否定的な偏見や差別）があり，高齢者を優遇する社会保障制度などは高
齢者に対する肯定的な区別となる。年齢差別は人種差別などとは異なる側面を
もち，差別を禁止すべき局面と高齢者を保護すべき局面の双方が並立する点が，
高齢者をめぐる法的課題の複雑なところである。差別禁止の法理と次に述べる
保護の法理や特別な保障との関係やバランスが問われ続けている。Doron の
多次元モデルでも指摘された，自立（自律）と保護との関係が問われている。

　エイジフリー社会が希求されるなかで，差別禁止については，定年制，年齢
と年金給付との関係，定年後引き続き雇用される有期雇用労働者の処遇などが
法的課題となっている。さらに，差別が生じないようにする配慮が求められて
いる。

　また，差別禁止の法理を徹底した場合，年齢にかかわらないエイジフリーで
ユニバーサルな保障・保護・配慮が求められることになる。すると，4.3で検
討する，他の世代とは異なる高齢者の特別な保障が必要か否かが課題となる。

---

59)　Erdman B. Palmore, Ageism, Negative and Positive 3 (2nd ed. 1999)；アードマン・
　　B・パルモア（著）奥山正司他（訳）『エイジズム―優遇と偏見・差別』（法政大学出版
　　局，1995）52〜65頁，櫻庭涼子『年齢差別禁止の法理』（信山社，2008），柳澤武『雇用
　　における年齢差別の法理』（成文堂，2006）など参照。

4.2 保護の法理

　高齢者のニーズを根拠に保障・保護・配慮を行うのが保護の法理である。一般的なニーズに加えて，高齢になると高まるニーズ，高齢者特有のニーズが保障・保護・配慮の対象となる。働く意欲と能力のある高齢者は増えているが，老化には個人差がある。60歳を越えると，人によって認知機能や身体機能の低下がみられる。高齢者のか弱い人間像に着目した場合，高齢期の生活は，医療・介護・所得・雇用など様々な局面において各種の保障・保護・配慮が必要となる。こうした，バルネラブルな高齢者を保障・保護・配慮する根拠が保護の法理である。

　高齢者に対する法制度の設計にあたっては，年齢に基づくハンディキャップを考慮し，ニーズのある人が安心して受けうる社会保障制度などの整備が望まれる。高齢者のニーズに沿った保障・保護・配慮である。この点，例えば，認知症の高齢者の転倒などを回避すべく保護しようと拘束する事例が，とりわけ，病院において絶えない。こうした措置の是非を検討するにあたっては，高齢者の自律と保護とのバランスも検討していかねばならない。

4.3 特別な保障

　老人福祉法は，その基本的理念として2条で，「老人は，多年にわたり社会の進展に寄与してきた者として，かつ，豊富な知識と経験を有する者として敬愛されるとともに，生きがいを持てる健全で安らかな生活を保障されるものとする。」と定めている。しかし，2条が何を根拠に高齢者の何を保障しようとしているのかは十分に議論されているとはいえない。本章では，高齢者のニーズがなくとも，高齢者が他の世代とは異なる「特別な保障」の対象となる場合があることを挙げたが，保障を正当化する根拠は必ずしも明らかになっていない。保障の根拠については，高齢者の「功績」についてなど，第3章においてさらに検討する。ここでは，特別な保障による高齢者の尊厳ある生活の保障が重要であろう点を指摘しておく。

　高齢者の尊厳を保障すべきという価値観が，高齢者を特別に保障する根拠の基軸となるのではないか。長い人生を歩み，終末期をより強く意識する年齢となった高齢者にとって，人生の終盤における尊厳ある生活の確保は，それ以前の年齢にも増して重要となる可能性がある。その保障は，4.2で挙げた高齢者のニーズに着目した高齢者の保護とは異なる側面をもつ。特別な保障は，樋口

28　第1部　総　論

がキーワードとして挙げた，事前的で個別化した保障，エンパワーメントの重視とも結びつく。

　社会保障の基盤である憲法25条に加えて，国民を個人として尊重する憲法13条の法理念を重視すると，経済的な自立とともに，自律した生活の保障が要請される[60]。他者からの支援がより必要となる年齢であるからこそ，なお，健康な人も認知症の人も含めた，多様な高齢者それぞれの尊厳ある生活を重んじた給付やサービスの意義を確認すべきではないか。

　何をもって尊厳ととらえるのかは多様である。さらに，高齢者の尊厳を保つ法制度の構築が望ましくとも，財源には限界があり，どこまで特別に保障するのかが課題となる。また，高齢者の尊厳の保障が，他者の，例えば介護する家族の人間らしい生活を侵害してはならず，両者の権利のバランスを図る必要があろう。それぞれの高齢者にとっての尊厳を問い，他者の利益との関係も加味しつつ，いかなる尊厳をどの程度保障するのかを考察しなければならない。

　高齢者の特別な保障の意義を検討することで，例えば，年金の性格を退職年金ととらえるか老齢年金ととらえるかという議論を掘り下げられれば，在職老齢年金制度の改革策の検討に資するであろう。また，ニーズとは異なる観点から，高齢者と障害者介護の違いを見いだすこともできよう。このために，高齢者にとっての尊厳やプライドの保障が意味するところを探るわけである。

4.4　世代間公正

　何が年齢差別を生じさせない，高齢者のニーズを根拠とした保障・保護・配慮となるのかを明確化し，さらには特別な保障の範囲を判断する1つの基軸となるのが「世代間公正」の理念であろう[61]。高齢者の保護や特別な保障のみを推進すると，他の世代の利益との対立が生じかねない。この点，超高齢社会となり，働く世代の負担感の解消が問われており，年金・医療・介護制度をめぐる改革が進んでいる。ここで，高齢者に対する保障などへの反感のみに配慮して社会保障関連費の抑制策が進められた場合，例えば，市場によっては担いきれない高齢者のニーズさえも疎かにされかねない。

　高齢者に対する保障・保護・配慮への反感の高まりに配慮して，世代間の不

---

60)　菊池馨実『社会保障法〔第3版〕』（有斐閣，2022）74頁以下，121頁以下など参照。
61)　社会法における世代間の連帯・衡平について，笠木映里他「特集　世代間の連帯・衡平」法律時報1133号（2019）4～57頁に掲載された各論文参照。

公正を解消しなければ，高齢者の尊厳が脅かされる可能性もある。高齢者の権利の内容によって他の世代の権利との調整を図る際は，高齢者の人としての尊厳を侵害する，なし崩し的な制度改革と，世代間不公正の増幅の双方を回避せねばならない。世代間公正と配分的正義が問われている。

5　高齢者法の意義と到達点

5.1　高齢者法の意義

　高齢者法の視角から高齢者をめぐる法的課題を検討する意義は，①分野横断的・体系的な検討，②高齢者特有の法的課題の解決，③実務や，④各法分野における検討に資する点にある[62]。これを可能とするために，高齢者法では，a）研究と実務とが連携した検討，およびb）学際的な検討を研究手法とする研究が見受けられる。高齢者法が法分野として確立しているアメリカでは，高齢者法は研究者と実務家とが協働する法分野として発展してきた。そして，ジェロントロジーや医学といった他分野と法学との共同研究が進められている。

　高齢者をめぐる法的課題は，年金・医療・契約・刑事における課題など多岐にわたる。実務では対応する課題が分野横断的なのが当然ななか，研究では，社会保障法，労働法，民事法，刑事法といった各領域で，これらの課題がそれぞれ取り上げられてきた。高齢者法における①の分野横断的，そして体系的な検討は，多岐にわたる高齢者をめぐる法的課題の解決に資するという意義がある。例えば，高齢者は財産管理と医療などの意思決定支援の双方を同時に必要とする。ここでは，民法や社会保障法といった既存の複数の法分野での検討に加えて，高齢者法の視角からの検討が役立ちうる。Ⅱの2.2で検討した自由権的側面と社会権的側面の総合的な保障にも，高齢者法は焦点をあてやすい。

　②の高齢者特有の法的課題の解決に資するという意義は，高齢者法を学問として追及しようとする誘因となっている。年齢差別は他の差別と異なる課題の解決方法を必要とするのか，といった点を高齢者法は研究対象とする。こうした研究のためには，高齢者法特有の法理念・理論を確立する必要がある。本書では，分野横断的な課題について，研究者と実務家とが大局的な見地からの検討と具体的な課題の検討の双方を加えることで，高齢者法特有の法的課題をあ

62）　関・前掲論文「高齢者法の意義」（注4）5〜11頁で検討した意義を再考した。各意義の詳しい説明については，本論文を参照されたい。さらに，再考に際しては，西・前掲論文（注4）9〜14頁を参照した。

30　第1部　総　論

ぶり出していきたい。

　③の実務に資する点は，アメリカなどで実証されている。学問としての高齢者法の意義や特有の法理念を確立できるか否かが問われるなかでも，弁護士などが実務において高齢者法を必要とする点に異論はない[63]。高齢者にかかわる実務では，①の分野横断的な課題に日々直面しており，②の既存の法分野とは異なる視角や高齢者法特有の法理念・理論が，課題の解決に資する可能性がある。同時に，実務における百科事典としての高齢者法の意義や教育の場面での意義なども指摘されている[64]。

　そして，高齢者法は，④の別の法分野の検討に資する視角を提供しうる。例えば，高齢者や障害者などは，それぞれ要保障事由が異なりうる。ここで，高齢者の特徴を探る高齢者法の視角は，社会保障法，労働法，民法などにおいて何をどれだけ保障・保護・配慮するのかを検討する際に役立ちうる。

　高齢者法は，多くの人がよりよい人生の終盤を過ごせるよう高齢者をとりまく法的課題を整理・検討するフィールドとなっている。第3章では，高齢者の人間像を明確化することで，高齢者の保障・保護・配慮や特有の法制度の必要性の有無などを検討していく。

5.2　高齢者法の到達点

　本章では，高齢者法の課題や内容を整理・説明し，高齢者法の法理念・理論を考察することで，高齢者法の存在意義を模索した。高齢者をめぐる法的課題を検討する際に考慮すべきポイントの整理を試みた。とはいえ，高齢者法の存在意義や高齢者法固有の視角の存在を明確に提示できてはいないかもしれない。高齢者固有の権利が存在するとも，いまの段階では明言できない。高齢者法は，日本において，いまだ確立された法分野とは言えないであろう。

　本書の各論者は高齢者法についての見解は異なるが，高齢者法がさらなる検討を要する法分野であり，その可能性について探る意義があるという点は合意している。本書では，全体を通じて，社会保障法・労働法・民法といった既存の法分野との関係でも，高齢者法の視角から法的課題を整理・検討する意義があることを提示していきたい。

---

63)　Kohn, *supra* note 21, at196-201. 関・前掲論文「高齢者法の意義」（注4）5頁。
64)　西・前掲論文（注4）11～12頁。

第2章

高齢者の人権を考察するための枠組み

秋元美世

はじめに

　高齢者が直面する生活上の諸問題に対して，今日，様々な制度や施策が用意されている。そして，そうした制度や施策を求める根拠として，あるいは正当化する理由として重要な意味を持ってくるのが高齢者の人権である。ただ，あらためて「高齢者の人権とは何か」ということを考えてみると，高齢者の利益を保障していくための根拠とか，高齢者の要求を正当化する根拠といった漠然としたイメージで終わってしまいがちである。ここでは，あらためて高齢者の人権や権利とは何か，また高齢者の人権や権利に関する認識・分析にはどのような観点が必要となるのか，といったことについて考察を加えてみることにしたい。

　さて一口に，高齢者の人権の問題あるいは権利の問題と言っても，具体的に問題とされる状況は一様ではない。そのことを踏まえてあえて大別するならば，次のような3つのパターンに分けて考えることができるだろう。

　1つは，一般的な自由権・社会権の問題として取り扱われるパターンである。つまり，高齢者が1人の人間（市民）として享受することになる権利・利益が問題になるような場合である。高齢者が当事者となるが，内容としては一般的な市民法上ないし社会法上の権利の問題（差別禁止にかかわる権利の問題；社会保障を受ける権利として一般的に問題となる事柄；高齢者の労働者としての権利の問題など）が該当する。

　2つめは，一般的な自由権や社会権の延長線上にあって，かつ高齢者の固有の問題として論じられる場合である。個人の市民法上の，あるいは社会法上の権利や利益の問題であるが，高齢者固有の法理がかかわってくるような場合がこれにあたる[1]。

　3つめは，グループとしての高齢者（あるいはカテゴリーとしての高齢者）の

32　第1部　総　論

権利・利益の問題である。不特定多数の高齢者が集団として有する権利・利益の問題がこの場合にあたる。

　ただしこれらのうち，第1のパターンは，高齢者が当事者となっているという点で，高齢者の権利として論じられるわけだが，上述のようにその実質は一般的な権利・利益の話であり，高齢者固有の権利・利益というわけではない。その意味で，形式的な意味で高齢者の権利とすることは可能かもしれないが，実質的な意味で高齢者固有の権利の問題であるとは言いがたいところがある。そこで高齢者の権利を実質的な意味で論じていくために，以下本章ではとくに断りのない限り，高齢者固有の法理が少なくともかかわってくる第2ないし第3のパターンを念頭に置いて論じていくことにする。

　もちろんこのように第2ないし第3のパターンに限定したとしても，「高齢者の人権とは何なのか」という当初の問題は依然として変わらずに残ったままである。高齢者の人権や権利が論じられるとき，そこではどのようなことが問題にされているのであろうか。一般的な人権と比べて，「高齢者」という語が付いたときにはどのような意味の違いがあるというのだろうか。以下，あらためて検討していくことにしよう。

I　高齢者の人権の分析枠組み

　「高齢者の人権とは何か」「一般の人権と比べたとき，高齢者の人権と言うことでどのような固有の意味が出てくるのか」。これらの問題を考察するためには，そもそも高齢者の人権という概念がどのように取り扱われているのか，そこにどのようなことが含意されているのかを見ておく必要がある。そこでここでは，第1に，単に「人権」と言ったときと「高齢者の人権」といったときとの違い，そして第2に，同じ高齢者と呼称していても，そこに含意されている意味内容の違いという2つの事柄に着目してみたいと考える。

　まず「人権」という一般的な言い方ではなく，「高齢者の人権」として問題にされるとき，そこにどのような意味の違いが見られるのかについてである。

　高齢者の人権と言った場合，人権という一般的な言い方ではカバーできない次のような意味内容をさしあたり踏まえておく必要があるだろう。まずは，高

---

1)　高齢者固有の法理については，本書の第1章「高齢者法をとりまく状況と理論」を参照のこと。

齢者であるがゆえの必要性ということである。具体的には，高齢者が有している「バルネラビリティ」に由来する必要充足や保護にかかわる問題である。そしてさらにその上で問題となるのは，高齢者の「オートノミー」の尊重ということである。バルネラビリティが想定される高齢者ではあるが，人として普遍的な人権の主体でもあるということも看過されるべきではないからである。もっともオートノミーの問題というのは，もともと一般的な人権が論じられる際に主要なテーマの1つとされるものである。とはいえ，バルネラビリティが考慮されるべき高齢者についても，一般的なオートノミーの問題に還元してしまうわけにはいかない。むしろ，オートノミーが制約される側面（バルネラビリティ）の存在ゆえに，オートノミーに向けての特別の配慮が必要とされるのである。

　第2に，同じ高齢者という呼称が用いられるときであっても，そこでは意味内容の違いが見られるという点である。具体的には次のように異なる2つの用いられ方がされている。1つは，個別具体的な個人として存在する高齢者という意味での高齢者である。この用いられ方では，具体的な個人としての高齢者の権利・利益が問題にされている。もう1つは，カテゴリーとしての高齢者という意味で使われる場合である（抽象的・一般的な意味で呼称される高齢者）。この場合，具体的な高齢者の個別の利益や権利ではなく，不特定多数の高齢者の利益や権利（グループ・集団としての高齢者の権利）が問題にされることになる。

　さて，高齢者の人権ということが語られるとき，上記で言及したようないくつかの意味内容が複合して問題にされているということを，まずは認識しておく必要がある。ただし，このように複合的な使われ方をする高齢者の権利の問題を考察するためには，そうした複合的な要素を踏まえた分析のための枠組みが用意される必要がある。ここでは試みに，単に「人権」と言ったときと「高齢者の人権」と言ったときとの違いの内容にかかわる上述の第1の問題を，権利・利益の「目的に関する事柄」としてとらえ，また第2の高齢者という呼称に含意されている意味の違いにかかわる問題を，権利・利益の「名宛て人（対象）に関する事柄」として位置づけて考察を加えてみることにしたい。

1　目的とのかかわりについて

　まず，第1の問題についてである。ここでは，高齢者の特性を踏まえた権利のあり方，つまり，何のための権利・利益か（＝目的の問題）が問われること

になる。具体的には,「バルネラビリティへの配慮・応答」と「オートノミーの尊重」という2つの目的が重要な意味を持つことになる[2]。以下に,多少説明を加えておく。

まずバルネラビリティについてだが,高齢であることにより身体的・精神的な意味で,あるいは所得等の経済的な意味で,固有の必要性(ニーズ)が生じるということは,あらためて説明するまでもないことだろう。ここでバルネラビリティとは,そうした必要性(ニーズ)を生じさせる身体的・精神的・経済的状況を指すものとして考えてもらえればよい。

次に「オートノミー」についてだが,その意味するところは,「自分自身の生き方や暮らし方(ライフスタイル)を自ら自由に決めることができる」ということである。こうした意味でのオートノミーを保障するために,まずは市民的自由に関する一連の市民的・政治的権利(自由権)が保障されている必要がある。ただしそうした自由の行使には,普通ある種のリスクが伴う(例えば,意図したように行為できなかったとか,意図した結果が得られなかったなどのリスクは常に伴う)。そしてそうしたリスクは,一般的には自己責任の問題とされ,自由権の行使に付随する当然の負担だと考えられている。しかしこうしたリスクを当然の負担とすることを難しくするのが,高齢者固有のバルネラビリティの問題である。すなわち,一般的には個人責任の問題として処理されるような程度のリスクが,高齢者に関しては,場合によっては(常にということではもちろんないが),そのバルネラビリティゆえに過度な負担となるようなこともあるのである。従来は,この種のリスクに対しては,「パターナリスティック」な手立てを講じて対応してきた。しかしながら,こうした対応は,高齢者の人としての自由を制約するものであるとして(あるいは高齢者を一般社会から排除することにつながるものとして)批判をされることになった。こうして高齢者のオートノミーがあらためて問われることになり,パターナリスティックな方法によるのではなく,過度なリスクが高齢者に課されないようにするための方策に関心が持たれるようになる。すなわち,高齢者の保護という観点ではなく,リスクの軽減・回避・予防ということに着目する施策である。

---

[2] バルネラビリティとオートノミーにかかわる事柄については,秋元美世=平田厚『社会福祉と権利擁護―人権のための理論と実践』(有斐閣,2015年)31頁以下および100頁以下を参照。

2　対象とのかかわりについて

　次に権利の名宛人に関する問題についてである。ここでは「誰の権利か」という対象の問題が論点となる。つまり，「具体的な特定の高齢者個人」の権利・利益の問題なのか，「不特定多数のカテゴリーとしての高齢者」（グループや集団）の権利・利益の問題なのかである。

　権利・利益ということとのかかわりで，「特定」か「不特定」かということが意味を持ってくるのは，それによって次のような違いが生じてくるからである。すなわち，対象が個々具体的に特定される場合，特定可能な個人が有する個別具体的で「主観的な」権利・利益の問題になるのに対して，高齢者といったある一定のカテゴリーに属する不特定多数の者が対象とされる場合には，カテゴリーとしての集団にかかわる一般的な権利・利益（客観的利益）の問題となるからである。この点をもう少しわかりやすくするために，保育所と児童遊園（児童厚生施設）との違いを例に説明してみよう。

　保育所も児童遊園も，広い意味で子育て支援ニーズ（必要）に関する施策である。したがって子育て支援を必要としている者にとっては，何らかの意味で利益を享受できる施策でもある。だが，これら2つのうち，個人が請求できる受給権の対象となるのは，保育所の方であり，児童遊園の利用は受給権の問題としては取り扱われない。問題はなぜそのようになるのかである。保育所の場合，特定の個人を対象にした個別給付として給付されるのだが（子ども・子育て支援法による保育給付），利用者を限定しない児童遊園などの児童厚生施設の場合は不特定多数の者を対象にしたものであり，給付の相手方を個々に特定して給付される個別給付としてではなく，一般的な行政サービスとして提供されるのである。基本的に事業として実施される行政のサービスというのは，公益目的実現のために不特定多数の者を対象にして一般的に提供されるものであり，特定の個人のニーズや利益に対する応答義務の履行として給付されるようなものではない。こうした利益のありようの違いは，より一般的な表現をするならば，法制度の対象となる利益や権利の「主観性」（ここでは個人の個別的な利益がかかわってくる）と「客観性」（ここでは不特定多数の一般的な利益がかかわってくる）の問題と言い表すことができるのである。

Ⅱ　高齢者の権利の類型化

上記で述べた目的に関する「バルネラビリティへの対応」と「オートノミーの尊重」という組み合わせと，対象に関する「特定の高齢者個人」と「不特定多数の高齢者」という2つの組み合わせをそれぞれ横軸と縦軸にして交差させると，以下のような4つの象限からなる高齢者の権利・利益に関する類型化の枠組みが用意されることになる。

高齢者の権利の特徴：4つの類型とその特徴
a）「特定の高齢者個人」を対象にした「バルネラビリティへの配慮・応答」
b）「特定の高齢者個人」を対象にした「オートノミーの尊重」
c）「不特定多数の高齢者」を対象にした「オートノミーの尊重」
d）「不特定多数の高齢者」を対象にした「バルネラビリティへの配慮・応答」

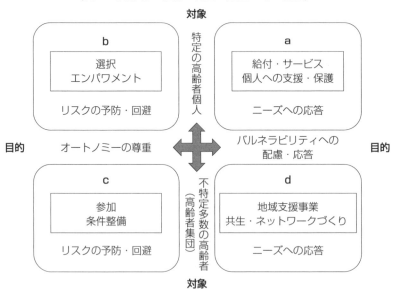

〔図1　高齢者の権利・利益の類型とその特徴〕

それぞれに類型について多少説明を加えておこう[3]。

a）「特定の高齢者個人」を対象にした「バルネラビリティへの配慮・応答」

この類型の特徴は，個人を対象にした「給付・サービス」や「個人への支援・保護」による特定の高齢者個人のニーズへの応答という点にある。ここでの典型的な権利・利益というのは，高齢者に対する社会保障の給付や社会福祉サービスの提供に関連する権利・利益ということになる。高齢者のバルネラビリティとのかかわりで，経済的な意味でも，身体的な意味でも様々なニーズ（必要性）が生じてくる。高齢者に対する社会保障や社会福祉の制度は，基本的にこの種の必要性に対応するために制度化されていった（ニーズ充足と保護のための給付・サービス）。

これらの制度は，具体的に見るならば，社会的な変化の中で変容してきている。むしろ高齢者の権利・利益という観点からは，それぞれの段階での社会状況を踏まえつつ，その権利・利益がさらに保障されるように変化していくことが望まれる。例えば「措置制度から介護保険制度」への転換について言えば，老親扶養に対する社会意識の変化とそうした変化を踏まえた高齢者の権利・利益をめぐる法理の展開があった。同様に虐待問題などの保護が絡む問題に関しても，高齢者の利益は，家族の中で守られているはずであり，私生活に関与するのは避けるべきであるとの従来の観念が，家庭内での虐待問題の発見などにより変化していき，現実の要請から保護のための様々な措置（虐待への罰則や通報制度，成年後見制度など）が講じられるようになるとともに，虐待されている高齢者を保護する法理が展開してきたのである。

b）「特定の高齢者個人」を対象にした「オートノミーの尊重」

この類型の特徴は，「選択」や「エンパワメント」によるリスクの予防・回避という点にある。特定の具体的な高齢者個人を対象にして，高齢者のオートノミーの尊重を目的にする制度・施策と，それにかかわる権利・利益が問題になる領域である。措置制度の下でのように高齢者を保護の対象としてのみ見る

3）　この表に関しては，第1章の中で紹介されている I.Doron の「高齢者法の多次元モデル」の枠組みとも対応することを意識しつつ作成した。具体的には，対象（「特定の高齢者個人」と「不特定多数の高齢者集団」）と目的（「オートノミーの尊重」と「バルネラビリティへの配慮」）の設定は，内容的には Doron の「高齢者法の多次元モデル」に見られる横軸（「自律←→パターナリズム」）と縦軸（「個人←→コミュニティ」）による意味づけと重なるものとなっている。

38　第1部　総　論

のではなく，バルネラビリティという側面のある高齢者であっても，権利の主
体として見ていくべきであるという流れ（措置から契約へ）の中で注目される
ようになったのがここでの権利・利益である。具体的には，利用者の選択の尊
重などが該当する。例えば，介護保険制度での契約制度導入により，サービス
に対する利用者の選択権が保障されるようになったことも，ここに位置づける
ことができる[4]。

　また，契約化といった利用手続の面での話だけではなく，オートノミーの尊
重を制度の直接の目的とするようなものもある。例えば，日常生活自立支援事
業や任意後見制度などが想定できよう。これらはいずれも，法定後見による保
護に至る前の段階における本人のオートノミーを尊重するためのものである。

　さらに，所得保障的要素を持つものとしては，社会保障給付ではないが，財
形貯蓄や個人年金などはリスク対応のための社会的な仕組みとして，この領域
に位置づけることが可能だろう。ちなみに公的老齢年金などの社会保険給付は，
「生活危険」給付ということでは，リスクへの対応として位置づけることがで
きる。その意味ではこの領域に位置づけられると考えられるが，他方で，個人
のニーズ（個別の生計費にかかわるニーズ）への対応という側面を持つものとし
て見るならば，ａの領域に入ると見ることになろう。

> ｃ）「不特定多数の高齢者」を対象にした「オートノミーの尊重」

　この類型の特徴は，不特定多数の高齢者を対象にするとともに，オートノ
ミーの尊重を目的にした制度・施策にかかわる集団的な利益・権利の問題を対
象にしている点にある。カテゴリーとしての高齢者の社会参加や高齢者が一般
的に権利行使する力を高めていくことが，そこで意図されている事柄だと言え
よう。内容的には，高齢者の社会的なポジションを強め，また高めるための環
境作りのための施策・制度ということになる（参加とそのための条件整備）。具
体的には，高齢者の雇用環境を整備していくための制度・施策や，シルバー人
材センターなどの高齢者の社会参加を促進するための制度・施策が該当する
（高年齢者雇用安定法）。また，地域資源の開発のための取組み――例えば，ボ
ランティアの発掘・養成・組織化――なども，高齢者の自立的な生活環境の確

---

4)　したがって，ａの類型の主要な要素である給付・サービスとのかかわりでも，手続き
　的な側面に焦点を合わせて考える場合には（例えば，利用者の主体性を尊重した手続き
　でサービスや給付の提供を求める場合など），この類型に該当してくることになろう。

保・改善につながる。さらに，高齢者固有の制度というわけではないが，高齢者の社会参加を促す機能を持つという意味で，バリアフリー制度なども挙げることができよう。なお，高齢者を対象にして美術館等の入場料を減免したりする優遇制度や，公共交通機関の利用に関しての優遇制度（シルバーパスなど）なども，高齢者の社会参加を促進する意味を持つものとしてこのタイプに入れることができるだろう。

> d）「不特定多数の高齢者」を対象にした「バルネラビリティへの配慮・応答」

この類型の特徴は，「地域支援事業」や「共生・ネットワーク」によるニーズへの応答という点にある。不特定多数の高齢者を対象にして，バルネラビリティへの配慮・応答を目的にした制度や施策と，それにかかわる権利・利益が問題になる領域である。具体的には，カテゴリーとしての高齢者を対象に自治体により事業として実施されている施策などが該当する。「介護予防・日常生活支援総合事業」として実施されている諸事業，例えば，サロン，住民主体の交流の場，コミュニティカフェ，認知症カフェ，ミニデイサービス，体操教室，運動・栄養・口腔ケア等の教室などの多様な通いの場を用意する事業とか，ゴミ出し，洗濯物の取り入れ，食器洗い，配食，見守り，安否確認などの多様な生活支援などがある。さらに，老人クラブ，高齢者能力開発情報センターなどの高齢者の生きがいや健康づくりの推進に向けた事業も該当するだろう。

なおこの類型に関しては，1つ前に取り上げた類型（c）とともに，不特定多数の高齢者を対象とするものであり，個別具体的な個人の利益（法的な権利保障の対象となる主観的な権利の問題になるような利益）の問題ではない。そのため，この種の類型に該当する事柄に関しては，これまで社会政策上の課題として意識されることがあっても，なかなか法的な権利問題として意識されることはなかった。しかし本章の冒頭でも言及したように，一般的な市民の権利として論じているのではなく「高齢者の権利」として論じることの意義が，高齢者固有の法理を意識することにあるとするならば，主観的な利益であるかどうかにかかわらず，そこに高齢者固有の法理を見いだすことができるのであれば，かかる法理の尊重を社会的に求める規範的要請の問題として——したがって，そうした規範的要請を対象とする広い意味での権利論として——位置づけて考える意義があるものと思慮する。

40　第1部　総　論

　さて以上見てきたように，一口に高齢者の人権や利益と言っても，そこには状況や場面に応じて異なる意味内容の権利・利益がかかわってくる。ここで紹介した権利・利益の4つの類型を意識することは，高齢者の権利・利益が含意している意味内容の違いを意識できるようになるという点で，そのこと自体に大きな意味があるだろう。ただし，それだけで終わりにするわけにはいかない。その上でより重要になるのは，実際の状況や場面との関係で，どのような内容の利益や権利が問題になっているのかを見極めることである。

　もちろん区分することで，まずは，どんな利益や権利が問題になっているのかを確認することができるだろう。その意味でこれまでの議論によって足がかりは得られたはずだが，それだけでは十分ではない。実際には，4つの区分のどれか1つだけで説明可能となるわけではないからである。そこには，核となる内容，派生している内容，あるいは，本来の趣旨とは異なる内容といったことが見られるのが普通であろう。したがって必要となるのは，上記で見てきた4つの類型を結びつけていくための議論となる。具体的には，まず，バルネラビリティとオートノミーの関係を論じること，次に，個別具体的な高齢者を対象者とする場合と不特定多数の高齢者を対象者とする場合の違いとその関係性を論じることである。

Ⅲ　バルネラビリティとオートノミーの　　かかわり方をめぐって

　確かにバルネラビリティとオートノミーとでは，その方向性は大きく異なるように見えるが，それらが文字どおり対立するもの，あるいは相容れないものとして，とらえるべきではないだろう。現実には，2つの側面が同時に必要になっている。例えば，高齢者虐待のための制度だからといって，保護の観点だけでよいというわけではない。高齢者のオートノミーも当然配慮され尊重されなければならない。高齢者の意思を無視して保護を行うのは，本来の意味で保護とはならないからである。同様に，オートノミーのための制度だとしても，例えば介護保険制度に見られるように，福祉サービスの契約化とともに利用者支援の仕組み（どのようなサービスを選択したらよいかの助言や，選択したサービスに不満がある場合の対処方法の相談など）の導入が図られているという状況も見られる。

第2章　高齢者の人権を考察するための枠組み　41

　そしてこうした状況を受けて，近年しばしば用いられるようになってきているのが，「支援された自律」とか「意思決定支援」といった概念である[5]。

　支援された自律ということが語られるとき，説得力をもつ議論として，よく引き合いに出されるのが，次のようなことである。例えば，税金の問題や金融資産の問題に関して専門家のアドバイスを聞きながら様々な決定を行うということが普通に見られるように，現実には多くの人びとが，専門家の助言を受けながら様々な決定・選択を行っている。けれどもこのことをもって，それらの人びとが自律していないとは言わないではないか，といったような点である。つまり，このような考え方からするならば，例えば知的障害者や認知症の高齢者などが支援を受けながら自己決定するとしても，そのことは，自律と矛盾することではないはずなのである。

　ただし他方で，自律と支援の間には，パラドキシカルな関係性が存在していることも看過されるべきではない。すなわち，利用者の選択や決定を実質的に支援していこうと積極的になればなるほど，利用者の判断に対する援助者の助言の影響力が強まり，それがあるところまで行きつくと，自律のための支援が，逆に意思の自律を否定する「保護」に転化することもありうるからである。支援としての助言などを利用しながら，自らが決定していくというのは利用者の自己決定の実質化といえようが，自ら決定することが困難なために，支援としてなされる助言に従うというのであれば，それは自己決定の実質化というよりは，自律を断念した「保護」である。言葉として言い表すと，その違いは明確であるような気もするが，現実の問題としては，おそらくその違いは紙一重である場合が多いのではないかと思われる。

　かくして支援と自律の関係を問うことが重要な論点となってくる。そして，この点で規範論の立場から有用な議論を展開しているのが，G・ドゥオーキン（Gerald Dworkin）の「個人の自律とパターナリズム」に関する議論である[6]。

　人は自由に行動することを欲するし，その制約は一般的には自律の侵害ということになろう。しかし，人は，タバコを吸いたいという欲求をもつべきでは

─────────────

5)　意思決定支援については本書4章，12章の他，秋元＝平田・前掲書（注2）73〜93頁などを参照。

6)　ここでのドゥオーキンの議論に関しては，Gerald Dworkin, 1988, *The Theory and Practice of Autonomy*, Cambridge University Press, pp.12-29を参照。この他に個人の自律とパターナリズムの議論や本文で以下に紹介する手続的独立性などの議論に関しては，秋元美世『社会福祉の利用者と人権』（有斐閣，2010）59頁以下でも触れている。

ないという欲求をもちうるように，自己の欲求・願望・価値を反省し，それに
基づいてそれらの欲求などに対する自分の態度について検討を加えることがで
きる能力をもっている。ドゥオーキンは，こうした能力を，人の「第二次的反
省（second order reflection）」の能力と呼んで，自律の本質的な要素というのは，
行動のレベルにおける欲求の自由にあるのではなく，この点にこそあるという
のである。ただしドゥオーキンは，自律の獲得のためには，こうした第二次的
反省の存在だけでは，まだ不十分であるとしている。というのは，その人自身
の価値評価としては見ることができないような仕方で，他者やその場の状況の
影響が第二次的反省としての選択に及んでいるような場合，それは自律と言え
ないからである。ドゥオーキンは，このように，人の意思を奪うような仕方で
の影響力の行使（例えば催眠下での教示，操作，強制的な説き伏せなど）があって
は，真の意味での自律は獲得できないということから，第二次的反省がその人
自身の価値評価としては見ることのできないような形で影響を受けている状況
を問題にし，それを「手続的独立性の欠如（failure of procedural independence）」
と呼んだ。そしてドゥオーキンは，こうした手続的独立性が奪われるような状
態を「決定の収奪」と規定し，自律を断念した保護（パターナリズム）をもた
らす大きな要因となると論じている。

　以上に述べてきたことを要約するならば，「オートノミーとバルネラビリ
ティ（すなわち保護の必要性）とのかかわり方を考える枠組み」を考えるにあ
たっては，次のようなことが重要になると思われる。

　まず，両者を対立するものと必ずしも考えるべきではない。ただし，自律と
支援の間に存在する困難な問題にも目を向けておく必要がある。そして，この
問題を考えていくための枠組みとして有用と考えられるのが，手続的独立性が
確保されているかどうか，あるいは決定の収奪がなされていないか，という観
点なのである。

Ⅳ　個別具体的な対象者と不特定多数の対象者
―対象となる高齢者像の違いと関係性について

　この問題について，権利・利益との関係でとりわけ注目しておかなければな
らないことは，先に児童遊園と保育所の利用の仕方を対比しながら論じておい
たように，利用者として不特定多数の者を対象とする場合には，個別具体的な

者を対象とする場合と異なり，請求権という意味での権利・利益は問題とはならないという点である。このことの背景には，人が請求権として主張するためには，前述したようにそれがその者個人の主観的な権利や利益にかかわるものであることが前提になるのだが，不特定多数の者を対象とする制度・施策において問題となる利益というのが，個人の主観的な利益ではなく，集団として享受する利益となるという事情が存在している。

　ちなみにこうした利益・権利の主観性と客観性の違いは，個人を対象にした制度や施策の場合，申請権を有する住民に対する行政の給付決定や，サービス提供主体と利用者との契約（個別の法律行為）を介して行われるのに対して，不特定多数を対象にする場合には，基本的に住民一般を対象にした事業として実施されるという形態としての違いとなってあらわれているとも言える。

　一般にある利益が，不特定多数の集団の利益とつながることが必要となる状況としては2つの場合が考えられる。1つは，当該利益を個人としてではなく集団として享受している場合であって，個別の個人の利益が意味ある形で存在していないような状況である。例えば，良好な景観が保全されている地域に居住する住民が，住民という1つのまとまり（集団）として一様に享受している利益などがこれに該当するだろう。もう1つは，個人の利益としては存在するが，それを享受するには集団を介して実現することが必要な場合である。実現するには個人1人の利益主張だけでは承認を得られないので，不特定多数の者からなる集団として要求するといった場合（例えば障害者集団によるバリアフリーの要求）などはこれに該当するだろう[7]。

　こうした個人と集団との利益をめぐるかかわり方について，前者のかかわり方を「結合（combine）」という言葉で，また後者のかかわり方を「共に（jointly）」という言葉で特徴づけられることがある。この場合，前者は集団をコーポレート（corporate）なものとしてとらえているのに対して，後者は集団をコレクティブ（collective）なものとしてとらえているということができよう。

　コーポレートなとらえ方では，集団が「結合」し，1つの独立した存在として利益を持つことになる。これに対してコレクティブなものとしてとらえる場

---

7)　個人と集団をめぐる利益のかかわり方については，Adina Preda, 2013, "Group Rights and Shared Interests", *Political Studies,* 61: 250-266. Peter Jones, 2008, "Group Rights（ch.4）", in *Stanford Encyclopedia of Philosophy*，秋元美世「コミュニティと集団の利益」週刊社会保障3041号（2019）48〜53頁などを参照。

合，そこでの利益は，グループのメンバーが「共に」所持する利益であるとして位置づけられることになる。「共に」所持する場合，利益の所持者は直接的には集合体を構成する諸個人ということになる。したがって，集団が別の独立した存在として想定されているわけではなく，ここで取り扱われる集合的利益というのは内容的には個人の利益を意味することになる。他方，コーポレートなとらえ方をした場合，集団が個人とは別に存在すると理解される。

　以上のことを前提にして，利益をめぐる集団と個人とのかかわり方を見るならば，次のようなことが言えるだろう。

　まず，構成員である個人が結合されて利益を享受することになる「結合」の場合である。ここで利益を享受するのは，例えばコミュニティや地域社会などのコーポレートな集団そのものということになる。むろん結果的にコミュニティを構成する個人が利益を受けることもあるが，それはあくまでも結果として得られている利益なのである。

　他方，構成員である個人が共に利益を享受する「共に」の場合には，集団（コミュニティ）はコレクティブなものとして位置づけられる。構成員を超越する存在としての集団が想定されることはない。集団がもたらす利益を享受するのは，その利益を共に享受する個々人ということになる。もたらされる利益は基本的に個人の利益であるが，その享受の仕方（すなわち，利益とその享受主体である個人の結びつき方）が集団的な形をとっていることにこのパターンの特徴がある。ここでは，個人と集団的利益との間を介在するものとして機能するのが，「共に」という享受の仕方ということになる。

　以上はやや抽象度の高い内容になってしまったので，少し具体的な話に還元してみよう。上述のように，不特定多数の集団を対象とする場合，そこでは２つのパターンが想定されていることが分かる。１つは，「結合」したコーポレートな集団であり，もう１つは「共に」存在しているコレクティブな集団である。

　まずコーポレートな集団として高齢者が想定されている場合，高齢者は，利益・権利を個人としてではなく，集団として享受している状況となる。例えば「見守り」の関係が根付いている地域社会（コミュニティ）が高齢者にもたらす利益などが該当するだろう。つまり，見守りといった社会関係がもたらす利益——例えばそこに暮らしていることによって得られている安心感などのような利益——というのは，その地域に居住する高齢者集団一般に（あるいは，カテ

ゴリーとしての高齢者に）広く及ぶものだからである。同様に，高齢者が被りやすい消費者被害を防止する法制度の存在によって高齢者が一般的に得ている予防的な利益などもこのタイプの利益に該当するだろう。つまりこうした法制度などのシステムの存在に伴う抑止力がもたらす被害防止の利益というのは，集団としての高齢者が一般的に享受している利益だからである。このように何らかの社会関係や制度・システムの存在を前提にして，そこから高齢者集団（カテゴリーとしての高齢者）が一般的に享受していると考えられる安心感にかかわる利益や予防的利益が，コーポレートな集団として得ている利益ということになる[8]。

　次に「共に」存在しているコレクティブな集団についてであるが，これは，障がいのある人々によるバリアフリーの要求のように，個人の利益として存在するが，それを享受するには集団を介して実現することが必要な場合があてはまる。すなわち，バリアフリーの具体化を社会の義務として求めるには（すなわち社会に対してバリアフリーへの取組みの義務付けを妥当なものとするためには），障がい者1人の個人的利害に限られる問題ではなく，それにより集団としての多くの障がい者の利益が実現されることを社会が認識する必要があるのである。

　以上に見てきた2つのパターンをとらえるうえでポイントとなるのが，外形的には同じ集団の利益や権利として位置づけることができるとしても，前者のコーポレートな集団的利益の場合には，個人の利益に還元できない集団としての利益が取り扱われるのに対して，後者のコレクティブな集団で扱われる利益は，個人単独では実現不可能であるため集団を介して実現されるが，利益自体は個人的な利益に還元できるという点である。このように集団的利益と個人の利益の間には，簡単に線引きができるような単純な関係としては説明できない側面もあるのである。ちなみに，集団的利益と個人の利益との多元的な連関には，さらに次のようなことも考えられる。

---

8)　こうしたコーポレートな集団としての利益に関しては，現実の場面では，最終的には，個人の個別的な権利・利益の問題に結びついてくる部分があるということにも留意しておく必要があろう。本文で述べたように，例えば，クーリングオフなど高齢者の消費者被害を防止する制度の存在によって，高齢者は消費者被害に遭わずに済むという予防的な利益を享受することになるわけだが，こうした抑止効果がもたらす利益は，個別の利益に分かつことができないがゆえに，カテゴリーとしての高齢者が全体として享受するものとなる。だが，他方で実際に問題が生じた場合には，個別具体的な個人の問題として，クーリングオフなどの法的措置を具体的に講じることとなる。この段階で問われている利益というのは，言うまでもなく，個人の個別的な権利・利益の問題になる。

46 第1部 総 論

　まず，コーポレートなレベルでの集団的利益を実現するためには，個人の利益を具体化する施策が重要な役割を果たすこともあるという点である。例えば前述したように，高齢者が安心してその経済生活を送れるというのはまさに集団としての（ないしカテゴリーとしての）高齢者が有する集団的な利益であるが，そうした状況を確保するには，個々の高齢者が経済生活で消費者被害を受けたときにそれを保障するための法制度やシステム（つまり被害を受けた個々の高齢者の個別的具体的利益を保障するための仕組み）が存在し十全に機能していることが必要になる。あるいは，ある地域社会が高齢者を見守る環境を確立しているとき，そこで暮らす高齢者集団は，そうした見守りが弱い地域に暮らす高齢者に比べて安心して暮らしていけるという利益（集団的利益）を享受できるわけだが，そうした環境が確立されるためには，介護保険制度など個人としての高齢者を対象にしたサービスが存在していることも必要な前提となってくるのである。

　また，集団の利益と個人の利益との関係については，さらに次のようなことも確認しておく必要があろう。つまり，集団的利益のうちコレクティブなレベルでの利益に関しては，内容的には個人の個別的な利益であるため，個別利益として扱えない制約要因さえクリアできれば，個別的な主観的利益として構成することが可能になる場合もあるという点である[9]。ただし，このことは逆に言えば，個別的利益であったものがコレクティブなレベルの問題に構成されるということもありうるということにもなる。実際，介護保険制度でかつて個別の予防給付として実施されていたサービス（したがって個人の利益を対象にしたサービス）が，不特定多数の住民を対象にした（したがって集団的利益を対象にした）自治体の一般事業として実施されるようになったという例も見られる。ちなみに，このように変わってきた背景には，予防給付に対するニーズが増大し，個人に請求権を認めるサービス（個人の利益・権利の問題）として維持するための資源をなかなか用意できなくなってきたことがあるように思われる。

　冒頭でも述べたように，一口に高齢者の人権や権利の問題と言っても，それらの権利や利益が現実に社会のなかに立ち現れてくる状況は一様ではない。そ

───────────────

9) ちなみに，バリアフリーの枠組みでは，個人として申し立てるという構成をとっていないのに対して，障害者差別解消法での合理的配慮の枠組みでは，個人からの申立てが前提とされていることも，この関係から説明できるだろう。

こには，レベルの違う様々な要素が介在しており，権利という同じ言葉が使われていても，文脈によっては意味内容が正反対になってしまうことさえある。そうした状況を読み解いていくためには，レベルの違う様々な要因を関係づけて見ていける枠組みが必要となる。本章でこれまで論じてきたことを，そうした枠組みをつくっていくための1つの試みとして見ていただければ幸いである。

第2部

理 論 編

50　第2部　理論編

第3章

高齢者の人間像

関ふ佐子

Ⅰ　高齢者の障壁と人間像

1　はじめに

1.1　本章の問題意識

　年齢差別が禁止され，同時に，高齢者が保障・保護・配慮を受け，他の世代とは異なる特別な保障の対象となりうる理由は何であろうか。高齢者の差別をどのような方法で禁止し，どのような内容や範囲で保障などをしていくべきか。保障などの根拠や内容と範囲を探るためには，高齢者という主体のどのような特徴が法的な保障の対象となるのかを明らかにする必要がある。

　障害者が直面する課題を分析する視点として，かつては障害者の心身の機能障害に着目する医学モデルが支配的であったものの，現在は，これに加えて，社会的障壁に着目する社会モデルが障害者の権利に関する条約（以下，「障害者権利条約」とする。）1条や障害者基本法2条1号に採用されるなど支持を集めている[1]。第1章Ⅱの2.1「高齢者の障壁」で指摘したように，医学モデルのみならず社会モデルに依拠している障害法は，障害者の社会参加などが妨げられている理由を説明し，合理的配慮の法整備などが必要であるとの考えを導き出した。この社会モデルは，社会の様々な障壁の存在を指摘し，障害者の不利益という問題を浮かび上がらせ，その具体的な議論の蓄積によって，職場など社会での障害者への合理的配慮が進められてきたといえる。これに対して，いまだ高齢者法では，高齢者のとりわけ社会的障壁を十分に明らかにできておらず，

---

1)　障害法における機能障害や社会モデルについて，菊池馨実＝中川純ほか編著『障害法〔第2版〕』（成文堂，2021）4頁以下。「機能障害」とは，心身機能または身体構造上の著しい変異や喪失などである。WHO「国際生活機能分類（ICF）」参照。

その不利益という問題の検討が進んでいるとはいえない。

　本書第10章の鈴木による神経内科学の観点からの研究では，認知機能の低下が高齢者に及ぼす影響を明らかにし，高齢者の心身機能の状態に着目する方法で高齢者の特徴を探っている。そして，本書のその他の章の検討は，高齢者の心身機能の特徴に加えて，高齢者が直面する社会的障壁や差別の内容を探る一歩となろう。

　本章では高齢者の人間像について考察することで[2]，「高齢者の心身の機能」を分析するとともに，「高齢者が直面する社会的な障壁」の存在を検討する。「ある特定の法秩序は，ある特定の種類の人間にむけられている。」と指摘されるように[3]，法（制度）は，その対象となる人がどのような人であるか，その人間像を想定し，それに応じて形作られている。したがって，本章では，高齢者は，一定年齢以上（例えば，65歳以上）の人であるのみならず，どのような心身の機能をもち（あるいはもたず），どのような障壁に相対し，どのような人ととらえられているのかを探っていく。これにより，高齢者をとりまく法制度の根拠や内容と範囲を検討する議論に役立たせたい。

1.2　本章の検討対象

　法が想定する人間像は，民法などで挙げられる「理性的・意思的で強く賢い人間像」[4]を基本としつつも，これのみではない。例えば，消費者法は必ずしも合理的な判断ができないという消費者の側面をとらえて，現実の消費者行動に即して消費者を保護する法として発展した[5]。また，労働法は，使用者と自

---

2)　以下，関ふ佐子「高齢者の人間像」21世紀政策研究所編『高齢者の自立と日本経済』（21世紀政策研究所，2019）18頁以下（以下，「高齢者の人間像」とする。），関ふ佐子「第1章　高齢者法の意義」樋口範雄＝関ふ佐子編著『シリーズ超高齢社会のデザイン：高齢者法―長寿社会の法の基礎』（東京大学出版会，2019）1～25頁（以下，「高齢者法の意義」とする。），関ふ佐子「高齢者法の全体像」日本社会保障法学会編『高齢者法の理論と実務／生活困窮者自立支援の法的仕組み（社会保障法第35号）』（法律文化社，2019）5～19頁参照（以下，日本社会保障法学会編の本書を『社会保障法』とする。）。

　　　本章の検討も，アメリカで構築されてきた高齢者法をめぐる議論を土台としている。第1章注17の文献に加えて，とりわけ，LAWRENCE A. FROLIK, ELDER LAW: CASES, MATERIALS AND PROBLEMS (7th ed. 2024) 参照。

3)　法における人間像の変遷も含めて，峯村光郎「法における人間」日本法哲学会編『法哲学年報1963（下）法における人間』（有斐閣，1964）1～20頁。

4)　「理性的・意思的で強く賢い人間像」の具体的な内容は本章Ⅰの3.1で簡単に述べるが，詳しくは星野英一「私法における人間―民法財産法を中心として」同『民法論集　第6巻』（有斐閣，1986）7頁以下参照。

由に契約できない，使用者に従属する労働者の側面をとらえて，労働者を保護する法として発展した[6]。この点，高齢者も，第一義的には民法が想定してきた自由・平等を基調とした理性的で利己的な抽象的個人や経済人であろう[7]。こうした人間像に加えて，消費者法や労働法と同様に，高齢者法として，どのような高齢者の人間像を具体的に想定しうるのかを本章では探っていく。

　第1章Ⅱの4「法理念をめぐる議論」では，高齢者が保障・保護・配慮や特別な保障の対象となる根拠を次の3点に分類した。1)差別されてきた／いる。2)ニーズがある。3)「高齢」である。高齢者の人間像を探る作業により，第1に，高齢者が直面する社会的障壁の1つである年齢差別の実像をあぶり出すことができよう。第2に，所得喪失や疾病といった一般的な「ニーズ」のなかで，高齢者特有のニーズを明らかにできよう。第3に，「高齢」であることで保障の対象となる高齢者の特徴を見いだしうるかもしれない。本章では特に第3の点について，「功績」という概念について考察していく[8]。

　本章のⅠでは，高齢者の人間像（以下，略して「高齢者像」と記すこともある。）を探るにあたって，2で多様化した高齢者の人間像について検討する。ひとくくりに高齢者といっても様々な人たちであり，とりわけ，高齢者には弱い側面と強い側面がある点を意識して論じていく。3では，民法とは別に，消費者法，労働法，社会保障法といった社会法で展開されてきた人間像をめぐる議論を中心に整理し，社会法では民法が伝統的に想定してきた合理的人間像以外の人間像も想定している点を確認する。4では，老年学といった他分野でとらえられてきた高齢者像や社会保障政策に反映されてきた高齢者像の変遷を整理する。

---

5)　消費者法が想定する人間像も含めて，廣瀬久和「法と人間行動—必ずしも合理的でなく，画一的でもない人間観からの再出発」Law and practice No.4（2010）167頁参照。

6)　労働法が想定する人間像について，自由な自律的個人と従属する労働者像の二側面を説明するものとして，西谷敏『労働法〔第3版〕』（日本評論社，2020）6頁以下。

7)　石川健治＝瀬川信久ほか「座談会　法における人間像を語る（特集　法は人間をどう捉えているか）」法律時報80巻1号（2008）5頁。

8)　功績について詳しくは，関ふ佐子「高齢者の『功績』再考」道幸哲也＝加藤智章ほか編著『社会法のなかの自立と連帯』（旬報社，2022）459〜474頁（以下，「功績再考」とする。）および関ふ佐子「『高齢』保障と高齢者の功績」小宮文人＝島田陽一ほか編著『社会法の再構築』（旬報社，2011）195〜213頁（以下，「高齢者の功績」とする。）参照。「ニーズ」ではなく「高齢」を根拠に公的な保障を行うことの是非について考察した先駆的研究に，Bernice L. Neugarten, ed., Age or Need: Public Policies for Older People（1982）がある。

本章のⅡの1では，高齢者の特徴を障害者の特徴との比較などから検討する。これにより，「高齢者の心身の機能」に加えて，「高齢者が直面する社会的な障壁」を整理し，これを分析する糸口を探る。本章では，高齢者の「貢献」や「功績」が評価される点を高齢者の特徴の1つととらえている。2では，高齢者の「功績」について，「貢献」との関係や高齢者を保障する法制度の根拠の1つと成りうるのかという点を考察する。さらに，「功績」という概念が，高齢者の尊厳を重んじた生活の保障に資する側面を検討する。最後に，3では，あらためて，高齢者の人間像を探る意義を確認する。

2　多様化した高齢者の人間像

　人生100年時代を迎えようとしているなかで，高齢者像をとらえる際は，寿命の延びといった時代による変化を加味すべきであろう。高齢者の健康状態や特徴に基づき，高齢世代は均質とはいえない集団であるとの指摘から，64歳〜74歳，75歳〜84歳，85歳以上といった年齢ごとの保障について考察する意義が世界的に提唱されてきた[9]。高齢者を単に65歳以上の人ととらえることには疑問が残る。統計のとり方も含めて高齢者像を正確にとらえていく必要があろう。本章では，「高齢者」を指すとき，それが65歳以上の人でよいのかという点についての詳細な議論はおいておく[10]。ただし，本章の検討において想定している高齢者は，第1章Ⅰの2.2「高齢者法と年齢」で紹介した日本老年学会などの提言と同様，多くの場合75歳以上の人である。

　第1章Ⅰの3「高齢者をめぐる動向」においても整理したとおり，高齢者像は時代とともに変化しており，弱い高齢者像以上に強い高齢者像を意識した議論が展開されている。とはいえ，これは相対的な話であり，そもそも高齢者の人間像は強い弱いに分けられるものではなく，同じ1人の高齢者についても，

---

9)　Bernice L. Neugarten, *Policy for the 1980s, Age or Need Entitlement?*, Neugarten, *Supra* note 8, at 21-24; Elizabeth Kutza & Nancy *Zweibel, Age as a Criterion for Focusing Public Programs*, in Neugarten, *Supra* note 8, at 61-62; Douglas W. Nelson, *Alternative Images of Old Age as the Bases for Policy*, in Neugarten, *supra* note 8, at 150-156. 年齢には，暦年齢，生物学的な年齢および主観的年齢があるなど，年齢の多様性について多角的に検討する論考として，Alexander A. Boni-Saenz, *Age Diversity*, 94 S.Cal.L.Rev 303-55（2021）参照。

10)　アメリカでは，高齢者を「65歳以上の人」ととらえることへの疑問が，すでに1980年代には提起されている。詳しくは，関・前掲論文「高齢者法の意義」（注2）11〜14頁以下，関・前掲論文「高齢者の功績」（注8）注6参照。

時として強い人間像と弱い人間像の双方を想定する必要がある。意欲と能力を
もつ自律した強い高齢者は，他の世代と差別なく接せられることを求めうる。
同時に，同じ高齢者であってもニーズがあると，各種の保障・保護・配慮を必
要としうるという弱い側面ももつ。高齢者像の強い側面と弱い側面は相対する
わけでもない。就労やボランティアにより社会の支え手となる高齢者像と，
サービスの受け手となる支えられるニーズのある高齢者像の双方を，同じ高齢
者がもちうるのである。そして，前者と後者の併存に加えて，その連続性を想
定せねばならない。さらに，例えば，就労との関係からみると，定年により引
退した人，定年後に再雇用され働き続ける人，定年がなく働き続ける自営業者，
専業主婦などがいるように，高齢者には様々な状況の人がいる。

　高齢者は多様であり，65歳以上の人をひとまとめにする点には課題があり，
強さと弱さの側面や様々な状況の人がいることを想定する必要はあるものの，
高齢者の人間像をとらえる意義が減少するわけではない。高齢者であることの
特徴は存在する。そして，高齢者を対象として検討する際は，第2章で検討し
たように[11]，①制度や施策の対象として一般的に想定されている，カテゴリー
／世代／集団としての高齢者と，②給付や支援を受ける個別具体的な個人とし
ての高齢者のいずれに着目するのかという点に留意する必要がある。①の場合，
高齢者という集団特有の人間像を踏まえた法理論が，制度や施策をつくる際に
必要となる。その際に，多様化した高齢者像を意識する必要がある。そのうえ
で，②の個別具体的な個人については，それぞれの施策の適用の仕方が法的課
題となり，その際は，その高齢者それぞれの事由を考慮するのか否かといった
点を検討することになる。

3　法における人間像

3.1　民法と消費者法における人間像

　行動経済学では，老年学・医学・脳神経科学などの蓄積を応用し，伝統的な
経済学が前提としてきた合理的人間像（合理的経済人）を修正しようとしてい
る[12]。法学でも，「必ずしも合理的ではない，心理的に脆弱なところのある個
人を見据えて法制度全体をもう一度見直してい」こういった提案がなされて
いる[13]。高齢者法における人間像の検討の参考とするために，まず他の法分

---

11)　秋元・本書第2章Iの2「対象とのかかわりについて」など参照。

野における人間像をめぐる議論を参照する。

民法における人間像の変化は，第1期から第3期に分類されている[14]。第1期は，民法が想定する市民や，商法が想定する商人を主体とした，いずれも，自律的で合理的な経済人や主体像が念頭におかれた時期である。ここでは，具体的な属性が捨象された抽象的な法的人格が想定されていた。第2期は，社会法の台頭により市民法原理が修正された時期である。使用者・労働者，家主・借家人，金銭貸主・借主，売主（企業）・消費者といった具体的な人間像が法的課題となった。これらは，集団としての主体であり，「階級」といった，一身固定的な性格をもっている。第3期は，個人としての人間像が出現した。例えば，投資者という個別の人間像を想定し，年収に応じた貸与額の制限などが設けられた。患者と医師の関係といった専門家の責任も議論された。新しい人間像が出現し，ある時は消費者，ある時は投資者，ある時は法を形成する場に参加する人など，同じ個人について場合によって異なる人間像が想定された。ここでは，具体的人間・生身の人間が検討され，「理性的・意思的で強く賢い人間から弱く愚かな人間へ」と法的人格が変遷したと言われている[15]。

民法が前提とする自律的人間像の変容を先導したのが消費者法である。消費者法は，自律的消費者像の限界から，人間の不合理性や弱さを受容する，「愚かな人間」「弱い人間」「具体的な人間」という消費者像を想定した[16]。例えば，将来の返済困難性を予測・実感できずに多額の借金をしてしまう近視眼的な行動をする人間像を想定し，そこから，借り手の元本についての国家の介入を正当化している[17]。消費者法では，こうした人間像を想定するにあたって，人

---

12) 駒村康平「加齢が意思決定に与える影響—神経経済学と金融ジェロントロジーの視点から」証券アナリストジャーナル59巻7号（2021）35頁以下，駒村康平「高齢者と市場」21世紀政策研究所編『高齢者の自立と日本経済』（21世紀政策研究所，2019）33頁以下。「法における人間像」について，より詳しくは，関・前掲論文「高齢者の人間像」（注2）23頁以下参照。

13) 廣瀬・前掲論文（注5）163～183頁，とりわけ，168頁。

14) 石川＝瀬川ほか・前掲論文（注7）4～32頁。私法における人間像の変遷について，全般的に，北山修悟「契約法における人間像についての一考察—オルテガ「生・理性」の哲学を基礎として」成蹊法学77号（2012）69～132（154～91）頁，吉田克己「総論・近代から現代へ（特集 民法のなかの「人間」）」法学セミナー529号（1999）34～39頁参照。

15) 星野・前掲論文（注4）29頁。

16) 松岡勝実「消費者像の多様性と『消費者市民』⑴」アルテスリベラレス（岩手大学人文社会科学部紀要）第85号（2009）106頁以降。

17) 廣瀬・前掲論文（注5）167頁。以下，同170～171，178～182頁参照。

の情報認識，認識した情報からの判断処理過程が必ずしも合理的ではない理由が分析されている。具体的には，1)情報の認識の不完全性をもたらす先入観の問題，2)自分にとって都合のよい情報を高く評価し，そうではない情報を軽視してしまう傾向，3)将来の負担を小さく見積もってしまう点などが挙げられている。「意思表示，法律行為や契約法の諸制度は……人間の生きた行動の類型的違いにも着目した検討がなされるべき…」と指摘されている。

消費者法では，一般法である民法は消費者の具体的な人格に対する特別の配慮を欠いているとして，これに配慮する法制度が形成されていった。1)顧客に適合しない勧誘をしてはならない，2)認知症高齢者など取引を行う適性を備えていない消費者を保護する，という「適合性原則」が提唱され，判断能力の低下した消費者などを救済している。さらに，訪問や電話などを通じた事業者の不意打ち的な接触や勧誘などを規制する「不招請勧誘規制」が設けられた。消費者法は，特有の人間像（消費者像）を想定することにより，人格権や人格的利益を尊重し，個人の私的領域への侵害を規制する法理を発展させていった。

こうした消費者法は，支援あっての自律であるとして，行政に保護される人間像をまずは想定した。しかし，消費者像はその後変容し，消費者基本法は，消費者の権利を尊重するとともに自律を支援し，市場に主体的に参加し，自己決定に基づき市場をリードする消費者像を描いている（消費者基本法2条）。

3.2　社会法における人間像

社会法は，市民（私）法原理のもとで生み出された従属労働（労働法）や社会的生活阻害（社会保障法）といった社会的不合理を修正している[18]。そして，「法における人間とは，…孤立した個体ではなく，社会の中なる人間，すなわち，集合人…なのである。」と言われている[19]。社会法は，労働者，困窮者，賃借人，消費者といった社会的・経済的弱者を生む社会構造などを問題視し，これらの人や集団を保護の対象とした。

前述した消費者法が消費者という具体的な人格に着目したのと同様に，労働法や社会保障法も具体的な人格を想定した。労働法は従属的労働関係にある労働者を対象としたのに対して[20]，社会保障法では[21]，労働といった「具体的

---

18)　第1章Ⅱの2.2「自由権的側面と社会権的側面の総合的な保障」も参照されたい。

19)　グスタフ・ラートブルフ（桑田三郎＝常磐忠允訳）「法における人間」同『ラートブルフ著作集第5巻：法における人間』（東京大学出版会，1962）11頁。

生活手段によってではなく生活主体としてとらえられた国民」が対象とされた[22]。当初は，憲法25条の生存権によって保護される弱い人間像を前提としていた。その後，1990年代以降の社会保障法改革において措置から契約へと言われる流れのなかなどで，社会保障法が想定する人間像は，自ら契約を結ぶ強い主体へと展開していった[23]。保護される弱い人間像のみならず，自律する強い人間像を前提に，それを支える法の役割が探られている。

これまで展開されてきた各法分野での人間像をめぐる議論は，高齢者の人間像を探る作業に示唆を与えている。消費者法，労働法，社会保障法のように，高齢者の具体的な人間像を探り，高齢者の集団としての人間像をとらえる必要がある。同時に，民法において意識されたように，同じ人間でも時として異なる人間像を想定しなければならない。社会保障法のように，「自律的で強い人間」と「保護を必要とする弱い人間」の双方を想定する必要がある。

4　高齢者の人間像の変遷

4.1　各分野で歴史的にとらえられてきた高齢者像

法学に加えて老年学や社会学といった各分野で，高齢者は歴史的にどのようにとらえられてきたのか。法制度が想定した高齢者像（老年学でいう「高齢者観」や「老年観」を含む。）に触れた論考のうち，本章の高齢者像の検討において参考にした論考を整理しておく。

1891年に穂積陳重は，「老人は壮時社会に利益を与えたためその報酬として権利を取得するものではなく，単に社会の一員であるためにその社会に向つて〈我にパンを与えよ〉と叫ぶ権利を有するものである。」と述べた[24]。その後，

---

20)　西谷・前掲書（注6）7頁以下。

21)　社会保障法における人間像について，全般的に，菊池馨実『社会保障法〔第3版〕』（有斐閣，2022）124〜125頁（以下，『社会保障法〔第3版〕』とする。），菊池馨実『社会保障法制の将来構想』（有斐閣，2010）53〜61頁（以下，『将来構想』とする。），菊池馨実「社会保障法における人間像（特集　法は人間をどう捉えているか）」法律時報80巻1号（2008）69〜74頁参照。

22)　荒木誠之『社会保障の法的構造』（有斐閣，1983）77頁。その他，同30〜31，54，66，76頁参照。

23)　憲法13条を根拠に，社会保障の目的を国民の生活保障にとどまらず，より根源的には「個人の自律の支援」にあるととらえる「自律基底的社会保障法理論」が提唱されている。菊池・前掲書（注21）『社会保障法〔第3版〕』107〜108，121〜123頁。社会保障法における人間像をめぐる歴史的な議論の展開などについて，菊池・前掲書（注21）『将来構想』53〜58頁参照。

58　第2部　理論編

大内兵衛が労働生活の末の所得喪失の保障に着目し[25]，中川善之助が社会に
つくさなかった高齢者にも言及しつつ，社会につくしてきた返報として高齢者
を敬愛するのではないと論じた[26]。他方で，「1961年頃より，社会的人間とし
て老人をとりあげようとする思想傾向がつよまり，今後は老人が家庭的・社会
的に貢献した功績に対する正しい評価としての敬老思想に移行していく」と分
析された[27]。高齢者の保障を社会の役割ととらえるのか，高齢者の貢献への
返報ととらえるのか，保障の根拠をめぐる考え方が揺れ動いていた[28]。こう
したなか，1979年に岡村重夫は，高齢者が求めているのは，自分の功績を売り
ものにした特別扱いではなく，すべての国民と対等平等の人間として取り扱わ
れることだとして，ユニバーサルな保障を提唱した[29]。4.2で取り上げるとおり，

---

24)　穂積陳重『隠居論』（有斐閣書房，1915）693頁，現代文訳は，森幹郎『老域論の新
　　展開』（キリスト教図書出版社，1995）142頁（初版は1891年）。穂積は，家族制度と高
　　齢者，高齢者の社会権などについて論じ，優老の法則を唱えている。菊池勇夫「穂積陳
　　重と社会権」日本学士院紀要30巻1号（1972）21頁参照。
25)　大内は，「こんにちの老人問題は何よりも，資本主義社会に生活し，その長い労働生
　　活の末に収入の道を失った老人の余生をいかに保障するかの問題」とした。大内兵衛編
　　『老齢者母子の実態―老人問題と国民年金』（東洋経済新報社，1958）ⅰ頁。
26)　中川は敬老の日について，「老後というのは，誰しもが必らず到達する旅路の果てで
　　ある。そこへ疲れきってたどりついた老人を国全体で慰め，労わり，ねぎらおうという
　　のが老人のための祝日の本旨である。それを，老人は〈多年にわたり社会につくしてき
　　た〉のだから尊敬しようなどと法律はいっているが，とんでもない誤解である。老人は
　　ただ個人として敬愛されるのであり，社会につくしてきたから，その返報として敬愛す
　　るというような，取引勘定ではない。そんなことをいえば，社会につくさなかった老人
　　はどうなるのか?!」中川善之助・法学セミナー190号（1971）扉ページ。
27)　「敬老思想」仲村優一＝一番ケ瀬康子ほか編著『社会福祉辞典』（誠信書房，1974）
　　80頁。ここで使われている「功績」や注29などで岡村が使用する「功績」は，筆者がⅡ
　　の2.2で「功績」とは区別した，働いたり保険料を払ってきた形でなされる「貢献」を
　　意味するものと見受けられる。
28)　世界では，古今東西の文献から老いに対する自己否定的なイメージを収集した
　　Simone de Beauvoir が，1970年に老いを個人の問題ではなく社会の問題と唱えるなど
　　した。Beauvoir は，「人間がその最後の15年ないし20年のあいだ，もはや一個の廃品で
　　しかないという事実が，われわれの文明の挫折をはっきりと示している」と問題提起し
　　た。シモーヌ・ド・ボーヴォワール『老い　上（新装版）』（人文書院，2013）12頁。
　　SIMONE DE BEAUVOIR. LA VIEILLESSE (1970).
29)　岡村は，「老人が社会の進展に寄与した功績と引きかえに，国民からの〈敬愛〉や生
　　活の保障を期待するような発想は，少なくとも老人自身の側から出た発想ではない。老
　　人の眞に求めているものは，自分の功績を売りものにして，特別扱いをしてくれという
　　ことではなくて，すべての国民と対等平等の人間として取り扱われること，また人間と
　　しての尊厳にふさわしい処遇をしてもらいたいということである。これは……児童にも，
　　障害者にも，健常者にも共通の願いであって，社会福祉全般に通ずる原理である。」と
　　主張した。岡村重夫『新しい老人福祉』（ミネルヴァ書房，1979）138頁。

社会保障政策においてもユニバーサルな保障を求める声が挙がっている。

　老年学（Gerontology／ジェロントロジー）で研究されている高齢者像も変遷している[30]。老年学の初期の段階では，人間の加齢変化はきわめて否定的にとらえられていた。その後，人間のある種の能力と人格は高齢期になっても発達し続けるという生涯発達理論が提唱され，老年学の様々な領域に影響を与えてきた。老年学の一分野である社会老年学をみると[31]，高齢者に対する家族機能論の研究が進められ，家族機能の変化にともなう家族の扶養と社会保障との関係といった様々な研究に発展した。高齢者は世代論からも研究された。1960年代以降は，「権利主体としての老年（生存権の主体）」，「活動主体としての老年（余暇・リハビリテーション・労働・学習・スポーツ・社会運動の主体）」，「成熟主体としての老年（人間性・人間関係の洞察の主体，老い・病・死の受容の主体）」といった形で，老年世代の主体性論が唱えられた[32]。社会老年学は，当初，「保護あるいは支援の対象」としての高齢者観を掲げ，老年期における高齢者の社会的意義と高齢者を主体としてとらえる形での政策上や研究上のフレームワークの必要性を説いた[33]。その後，高齢化といった人口構造の変化や社会変動に起因する「老人問題」の対象としての高齢者が意識され，社会的弱者としての高齢者観から変化していった。そして，高齢者の多様性や老年期の経済・生活格差の研究などにも発展していった。

　比較老年学では，社会ごとの高齢者の地位の変化や個々人のなかで変化する高齢者像が研究されている。現代の日本人の高齢者観については，とりわけ女性より男性，また学歴など社会経済的地位の高い人ほど，その高齢者観は否定的であるという研究もある[34]。同研究は，「幼時に肯定的であった高齢者観が，

---

30)　柴田博＝長田久雄ほか編著『老年学要論―老いを理解する』（建帛社，2007）全般，とりわけ，老年学全体における老化概念と高齢者像の変遷について14頁以下参照。

31)　以下，下山昭夫「高齢者福祉研究に関する社会老年学の貢献―いくつかの先駆的研究を通じて―」淑徳大学社会福祉研究所総合福祉研究24号（2019）11〜24頁参照。そのほか，古谷野亘＝安藤孝敏編『改訂・新社会老年学』（ワールドプランニング，2008）17〜26頁，天田城介『〈老い衰えゆくこと〉の社会学（普及版）』（多賀出版，2007）87頁以下，那須宗一『老人世代論―老人福祉の理論と現状分析』（芦書房，1962）。

32)　副田義成「現代日本における老年観」伊東光晴ほか編著『老いの発見2　老いのパラダイム』（岩波書店，1986）109頁。

33)　下山・前掲論文（注31）17頁。

34)　「青年，男性，そして社会経済的地位の高い人は，一般に強さや早さ，あるいはそれらに基礎づけられる達成度を重視する傾向にあるから，力動性や生産性，達成度を重視すればするほど，老いや老いた人々についての見方が否定的になりがちだ。」古谷野＝安藤・前掲書（注31）17，18〜19頁。

青年期に否定的になり，その後やや肯定的になっていくのは，成長・発達に伴う基本的な価値観の変化に起因することであるのかもしれない。」として，1人の人のなかでも変化する高齢者像について指摘している。また，金融ジェロントロジーでは，脳科学との連携研究から，認知機能の低下が経済活動に及ぼす影響などが探られている[35]。

　老年学で発展した研究のなかでも，「エイジズム」や「プロダクティブ・エイジング（productive aging／生産的な老い）」に関する研究が高齢者法の研究では注目されている。エイジズムは，青壮年の年をとることに対する怖れに根ざし，病気や心身の障害，死への恐怖，そして有用性の喪失に対する嫌悪感に由来すると言われている[36]。この点，すべての人が年をとるとともに，他者差別に加えて自己差別も大きいところが，年齢差別と他の差別との1つの違いといえよう[37]。エイジズムについては，本書第5章で柳澤がさらに詳しく論じる。プロダクティブ・エイジングという概念は，加齢と生産性が反比例の関係にはないことと，高齢者の生産的能力がエイジズム，雇用への障害，その他の慣行によって活かされていないという事実に注意を喚起するために，Robert N. Butler が1970年代半ばに提唱した[38]。高齢者の生産的社会参加に対する差別的な制度・慣行などの障壁を除去するとともに，高齢者のための公正な資源配分の必要性が指摘された。こうした研究が，その後，地域社会学やコミュニティ研究にも発展している。法学においても，高齢者が自立した社会の一員として生きることが評価されている[39]。高齢者法の研究において，こうした老年学の知見をさらに取り入れていくならば，高齢者の社会的障壁の発見とこれを除去する法政策に結び付けられるのではないか。

---

35)　駒村康平編著『エッセンシャル金融ジェロントロジー』（慶應義塾大学出版会，2019），HP ファイナンシャル・ジェロントロジー研究センター参照。

36)　古谷野＝安藤・前掲書（注31）24頁。

37)　上野は高齢者問題と障害者問題の違いについて次のとおり指摘する。「健常者が障害者になることは確率的には低く，まして民族が変わることはほぼありませんが，老いだけはすべての人に訪れます。……カテゴリー上の移行とアイデンティティの変更が，すべての人に強いられる。」「加齢という現象は，すべての人が中途障害者になることだ。」そして，自己差別について，「心理的老化がいちばん遅くなるのは，変化した自分を受け入れられないという自己否定感がそこにあるからです。」とする。上野千鶴子『ボーヴォワール「老い」2021年7月（NHK100分 de 名著）』（NHK 出版，2021）20～22頁。

38)　古谷野＝安藤・前掲書（注31）92頁。Robert N. Butler, Why Survive? Being Old in America (1975)（内薗耕二監訳『老後はなぜ悲劇なのか？　アメリカの老人たちの生活』（メヂカルフレンド社，1991）。

4.2　社会保障政策に反映された高齢者像の沿革

　法政策に反映された高齢者像について，紙幅の関係もあり，昨今の議論につながる社会保障政策をめぐる議論の一部を整理しておく[40]。

　老人福祉法は，1963年制定当初，「老人は，多年にわたり社会の進展に寄与してきた者として敬愛され，かつ，健全で安らかな生活を保障されるものとする。」と定めていた（第2条）。コメンタールは，1963年法2条について，「この規定は，老人の福祉を図るための国，地方公共団体の施策の運用に指針を与えるとともに，老人を含む一般国民の心構えについて指標を与えているものである。」「前段においては老人が社会に対し貢献をしてきたいわば功労者であることを前提として」いると説明している[41]。また，高齢者の活用や社会参加について規定する3条は，「老人は，老齢に伴って生ずる心身の変化を自覚して，常に心身の健康を保持し，その知識と経験を社会に役立たせるように務めるものとする。」と定めていた（傍点は筆者追加）。この点は，知識や経験を社会に役立たせねばならないのかと批判されている[42]。

　1982年に制定された老人保健法は，「老人の心身の特性に応じた」看護や医療に着目し（46条の5の6，48条など），70歳以上の人および65歳以上70歳未満の一定の障害状態にある人を他の年代の人と区別した（25条）[43]。これにより，

---

39)　「自立した社会の一員として生きることが，こんにち，高齢者のクオリティ・オブ・ライフにとって重要であり，みずからの意志で選びとった暮らしを，みずからの手で維持して行くことはその基礎をなす。……障害を除き，自立の困難を軽減する社会的施策が求められるのであり，社会法の課題もそこにある。」河野正輝＝菊池高志編著『高齢者の法』（有斐閣，1997）ⅱ頁。西村は本書第6章で，アクティブ・エイジングの考え方に基づく法体系を提言する。

40)　例えば，刑事政策では高齢者像にもとづく法政策を展開するなど，各法分野で法政策における高齢者像が研究されている。山口絢『高齢者のための法的支援』（東京大学出版会，2020），趙智啓太編著『高齢者の犯罪心理学』（誠信書房，2018），安田恵美『高齢犯罪者の権利保障と社会復帰』（法律文化社，2017）参照。高齢者と他の世代との異同に関する社会保障制度における議論については，今後より具体的に研究を深めたい。

41)　大山正『老人福祉法の解説』（全国社会福祉協議会，1964）85頁。

42)　森は，「老人を遊ばしちゃいかぬ，知識，経験を現在の社会に役立たせるようつとめるべきであるというのが第3条の考え方だとすれば，救貧法の労役所の考え方とどこが違うのであろうか？」と問うている。老人福祉法案の国会審議では，厚生大臣が「年寄りも遊ばしちゃいかぬ，ただ国家が金を出して年寄りを遊ばせるのが目的じゃないというので，基本理念に入れたわけであります」，政府委員（社会局長）は「やはり老人は老人なりにその過去の知識，経験を現在の社会に役立たせるようにつとめるべきである」と答弁した。森・前掲書（注24）149～150頁。コメンタールは，1963年法の3条について，「その特性を社会に役立たせるべき旨を要請し……た規定である」と説明する。大山・前掲書（注41）87頁。

年齢による区分をめぐる議論が惹起され，高齢者にも一般的な医療保障の理念と原則を適用すべきかが問われた。井上は，「高齢者だからといってとくに医療保障の理念や原則が異なるわけではなく，一般的な健康権，医療保障の理念と原則が適用され，とくに高齢を配慮すべき状況（ハンディキャップ）に応じて，必要な医療が提供されなければならない。その意味で層として『老人』をとらえるよりも『個人としての高齢者』ないしはそれぞれの個性，加齢の状況こそ問題とされなければならない。」と唱えた[44]。老人保健制度では老人の心身の特性にふさわしい医療が検討され，特別な診療報酬の是非が課題となった。ここでの議論は，2008年に制定された，75歳以上の人を被保険者とする後期高齢者医療制度をめぐる議論へとつながっている。後期高齢者に対する医療給付を中心とした，給付の種類・診療方針・診療報酬の変遷，そして「老人の心身の特性」などにかかわる議論について，詳しくは，原田が本書第7章Ⅲの4「後期高齢者医療制度と高齢者医療」で論じている。

1990年の老人福祉法の改正では，第2条に「豊富な知識と経験を有する者」という高齢者像が追加された[45]。これは，「老人を一つの時代を生きてきた世代として見るもので，いわゆるベテランシップ（在郷軍人優遇権）にも似た考え方であり，老人期を払い戻しの時期とする老人観である。」と評価されている[46]。森は，児童福祉法などと比較し，「もし，児童を明日の時代を担う世代と見ていたら，例えば，心身障害児の福祉などなかったであろう。……顧みて，老人が『人として尊ばれる。』『社会の一員として重んぜられる。』……と権利宣言する日は果たして来るのであろうか？」と問題提起する[47]。また3条に「知識と経験を活用して，社会的活動に参加する」との文言が追加され[48]，知

---

43) 老人保健法や同制度の内容と沿革について，岡光序治編著『老人保健制度解説』（ぎょうせい，1993），吉原健二編著『老人保健法の解説』（中央法規出版，1983）。例えば，老人の心身の特性やそれにふさわしい診療報酬について，岡光・前掲書（本注）257頁以下，吉原・前掲書（本注）77頁以下参照。

44) 井上英夫「健康権と高齢者の医療保障」井上英夫＝上村誠彦ほか編著『高齢者医療保障』（労働旬報社，1995）38頁。

45) 老人福祉法1990年改正法2条：老人は，多年にわたり社会の進展に寄与してきた者として，かつ，豊富な知識と経験を有する者として敬愛されるとともに，生きがいを持てる健全で安らかな生活を保障されるものとする（改正で追加された文言につき，傍点を筆者記載）。

46) 森・前掲書（注24）138頁。

47) 森は児童と高齢者を比較し，「児童福祉法は第1章総則で社会権を規定し，児童憲章も児童は『人として尊ばれる。』『社会の一員として重んぜられる。』『よい環境のなかで育てられる。』と宣言している。」とする。森・前掲書（注24）142頁。

識と経験を活用することを法が規定する点の是非も問われている。高齢期を払い戻しの時期とする老人観と関連する，高齢者の貢献の評価について，Ⅱの2などで功績という概念を用いることの意義という形で検討していく。

　社会保障制度では，高齢者と他の世代との異同が所得・医療・介護保障といった各法制度で問われている。例えば，医療については，高齢者の一部負担金割合の軽減と年齢による区分の合理性などが活発に議論されてきた[49]。所得保障については，70歳以上の生活保護受給者に対する老齢加算が2004年から段階的に廃止され，老齢に起因する特別な需要の存在の有無などが裁判で争われ，厚生労働大臣の裁量権の範囲に逸脱またはその濫用があるとはいえないと判断された[50]。老齢加算創設の1つの根拠とされた高齢者の特別な需要（特定の需要）について，1960年の創設当時は，お年寄りは咀嚼能力が弱く柔らかいものを食べるためには燃料費が余計にかかる，生きがいのため孫に飴玉を買う小遣い程度は必要といった議論がなされた[51]。1976年に加算方式が改められた際も，食料費・光熱費・被服費・保健衛生費・雑費について特別な需要の必要性が確認され，親戚・知人などへの訪問や墓参などの費用，教養娯楽費などを余分に必要とするとされた。同様の特別な需要の存在は，1980年や1983年の社会福祉審議会などでは確認されたものの，2003年の社会保障審議会福祉部会で否定され，老齢加算の廃止が提言された[52]。老齢加算の廃止をめぐる議論は，廃止が高齢者の特別な需要についての適切なエビデンスに基づき行われたものであったのかを問うものとなった。

---

48)　老人福祉法1990年改正法3条：老人は，老齢に伴って生ずる心身の変化を自覚して，常に心身の健康を保持し，又は，その知識と経験を活用して，社会的活動に参加するように務めるものとする（傍点は筆者記載）。森・前掲書（注24）149～151頁。

49)　柴田洋二郎「給付と負担の見直しと社会保障の持続可能性」社会保障法研究13号（2021）40頁，稲森公嘉「公的医療保険における保険原理と社会原理の均衡点」菊池馨実編著『社会保険の法原理』（法律文化社，2012）165頁以下，品田充儀「社会保険制度の特質と意義」菊池・前掲書（本注）21頁以下，江口隆裕『社会保障の基本原理を考える』（有斐閣，1996）100頁。

50)　最三小判平24年2月28日民集66巻3号1240頁，最二小判24年4月2日民集66巻6号2367頁，新田秀樹「社会保障法判例」季刊社会保障研究48巻3号（2012）349～358頁，本稿の関心となる高齢者の特別需要について，尾形健「老齢加算廃止違憲訴訟をめぐって」同志社法学64巻7号（2013）773頁以下，とりわけ791～793頁，村上裕章「生活保護老齢加算廃止訴訟」法政研究80巻1号（2013）205頁以下，とりわけ210，212～214頁参照。

51)　以下，冨家貴子「老齢加算は単なる『みあい』加算なのか」賃金と社会保障1447号（2007）28頁以下，とりわけ33～39頁，生活保護法規研究会編『生活保護関係法令通知集（平成15年版）』（中央法規，2003）453～454頁。

64 第2部 理論編

Ⅱ 高齢者の特徴

1 高齢者の特徴の全体像

1.1 検討の前提

　高齢者法における高齢者の特徴の探索は，上述した老年学や社会学などで蓄積されてきた知見を応用し，それを法政策の検討に参照しようとしている。例えば，加齢に伴う心理的変化や未来展望の変化などについての老年学からの知見を手がかりに，高齢者の人間像を描くことができれば，今後の法改正において1つの指針としえよう。

　本章では，高齢者の特徴や人間像の検討にあたって，第1章Ⅰの2.3「高齢者と法をめぐる動向」で挙げた2016年の国連人権高等弁務官の報告書「高齢者によるすべての人権の享受に関する独立専門官の報告書」なども参照した[53]。本報告書は，高齢者の課題として，①法的，制度的および政策的枠組み，②ケア，③社会的保護，④労働権，⑤平等と差別禁止，⑥暴力と虐待，⑦参加，⑧十分な生活水準，⑨司法へのアクセス，⑩教育，訓練および生涯学習，⑪アクセシビリティ，⑫意識向上と研究などを挙げている。本報告書を含めて国連では，高齢者の課題をリスト化する作業が進められており，そのリストは幾度となく内容が更新されている。リスト化した高齢者の課題からは，高齢者が何を必要とする存在なのか，高齢者の障壁の一端が見えてこよう。

　寿命が健康寿命も含めて延び，働く高齢者も増えるなか，人生100年時代にあわせて社会制度が改革されるとともに，高齢期に向けた準備や高齢期の過ごし方といった各人の人生設計は変化しつつある。本章のⅠの2「多様化した高齢者の人間像」などで検討した，弱さと強さの両面をもつ高齢者像など，高齢者の特徴は変化する側面もあることに留意する必要がある。そして，高齢者の

---

52)　中央社会福祉審議会生活保護専門部会「生活保護専門分科会審議状況の中間的とりまとめ」（1980年12月）7，8頁，中央社会福祉審議会「生活扶助基準及び加算のあり方について（意見具申）」（昭和58年12月23日），社会保障審議会福祉部会「生活保護制度の在り方についての中間取りまとめ」（平成15年12月16日）。

53)　*United Nations, Report of the Independent Expert on the enjoyment of all human rights by older persons*, A/HRC/33/44, 8th July 2016. 第1章Ⅰの2.3「高齢者と法をめぐる動向」注27の各文献参照。

強い側面に着目すると，他の世代と異なる取扱い，年齢差別，年齢を理由とし
たハラスメントなどが法的課題となりえ，これを争う裁判は増えつつある[54]。
他方で，同じ高齢者についても，その弱い側面に着目すると，各種の保障・保
護・配慮を必要としうる。

1.2　高齢者の特徴のリスト

　高齢者とはどのような主体であろうか。高齢者の人間像を明らかにするため
に高齢者の特徴を検討する。まず，アメリカで高齢者法を法分野として確立す
る作業を先導したFrolikの議論を参照して作成し，その後日本の高齢者を想
定して修正してきた高齢者の特徴のリストから検討を始める[55]。本リストは，
高齢者の特徴を浮かび上がらせるためのリストであり[56]，例えば，認知症と
いった，特徴として強調したい点は一般的な疾病とは分けてリスト化するなど，
重複する項目もある。

　ア．「か弱い」：高齢者は，保護を必要とする「か弱い」側面をもちやすい[57]。

　イ．「余命」：高齢者は，終末期をより身近に控えており，余命が若・中年者
　　　より短い。

　ウ．「能力低下」：高齢者の生存のための生物学的能力，適応のための心理学
　　　的能力，役割充足のための社会学的能力などは，不可逆的に長期にわたっ
　　　て低下・変化しやすい。

　エ．「医療・介護」：高齢者は，若・中年者よりも病弱な場合が多く，より重
　　　症の急性疾患や慢性病を患いやすく，入院期間が長期化しやすく，要介護
　　　状態になりやすい。特に75歳以上の後期高齢者は，発病率や要介護発生率
　　　がより高い。

---

54)　柳澤・本書第5章Ⅲの6「現行法下の法的紛争」，同Ⅳの3「日本のエイジ・ハラス
　　メント裁判」，柳澤武「高齢者の雇用と法—超長寿時代のディーセント・ワーク」・前掲
　　『社会保障法』（注2）63頁以下参照。

55)　Alison P. Barnes & Lawrence A. Frolik, *An Aging Population: A Challenge to the
　　Law,* 42 HASTINGS L.J. 683, 694-96 (1991) ほか，関・前掲論文「高齢者の功績」（注8）
　　注24，25参照。

56)　本リストは高齢者の特徴をあぶり出す完全なリストではない。また，更新中のもの
　　であり，関・前掲論文「高齢者の人間像」（注2）29頁で提示したリストからも加筆・
　　修正している。

57)　高齢者のか弱い（frail）側面は，心身の機能低下といった具体的なニーズの存在の
　　みを示すものではない。これは，Frolikがピッツバーグ大学の高齢者法の講義で最初に
　　板書した高齢者の特徴であり，高齢者の脆弱な側面を一言で表す言葉として挙げた。

66 第2部 理論編

オ.「認知症」：認知症の発病率は加齢により増加するため，高齢者は，認知症の影響を見過ごせない人たちである。

カ.「財産」：高齢者は，比較的貧しい人たちであると考えられていたが，現在，高齢者は長年蓄積してきた財産をもつ人たちともとらえられている。

キ.「就労」：高齢者は，それまでと同様の形での就労や就労自体が難しくなりやすい。

ク.「引退」：働ける者は働いて自活すべきという自立の精神が重んじられる社会のなかでも，高齢者は，就労しなくとも許容される人たちである。

ケ.「貢献・功績」：高齢者は，就労を通じて社会に貢献するなど，それまで生きてきたことによる功績が評価されうる人たちである。

コ.「長生き」：高齢者は，より長く生きてきた人たちである。

サ.「将来」：高齢者は，すべての人たちが将来なりうる可能性のある人たちである。

シ.「自立（律）性」：高齢者は，子といった家族に面倒をかけない，自立（律）した人生をおくりたいと望む傾向が強く，それを支える社会保障制度などを確立する要望が強い人たちである。

ス.「多様性」：高齢世代は，障害者や貧困者のような特定のニーズを抱える人たちの集団ではなく，要介護の人も元気な人も，貧しい人も富める人もいる多様な世代である。

　高齢者のか弱さ，余命，能力の低下，医療や介護，認知症，就労の難しさなどについて列挙した「ア〜キ」が示すように，高齢者には加齢の影響があり，これらの一部は，高齢になると高まるニーズといえる。心身の機能低下といった「イ〜オ」の特徴の多くは，本章の I の1.1「本章の問題意識」で説明した障害法でいう[58]，心身の機能障害と同視できよう。同様に，就労が難しくなる「キ」の特徴からは，心身の機能低下に伴う，高齢者をとりまく社会的障壁の存在がうかがえるといえよう。こうした心身の機能低下や社会的障壁に対処するためには，どのような法政策が必要となろうか。

　例えば，眼球表面にメラニン色素が沈着し，うす茶色のベールをかけたような感じで物が見える多くの高齢者は，若い人と比べて黒と青などの見分けがつ

58）　菊池＝中川ほか・前掲書（注1）4頁以下。

きづらい。この心身の機能低下に起因した高齢者の特徴に配慮する場合，高齢者を雇う職場などでは，色遣いに配慮した職場環境の整備が求められうる。高齢者雇用の促進を目指す国や地方自治体は，職場の環境整備を補助する法制度の整備も検討すべきこととなろう。この点，すべての世代の人たちのニーズではなく，高齢者のニーズのみに着目して法制度を構築すると，高齢者を優遇するとの批判や年齢差別に結びつく危険をはらむ。そこで，よりユニバーサルな施策が望まれる場合もある。例えば，駅の路線図などは，高齢者以外の色弱者にも配慮したカラーユニバーサルデザインが使用されており，こうした，ユニバーサルな年齢に中立的な施策が取り入れられている。

　他方で，疾病や能力低下といった「ニーズ」は，障害者や若・中年者などももちうる一般的なニーズだが，そのなかでも「ウ・エ・オ」は，高齢になると高まるニーズまたは高齢者特有のニーズである。例えば，複数の病気をもち，多臓器障害となるリスクが高まり，認知症などの老年症候群や虚弱（フレイル）の問題をもつ高齢者については，総合的・包括的な医療が求められている[59]。疾病といったニーズのなかでも高齢者に顕著なニーズに着目すると，高齢者は他の世代とは異なる保護が医療において必要になる可能性があり，「治し支える医療」への転換が求められている。

　就労を求められない点を挙げた「ク」，「貢献」や「功績」を挙げた「ケ」，長く生きてきた点を挙げた「コ」は，長年にわたって社会で生きてきた高齢者の特徴やその評価を示している。「功績」や長年の人生で蓄積された「思い出」の重要性は，高齢世代に顕著な特徴である。本書第5章Vの2「雇用における肯定的エイジズム―『休息』の権利」で柳澤は，時として「キ」，そして「ク・ケ」といった側面から，高齢者の「休息」という概念について検討している。また，「シ」の「自立（律）性」や「ス」の「多様性」は成人一般の特徴であり，高齢者に顕著な特徴ではないが，これらは，ステレオタイプ化を避けるためにも重視すべき点である。とりわけ，「シ」の「自立（律）性」は，同じくケアを要しうる（親に養育される）子どもとは異なる高齢者の特徴であり，他の人たちとの比較から高齢者の特徴が浮かび上がる側面である。

　弁護士に相談するのはあらゆる世代の人たちだが，高齢者については意思決

59）「治し支える医療」や「人生の最終段階における医療」の検討も含めて，原田・本書第7章Ⅰの2「高齢者医療を考える視点」参照。原田啓一郎「高齢者医療保障と法」・前掲『社会保障法』（注2）20頁以下，とりわけ，31〜33頁参照。

68　第2部　理論編

定能力が徐々に減退するという「ウ」の特徴に合わせた相談支援の必要性を弁護士が提起している[60]。高齢者の相談には敬意と共感を要するという弁護士の経験は、「ケ」で示した高齢者の功績や「シ」の自立（律）性に配慮する必要性を示しているのではないか。また、高齢者の心身の状況や生活状況が加齢に伴い長期にわたって変化していく「ウ」の点からすると、例えば、煩雑な介護サービス契約の締結支援についてのニーズは、高齢者は他の世代より高い可能性がある。加えて、心身機能の低下といった高齢者の変化に応じた契約内容の変更、契約の終結にかかる支援のニーズもあり、ケアマネジメントによる継続的な支援やケアマネジャーの役割の重要性が浮かび上がってくる[61]。

　成人の障害者は多様な保障を必要としうる人たちであり、その特徴は高齢者と似ている側面が多い。そこで、高齢者の特徴を浮かび上がらせるために、本章のⅡの1.4「障害者との相違点」では障害者との比較から高齢者の特徴を検討する。その前提作業として、高齢者の特徴のリストをみると、「イ」の終末期の存在、「ク」の就労を求められない点、「コ」のより長く生きてきた点、「サ」のすべての人たちの将来である点は、障害者と比べて高齢者に顕著な特徴である。衰えていく今後に対する高齢者の漠然とした不安や、看取りにかかわる人たちの精神的負担の存在が、高齢者を支援する現場で認識されている[62]。

　高齢者を若・中年者より長く社会に参加・貢献してきた人たちとして評価する「貢献」、これに加えて長年生きてきたことそのものも評価する「功績」は、ニーズとは異なる高齢者の保障の根拠となろう。筆者は、高齢者の「貢献」という側面に加えて、高齢者の「功績」という側面に着目している[63]。例えば、就労などを通じて社会に「貢献」していなくとも、長年生きてきたことをもっ

---

60)　丸尾・本書第13章、とりわけⅡの3「理解力、記憶力の低下」、丸尾はるな「高齢者の法律相談における意思決定支援」・前掲『社会保障法』（注2）94頁以下参照。これらの論考では、法律相談でみられる高齢者の特徴が整理され、敬意と共感をもって高齢者に接するといった高齢者の相談に際しての工夫が検討されている。

61)　川久保寛「高齢者の介護サービス利用支援と法―ケアマネジャー・ケアマネジメントを手がかりに」・前掲『社会保障法』（注2）34頁以下、とりわけ、43〜47頁参照。

62)　川島通世「従来制度の狭間をつなぐ高齢者の意思決定支援」・前掲『社会保障法』（注2）125、128〜131頁参照。

63)　「ニーズ」と「功績」について、詳しくは、本章のⅡの2「功績という概念を用いる意義」に加えて、関・前掲論文「功績再考」（注8）459〜474頁、関・前掲論文「高齢者の功績」（注8）204〜213頁、DANIEL CALLAHAN, SETTING LIMITS, MEDICAL GOALS IN AN AGING SOCIETY WITH "A RESPONSE TO MY CRITICS (1995)," NEUGARTEN, *supra* note 8 がある。

て，「お疲れ様」と高齢者を評価するのである。

「功績」の評価には，年齢差別につながりづらい形で高齢者の尊厳を重んじ，その尊厳にふさわしい生活を保障するという意義がある[64]。というのも，例えば，高齢者の「か弱い」「認知機能が減退した」といったニーズへの着目は，年齢差別の温床となる偏見などにつながりかねない。「ニーズ」は，保障・保護・配慮を行う法制度の正当化根拠となるが，そのニーズをもつすべての人をユニバーサルに保障したとしても，特定の者を優遇したという批判や，特別扱いに起因した差別を生じかねない。これに対して，高齢者の「功績」を評価した資源配分は，高齢者の特徴を肯定的に評価したうえでの特別な保障であり，特別扱いに起因した差別が生じにくく，高齢者の尊厳を重んじた保障の実現につながりやすいのではないか。この点，そして「貢献」と「功績」の違いについては，2でさらに検討する。

1.3 「より長く生きてきた」「終末期がより近い」人たち

上記のリストのなかでも，「コ」の「より長く生きてきた」点と「イ」の「終末期がより近い」という点は，障害者や若・中年者と比べた高齢者の顕著な特徴であるため，詳しく検討する。この2つの特徴は，高齢者の特別な保障や特有の保障・保護・配慮を要請する根拠となろう。これら2つを高齢者の特徴として重視する考えは，本書の他の執筆者と共通の認識である。例えば，第6章で西村は，時間の蓄積と変化という観点からみる必要がある点を高齢者法の特徴として挙げている。

「より長く生きてきた」ことに起因して，高齢者の意思決定にはそれまでの経験や思い出などが影響する可能性があり，この点に配慮した相談支援などが望まれている[65]。長い人生を反映した思い出，こだわり，執着といった，人生の蓄積がどう高齢者の生活の質そのものに影響するのかを検討し，その点を加味した法政策が必要なのではないか。

高齢者は，その年から平均的に生きうる年数を示す平均余命が，若・中年者と比べて短い。「終末期がより近い」ことに起因して，高齢者は他の世代の人

64）　同様の趣旨で，ニーズではなく「高齢」に基づく保障に着目する見解として，Neugarten, *supra* note 9, at 27, "veteranship"（退役軍人類似の地位，ベテランであること）に着目する見解として，Nelson, *supra* note 9, at 156参照。

65）　水谷・本書第12章全体，とりわけ「おわりに」，丸尾・本書第13章，とりわけ II の1.2「こだわりが強すぎるときの説得」参照。

70　第2部　理論編

たち以上に，死を強く自覚する傾向にある。そこで，財産承継といった財産の整理や終末期に向けた準備，そしてそのサポートなどが他の世代以上に必要となろう[66]。さらに，弁護士といった高齢者を支援する人たちは，寿命を考えると，他の世代の依頼者と比べて，高齢者の問題解決に時間をかける余裕がないという現実に直面する場合がある[67]。

　「より長く生きてきた」「終末期がより近い」という高齢者の特徴は，年齢差別を禁止し，差別解消に向けて配慮する法制度や高齢者特有の保障・保護を行う法制度を今後創設していく際の合意形成において，1つの鍵となろう。例えば，第1章Iの1.2「年齢差別」と1.3「高齢者の保障・保護・配慮と特別な保障」で指摘したとおり，生活保護の運用では，障害者などには稼働能力の活用が求められているものの，65歳以上の人には求められていない。また，失業保険において高齢者の失業が想定されてこなかったのは，高齢者は就労することが想定されておらず，引退する人たちととらえられているからだろうか。高齢者は働く努力をせずとも生活保護を受給しうるとすると，高齢者は働く人が支払う税を財源とする生活保護を受けながら，例えば，自らは働かずに社会貢献や社会参加に時間を割くことも可能となる。障害者も含めて働く能力のある人は働くことが求められているなかで，高齢者は働く能力があっても引退することが許されているのである。保険料を支払ってきた高齢者に限られるが，老齢年金により老後の所得も保障されている。

　その年齢が65歳なのか70歳なのか75歳なのかといった議論はあるものの，一定年齢以上の高齢者が引退を認められ，その所得を保障する制度が整備されている理由は，子どもが働くことを期待されていない理由とは異なろう。高齢者が引退し休息し[68]，それを社会保障法制や労働法制が下支えすることについて，社会が合意しているからであろうか。引退しうる年齢をいずれとするかはさておき，この合意があるとすると，合意の背景には，高齢者の「より長く生きてきた」「終末期がより近い」といった特徴が影響しているのではないか。高齢者にとって重要と考えられるプライドや尊厳を重んじる法制度が構築されてきた理由を検討する際も，この2つの特徴が考察のポイントとなろう。

---

66)　高齢者の財産承継について，全般的に田中・本書第14章参照。

67)　丸尾・本書第13章，FROLIK, *supra* note 2, at 11.

68)　高齢者の「休息権」について，柳澤・本書第5章Vの2「雇用における肯定的エイジズム―『休息』の権利」参照。

1.4 障害者との相違点

　第1章Ⅱの2「障害法との比較」に続き，高齢者の特徴を明確化するために，高齢者と障害者との相違点を確認する。障害法が想定する障害者の人間像は，障害者基本法2条1号および障害者権利条約1条を参照し「身体的，精神的，知的または感覚的な機能障害のある人であって，機能障害と社会的障壁との相互作用により，社会に完全かつ効果的に参加することを妨げられている人を含む」と言われている[69]。

　障害とは，(1)心身の機能障害，(2)機能障害を有する者をとりまく社会的障壁，(3)機能障害を有する者がおかれた不利な状態を意味するとされている[70]。高齢者の心身の機能障害は障害者の心身の機能障害とどう異なるのか。例えば，障害は等級表により細かくその種別が分類されているのに対して，高齢者の機能障害の内容や程度を分類する指標の1つと言える要介護度は，障害ほど詳細に機能障害の中身を分類して示すものとはなっていない。

　本節1.2「高齢者の特徴のリスト」などから考えると，(1)から(3)の障害は高齢者にもあるといえそうである。他方で，(2)社会的障壁や(3)不利な状態については，障害者の方が高齢者よりも，社会においてより認識されている可能性がある。というのも，障害者が受けてきた差別の歴史や，それに基づく障害者運動の活発化が，障害者が直面する社会的障壁や不利な状態を高齢者以上に明らかにしてきた側面があるのではないか[71]。なお，高齢期は，自身の将来としてより想定しやすいという側面もある。

　心身の機能障害のなかでは，ハンディキャップの程度が徐々に増加し続け終末期へ接近していくことに伴うニーズ，慢性疾患，認知症がもたらすニーズなどは，高齢世代全体が抱える高齢者に顕著な医療・介護などのニーズであるといえよう。この点，障害の程度が重くなり続け終末期が迫る障害者は，高齢者と同様の医療・介護などのニーズがあろう。他方で，障害の程度が固定化した障害者や小児期からの障害児と高齢者のニーズは異なる側面がある。

　障害は突然生じることも多く，それまでに貯蓄などの備えができておらず貧困化しやすい，といった特徴が障害者にはあろう。これに対して，高齢者は，

---

69)　河野正輝「『新たな社会法』としての障害法—その法的構造と障害者総合支援法の課題」障害法1号（2017）16頁。

70)　菊池＝中川ほか・前掲書（注1）7頁。

71)　関ふ佐子＝永野仁美ほか「座談会　高齢・障害と社会法」法律時報92巻10号（2020）13頁。

72　第2部　理論編

財を貯蓄してきたか否かは人により異なるものの，その長い人生の経験や貯蓄をしえたことを前提に社会制度を構築しうる点が，障害者を含む若・中年者との1つの違いといえる。さらに，高齢者について，長く生きてきた歴史により注目する必要性が社会福祉の現場でも認識されている[72]。「今までできたことができなくなる」，さらには，「できることが徐々に限られていく状態が続く」という心身の機能低下の厳しさを多くの高齢者やその家族などは意識する可能性がある。また，事業を承継する準備が進まないなど，心身の機能が低下する状態を受け入れられないことから生じかねない課題もある。この点は，小児期から障害をもつ人や障害が固定化ししばらくたった人と高齢者との違いといえる。また，障害者のこだわりと高齢者のこだわりの内容は異なるとの現場からの指摘もある。こうした違いにより，高齢者と障害者の相談支援や意思決定支援などにおいて，それぞれの特徴に応じた現場の工夫や法政策の区別が求められよう。

　例えば，老年学で展開されている社会情動選択性理論は，時間的展望が目標の設定と人間関係の選択に大きな影響を及ぼすとして，高齢者の1つの特徴をあぶり出した[73]。高齢者は，限られた時間が情動的に満足できるものとなるよう，親しい人との親密な関係をより重視するという。こうした他分野で発展している理論を参照し，高齢者と障害者の特徴の違いを法政策にも反映させるべきであろう。すると，高齢者に対する法政策ではコミュニティにおけるつながりづくりの支援に力を入れ，障害者に対する法政策では新しい関係を築きうる移動介助などの保障に力を入れるといった政策選択を理論に基づき行いうる。

　高齢者は，障害をもちうるとともに，他の世代より「より長く生きてきた」うえに「終末期がより近い」人たちである。さらに，障害者より，より多くの人たちがなりうる将来である[74]。老化が誰にでも起こる変化である点が，高

---

72)　高齢者と障害者のこだわりの違いについては，高齢者法研究会での議論において何度か指摘されてきた。ソーシャルワークによる高齢者の意思決定支援において，本人の生活歴や生き方・暮らし方を聴くことの重要性などについて，水谷・本書第12章全体，とりわけ「おわりに」参照。高齢者のこだわりの強さとの関係で弁護士が直面する課題について，丸尾・本書第13章，とりわけⅡの1.2「こだわりが強すぎるときの説得」参照。

73)　Carstensen, L. L., Isaacowitz, D. M., & Charles, S. T., *Taking time seriously: A theory of socioemotional selectivity*, 54 AMERICAN PSYCHOLOGIST 3, 165-181 (1999). 池内朋子＝長田久雄「社会情動的選択性理論の研究に関する文献的展望―時間的展望を中心として」応用老年学7巻1号（2013）51〜59頁。

74)　CALLAHAN, *supra* note 63, at 108.

齢者と障害者の大きな違いといえよう。障害法とは異なる特別な保障や保障・保護・合理的配慮の必要性が，こうした高齢者の特徴の検討を積み重ねていくことで見いだしうるのではないか。

2　功績という概念を用いる意義

2.1　Desert と Merit

　高齢者を高齢であるがゆえに保障・保護・配慮する，とりわけ特別に保障する根拠として，第1章や本章は，高齢者の「ニーズ」に加えて，高齢者が「高齢」である点に着目している[75]。そして，高齢者の特徴を踏まえて，高齢者の人間像を説明する概念の1つとして，「功績」という表現を使用している。この「功績」という概念は，アメリカなどでの議論を発展させた形で筆者が提唱するものであり[76]，第1章や本章の「功績」という表現の使用方法は一般的に定着してはいない。高齢者を保障・保護・配慮する多くの制度の保障などの根拠としては，高齢者の「ニーズ」やその「貢献」が挙げられており，「功績」という概念を使用しなくとも説明できる制度は多い。しかし，「功績」は，高齢者の尊厳を重んじた生活を保障するうえで重要な概念であると考え，この概念を提唱する。「功績」の意味や意義を説明するために，これまでの他分野での議論のうち，"desert" と "merit" について最初に紹介し，次に，2.2で「功績」と「貢献」の異同を示したい。2.3では功績と尊厳について考察し，2.4では，「高齢」の評価において留意すべき点を整理する。

　「何々が何々に値する」といった判断を，哲学では「デザート」や「功績」と呼んでおり，これらの言葉は，"desert" の訳語である[77]。これに対して，本章で使用する「功績」は，2.3で説明する考え方などから導きだした言葉であり[78]，より近い英語は，"desert" よりも "merit" である[79]。"Desert" に応じた

---

[75]　「功績」についての2での検討について，より詳しくは，関・前掲論文「功績再考」（注8）459頁以下を参照されたい。その他に，関・前掲論文「高齢者の功績」（注8）195頁以下，NEUGARTEN, *supra* note 8, at 15参照。

[76]　アメリカでも功績をめぐる議論が広く展開されているわけではないものの，次の文献などを参照した。CALLAHAN, *supra* note 63, at 106-158; Ronald Bayer & Daniel Callahan, *Medicare Reform: Social and Ethical Perspectives*, 10 J. HEALTH POLITICS, POL'Y & L., N.3, 533, 538 (Fall 1985) 535-37; Kutza and Zweibel, *supra* note 9, at 60-61; Nelson, *supra* note 9, at 156-166.

[77]　米村幸太郎「ロールズにおける功績の非対称性問題」横浜法学24巻1号（2015）197頁，亀本洋『ロールズとデザート―現代正義論の一断面』（成文堂，2015），SERENA OLSARETTI, DESERT AND JUSTICE (2003); GEORGE SHER, DESERT (1989).

74 第2部 理論編

分配の原理とは,「人が何かに値することをしたら(あるいは,値する属性をもっていたら),それに値するものを分配されてしかるべきである」というものである[80]。分配の正義をめぐる議論においては,古くから,各人の「権利(right or title)に応じた分配」,「desert に応じた分配」,「必要(need)に応じた分配」などが提唱されてきた[81]。この分配の公正(正義)を論ずる際,必要の度合いによって分配すべきという考え方は「必要原則」,働きなどに応じて分配すべきという考え方は「貢献原則」とも呼ばれている[82]。

"Merit" という言葉は,「人の価値(merit)に応じた分配の実現」などと和訳されている[83]。"Desert" と "merit" の意味や関係の理解について定説があるわけではない。論者によっては,2つを明確に区別していない[84]。"Merit" を "desert" よりも広くとらえ,"desert" を "merit" の一形態ととらえる見解の1つは,"merit" を特定の主体が何らかの行動をしなくとも,その主体の肯定的・否定的な扱いの根拠となる,その主体の性質や特徴を指すとしている[85]。例えば,美しい犬が品評会で一番に値するのは "merit"(一番の地位にふさわしい)とは表現するが,一番となるために努力(行動)していない場合は "deserve"(desert, 努力した結果報いられる)とは表現しない。

また,Norman Daniels は,個々人の "merit" と集団の "merit" を分け,集団の "merit" に注目している[86]。アファーマティブ・アクションは,例えば,女性であることを理由に,一定の地位を女性に保障する。Daniels は,集団の

---

78) "Desert" について大部の研究がある亀本は "desert" を「功績」と訳さず「デザート」と訳している。亀本・前掲書(注77)83頁。

79) 例えば,CALLAHAN, *supra* note 63, at 112; Bayer & Callahan, *supra* note 76, at 536; Nelson, *supra* note 9, at 156, SHER, *supra* note 77, at 109-131参照。

80) 亀本・前掲書(注77)73頁。

81) 以下,亀本・前掲書(注77)4,7,72〜73頁参照。

82) 武川正吾=森川美絵ほか編著『よくわかる福祉社会学』(ミネルヴァ書房,2020)9頁,武川正吾『福祉社会―包摂の社会政策』(有斐閣,2011)43〜61頁参照。社会保障法制のあり方を論じる際に尊重されるべき規範的諸原則の1つとして,菊池は「貢献」原則をあげる。菊池・前掲書(注21)『将来構想』20〜21,31〜35頁参照。

83) 亀本は,"merit" は「実力」または「能力」と訳すのが妥当とする。亀本・前掲書(注77)21,52頁。本田は,"merit" の訳としては「功績」の方が英語の原義に即しているとする。マイケル・サンデル(著)鬼澤忍(訳)『実力も運のうち 能力主義は正しいか』(早川書房,2021),本田由紀:解説参照。

84) 例えば,サンデル(著)鬼澤(訳)・前掲書(注83)など参照。

85) Louis Pojman, *Equality and Desert,* 72 PHILOSOPHY, no. 282 (1997) 554-58.

86) Norman Daniels, *Merit and Meritocracy,* 7 PHILOSOPHY & PUBLIC AFFAIRS, No. 3, 206-223 (1978).

"merit" を，アファーマティブ・アクションといった法制度を肯定する論拠としている。本章の「功績」も，"merit" のこうした側面を評価している。

2.2　功績と貢献

　高齢者を保障する法制度の根拠を説明する際に，その長い人生において，社会の何かの，社会の誰かの役に立ったという，高齢者の「貢献」を評価する場合がある。第6章Ⅰの2「高齢者のとらえ方と高齢者法の理念」で西村は，高齢者の「貢献」に着目し，高齢者が「就労などの社会的に有用な貢献をしてきたことを評価」している[87]。個人の「貢献」に基づく権利を論ずることで，個人が社会貢献できるようになるための社会の支援の重要性を導きうるとする[88]。

　こうした「貢献」をめぐる議論に対して，第1章や本章の「功績」は，他の世代と比べて高齢者が「より長く生きてきた」ことそのものも評価する概念である。すなわち，例え高齢者に犯罪歴があったとしても，その人が生きてきたことそのものを評価し，高齢者には「功績」があるととらえている。

　所得に比例する厚生年金保険の年金給付のように，時に制度は，高齢者の社会への「貢献」を評価する形で設計されている。例えば，高齢者叙勲は，春秋叙勲によって勲章を授与されていない功労者に対して，88歳に達した機会に授与されている[89]。88歳に達したすべての高齢者に与えられるのではなく，あくまで功労者に対して授与される。他方で，100歳を迎える高齢者には，全員に，老人の日に記念品などが贈呈されている国の百歳高齢者表彰などもある[90]。功労者のみではなく，100歳に達したすべての高齢者に与えられる。このように，法制度の設計においては，高齢者の具体的な「貢献」を見積もることなく，その「功績」を称えて財を分配することもある。

　第1章と本章で筆者が「貢献」という概念を使用する際は，主に個々人の貢献を指している[91]。そして，「功績」には，ただ生きてきたことを評価する，

---

87)　「貢献」を評価する西村の論考や「貢献」についてのこれまでの議論について，西村淳「社会保障の理念と改革の哲学」週刊社会保障3023号（2019）48〜53頁ほか，関・前掲論文「功績再考」（注8）注44参照。

88)　西村・前掲論文（注87）114〜115頁。

89)　内閣府HP「勲章・褒章制度の概要」。

90)　百歳高齢者表彰は，老人福祉法5条3項が定める老人の日（9月15日）の趣旨にふさわしい事業として国が実施している。

多くの場合に「貢献」という概念では表現されない側面も含めている。ただ生きていることをもって，例えば，生まれてきただけで子どもは親に「貢献」しているということもできる。第1章および本章では，ただ生きているだけでなされる「貢献」と，働いたり保険料を払ってきた形でなされるその他の「貢献」とを分けて，前者について「功績」という概念を用いている。すなわち，「功績」は，後者の「貢献（個々人の貢献や集団の貢献)」という側面に加えて，それ以外の側面も含む概念である。さらに，「功績」という表現は，後者の「貢献」の意味内容も含む広義の概念として使用するときと，後者の「貢献」とは意味内容を異にする，それ以外の側面のみを表す狭義の概念として使用するときがある。

　長い人生を生きてきた高齢者は，生まれつきの才能や境遇（どの家庭で育ったのかなど）に加えて，その後の社会環境や運不運といった偶然に人生が左右されてきた可能性が高い人たちである。そこで，第1章や本章の「功績」論は，高齢者個々人の「貢献」のみを評価せず，高齢世代を何かに値する人たちととらえ，そうした高齢者という集団に着目している。

　障害者は，長きにわたり社会の負担であるととらえられてきたことなどから，障害法では，障害者の存在がありのままに認められ，その存在そのものが大事だという点が重視されてきた[92]。「功績」の評価は，高齢者をありのままの状態で評価し[93]，長く生きてきたことを評価する点で，障害法の議論で展開されてきた考えにも通じるものがあるのかもしれない[94]。1.2「高齢者の特徴のリスト」で述べたとおり，年齢差別を生じかねない「ニーズ」ではなく，高齢者の「功績」に着目することで，高齢者の尊厳を重んじた生活の保障にもつながりうる。高齢者に他の世代とは異なる特別な保障をする根拠として，高齢者の「功績」を評価する意義は，こうした点にある。

91）　引用する文献などが「貢献」という概念に集団や高齢世代の「貢献」を含めている場合は，これらを含めた表現として「貢献」を使用することがある。

92）　関＝永野ほか・前掲論文（注71）14頁以下。

93）　棟居も，人間の多様性・差異を「そのままの状態で」とらえるべきとする。棟居徳子「社会保障法における『人間像』と『人権観』―国際人権基準からの一考察」法学セミナー748号（2017）46頁。

94）　長く生きられない可能性のある障害者にとっては，「より長く生きてきた」ことの評価は抵抗があるかもしれないが，これは，高齢者に対する保障などを正当化するうえで着目する高齢者の特徴である。それぞれの法制度を正当化する障害者の人間像，子どもの人間像などの検討が，それぞれ必要となる。

2.3　高齢者を保障する法制度の根拠

本章が使用する「功績」という言葉は，ニーズに基づく保障・保護・配慮に加えて，ニーズがない場合にも高齢者を特別に保障する理由付けをめぐる次の様々な見解を踏まえて展開したものである[95]。第1は，退役軍人 "veteran" への補償と類似する考え方に，高齢者を対象とする法制度の根拠を見いだす見解である。第2は，世代間の相互扶助による保障ととらえる見解，第3は純粋な褒賞を理由付けとする見解である。

第1の見解は，戦争において国家に奉仕した退役軍人に対して補償を行う場合から類推して，高齢者を公的に処遇すべきだと唱える[96]。"Veteranship"（退役軍人類似の地位，ベテランであること）という概念は，高齢者の「功績」に着目し，高齢者を過去に社会に貴重なサービスを提供した世代の1人ととらえている[97]。具体的な貢献がなくとも退役軍人という地位が保障（補償）の対象となるのと同様に，退役軍人類似の地位という表現は，高齢者の生きてきた歴史に注目し，高齢者が保障（補償）を受けうる地位を獲得したことを示すと説明されている。高齢者を集団としてとらえ，個々人を人生において同じ社会背景・歴史を経験したコーホート，世代の1人として位置付ける[98]。長く生きてきたということは経験の蓄積を意味し，高齢（年をとること）は成果であり，特別な保障に値（merit）すると唱える。

また，この第1の退役軍人類似の保障（補償）は，「平等の回復」の要請を理由とするとも言われている[99]。社会的に不相応の対応を受けてきた人に対するアファーマティブ・アクションや都市計画により転居を迫られた人に対する保障（補償）も同様の考え方にたっている。

第2の「世代間の相互扶助による保障」という見解は，社会は高齢者が育てた子により維持され，高齢者の過去の就労によって繁栄しており，その「貢献」への報償となる法制度は，正義にかなった公正なものだととらえられてい

---

95)　海外の文献も含めて，詳しくは，関・前掲論文「功績再考」（注8）467頁以下参照。

96)　以下，Nelson, *supra* note 9, at 156-166; Kutza and Zweibel, *supra* note 9, at 60; Bayer & Callahan, *supra* note 76, at 536.

97)　CALLAHAN, *supra* note 63, at 112. Nelson は，保障の根拠を示す言葉として，"veteranship" は必ずしも適切な言葉ではないとして，「高齢」「シニア市民」なども挙げている。Nelson, *supra* note 9, at 156-157, 160, 164.

98)　Nelson, *supra* note 9, at 156-157, 159.

99)　以下，Kutza and Zweibel, *supra* note 9, at 60. 功績と運の平等論について，関・前掲論文「功績再考」（注8）471頁参照。

る。世代間の相互扶助の理念により高齢者を保障する法制度を正当化している。

第3の見解は,「純粋な褒賞」という倫理的な道義を根拠とする[100]。高齢者は, 必ずしも個々人としてはそうではなくとも, 社会の一員として, 社会的利益の創設に参加してきたとする。この見解は, 高齢世代を集団としてとらえ, その「功績」を高齢者個々人の「貢献」とは切り離して考えている。

「功績」は, 高齢者が「高齢」であることを評価し, 高齢者の集団・世代を評価する概念であるといえよう。

2.4　功績と尊厳

第1章Ⅱの4「法理念をめぐる議論」で, 高齢者法の基軸となる法理念として,「保護の法理」と「特別な保障」について挙げた。「保護の法理」は, 高齢者のニーズやその弱い側面に着目し, 高齢者を保障・保護・配慮しようとするものである。これに対して,「特別な保障」は, ニーズとは異なる保障の側面に着目している。

高齢者のニーズに着目すると, 高齢者のバルネラブルな側面が強調され, 高齢者がか弱い人たちとステレオタイプ化されてスティグマが醸成され, 高齢者の差別につながりかねない[101]。例えば, 高齢者の医療・介護ニーズを強調すると, 高齢者はか弱い人たちだというイメージが形成され, 能力や気力がある働きたい高齢者の採用も控えられかねない。これは,「高齢者」という属性に着目する「高齢者法」に潜む必然的な危険である。そこで, スティグマによる年齢差別をなくしていくためには, 高齢者のみに限らないユニバーサルな保障が求められている。あらゆる世代のニーズに着目し保障することで, 保障を高齢者の優遇策と批判する声などを避けうる可能性がある。

しかし, ユニバーサルな保障では, 障害者・女性・子どもなどと同様に, 高齢者ゆえにふさわしい保障がなされない場合もあろう。例えば, 女性のみに認められた生理休暇は, 女性のみを優遇し男性を差別した保障とはとらえられて

---

100)　Kutza and Zweibel, *supra* note 9, at 60-61, A.R.Jonsen, *Principles for an Ethics of Health Services,* in B.L.Neugarten and R.J.Havighurst ed., Social Policy, Social Ethics, and the Aging Society 97-104 (1976).

101)　Neugarten, *supra* note 9, Nelson, *supra* note 9, M.I.Hall, *Equity Theory: Responding to the Material Exploitation of the Vulnerable but Capable,* in Israel Doron ed., Theories on Law and Ageing, The Jurisprudence of Elder Law 59-74 (2009) 107-108.

いない。高齢ゆえに認められるものの，差別の対象とはなりづらい保障として，第1章や本章では「特別な保障」を挙げている。そして，この「特別な保障」の根拠，ニーズがなくとも高齢者を特別に保障する法制度を正当化する理由の1つを，高齢者の「功績」に見いだそうとしている。

高齢者の「功績」を評価する意義は，高齢者の尊厳を重んじようとする点にもある。退役軍人への補償との類推から高齢者の保障の理由をとらえる2.3で挙げた見解は，ニーズの充足とは別に，高齢者の地位の向上や人生の終盤を快く迎えられる点などを高齢者の功績を評価する理由としている[102]。特別な名誉，特権および給付が，高齢者のニーズを充たす以上に，高齢者の地位（状態）を高めるために与えられるべきだと主張し，高齢者の名誉や尊厳を重んじることが重視されている。

さらに，「功績」を評価する場合，個々の高齢者ではなく，高齢者を集団として評価しうる。例えば，ハラスメントへの補償が被害を被った個々人への対応であるのに対して，アファーマティブ・アクションは，被害を被ったか否かにかかわらず，差別の歴史を根拠に女性などを優遇する政策である。同様に，高齢者という集団そのものを評価し，特別に保障する意義はあろう。

さらに，人生のHappy Endが求められ，若年期と高齢期に心理的変化がある点にも，ニーズがなくとも高齢者を保障する法制度を社会が支持する理由を見いだせるのではないか[103]。例えば，高齢者の引退や休息が認められているのは，無意識であるにせよ，多くの人が高齢者の「功績」を評価し，「おつかれさま」と高齢者を保障することへの社会的合意が得られているからではないか。こうした，人生の終盤における安心した尊厳のある生活を保障する法制度に，「功績」を理由とした高齢者の特別な保障はつながりやすいであろう。

なお，特別な保障や「功績」をめぐる議論は，高齢者を他の世代よりも常に優遇すべきと主張するものではない。高齢者と同様に，子ども，障害者といった各主体を保障・保護・配慮する根拠を明らかにし，これを踏まえたうえで比較衡量し，誰に対するどのような保障を優先するのかを考察することになる。そして，高齢者法の基軸とした「世代間公正」の視点も，比較衡量の際の指針となろう。

---

102)　Nelson, *supra* note 9, at 157.

103)　詳しくは，関・前掲論文「高齢者の功績」（注8）209頁以下参照。

80　第2部　理論編

3　人間像の検討とは

3.1　年齢が特徴となる法制度

　本章では，高齢者をめぐる様々な法制度を分析するうえでの1つの切り口として，高齢者を対象とする法制度を3つに分類する[104]。

　人種，男女，障害者をとりまく法制度と同様に，高齢者についても，差別の禁止を定め，差別をなくす配慮について定める法制度が第1に築かれてきた[105]。これらの第1ステージの法制度を「年齢差別をめぐる法制度」と呼ぶことにする。年齢差別を禁止することにより，高齢者個人の権利を保障しようとする法制度であり，例えば，高齢というのみで採用されない日本においては，今後さらなる検討が必要となろう。歴史的に，次に注目されたのは，年齢が問われないシステム作りである。誰にでも適用されるユニバーサルな年齢に中立的な法制度や権利保障が求められ，これは，日本においてもさらに推進すべきであろう。この第2ステージの法制度を「年齢に中立的な法制度」と呼ぶことにする。そして，これらとは別に，「年齢が特徴となる法制度」を第3ステージの法制度として位置づけることにする。高齢になると高まるニーズ，高齢者特有のニーズ，特別な保障の根拠となる高齢者の特徴を加味した法制度がこれにあたる。これら3つの法制度は，順次探られる場合も，同時に希求される場合もあり，必ずしも，お互いが他の法制度を否定する性質のものではない。

　年齢差別をめぐる法制度は，差別する側とされる側の対立構造を際立たせかねない。そこで，誰にでも適用される年齢に中立的な法制度が求められ，これは，多様性を尊重する社会において，重要な役割を担っている。しかし，これでは保障しきれないもの，説明しきれない現行制度があり，年齢が特徴となる

---

104)　関・前掲論文「高齢者の人間像」（注2）は，3つの法制度の分類を3つの社会のステージと称していたが，その後いただいたご指摘や次の論考を参照して変更した。Boni-Saenz は，多様性のある高齢者を規律する法を，1)年齢を意識した法，2)年齢差別に関する法，3)年齢に中立的な法の3つに分類している。年齢を意識した法は，選挙権や被選挙権の条件として定められた年齢，定年年齢といった，客観的な指標として年齢が使われている法を指す。年齢差別に関する法は，年齢差別を禁止する法などを指す。年齢に中立的な法は，1)のように年齢を要素としたり，2)のように年齢を考慮することを禁止するのではなく，他の形で間接的に年齢の多様性を保障する法を指す。Boni-Saenz, *supra* note 9, at 34-38. 1)の「年齢を意識した法」は，本章の「年齢が特徴となる法制度」と通じるところがある。

105)　年齢差別を禁止する法について，詳しくは，柳澤・本書第5章，関・本書第1章Ⅱの4.1「差別禁止の法理」，関・前掲論文「高齢者法の意義」（注2）19～20頁参照。

法制度にも着目したい。第３の法制度は，高齢者はその人間像から特別に保障・保護・配慮される主体であると合意されて構築される。保障などは，差別につながりやすい高齢者像とは別の側面を根拠とすることになる。そのためには，何が特別に保障すべき高齢者の人間像なのかを，さらに明らかにしていかねばならない。

3.2　人間像検討の意義①：具体的な保障内容の検討

　人間像の検討には２つの意義がある。第１の意義は，特定の人間像を前提に，その人や集団に対する具体的な保障の内容などを検討しうる点である。高齢者のニーズを検討し，高齢者の人間像が明らかになるならば，高齢者個人や集団を保障・保護・配慮する具体的な法制度のあり方が見えやすくなってこよう。具体的には，例えば，本章Ⅱの1.2「高齢者の特徴のリスト」で例示したとおり，他の世代と比べて黒と青などの見分けがつきづらいという高齢者の人間像が明らかになれば，高齢者に配慮した職場の環境整備を求めうる。他方で，高齢者のみへの配慮が高齢者の差別につながる可能性を避けるためには，駅の路線図のカラーユニバーサルデザインのような，年齢に中立的な配慮を求めうることになる。

　同様に，Ⅰの３「法における人間像」では，個人の意思決定において前提とされてきた「合理的」な人間像に対する疑問から，消費貸借契約における制限などが導き出されたことを挙げた。さらに，本書の第10・12・13章では，高齢者の認知機能の減退に着目し，意思決定における情報の受入れ・処理・選択が合理的になされない場合や理性的な行動がなされない可能性がある場合を整理し，バルネラブルな高齢者の人間像を描いた。こうした作業により，第４・11章のように，意思決定を支援する保障・保護・配慮の仕組みの必要性や内容を検討し，そうした制度の正当化根拠を説明しうることになる。

3.3　人間像検討の意義②：高齢者特有の法理論の検討

　人間像を検討する第２の意義は，特定の人間像を前提に，その法分野全体にかかわる特有の法理論を導き出しうる点にある。個別の高齢者のニーズの有無にかかわらず，高齢者という集団を保障する根拠を見いだしうる可能性がある。すなわち，高齢者を保障する際に有用となる一般的な高齢者法の法理論の構築に資する点にある。

82　第2部　理論編

　例えば，労働法では，労働者は使用者に従属する者という人間像から，労働者と使用者という非対称的な関係を是正する法理論を発展させた。子ども法では，子どもが発達途上にあり関係的な存在であるといった子どもの人間像から，「子どもの最善の利益」という，その法分野の基軸となる法理論を発展させた[106]。高齢者についても，労働法や子ども法のように高齢者法の基軸となる人間像が確立できれば，高齢者法特有の法理論を構築し，高齢者特有の社会保障法制や労働法制などを正当化する理由を提示しうる可能性がある。

　第1章のⅡの2.1「高齢者の障壁」で指摘したように，高齢者は障害者などと異なり，これまで，その差別が明確な形で多くの人に意識されてこなかった人たちである。そうしたなか，高齢者法も，障害法でいう社会モデルが社会的障壁に着目するように，社会との関係で，様々な法制度のなかで，特定の人間像を有する高齢者がどういった障壁に阻まれているのかを探っている。そのうえで，高齢者に対していかなる差別的な取扱いがなされているのか，どのような配慮が必要なのかを明らかにしようとしている。

　高齢者の特徴の検討から，例えば，高齢者は，他の世代の人たちと比べて，より長く生きてきた，終末期がより身近かな人たちととらえる見解が浸透したとする。すると，高齢者を，その「功績」を評価し，安心して過ごせる生活，尊厳のある生活などを保障する法制度の対象とすべき人たちである，ととらえる社会の合意を形成しうるかもしれない。これにより，そうした人間像をもつ一定の年齢に達した高齢者には，例えば，休息を保障し，本人が望む場合は社会から引退できるようにし，社会保障制度などによってその生活を下支えする仕組みについての社会の合意形成が進みうるであろう。多くの費用が高齢者に分配される社会保障制度などの是非が問われているなかで，高齢者を他とは異なる主体ととらえることで，高齢者に特別な保障が許容される理由を見いだす可能性を，人間像の検討はもつ。または，そうした法制度を否定する合意形成においても，人間像の検討は資するであろう。

おわりに

　本章Ⅱの3.1「年齢が特徴となる法制度」では，「年齢差別をめぐる法制度」，保障などをユニバーサルに行う「年齢に中立的な法制度」，「年齢が特徴となる

---

106)　「子ども」の人間像や「子ども」特有の法制度について，第1章注54参照。

法制度」とを区別し，その内容を明確化するために，高齢者の人間像を探る必要性を論じた。さらに，第1章と本章では，高齢者特有の法制度には，高齢者の人間像から導き出される①高齢者のニーズを理由とした保障・保護・配慮と，②ニーズの有無にかかわらない高齢者の特別な保障があることを整理した。

　高齢者の人間像が様々な研究により探られていき，それぞれの保障・保護・配慮の根拠を整理することで，高齢者の尊厳を重んじる法制度を構築していくことが望まれる。本書の各章は，高齢者の人間像を探る具体的な検討の1つとなろう。こうして，既存の各法分野を横断して高齢者の人間像をより明らかにしうる点に，高齢者法が法分野として存在する1つの意義を見いだすことができよう。

84　第2部　理論編

第4章

高齢者の意思決定に対する法的支援

西森利樹

Ⅰ　高齢者法における意思決定と支援

　本を読む際に，本をテーブル等に置くのか，手に持つのか，その他の方法によるのかは，それが意識的になされたかどうかにかかわらず，その意思により決定されたことである。こうした些細な行為のみならず，人々の生活は各自の意思に基づく決定により成り立っている。法的な側面としても，日常生活に関する法的な取引等が行為者の意思に基づくこと（私的自治）は近代法以来の原則であり，意思は，衣食住等の人間の生活の基本となるものである。これは高齢者であるからといって変わるものではない。また，ひと口に高齢者といっても，その状態，おかれている状況は様々である。65歳以上を高齢者であるととらえた場合，高齢者であっても認知機能や身体機能に特段の支障がない場合や仮に何らかの支障があったとしても社会生活に大きな支障が生じない状況にある場合がある。他方，社会生活に支障が生じる程度の認知機能や身体機能の変化があり，何らかの福祉的な支援が必要である場合もある。前者の場合に，かつて言われたように，高齢者はそれまでの社会関係や社会環境から離脱し（いわゆる隠居等が含まれる。），社会活動を行わないことが是とされた時代とは異なり，現在では，たとえ高齢期に入ったとしても活動的であり続ける高齢者が増加する傾向にある。そうした場合，高齢者は，自らの意思に基づく決定により活動を継続していくことが求められ，そうした状況を不当に阻害されないことが必要となる。これに対し，高齢期に認知機能や身体機能が変化し社会生活に支障が生じる場合においては，それ以前の社会生活とある程度距離をおき，なんらかの福祉的な支援を受けることにもなろう。その際に，必要な支援を受けながら生活を送ることができさえすれば高齢者にとっては十分であると解することもできる。しかしながら，認知機能が低下した場合に，直ちにすべての

意思決定をすることができなくなるわけではなく，自分で考え，決めることができる場合もあるのである。そのため，たとえ，認知機能が低下したことにより介護等の支援が必要とされる場合であっても，人としての尊厳を尊重され，その意思と意志決定が尊重されることが求められる。実際に，社会福祉サービスなどでは，「措置から契約へ」により原則として本人の意思による契約が求められる。

　前述したように，意思は，衣食住等の人間の生活の基本となりうるものであることからすれば，高齢期にどういう状況におかれているかにかかわらず，その意思と意思決定は尊重され，支援される必要があると解すべきであろう。いわゆる強いとされる高齢者であっても，弱いとされる高齢者であっても意思決定に対する支援は必要となるのである[1]。すなわち，高齢者の特徴をどうとらえるかにかかわりなく，高齢者の意思決定の問題は生じうるのであり，意思決定に対する支援は課題となるのである。高齢者法が形式的には高齢者に関する法制度の体系でもあることからすると，意思決定支援は，高齢者法として取り扱う必要があるだけでなく，高齢者法において基本的な検討対象であるとともに，従来の分野を横断的に検討すべき課題であると解される[2]。

　本章は，そうした高齢者に対する意思決定支援に関し，法的規制の状況および議論状況を概観しつつ，高齢者の意思決定支援において問題となると思われる制度や主要なガイドラインの検討を通じて意思決定支援のあり方を考察するとともに，意思決定支援の保障や今後求められる法的支援の方向性を模索する。

II　障害者権利条約と意思決定支援

1　障害者権利条約

　意思決定支援が我が国において導入された契機は，障害者権利条約である。

---

1)　ただし，本章は強い高齢者と弱い高齢者といった分類をすること自体を否定する立場に立つものではない。高齢者の特徴等については，本書第3章「高齢者の人間像」を参照されたい。

2)　アメリカの高齢者法の体系書においては，意思決定支援を1つの章として取り扱うものがある。例えば，Nina A Kohn, Elder Law Practice, Policy, and Problems 156 (2d ed. 2020) においては，第4章が「代理および意思決定支援」(Surrogate and Supported Decision-Making) となっている。

86　第2部　理論編

同条約12条は，法律の前にひとしく認められる権利を定めている。すなわち，同条1項は，「締約国は，障害者が全ての場所において法律の前に人として認められる権利を有することを再確認する」とし，同2項は，「締約国は，障害者が生活のあらゆる側面において他の者との平等を基礎として法的能力を享有することを認める」。さらに，同3項は，「締約国は，障害者がその法的能力の行使に当たって必要とする支援を利用する機会を提供するための適当な措置をとる」とされている。ここで，法的能力は，権利能力・行為能力を両方含むと理解されている。代理人による意思決定を認めるか否かに関しては議論があったものの，最終的にそれに関する条文は削除された。

2　一般的意見1号

2014（平成26）年，国連障害者権利委員会により出された一般的意見1号においては，支援付き意思決定としてその内容が定義されている。すなわち，「支援付き意思決定制度は，個人の意思と選好に第一義的重要性を与え，人権規範を尊重するさまざまな支援の選択肢から成る。それは自律に関する権利（法的能力の権利，法律の前における平等な承認の権利，居所を選ぶ権利など）を含むすべての権利と，虐待及び不適切な扱いからの自由に関する権利（生命に対する権利，身体的なインテグリティを尊重される権利など）を保護するものでなければならない。さらに，支援付き意思決定システムは，障害のある人の生活を過剰に規制するものであってはならない。支援付き意思決定制度は，多様な形態をとる可能性があり，それらすべてに，条約第12条の順守を確保するための特定の重要な規定が盛り込まれなければならない。」とされている[3]。

我が国においては，これらを受けて，障害者支援団体等によるロビー活動により障害者基本法や障害者総合支援法に「意思決定の支援」が盛り込まれたとされる[4]。

---

3)　公益財団法人日本障害者リハビリテーション協会「一般的意見第1号（2014）第12条：法律の前における平等な承認　2014年4月11日採択，2014年5月19日版　2018年1月26日訂正（パラグラフ27）」障害保健福祉研究情報システム（DINF）。一般的意見1号では，さらに，支援付き意思決定支援に含まれる事柄として9項目（(a)～(i)）を定めている。

4)　木口美恵子「知的障害者の自己決定支援と意思決定支援」東洋大学福祉社会開発研究センター編『つながり，支え合う福祉社会の仕組みづくり』（中央法規，2018）172頁，柴田洋弥「知的障害者の意思決定支援について」発達障害研究34巻3号（日本発達障害学会，2012）261頁。

Ⅲ　日本国内における意思決定支援をめぐる状況

1　意思決定支援に関する現行規定

　意思決定支援に関する明文の規定としては，「意思決定」の「支援」に「配慮」すべきとするもの（障害者基本法23条1項，障害者総合支援法42条1項）や，「意思決定」の「支援」の「適切」な実施を定めるもの（成年後見制度利用促進法3条1項，認知症基本法17条，障害者基本法23条1項）がある。また，意思決定ではないものの，「意向」を「尊重」するとするもの（介護保険法5条の2第4項）や「意向」を「十分に尊重」するものとするもの（社会福祉法5条・80条，障害者雇用促進法36条の4，認知症基本法3条1項4号）のほか，「意向」を「勘案」するものとする規定がある（子ども子育て支援法61条4項，介護保険法117条4項，母子寡婦福祉法12条2項）。

2　意思決定支援に関する先行研究

　意思決定支援に関しては，後に触れる各種のガイドラインの策定のほか，学説等による検討がなされている[5]。まず，意思決定支援の概念については，①意思形成支援（本人が表現する意思が本人に重大な不利益を生じさせる場合において，本人が自身にとってよりよい意思を自ら形成するように支援すること）と②意思実現支援（本人がこうしたいという意思があり，その意思の実現が本人に大きな不利益とならず，環境条件からも実行可能であるが，本人が単独では実現できない場合に行う支援）とに分類し，意思決定支援は①②の総体とする見解がある。次に，意思決定・意思表明の4原則（①エンパワーメント支援の原則，②意思表明支援の原則，③自己覚知と民主的討議の原則，④本人のリスクを冒す自由と支援者の見守る自由）を提示するものがある。また，自己決定支援という言葉を用いるものの，自己決定支援は，主として，懇切丁寧な情報提供，特に，本人が得意とする意思疎通の方法（手話，絵，写真，キーボードの利用）を用いるといった周囲の努力によって，本人自身が決定できるように環境整備を行うこととするものがある。

5）　意思決定支援の概念に関する諸見解については，上山泰「意思決定支援の意義と課題」実践成年後見75号（2018）46頁。

88　第2部　理 論 編

　他方，意思決定支援を考察するうえで重要な観点として，①判断能力不十分
者の見方に関する能力不存在推定から能力存在推定への原則転換，②意思決定
の理解に関するプロセスモデル（意思決定支援の継続性モデル）の導入，③支援
者・被支援者の社会関係の相互依存性を挙げつつ，意思形成支援，意思確認・
疎通支援，意思実現支援の3つは同時並行で実施されるものであり，時系列的
に順次生起すると理解するのは現実離れであるとする見解がある。また，意思
決定支援を①理念としての意思決定支援，②支援手法としての意思決定支援，
③法制度としての意思決定支援に分ける見解のほか，意思決定支援を①個々の
意思決定場面に対する支援，②意思決定を育てる／支援を育てる，③環境の整
備，④豊かな経験層として構成するものがある。

　意思決定支援の分類については，①意思形成・表明過程，②意思確認過程，
③意思実現過程，④意思変更過程の4つに分類するものがある[6]。他方，①意
思形成支援，②意思確認・疎通支援，③意思実現支援の3つに分類するものも
ある。また，意思決定支援の対象としては，日常生活と社会生活，日常的行為
と非日常的行為，法律行為と事実行為などに分類することができ，意思決定支
援の対象をどの範囲と解するか見解が分かれうるところである。

　上記の意思決定支援の概念等に関する議論にくわえ，成年後見の実務，福祉
的支援の現場における意思決定支援のあり方や課題等に関する研究がなされて
いる[7]。また，成年後見人等の受任等をしている各専門職の立場から，後見事
務の変化と課題，意思決定支援のあり方と課題を論じるものや[8]，意思決定の
守備範囲（後見業務の中でどこまで意思決定支援をするのか）および意思決定に
おける誘導の可否に関し議論するものがある[9]。意思決定支援に関する議論は，
後述するガイドライン等の作成を受け，現場における実践のあり方や課題の解
明，課題を克服する方策等の議論へと広がりを見せているといえよう。

---

6)　長竹教夫「精神障害者の意思決定過程における支援技法の検討」文教学院大学人間学
　　部研究紀要18号（2017）171頁。
7)　石渡和美「障害者虐待防止と意思決定支援―『質の高い支援』を実現するために」人
　　文・社会科学論集40号（2022）1～19頁，木口恵美子「意思決定支援の視点に関する研
　　究―コミュニケーションカードに着目して」鶴見大学紀要60号第3部（2023）57～61頁，
　　金圓景「地域で暮らす認知症高齢者の意思決定支援に関する一考察―地域包括支援セン
　　ターの社会福祉士を中心に」明治学院大学社会学・社会福祉学研究160号（2023）51～
　　69頁，田岡紀美子「倫理的意思決定の包括モデルの活用について―障がい者に対する意
　　思決定支援の事例を用いた検討」滋賀文教短期大学紀要25号（2023）21～31頁，深谷裕
　　「障害児者への意思決定支援をめぐる家族の葛藤」北九州市立大学地域戦略研究所紀要
　　8号（2023）1～12頁。

3 障害者施策と意思決定支援

　障害者権利条約の制定を受けて導入されたこともあり，意思決定支援は障害者施策において先行的に導入された。すなわち，上述の障害者基本法23条1項は，「国及び地方公共団体は，障害者の意思決定の支援に配慮しつつ，障害者及びその家族その他の関係者に対する相談業務，成年後見制度その他の障害者の権利利益の保護等のための施策又は制度が，適切に行われ又は広く利用されるようにしなければならない。」とする。また，障害者総合支援法は，障害者に対する支援に関連して，障害者の意思決定支援を事業所の責務として規定している（障害者総合支援法42条・51条の22）。ただし，法文に文言が盛り込まれたものの，その意味，内容は明確とはいえない。そのため，障害者総合支援法では，附則で見直しについて規定しており，それを受け，障害福祉サービス等の提供に係る意思決定支援ガイドラインが作成された[10]。本ガイドラインをはじめとした意思決定支援に関するガイドラインの詳細については，後述する。

---

8)　五十嵐禎人「精神科医からみた『意思決定支援を踏まえた後見事務のガイドライン』と意思決定能力」実践成年後見105号（2023）2～13頁，竹内俊一「岡山意思決定支援PTメンバーの弁護士からみたガイドラインによる実務の変化」実践成年後見105号（2023）14～20頁，大村珠代「事例からみた意思決定支援ガイドラインに基づく実務の変化」実践成年後見105号（2023）21～29頁，田代政和「司法書士からみた意思決定支援ガイドラインと後見実務にかかる考察」実践成年後見105号（2023）30～38頁，山﨑順子「意思決定支援ガイドライン公表後の実務の変化と今後の課題」実践成年後見105号（2023）39～47頁，平林和宏＝大輪典子「社会福祉士からみた国ガイドラインに基づく実務と意義」実践成年後見105号（2023）48～57頁，熊倉千雅＝西原留美子「『意思決定支援のためのツール』を用いた実践事例からみた『意思決定支援を踏まえた後見事務のガイドライン』の意義」実践成年後見105号（2023）58～66頁，水島俊彦「成年後見制度と意思決定支援—第二期成年後見制度利用促進基本計画を踏まえた意思決定支援モデルの構築」成年後見法研究20号（2023）23～30頁，田代政和「後見業務における『意思決定支援』の法的性質・位置づけに関する考察—成年後見人（後見人・保佐人・補助人）の本人に対する説明義務の観点から」成年後見法研究20号（2023）31～40頁，西原留美子「意思決定支援と成年後見制度—社会福祉士としての実践を踏まえて」成年後見法研究20号（2023）41～51頁，細川瑞子「知的障害者の親からの『意思決定支援』再考—『子どもの権利条約』『ことばの発達』『支援・誘導』を手掛かりに」成年後見法研究20号（2023）52～64頁。

9)　水島俊彦＝田代正和ほか「〈パネルディスカッション〉意思決定支援の理想と現実」成年後見法研究20号（2023）65～77頁，田代・前掲論文（注8）30～38頁。細川瑞子「知的障害者の親からの『意思決定支援』再考—『子どもの権利条約』『ことばの発達』『支援・誘導』を手掛かりに」成年後見法研究20号（2023）52～64頁。

10)　厚生労働省「障害福祉サービス等の提供に係る意思決定支援ガイドライン」（2017年3月31日）。

90　第2部　理論編

4　高齢者施策と意思決定支援

4.1　成年後見制度との関係

　高齢者に対する意思決定支援に関しては，主に，成年後見制度との関係で議論されてきた。成年後見制度においても，制度の運用や制度のとらえ方において意思決定支援を重視することで制度運用を改善しようとする議論がなされているほか[11]，代行決定の制度として作られている成年後見制度を改正せずに意思決定支援の制度として積極的拡大利用をすすめることに疑問を呈する見解や[12]，高齢者および障害者を包括する形で新たな意思決定支援法を制定すべきとの主張がある[13]。また，意思決定支援保護法を提唱する見解もある[14]。

4.2　成年後見制度利用促進法

　成年後見制度の利用の促進に関する施策を推進することを目的とし，2016（平成28）年に成年後見制度の利用の促進に関する法律（以下，「成年後見制度利用促進法」とする。）が制定された。同法では，基本理念および基本方針を定めるとともに基本計画および体制について定められており，基本方針は基本理念に対応する形で規定されている。同法に基づき作成された成年後見制度利用促進基本計画においては，成年後見人等[15]は，本人の自己決定権の尊重を図りつつ，身上に配慮した後見事務を行うことが求められているとし，成年後見人が本人を代理して法律行為をする場合にも，本人の意思決定支援の観点から，できる限り本人の意思を尊重し，法律行為の内容にそれを反映させることが求められるとする[16]。その後，成年後見制度利用促進専門家会議においては，成年後見制度利用促進基本計画に係る中間検証報告書のなかで，高齢者と障害者

---

11)　新井誠「総括討議―各国の成果から学ぶべきこと」実践成年後見53号（2014）69頁，法政大学大原社会問題研究所＝菅富美枝編著『成年後見制度の新たなグランド・デザイン』（法政大学出版局，2013）254頁。

12)　佐藤彰一「日本の成年後見制度の現状と課題―日本国内法の現状と課題」賃金と社会保障1661号（2016）60頁。

13)　日本弁護士連合会第58回人権擁護大会シンポジウム第2分科会基調報告書『「成年後見制度」から「意思決定支援制度」へ―認知症や障害のある人の自己決定権の実現を目指して』，日本弁護士連合会「総合的な意思決定支援に関する制度整備を求める宣言」。

14)　Yukio Sakurai, *Value of Legislation Providing Support and Protection to Vulnerable Adults: Vulnerability Approach and Autonomy* (Jan. 9, 2023, 16:07), https://ynu.repo.nii.ac.jp/?action=pages_view_main&active_action=repository_view_main_item_detail&item_id=12187&item_no=1&page_id=59&block_id=74.

の特性に応じた意思決定支援のあり方についての指針の策定等について，今後の対応として成年後見制度における意思決定支援の全国的な推進を掲げ，意思決定支援ガイドラインの策定に触れられている[17]。そして，意思決定支援のあり方に関しては，成年後見人等が本人の特性に応じた適切な配慮を行うことができるよう，今後とも意思決定の支援のあり方についての指針の策定に向けた検討等が進められるべきであるとされている。これに基づき，のちに触れるようなガイドラインの策定等が進められてきたところである。また，成年後見制度利用促進専門家会議においては，第二期の成年後見制度利用促進基本計画に盛りこむべき事項として，成年後見制度の利用促進は全国どの地域においても制度の利用を必要とする人が，尊厳のある本人らしい生活を継続することができる体制を整備し，本人の地域社会への参加の実現を目指すものとしている。そのために，後見人等による財産管理のみを重視するのではなく，認知症高齢者や障害者の特性を理解した上で，本人の自己決定権を尊重し，意思決定支援・身上保護も重視した制度の運用とすることが挙げられている[18]。その後，第二期成年後見制度利用促進基本計画が策定され，総合的な権利擁護支援策の充実のための新たな連携・協力体制の構築による生活支援・意思決定支援の検討や尊厳ある本人らしい生活を継続するための本人の特性に応じた意思決定支援とその浸透等が掲げられている[19]。

---

15) 本章では，成年後見人等の定義については，原則として成年後見制度利用促進法2条に定めるところによる。すなわち，成年後見人等とは，成年後見人および成年後見監督人（同1項1号），保佐人および保佐監督人（同2号），補助人および補助監督人（同3号），任意後見人および任意後見監督人（同4号）を総称する。また，成年被後見人等とは，成年被後見人（同2項1号），被保佐人（同2号），被補助人（同3号），任意後見監督人が選任された後における任意後見契約の委任者（同4号）を総称する。
　　ただし，後に触れる意思決定支援に関する各種のガイドラインのように，それぞれのガイドラインや文献によって成年後見人等の用語が異なって使用されていることがある。そのため，ガイドラインや文献等の内容を扱う場合にはそれぞれのガイドラインや文献等における用いられ方によることとする。
16) 政府「成年後見制度利用促進基本計画」（2017年3月24日）7頁。
17) 成年後見制度利用促進専門家会議「成年後見制度利用促進基本計画に係る中間検証報告書」（令和2年3月17日）3頁。
18) 成年後見制度利用促進専門家会議「第二期成年後見制度利用促進基本計画に盛りこむべき事項—尊厳のある本人らしい生活の継続と地域社会への参加を図る権利擁護支援の推進」（令和3年12月）4頁。
19) 政府「第二期成年後見制度利用促進基本計画—尊厳のある本人らしい生活の継続と地域社会への参加を図る権利擁護支援の推進」（令和4年3月25日）8，11頁。

92　第2部　理論編

4.3　日常生活自立支援事業

　日常生活自立支援事業（以下，本章では，「日自事業」とする。）は，高齢者が認知症などで判断能力が不十分な場合に，日常生活などを支援するものである[20]。都道府県・指定都市社会福祉協議会は，①福祉サービスの利用援助，②苦情解決制度の利用援助，③住宅改造，居住家屋の賃貸，日常生活上の消費契約および住民票の届出等の行政手続に関する援助等，④上記3つに伴う援助として「預金の払い戻し，預金の解約，預金の預け入れの手続等利用者の日常生活の管理（日常的金銭管理）」「定期的な訪問による生活変化の察知」を行う（社会福祉法2条3項12号・81条）。この事業では，利用者が社会福祉協議会と契約をするため，高齢者には契約内容について判断できる能力が必要であり，実際の運用においても利用意思の確認がなされている。

　契約に際しては，契約締結能力の有無等について，外部の専門家等による契約締結審査会が審査し，契約締結後は支援計画に沿って専門員や生活支援員が直接本人の住居に訪問し，金銭を渡す等の支援を行う。その際には，財産管理のみではなく，利用者の意思決定支援を行うためのコミュニケーション作りが求められるとともに，利用者の意思に沿った支援が求められる。ただし，意思決定支援を重視する程度は，生活支援員により個人差があるため，意思決定支援が標準的になされるようにしていくことが課題となる。

　また，日自事業においては，福祉サービスの利用援助や行政手続にとどまらない支援が行われている[21]。こうした支援は，本来は成年後見制度の対象となりうるものの，保佐や補助の制度の利用数が低迷していること等から，日自事業で対応せざるをえないことになっているといえよう[22]。日自事業の範囲については，日自事業を成年後見制度の補完ととらえる考え方のほか，日自事業を独自のサービスとし，成年後見制度と併存すると理解する立場もありう

---

20)　日自事業の対象者には高齢者のみではなく障害者も含まれるものの，ここでは，高齢者に対する支援（高齢者施策）として取り扱うものとする。

21)　これは，従来から指摘されてきたことである。厚生労働省社会・援護局地域福祉課「福祉サービス利用援助事業について」，濱島淑恵「日常生活自立支援事業における生活支援員の位置づけ・活動実態と今後の課題—知的障害者・精神障害者・認知症高齢者の権利擁護に向けて」社会福祉50号（2009）164頁。

22)　その他，必ずしも意思決定支援の対象とはならないものの，事業利用者の他者とのつながりづくりや就労支援が求められる場合等，本来，日常生活自立支援事業の対象として支援すべきであるのか疑問となる事例についても同事業に委ねられていることがあるように思われる。

る[23]。後者の見解からは，実際のニーズは多様であり，このようなニーズに
こたえていくべきであるとして，日自事業の範囲を広くとらえる見解がある[24]。

こうした問題への対応としては，成年後見制度における保佐や補助の利用拡
大を図ることも考えられ，成年後見制度利用促進法も同様の立場に立つ。しか
し，現行の申立手続等を前提とすれば，利用の拡大を図ることは必ずしも容易
ではない。そのため，日常生活に支援が必要である場合に，広く，日自事業の
支援対象とすることが考えられよう。日自事業の範囲に関し，今後，その範囲
を拡大する方向で見直す必要がある[25]。この点に関しては，従業者の業務増
大による事業の破綻が懸念されるところではあるものの[26]，事業の対象外に
もかかわらず支援をせざるを得ない状況を制度上も改善することが肝要であり，
制度上の改善をする際には，予算措置，人的体制の整備および事業の範囲の明
確化をもなされていくべきであろう。また，今後は，日自事業と成年後見制度
の連携や一体的な提供が求められる[27]。

4.4 認知症基本法

認知症高齢者数は増加傾向にある。2025（令和7）年には65歳以上の高齢者
の約5人に1人は認知症になるとの推計もある[28]。共生社会の実現を推進す
るための認知症基本法（以下，「認知症基本法」とする。）は，2023（令和5）年
6月に制定された。本法の目的は，認知症の人を含めた国民1人ひとりがその
個性と能力を十分に発揮し，相互に人格と個性を尊重しつつ支え合いながら共
生する活力ある社会（以下「共生社会」という。）の実現を推進することである
（認知症基本法1条）。

---

23) 日常生活自立支援事業については，熊谷士郎「福祉サービス契約における利用者の
権利保障制度の現状と課題」季刊・社会保障研究45巻1号（2009）25頁，濱畑芳和「福
祉サービス利用援助事業の法構造」龍谷法学43巻3号（2011）1144頁，同「福祉サービ
ス利用援助事業の法的課題」社会保障法20号（2005）139頁。

24) 阿部和光「社会福祉における権利擁護の課題」社会保障法15号（2000）185頁，大原
利夫「自立支援と権利擁護」菊池馨実編著『自立支援と社会保障―主体性を尊重する福
祉，医療，所得保障』（日本加除出版，2008）341頁。

25) 菊池馨実「介護保険と成年後見の新たな交錯」週刊社会保障3011号（2019）29頁。

26) 山口理恵子「チーム支援による体制整備の意義と成年後見人等」実践成年後見87号
（2020）13頁。

27) 第二期成年後見制度利用促進基本計画では，成年後見制度と日常生活自立支援事業
との連携の推進および同事業の実施体制の強化が掲げられている。政府・前掲基本計画
（注16）8頁。

28) 内閣府「平成29年版高齢社会白書」19頁。

94 第2部 理論編

基本理念としては，7項目が掲げられている。意思決定支援にかかわる基本理念としては，認知症の人の意向を十分に尊重しつつ，良質かつ適切な保健医療サービスおよび福祉サービスが切れ目なく提供されること（同3条1項4号）とある。基本的施策として8項目が掲げられており，意思決定支援に関連しては，認知症の人の意思決定の適切な支援および権利利益の保護を図るため，認知症の人の意思決定の適切な支援に関する指針の策定，認知症の人に対する分かりやすい形での情報提供の促進，消費生活における被害を防止するための啓発その他の必要な施策を講ずるもの（同法17条）とされている。

認知症施策の推進に関し，国は基本理念にのっとり認知症施策を総合的かつ計画的に策定し，および実施する責務を有する（同法4条）。他方，地方公共団体は，基本理念にのっとり，国との適切な役割分担を踏まえて，その地方公共団体の地域の状況に応じた認知症施策を総合的かつ計画的に策定し，および実施する責務を有する（同法5条）とされる。

本法は，認知症に特化した最初の法律であり，本法の目的にもあるように，認知症になった場合であっても意思決定に対する適切な支援を受けつつ，個々人の状況に応じた尊厳ある生の実現が図られるような施策の推進が求められる[29]。

5 資力が不十分な高齢者の意思決定支援

加齢に伴い認知機能が低下した高齢者や，認知症により判断能力が低下した高齢者にとって，その意思決定に対して支援をうける必要性は，財産の有無，資力の有無にかかわらないものである[30]。そのため，資力の程度にかかわらない意思決定支援をどのように確保するかが課題となる。

5.1 成年後見制度利用支援事業

この事業は成年後見審判の申立費用と成年後見人等の報酬を助成するもので

---

29) 西森利樹「第9章 権利擁護」西村淳編著『入門テキスト社会保障の基礎〔第2版〕』（東洋経済新報社，2022）276頁。
30) 障害者権利条約の一般的意見1号29(e)は，「条約第12条第3項に定められている，締約国は必要とする支援に『アクセスすることができるようにするための』措置をとらなければならないという要件に従うため，締約国は，障害のある人がわずかな料金で，あるいは無料で，支援を利用でき，財源不足が法的能力の行使における支援にアクセスする上での障壁とならないことを確保しなければならない。」とする。

ある。高齢者の場合には，介護保険法における地域支援事業の任意事業として実施されている（介護保険法115条の45第3項3号）。ただし，事業運営は市町村の判断によりなされており，第二期成年後見制度利用促進基本計画では成年後見制度利用支援事業の推進等が掲げられており[31]，実施する市町村は増加傾向にあるものの，いまだ全国的な実施には至っていない。そのため，資力が不十分な高齢者のすべてが当該事業により成年後見制度を利用できる状況にあるとは言えず，制度利用を通じた意思決定に対する支援を受けられない可能性がある。今後，この事業の拡大が図られることになると思われるものの，この事業だけではない，資力が不十分な高齢者に対する成年後見制度による支援のあり方が検討される必要があろう。

5.2 後見扶助の創設

そこで，生活保護に後見扶助を新設するということが考えられる。生活保護法は受給者の成年後見制度の利用を前提としているとも解され（生活保護法81条），生活保護受給者にとって成年後見制度の利用が当然の権利であるとすれば，後見扶助を新設し，成年後見人等の報酬も含めた利用支援をすることも1つの方法であるといえよう[32]。

5.3 公的後見制度の創設

資力が不十分な高齢者の成年後見制度の利用に関連し，地方自治体等が成年後見人等に就任する，いわゆる公的後見制度を創設すべきとの見解もある[33]。成年後見制度利用支援事業や後見扶助の新設が，成年後見制度における手続費用や報酬といった経済的な側面に着目しているのに対し，公的後見制度は，経済的な側面にくわえ，成年後見人等の担い手の確保にも着目した議論である。

---

31)　第二期成年後見制度利用促進基本計画では，「全国どの地域においても成年後見制度を必要とする人が制度を利用できるよう，市町村には，同事業の対象として，広く低所得者を含めることや，市町村長申立て以外の本人や親族による申立ての場合の申立費用及び報酬並びに後見監督人等が選任される場合の報酬も含めることなど，同事業の実施内容を早期に検討することが期待される。」とされている。政府・前掲基本計画（注16）16頁。

32)　上山泰『専門職後見人と身上監護〔第3版〕』（民事法研究会，2015）295頁。

33)　公的後見制度に関する議論の詳細については，西森利樹「社会福祉サービスとしての公的後見制度の導入可能性—アメリカ公的後見制度を手がかりに」社会保障法32号（2017）109頁以下を参照のこと。

96　第2部　理 論 編

成年後見人等の担い手の確保は今後も課題となり続けると思われるなか，公的
後見制度は人的・物的側面の両者へアプローチするものであり，この制度の導
入に向けた検討（提供体制のあり方や財源確保のあり方等）がさらになされるべ
きであると思われる[34]。ただし，公的機関による成年後見は，高齢者の意思
決定に対する公権力による介入であるとも考えられるところではある。この点
は，意思決定支援が最終的な本人の意思決定に対するかかわりであるとすれば，
公権力が成年後見人等となることで制度をより利用しやすくし，制度の利用を
通じた意思決定支援の充実を図ることであるとも考えることができよう。また，
公的後見制度に関しては，より根本的には，低所得者をはじめ，判断能力が低
下した場合の意思決定支援は誰の責任であるべきと解するのかが課題となる。

5.4　特定援助対象者事業

　この事業は判断能力が低下している場合の法律相談等に対する支援である。
従来の民事法律扶助の対象が拡大され，認知機能の低下等により，これまで自
発的に法的サービスを求めることができなかった高齢者に関し，その資力の有
無にかかわらない法律相談（総合法律支援法30条1項3号）および資力が乏しい
場合の行政不服申立てに対する支援（同30条1項2号）をするものである。た
だし，法律相談に関し資力基準を超える場合は費用負担が求められることもあ
り，支援対象者の範囲を拡大するかどうかの議論との関係では，資力基準の設
定のあり方などについて今後課題となりうる。

6　終末期と意思決定支援

6.1　看取り：終末期における意思決定支援

　高齢者は他の世代と異なり死期が近い存在であるとともに，死期が近づくに
つれその意思決定の支援に対するニーズが高まる存在でもある。この点が高齢

---

34)　わが国における公的後見制度の導入に向けた検討を行うため，アメリカにおける公
的後見制度（Public Guardianship）の動向等について検討したものとして，西森利樹
「アメリカ公的後見法制をめぐる近年の改正動向」アドミニストレーション27巻2号
（2021）43頁。また，公的後見制度における財源の確保のあり方について，西森利樹
「フロリダ公的後見制度における財源確保と信託」アドミニストレーション28巻2号
（2022）193頁，西森利樹「資力が不十分な高齢者に対する成年後見と信託の活用―フロ
リダ公的後見制度共同特別ニーズ信託を中心として」年金と経済42巻1号（2023）26頁，
西森利樹「信託の活用を通じた資力が不十分な高齢者に対する成年後見」アドミニスト
レーション30巻2号（2024）33頁。

者の特徴の1つであろう。そのため，終末期の高齢者の意思決定支援に関連した，支援のあり方と法的整備の検討が必要となる。これに関し，自宅や介護施設などの病院以外における看取りを支援する専門制度の検討の必要性が指摘されているものの，この点に関しては，「人生の最終段階における医療の決定プロセスに関するガイドライン」の策定を受け，2018（平成30）年度の診療報酬・介護報酬改訂により，介護施設等において，患者や家族の希望に応じた看取りが推進されると思われる。また，医療に関しては，従来から，成年後見人の医療同意の可否が議論されてきたものの[35]，成年後見制度利用促進基本計画において，今後，指針等の作成を通じ成年後見人等の具体的役割が明らかになるように検討することとなった[36]。

6.2 死後事務と意思決定支援

死後事務と意思決定支援に関しては，遺言がある場合に相続人が被相続人の意思に沿った対応をすることがありうるものの，遺言は被相続人の財産の帰属が中心である。付言事項として遺言者の思いや希望を記載できるものの法的効果は認められない。また，身寄りのない高齢者や相続人が被相続人とのかかわりを拒む場合の意思決定支援は課題となる。これに関し，死後事務委任契約を認めた判例[37]があるほか，成年被後見人の死亡後の成年後見人の権限に関しては民法改正により一定範囲の死後事務が認められた（民法873条の2）。そのため，死後の事務に関する意思決定支援は，一定程度の対応が可能ではある。ただし，死後における長期的な対応については困難が伴う可能性がある。

6.3 終末期の本人の意思決定支援のあり方—事前指示とそのプロセス

上記のような課題を前提とした場合，看取りおよび死後事務に関し高齢者本人が事前に何らかの指示をすることの促進が考えられる。事前指示に関する現行制度には遺言があるものの，先述したように，遺言は財産の帰属が中心である。延命治療等希望確認書が用いられることがあるものの，この確認書に関しては，法的な意味が不明であることや，関係者の理解不足といった課題が挙げ

---

35) 医療同意に関する見解の詳細については，赤沼康弘編著『成年後見制度をめぐる諸問題』（新日本法規，2012）190頁以下を参照のこと。
36) 政府・前掲基本計画（注16）26頁。
37) 最三小判平成4年9月22日金融法務事情1358号55頁。

られている。また，高齢者の日ごろの発言等から本人の意思を推定し，意思実現を支援することがなされればよいものの，高齢者から，本人意思を推定しうるような日ごろの発言等が必ずしもなされるとは限らない。また，高齢者から発言等がなされていたとしても，周りの関係者がそうした発言を把握していない可能性もある。そこで，あらかじめ高齢者本人が他者との間で終末期から死後の事務をも含めた事前指示契約を締結することがありうる。しかし，この契約は原則として契約当事者間のみに拘束力があり，高齢者の終末期にかかわる関係者全体に効力が及ばない。そうしたことから，事前の意思決定制度の創設の検討が考えられる[38]。そこでは，今後，事前の意思決定の対象，作成プロセスのあり方，事前指示書等の法的効果の内容等が検討課題になると思われる。

Ⅳ　意思決定支援に関するガイドライン

先述の障害者総合支援法の附則や成年後見制度利用促進基本計画において触れられているように，意思決定に対する支援に関しては，各種のガイドラインが作成されている。以下では，それらのガイドラインの内容を検討する。

1　障害者福祉サービス等の提供に係る意思決定支援ガイドライン

このガイドラインは総論と各論とからなり，総論では，意思決定支援の定義，意思決定を構成する要素，意思決定支援の基本原則，最善の利益の判断，事業者以外の視点からの検討，成年後見人等の権限との関係が定められている。意思決定支援の定義は，自ら意思を決定することに困難を抱える障害者が，日常生活や社会生活に関して自らの意思が反映された生活を送ることができるように，可能な限り本人が自ら意思決定できるよう支援し，本人の意思の確認や意思および選好を推定し，支援を尽くしても本人の意思および選好の推定が困難な場合には，最後の手段として本人の最善の利益を検討するために事業者の職員が行う支援の行為および仕組みであるとする[39]。次に，意思決定を構成す

---

38)　事前の意思決定制度の創設に関しては，関ふ佐子「アメリカの終末期ケア―ホスピスケアにみる意思決定支援」比較法研究80号（2019）7〜25頁，篠田道子「フランス・イタリアにおける終末期ケアの意思決定支援」日本福祉大学社会福祉論集142号（2020）99〜112頁，小林真紀「終末期における意思決定―フランスにおける事前指示書の法制化の意義」愛知大学法学部法經論集227号（2021）1〜30頁。

る要素として，本人の判断能力の程度について慎重なアセスメントが必要であるとしつつ，意思決定支援が必要な場面として，①日常生活における場面と②社会生活における場面を挙げ，食事，衣服の選択等の日常生活における場面において意思が尊重された生活体験を積み重ねることによって本人が自らの意思を他者に伝えようとする意欲を育てることにつながるとする[40]。意思決定支援の基本的原則としては，①本人への支援は自己決定の尊重に基づき行うこと，②職員等の価値観においては不合理と思われる決定でも，他者への権利を侵害しないのであれば，その選択を尊重するよう努める姿勢が求められること，③本人の自己決定や意思確認がどうしても困難な場合は，本人をよく知る関係者から本人に関する様々な情報を把握し，根拠を明確にしながら障害者の意思および選好を推定することが挙げられている。③に関し，本人の意思を推定することが困難な場合は本人の最善の利益によることになるものの，この手段は最後の手段であり，メリット・デメリットを検討し，相反する選択肢の両立を検討するとともに，住まいの場を選択する場合は本人の自由の制限がより少ない方を選択すべきとする。

　各論においては，まず，意思決定支援の枠組みが5つの要素から構成されている。すなわち，意思決定支援責任者の配置，意思決定支援会議の開催，意思決定の結果を反映したサービス等利用計画・個別支援計画（意思決定支援計画）の作成とサービスの提供，モニタリングと評価・見直しである[41]。意思決定支援責任者は，意思決定支援計画作成に中心的にかかわり，意思決定支援会議を企画・運営する等，意思決定支援の枠組みを作る役割を担うとされる。相談支援専門員やサービス管理責任者とその役割が重複するため，これらの者の兼務が考えられている。意思決定支援会議は本人参加の下で，アセスメントで得られた意思決定が必要な事項に関する情報や意思決定支援会議の参加者が得ている情報を持ち寄り，本人の意思の確認，意思および選好の推定，最善の利益の検討をする仕組みとされる。この会議はサービス担当者会議や個別支援会議と一体的に実施することが考えられている[42]。また，意思決定支援によって確認または推定された本人の意思や本人の最善の利益と判断された内容を反映

---

39)　厚生労働省・前掲書（注10）3頁。
40)　厚生労働省・前掲書（注10）3頁。
41)　厚生労働省・前掲書（注10）7頁。
42)　厚生労働省・前掲書（注10）7頁。

したサービス等利用計画や個別支援計画（意思決定支援計画）を作成し，本人の意思決定に基づくサービスの提供を行うことが重要であるとされる。モニタリングと評価・見直しに関しては，意思決定支援を反映したサービス提供の結果をモニタリングし，評価を適切に行い，次の支援でさらに意思決定が促進されるよう見直すことが重要であるとされる[43]。また，意思決定支援を進めるためにはその根拠となる詳細な記録の作成が必要であり，本人の生活の全体像の記録のほか，客観的に整理や説明ができないような「様子」を記録に残し，積み上げていくことが重要であるとしている。また，このガイドラインでは，職員の知識・技術の向上への取組みの促進，関係者・関係機関と連携して意思決定支援を進めることの重要性を指摘するほか，本人と家族等に対する説明責任等についても触れられている[44]。

　さらに，意思決定支援の具体例（日中活動プログラムの選択，施設での生活継続の可否，精神科病院からの退院）およびアセスメント表，サービス等利用計画や個別支援計画（意思決定支援計画）の記載例が掲載されている[45]。

2　認知症の人の日常生活・社会生活における意思決定支援ガイドライン

　成年後見制度利用促進基本計画においては，意思決定支援のあり方に関する指針の策定に向けた検討等が進められるべきとされた[46]。それを受け策定されたのが本ガイドラインである[47]。

　本ガイドラインは認知症の人[48]を支援するガイドラインであるとする。誰による意思決定支援なのかに関しては，特定の職種や特定の場面に限定されず，認知症の人の意思決定支援にかかわるすべての者（これらの者を「意思決定支援者」としている。）によるものであるとする。その多くはケアを提供する専門職種や行政職員等であるものの，それ以外に家族，成年後見人，地域近隣において見守り活動を行う人，本人と接し本人をよく知る人等も挙げる。また，本ガ

---

43)　厚生労働省・前掲書（注10）8頁。
44)　厚生労働省・前掲書（注10）9頁。
45)　厚生労働省・前掲書（注10）12頁以下。
46)　政府・前掲（注16）7頁。
47)　厚生労働省「認知症の人の日常生活・社会生活における意思決定支援ガイドライン」（2020年6月）1頁。
48)　ここで認知症の人とは，認知症と診断された場合に限らず，認知機能の低下が疑われ，意思決定能力が不十分な人を含むとしている。厚生労働省・前掲書（注47）2頁。

イドラインでいう意思決定支援とは，認知症の人の意思決定をプロセスとして支援するもので，通常，そのプロセスは意思形成の支援と意思表明の支援を中心とし，意思実現の支援を含むとする[49]。

次に，支援の基本原則として，本人の意思の尊重，本人の意思決定能力への配慮，チームによる早期からの継続的支援を挙げる。本人の意思の尊重に関しては，自己決定に必要な情報を，認知症の人が有する認知能力に応じて，理解できるように説明しなければならない。また，意思決定支援は，本人の表明した意思・選好，その確認が難しい場合は推定意思・選好を確認し，それを尊重することから始まり，本人の意思（意向・選好あるいは好み）の内容は本人の身振り手振りや表情の変化も含め読み取るように努力すべきとする。示された意思は，それが他者を害する場合や本人にとって見過ごすことのできない重大な影響が生ずる場合でない限り尊重される[50]。本人の意思決定能力への配慮として，認知症の症状にかかわらず本人には意思があり，意思決定能力を有することを前提とし，本人のその時々の意思決定能力の状況に応じて支援するとしている[51]。また，本人の意思決定能力は，理解する力，認識する力，論理的に考える力，選択を表明できる力によって構成されるとする。チームによる早期からの継続的支援に関しては，意思決定支援の際には，本人の意思を踏まえ，身近な信頼できる家族・親族，福祉・医療・地域近隣の関係者と成年後見人等がチームとなって日常的に見守り，本人の意思や状況を継続的に把握し必要な支援を行う体制（以下，「意思決定支援チーム」という。）が必要であるとする[52]。意思決定支援に際しては，特に，日常生活で本人に接するなど本人を良く知る人から情報を収集し，本人を理解し支援していくことや，地域近隣で本人の見守りをし，日頃から本人とつながりがある者とかかわることが重要である。また，意思決定支援の際には本人の意思を繰り返し確認するとともに本人のその後の生活に影響を与えるような意思決定支援をした場合は記録を残す必要があるとする[53]。

意思決定支援のプロセスに関しては，まず，意思決定支援の人的・物的環境の整備に関する留意事項を挙げる。意思決定支援者がとるべき態度や本人との

---

49) 厚生労働省・前掲書（注47） 2頁。
50) 厚生労働省・前掲書（注47） 3頁。
51) 厚生労働省・前掲書（注47） 4頁。
52) 厚生労働省・前掲書（注47） 5頁。
53) 厚生労働省・前掲書（注47） 5頁。

102　第2部　理論編

信頼関係への配慮のほか，意思決定支援をする際の環境に関して本人の慣れた場所で行ったり時期を急がせたりしないようにする等の時間的・場所的配慮に触れている。その後，適切な意思決定プロセスの確保として，意思決定支援のプロセスを意思形成支援，意思表明支援，意思実現支援の3つに分類し，それぞれにおける留意点を挙げている[54]。意思形成支援では，意思形成に必要な情報の説明の有無，わかりやすい説明の有無を確認することや，説明された内容を忘れてしまう場合にはその都度丁寧な説明をすること，質問は開かれた質問をすること，本人の反応が理解しているものであっても実際には理解していない場合もあるため本人の様子を見ながらよく確認することが必要であるとする。意思表明支援では，本人の意思を表明しにくくする要因はないかどうか配慮すべきことに加え，時間をかけて本人とコミュニケーションを取ることの重要性や本人の示した意思は変更されうることから適宜その意思を確認することの必要性に触れられている。意思実現支援においては，自発的に形成され，表明された本人の意思を，本人の能力を最大限活用した上で，意思決定支援チームが多職種で協働し，利用可能な社会資源等を用い，日常生活・社会生活に反映させるとする。また，他者を害する場合や本人にとって見過ごすことのできない重大な影響が生ずる場合でない限り，形成・表明された意思が，他から見て合理的かどうかを問うものではないとする。

　意思決定支援プロセスにおける家族は本人の意思決定支援者であるとし，家族に対する支援の必要性に触れている[55]。

　日常生活における意思決定支援においては，これまでの本人の生活の確保を尊重しつつ，本人の意思や好みを理解するためには本人の情報の収集・共有が必要であるとする。本人の示した意思を日常・社会生活に反映した場合に，本人にとって見過ごすことのできない重大な影響が生ずる場合は，意思決定支援チームで話し合うことが必要であるとする。この意思決定チームでの話し合いは意思決定支援会議とされ，会議では，意思決定支援の参考となる情報や記録が十分に収集されているのか，意思決定能力を踏まえた適切な支援がなされているのか，参加者の構成は適切かどうか等，意思決定支援のプロセスを適切に踏まえているかを確認することが必要であるとする。意思決定支援会議には本人の参加が望ましいとする。この会議は，地域ケア会議，サービス担当者会議

---

54)　厚生労働省・前掲書（注47）7頁。
55)　厚生労働省・前掲書（注47）8頁。

第4章　高齢者の意思決定に対する法的支援　　103

等と兼ねることが可能であるとしている[56]。また，このガイドラインにおいては，全体の概念図や具体的な事例の例示と意思決定支援のポイントに触れられている。

3　人生の最終段階における医療・ケアの決定プロセスに関するガイドライン

2007（平成19）年に作成された「終末期医療の決定プロセスに関するガイドライン」が2015（平成27）年に「人生の最終段階における医療の決定プロセスに関するガイドライン」に名称変更され，さらに2018（平成30）年3月に改訂されたのが本ガイドラインである[57]。人生の最終段階における医療のあり方は，従来から医療現場で重要な課題となっていたものの，国が人生の最終段階における医療の内容について一律の定めを示すことが望ましいか否かについては慎重な態度がとられてきた。しかし，人生の最終段階における医療のあり方について，患者・医療従事者ともに広くコンセンサスが得られる基本的な点について確認しガイドラインとして示すことが，よりよき人生の最終段階における医療の実現に資するとして，2007（平成19）年版のガイドラインが作成された。新たな改訂は，高齢多死社会の進展に伴い，地域包括ケアの構築に対応する必要があることや，英米諸国を中心としてACP（アドバンス・ケア・プランニング）の概念を踏まえた研究・取組が普及してきていることなどを踏まえ改訂されたものである。

本ガイドラインは，人生の最終段階における医療・ケアのあり方および人生の最終段階における医療・ケアの方針の決定手続の2つに分けて定められている。前者では，最も重要な原則として，人生の最終段階における医療・ケアは医療従事者から本人に適切な情報提供と説明がなされ，それに基づき本人が多専門職種の医療・介護従事者から構成される医療・ケアチームと十分な話し合いを行い，本人の意思決定を基本としてなされることを挙げる[58]。また，医療・ケアの開始・不開始，内容の変更，中止等は医学的妥当性と適切性を基に

---

56)　厚生労働省・前掲書（注47）9頁。
57)　人生の最終段階における医療の普及・啓発の在り方に関する検討会「人生の最終段階における医療・ケアの決定プロセスに関するガイドライン　解説編」（2020年3月）1頁。
58)　人生の最終段階における医療の普及・啓発の在り方に関する検討会・前掲書（注57）1頁。

慎重に判断すべきとし，可能な限り疼痛やその他の不快な症状を緩和し，本人・家族等の精神的・社会的な援助も含めた総合的な医療・ケアを行うことが必要であるとする。ただし，生命を短縮させる意図をもつ積極的安楽死は，本ガイドラインでは対象としていない。

　人生の最終段階における医療・ケアの方針の決定手続に関しては，本人の意思の確認ができる場合は，適切な情報提供を前提に医療・ケアチームとの話し合いを踏まえた本人の意思決定を基本とする。また，時間の経過，心身の状態の変化，医学的評価の変更等に応じて本人の意思が変化しうるものであることから，医療・ケアチームにより，適切な情報の提供と説明がなされ，本人が自らの意思をその都度示し，伝えることができるような支援が行われることが必要であるとする。これは，2018（平成30）年版において新たに盛り込まれた視点である。その際，本人が意思を伝達できない場合に備え家族等も含めた話し合いの繰り返しが必要とする。このプロセスにおいて話し合った内容は，記録として，その都度文書にまとめておくものとしている。

　他方，本人の意思が確認できない場合には，以下の手順による。家族等が本人意思を推定できる場合は，その推定意思を尊重し，本人にとっての最善の方針をとることを基本とする[59]。家族等が本人意思を推定できない場合には，本人にとって何が最善であるかについて，本人に代わる者として家族等と十分に話し合い，本人にとっての最善の方針をとることを基本とする。家族等がいない場合および家族等が判断を医療・ケアチームに委ねる場合には，本人にとっての最善の方針をとることを基本とする。話し合いの内容は文書にまとめておく。

　上記の方針決定においては，医療・ケアチームの中で心身の状態等により医療・ケアの内容の決定が困難な場合，本人と医療・ケアチームとの話し合いの中で妥当で適切な医療・ケアの内容についての合意が得られない場合，家族等の中で意見がまとまらない場合や，医療・ケアチームとの話し合いの中で，妥当で適切な医療・ケアの内容についての合意が得られない場合等については，複数の専門家からなる話し合いの場を別途設置し，医療・ケアチーム以外の者を加えて，方針等についての検討および助言を行うことが必要であるとする[60]。

---

59)　人生の最終段階における医療の普及・啓発の在り方に関する検討会・前掲書（注57）2頁。

4 身寄りがない人の入院及び医療に係る意思決定が困難な人への支援に関するガイドライン

　本ガイドラインは，2019（令和元）年５月，「医療現場における成年後見制度への理解及び病院が身元保証人に求める役割等の実態把握に関する研究」班が策定したものである。この研究班の研究目的は，病院が成年後見人や身元保証人に求める役割や支援の実態，病院職員の制度理解の状況といった実態を把握することである[61]。

　認知症高齢者の増加にくわえ，独居高齢者の増加，いわゆる身寄りのない高齢者の増加などの状況があるなか，そのような高齢者であっても，１人の個人としてその意思が尊重され，医療が必要なときは安心して医療を受けることができるようにしていくことが重要である。本ガイドラインは，身寄りがいない場合にも医療機関や医療関係者が患者に必要な医療を提供することができるようにするため，また患者側も身寄りがなくても安心して必要な医療を受けられるようになるため，多くの医療機関が求めている「身元保証・身元引受等」の機能や役割について整理を行い，既存の制度やサービスの利用など，「身元保証人・身元引受人等」がいないことを前提とした医療機関の対応方法を示すものである[62]。

　ここで，ガイドラインの支援の対象者は，身寄りがない人に加えて，例えば，家族や親類へ連絡がつかない状況にある者や家族の支援が得られない者も対象になりうるとする[63]。また，判断能力が不十分な人であっても，本人には意思があり，意思決定能力を有するということを前提にして，本人の意思・意向を確認し，それを尊重した対応を行うことが原則である。本人の意思決定能力は，説明の内容をどの程度理解しているか（理解する力），それを自分のこととして認識しているか（認識する力），論理的な判断ができるか（論理的に考える

60）　人生の最終段階における医療の普及・啓発の在り方に関する検討会・前掲書（注57）２頁。

61）　「医療現場における成年後見制度への理解及び病院が身元保証人に求める役割等の実態把握に関する研究」班「身寄りがない人の入院及び医療に係る意思決定が困難な人への支援に関するガイドライン」（2019年５月）はじめに。

62）　「医療現場における成年後見制度への理解及び病院が身元保証人に求める役割等の実態把握に関する研究」班・前掲書（注61）４頁。

63）　「医療現場における成年後見制度への理解及び病院が身元保証人に求める役割等の実態把握に関する研究」班・前掲書（注61）６頁。

106 第2部 理論編

力），その意思を表明できるか（選択を表明できる力）によって構成されると考えられ，本人の意思決定能力を固定的に考えずに，本人の保たれている認知能力等を向上させる働きかけを行うことが求められているとする。そして，本ガイドラインが対象とする「医療に係る意思決定が困難な人」への支援においても，まずは本人の意思の尊重に基づき行い，意思決定能力を固定的に考えず，病状や状況，行為内容によって変化するものととらえ，その時点の意思決定能力の状況に応じて支援をするとしている。

医療機関における身寄りがない人への具体的対応に関しては，緊急の連絡先に関すること，入院計画書に関すること，入院中に必要な物品の準備に関すること，入院費等に関すること，退院支援に関すること，（死亡時の）遺体・遺品の引き取り・葬儀等に関することの6事項について，本人の判断能力が十分な場合，判断能力が不十分で，成年後見制度を利用している場合，判断能力が不十分で，成年後見制度を利用していない場合に分けて対応の在り方が定められている[64]。

5　高齢者ケアの意思決定プロセスに関するガイドライン　　─人工的水分・栄養補給の導入を中心として

本ガイドラインは，2012（平成24）年6月，現場の医療・介護・福祉従事者が人工的水分・栄養補給法導入をめぐって適切な対応ができるように支援することを目的として策定されたものである[65]。

医療・介護における意思決定プロセスとしては，医療・介護・福祉従事者は，患者本人およびその家族や代理人とのコミュニケーションを通して，皆が共に納得できる合意形成とそれに基づく選択・決定を目指すとしている[66]。医療・介護側の関係者は，医療・ケアチームとして対応し，チーム内の合意形成と，本人・家族との合意形成を併せ進めるとし，意思決定支援の方法としては，患者本人は，合意を目指すコミュニケーションに，いつも自発的に理解し，選択する主体として参加できる（＝意思確認ができる）とは限らないとしつつ，本人の意思確認ができる時は本人を中心に話し合って合意を目指し，家族の当事

---

64)　「医療現場における成年後見制度への理解及び病院が身元保証人に求める役割等の実態把握に関する研究」班・前掲書（注61）12頁以下。
65)　日本老年医学会「高齢者ケアの意思決定プロセスに関するガイドライン　人工的水分・栄養補給の導入を中心として」（2012年6月27日）3頁。
66)　日本老年医学会・前掲書（注65）6頁。

者性の程度に応じて，家族も参加するとする。他方で，本人の意思確認ができない時は，家族と共に，本人の意思と最善について検討し，家族の事情も考え併せながら合意を目指し，本人の意思確認ができなくなっても，本人の対応する力に応じて本人と話し合い，またその気持ちを大事にするとしている。

6　意思決定支援を踏まえた成年後見人等の事務に関するガイドライン

　本ガイドラインは，2018（平成30年）3月，大阪家庭裁判所，大阪弁護士会，大阪司法書士会・公的社団法人成年後見センター・リーガルサポート大阪支部，公益社団法人大阪社会福祉士会所属の専門職らにより結成された大阪意思決定支援研究会により策定された[67]。このガイドラインは，専門職後見人のみならず，親族後見人や市民後見人も含め，後見人等に就任する者を対象としている。全体として，基本的な考え方を示したうえで意思決定支援の手順について，環境整備，環境整備の手順，意思決定支援に関し定められている。

　本ガイドラインは，日常生活上の意思決定支援および非日常生活上の意思決定支援，またはそれが不可能であった場合の代行決定について，後見人等[68]の行動指針を示すものである。基本的な考え方としては，まず意思決定支援の原則を掲げ，すべての人は意思決定能力がないと評価されない限り，能力があると推定されるとする。また，意思決定能力の有無は，「その時点」で「その課題」ごとに判断され，精神上の障害があること，後見等が開始されていること，および，後見等が相当であるとの医師の診断があることで本人が意思決定能力を欠いているとされない。また，意思決定支援は，特定の行為に関する判断能力が不十分な人について，必要な情報を提供し，本人の意思や考えを引き出すなどして，本人が意思決定をするために必要な支援をする活動をいうとする[69]。

　意思決定支援の手順については，最初に環境整備（状況把握・本人および支援者の輪への参加）について触れ，環境整備の手順として，支援状況および本人の状況の把握をするとされており，本人状況の把握の対象には，生活歴，生活

---

[67]　大阪意思決定支援研究会「意思決定支援を踏まえた成年後見人等の事務に関するガイドライン」（2018年3月）はしがき。
[68]　本ガイドラインでは，成年後見人・保佐人・補助人を総称して「後見人等」としている。

108　第2部　理論編

状態，心身の状況，支援の受け入れの状況，本人が目指す暮らし等がある。また，支援者の中で誰がキーパーソン（本人が最も信頼している人）であるかについても確認する[70]。また，本人および支援者の輪に参加するとして，本人および支援者と顔合わせをし，課題を把握しつつ本人の観察をし，把握すべき事項が列挙されている[71]。

　意思決定支援としては，まず，意思決定支援チーム（支援チーム）の編成が挙げられている。このチームは本人が中心であるとし，その他のメンバーは，本人の日常生活を知る者，専門的知見から発言ができる者，その課題について本人に適切な選択肢を示すことができる者が参加することを要するとしている。支援メンバーは，本人に対する意思決定支援の準備のために，あらかじめチームで集まり（プレミーティング），本人のニーズやおかれた状況等の情報を共有し，意思決定支援の基本原則等の共通認識を得ておくほか，場の設定や，情報提供の在り方など意思決定支援の具体的な方法を検討するとしている。

　実際の意思決定支援はチームミーティングにおいてなされることを想定している。チームミーティングでは，まず，本人に対する働きかけを行い，参加者は，プレミーティングで決定した方法に従って本人に働き掛け，意思を引き出し，参加者は，本人に対し，分かりやすく本人のおかれている状況を示すとともに，本人の決定した意思の実現に向けて，どのような方法があるか，本人が理解できるよう選択肢を示すとされている[72]。それらに対して表明された意思の読み取りに関しては，まず，本人が意思を述べている場合に本人が表明した意思が，それまでに表明されていた意思と合致している場合は本人の真意である可能性が高いとする。他方，本人が表明した意思が，本人または第3者の生命，身体その他重大な権利を侵害する，もしくは経済的理由等による制約により，客観的に実現不可能である場合には，本人に対し，本人が表明した意思が実現不可能であることおよびその理由を伝えるとする。その後は，支援チー

---

69)　大阪意思決定支援研究会・前掲書（注67）2頁。また，意思決定能力に関しては，法的効果や社会生活上重大な影響を生じる事柄だけでなく，日常の種々な事例についても，自分の嗜好や選好を示すことによって意思を決定する能力を広く含むものであり，必ずしも民法上の「意思能力」と一致するものではないとされる。阿多麻子「『意思決定支援を踏まえた成年後見人等の事務に関するガイドライン』の解説」実践成年後見76号（2018）97頁注9。
70)　大阪意思決定支援研究会・前掲書（注67）5頁。
71)　大阪意思決定支援研究会・前掲書（注67）6頁。
72)　大阪意思決定支援研究会・前掲書（注67）10頁。

ムで再度プレミーティングを行い，本人の表明意思の背景にある事情等も踏まえた上で，他に対応すべき課題があるかどうかを検討するとしている[73]。

これに対し，本人が意思を表明しない，もしくは表明された意思があいまい，または本人が表明する意思が時間帯，日にち，尋ねる相手によって変わる場合には，まず，様々な角度からの情報提供，問い掛けを検討し続け，本人がどのような希望を持っているのかを引き出す（意思形成支援，意思表明，真意把握支援）。その際，表明された言葉以外に，背景にあるものへの関心をもって，本人がなぜそのようなことを言ったり，行ったりするのか，意思決定のテーマが今回初めて考えることか等を考慮するとしている。いったん本人の意思が表明された場合でも，それが本人の真意であるかどうかを検証するため，時間をおいて，再度意思を確認することも検討する。次に，表明意思が実現できるかどうかの検討に移る（意思実現支援）。

7 意思決定支援を踏まえた後見事務のガイドライン

本ガイドラインは，2020年（令和2年）10月に公表された。策定主体は意思決定支援ワーキング・グループであり，最高裁判所，厚生労働省，日本弁護士連合会，成年後見センター・リーガルサポートおよび日本社会福祉士会により構成される[74]。このガイドラインは，専門職後見人，親族後見人，市民後見人が意思決定支援を踏まえた成年後見事務を適切に行うことができるように，また，中核機関や自治体の職員等の執務の参考となるよう，後見人等[75]に求められている役割の具体的なイメージ（通常行うことが期待されること，行うことが望ましいこと）を示すものであるとされる。

意思決定支援の定義は，特定の行為に関し本人の判断能力に課題のある局面において，本人に必要な情報を提供し，本人の意思や考えを引き出すなど，後見人等を含めた本人にかかわる支援者らによって行われる，本人が自らの価値観や選好に基づく意思決定をするための活動であるとする。

意思決定支援の対象は，本人の意思決定をプロセスとし，通常，そのプロセスは，本人が意思を形成することの支援（意思形成支援）と，本人が意思を表

---

73) 大阪意思決定支援研究会・前掲書（注67）11頁。
74) 意思決定支援ワーキング・グループ「意思決定支援を踏まえた後見事務のガイドライン」（2020年10月30日）。
75) 本ガイドラインでは，後見人，保佐人，補助人を後見人等というとしている。意思決定支援ワーキング・グループ・前掲書（注74）2頁。

明することの支援（意思表明支援）を中心とする。意思実現支援については，本ガイドラインにおける意思決定支援には直接には含まれないとしつつ，ただし，後見人等における身上保護の一環として実践されることが期待されるとしている。意思決定能力に関しては，①すべての人は意思決定能力があることが推定され，②一見すると不合理にみえる意思決定でも，それだけで本人に意思決定能力がないと判断してはならないとする。

　次に後見人等による意思決定支援を行う局面は，あくまで後見事務の一環として行われるものであり，後見人等が直接関与して意思決定支援を行うことが求められる場面は，原則として，本人にとって重大な影響を与えるような法律行為およびそれに付随した事実行為の場面に限られるとしている[76]。その局面の具体例としては，①施設への入所契約など本人の居所に関する重要な決定を行う場合[77]，②自宅の売却，高額な資産の売却等，法的に重要な決定をする場合，③特定の親族に対する贈与・経済的援助を行う場合など，直接的には本人のためとは言い難い支出をする場合などを挙げる。

　意思決定支援を行うためには，事前準備として，日頃から日常的な事柄について，本人が自ら意思決定をすることができるような支援がされ，そのような意思決定をした経験が蓄積されるという環境が整備されている必要があるとする。意思決定支援を行うに際しては，後見人等を含めた本人にかかわる各支援者が，関連する意思決定支援ガイドラインを読み合わせておくなど，本人の意思決定を尊重する基本的姿勢を身につけておく必要があるとする。また，環境整備においては，後見人等が就任した時点では，すでに本人に対して潜在的なチームによる支援を受けていることが多いことを挙げ，本人の状況や支援状況を把握し，支援者の輪に参加することがポイントであるとする。また，特に専門職後見人の場合は，選任された時点では本人に関する情報量が親族や介護サービス事業者と比べて圧倒的に少ないことを自覚し，意識的に本人と話をしたり，本人のことを知ろうと努めたりすることが重要であるとする。

　続いて，個別課題が生じた後の意思決定支援の具体的なプロセスにおいて後

---

76)　この点が本ガイドラインの特徴であり，非日常的な場面を想定しているとするものとして，亀井真紀「『意思決定支援を踏まえた後見事務のガイドライン』（仮題）の基本的考え方および概要」実践成年後見88号（2020）103頁。
77)　住居の選択に関する実際に関しては，田代政和「成年後見業務と住居の選択等をめぐる意思決定支援の実際」実践成年後見101号（2022）51頁，小川久美子「高齢期における住居の選択等をめぐる意思決定支援の実際」実践成年後見101号（2022）59頁。

見人等に求められるのは，本人の意思決定のプロセスを丁寧に踏むという意識およびそのプロセスに積極的にかかわることである[78]。具体的には，後見人等は，基本的に①支援チームの編成と支援環境の調整，②本人を交えたミーティングの場面で一定の重要な役割を担うとする。

支援チームの編成に関しては，本来は福祉関係者において責任を持って行うことが想定された事柄であるとする。ただし，後見人等も，日頃から本人の意思決定支援のための環境整備がなされていることを前提に，ミーティング主催者とともに意思決定を支援するメンバーの選定に主体性を持ってかかわっていくことが望ましいとしている。

支援環境の調整・開催方法等の検討に関しては，①チームが機能している場合と②チームがうまく機能していない場合に分け検討している[79]。前者の場合，後見人等は，コーディネーターとして振る舞う必要はなく，他の支援者らが本人の意思や特性を尊重しながら適切に準備を進めているのかをチェックし，問題がある場合には改善を促すという形での関与をしていくことが求められるとする。また，後見人等は，他の支援者とは異なり最終的な決定権限（法定代理権）を有するものの，自分の価値観が最終的な決定に影響しないよう，意思決定支援の準備につき他の支援者らの意向を尊重するという意識を持つことも重要である。これに対して，後者の場合，後見人等は支援環境の調整段階から主体的に関与することが望ましいとする。

本人を交えたミーティングでは，本人のおかれている状況を，本人の特性を踏まえつつ分かりやすく説明するとともに，課題となる意思決定事項に関連する本人の意思や考えを引き出すことができるよう最大限努力するとされ，くわえて，本人の意思や考えを踏まえつつ現在の本人が採り得る選択肢を分かりやすく示すとしている[80]。このような意思形成支援をしたうえで，他者の不当な影響が及ばない状態において，本人が自ら意思表明をできるよう支援するとする。その際，後見人等は，本人の権利擁護者として，本人が意思決定の主体として実質的にミーティングに参加できるよう，本人のペースに合わせた進行を主催者・参加者に促していくことが期待されるとしている。本人の意思表明がなされた場合は，後見人等は本人の意思決定に沿った支援を展開することが

---

78) 意思決定支援ワーキング・グループ・前掲書（注74）7頁。
79) 意思決定支援ワーキング・グループ・前掲書（注74）8頁。
80) 意思決定支援ワーキング・グループ・前掲書（注74）10頁。

112 第2部 理論編

通常であるとする。本ガイドラインでは意思実現支援を意思決定支援に直接含まれないとしつつも，後見人等としては身上監護の一環として後見人等が本人の意思の実現に向けて適切な行動をすることが期待されるとする。

上記に対して，意思決定支援を尽くしたにもかかわらず，本人の意思決定や意思確認が困難であるような場合や法的保護の観点から決定を先延ばしにできないような場合においては，代行決定が検討されるとする[81]。ただし，その際にも本人の意思を推定し，後見人等の価値判断に従って何が本人の最善の利益かを決定することは避けるべきとする。

他方，本人の意思の推定すら困難な場合においては，最善の利益に基づくアプローチがとられる[82]。また，本人の意思が表明された場合や本人の意思が推定される場合であっても，本人にとって見過ごすことができない重大な影響が懸念される局面においては，後見人等は本人が示した意思決定や推定される意思決定に同意しないまたは異なる代行決定を行うことがあるとする。そして，本ガイドラインで採用されている最善の利益は「本人にとっての最善の利益」，すなわち，本人の意向・感情・価値観を最大限尊重することを前提に他の要素も考慮するという考え方であるとし，「最善」を検討する際には，最善の利益に基づく代行決定を最後の手段として位置づけ，意思決定支援の場面で構築されたチームを活用し，複合的な視点から最善の利益を検討する必要があるとする。そして，後見人等は，最善の利益に関する協議結果を踏まえて，与えられた裁量・権限の範囲において，代行決定を行う[83]。

なお，本ガイドラインには，意思決定支援および代行決定の場面で使用できるアセスメントシートが5種類添付されている。

8 考　察

以上において，意思決定支援に関連しすでに策定されている主なガイドラインの内容を概観してきた。以下においては，上記のガイドラインの内容や相互の相違点などを前提として，考察をくわえる[84]。

---

81)　意思決定支援ワーキング・グループ・前掲書（注74）13頁。
82)　意思決定支援ワーキング・グループ・前掲書（注74）16頁。
83)　意思決定支援ワーキング・グループ・前掲書（注74）20頁。

8.1　意思決定能力との関係

　意思決定支援の前提として，本人の意思決定能力が問題となることがある。ガイドラインのなかには，この意思決定能力について，たとえ認知症などであったとしても本人には意思決定能力があることを前提としつつ意思決定支援をするとするものがある。そもそも意思決定支援は障害者権利条約の制定を契機として議論が始まった概念であり，障害者権利条約12条では，すべての障害者が法的能力を有することを前提とすべきとしている。そうした議論の経緯からすれば，高齢者がたとえ重度の認知症であったとしても本人には意思が存在し，意思決定能力を有することを前提とした意思決定支援がなされるべきこととなるのが論理的であり妥当でもある。ただし，意思決定能力に関しては，意思能力との異同が問題となるところではある[85]。この点，意思決定支援における「意思」は，有効無効といった法的効果にかかわる事柄のみならず，日常生活にかかわることや事実行為に属する事柄が含まれることから，意思能力による意思よりも広い概念であり，両者は一致しないといえよう[86]。

8.2　意思決定支援の対象

　上記の各種のガイドラインは高齢者が認知症になった場合や成年後見制度を利用した場合を扱っている。また，医療が必要となった場合の入院や身元保証に関する事項や人生の最終段階における医療・ケアに関する事項について取り扱っている。これらのガイドラインは，判断能力が不十分である高齢者の意思決定とそれに対する支援が問題となりうる事項の大部分をカバーしているということができよう。ただし，高齢者に対する意思決定支援が必要とされる場面は多様であり，既存の制度の枠を超えたものとなることもある[87]。そのため，

---

84)　各種のガイドラインの比較については，厚生労働省「意思決定支援等に係る各種ガイドラインの比較について」も参照されたい。そこでは，策定時期，誰の意思決定支援か，ガイドラインの趣旨，ガイドラインが対象とする主な場面，意思決定支援等のプロセス等，（代理）代行決定について，（意思決定支援等における）成年後見人等の役割・関与の在り方の7項目について比較されている。

85)　意思決定支援における意思決定能力に関し，主張されている諸説などを踏まえ問題点や今後の課題を指摘するものとして，稲田龍樹「家庭裁判所の実情からみた意思決定支援―弁護士としての経験も踏まえて」実践成年後見100号（2022）119頁。

86)　同旨のものとして，阿多麻子「『意思決定支援を踏まえた成年後見人等の事務に関するガイドライン』の解説」実践成年後見76号（2018）97頁注9。また，高齢者の認知症と意思能力に関しては，本書第10章「認知症の医療現場における課題」，本書第11章「認知症高齢者の意思能力をめぐる司法判断」を参照のこと。

114 第2部 理論編

ガイドラインが高齢期の意思決定の全体をカバーしうるものであるのかは，今後も検討を続ける必要がある。この点，判断能力が不十分とはいえない高齢者に特化した意思決定支援のガイドラインについては，いまだ策定されていない状況にあると思われる。そもそも判断能力の低下がない場合に意思決定支援が必要であるのかも含め，議論等がなされていく必要はあるといえよう[88]。

　支援の対象となる意思決定については，ガイドラインによって違いはあるものの，日常生活，非日常生活（医療における決定も含む。）における意思形成，意思表明，意思実現に関する支援が取り上げられているとともに，その本人の意思決定は時間の経過その他によって変化するものであることを強調するものが目立つ。なお，意思形成および意思表明の支援を対象としつつ，意思実現支援は直接の対象としないガイドラインもある。ただし，このガイドラインにおいても，身上監護の一環として後見人等が本人の意思の実現に向けて適切な行動をすることが期待されるとしており，後見人等の職務としてとらえている。

　高齢者の意思の実現に関しては，実現を望む意思の内容によっては実現を支援すべきかどうかについて疑義が生じる可能性もある。不合理ともいえる意思の内容，特に，いわゆる愚行と評価されるような内容である場合は問題となりうるところである。一般の成年者は，判断能力の低下がない高齢者も含め，どのような行為をするかについて，その意思に基づいて決定し，行為を選択することができる。そうした意思決定は，実現を望む内容にかかわらず判断能力の低下がある場合でも最大限尊重されるべきであろう。そのため，たとえ社会的には否定的に評価されがちな行為であったとしても，それが合法的行為であると評価される限りは，その意思決定に基づき実現に対する支援がなされるべきと考えられる[89]。また，高齢者の場合は，実現を望む内容が合理的であると解される場合であっても，加齢による身体機能の低下などにより，自ら意思を実現することが難しい場合がありうる。さらに，高齢であることを理由に相手方が高齢者を軽んじることもありうる。そのため，高齢者であるからこそ意思実現に対する支援が求められることがある点は強調されるべきであるといえよ

---

87)　西森利樹「高齢者の意思決定支援における法的課題」社会保障法35号（2019）135頁。

88)　必ずしも認知症等により判断能力が低下していない高齢者の意思決定支援については，丸尾はるな「高齢者の法律相談における意思決定支援」社会保障法35号（2019）94頁以下。

89)　西森利樹「第5章　高齢者の財産管理と法」樋口範雄＝関ふ佐子編著『高齢者法　長寿社会の法の基礎』（東京大学出版会，2019）138頁。

第4章　高齢者の意思決定に対する法的支援　　115

う[90]。

8.3　意思決定支援の主体―支援体制

　意思決定に対する支援をする者，すなわち，意思決定支援者については，個々のガイドラインの目的との関連で相違があるものの，事業者，成年後見人等，市民後見人，医療・ケア従事者といった，専門職を中心としているといえよう。そこでは，医療・ケア従事者といった医療・福祉サービスの提供者が，サービスの受益者の意思決定を支援する主体ともなっている。この点，サービス提供とサービス受益者の意思決定支援とを同一の主体が行うことに関しては，利益相反のおそれの可否が危惧されうるところ，各種のガイドラインでは利益相反に関する議論は必ずしもされていないようである。そのほか，ガイドラインの中には，家族を本人の意思決定支援との関連で積極的に位置づけ，家族も意思決定支援者であるとするものがある。高齢者の意思決定において，家族が果たす役割は大きいといえよう。その際，家族と本人との関係によっては，不適切と言いうる意思決定支援が行われる可能性があることに留意する必要があるように思われる。ただし，仮に，本人と家族との関係が良好ではないとしても，従前の高齢者本人の生活歴等を聞き取ることによる意思決定の支援という意味では，家族も積極的に位置づけられることに一定の効果はあるといえよう。

　意思決定支援者に関し，各種のガイドラインにおいて特徴的であると解されるのは，専門職等による単独の意思決定支援ではなく，チームによる支援を掲げるガイドラインが多数ある点であろう。意思決定支援会議を挙げるガイドラインも同様である。これは成年後見制度利用促進基本計画がチームによる支援を促進することを掲げており，これを受けて作成されたガイドラインがあることも背景にあるといえよう[91]。チーム支援に関しては，医療や介護においては，従来からチームによる支援が行われてきた実績がある。これに対し，成年後見人等に関しては従来から個人が単独で受任することが主流とされており，複数

---

90)　西森・前掲論文（注87）145頁。

91)　成年後見制度利用促進基本計画においては，「権利擁護支援が必要な人について，本人の状況に応じ，後見等開始前においては本人に身近な親族や福祉・医療・地域の関係者が，後見等開始後はこれに後見人が加わる形で『チーム』としてかかわる体制づくりを進め，法的な権限を持つ後見人と地域の関係者等が協力して日常的に本人を見守り，本人の意思や状況をできる限り継続的に把握し対応する仕組みとする。」としている。政府・前掲基本計画（注16）10頁。

116　第2部　理論編

後見や法人後見等の割合は少ない状況である。そうしたことからすると，成年後見事務自体においてチーム対応がなされうる法人後見とは異なり，成年後見事務を行う一環として意思決定支援を単独で行うことが帰結されるようにも思われる[92]。しかし，意思決定支援のガイドラインを前提とすると，成年後見人等は単独で受任しつつ他の職種の専門職と意思決定支援に関するチームを形成するものではあるものの，意思決定支援においては，複数人による連携した支援が求められるとの考えが主流になってきたといえようか[93]。この点，高齢者の意思決定支援における多職種間の連携や協働の事例とその有効性についてはすでに指摘されているところであり[94]，ガイドラインにもとづき意思決定支援における連携や協働がさらに促進されることが期待される。

　チーム支援においては，それぞれの支援者の役割や支援者間の関係などが課題となり得る。障害者支援におけるように，既存の支援体制を利用しつつ，意思決定責任者（相談支援専門員やサービス管理責任者）が意思決定支援会議を主導する形態がある。認知症の人に対する支援においては，身近な信頼できる家族・親族，福祉・医療・地域近隣の関係者と成年後見人等がチームとなるとしているものの，意思決定支援会議は地域ケア会議，サービス担当者会議等と兼ねることが可能であるとしており[95]，既存の会議等を利用することが想定されている。人生の最終段階における医療・ケアチームによる支援は，すでに形成されているチーム体制のまま支援することが想定されていると思われる。

　これらのいずれにおいても関与する可能性のある成年後見人等については，チーム支援における役割をどのようにとらえるべきか。この点，ガイドラインのなかには，本人に対する意思決定支援チームが機能している場合とそうでない場合とに分け，後者の場合には成年後見人等による主体的関与が必要であるとする一方，前者の場合には，後見人等は，コーディネーターとして振る舞う

---

92)　法人後見に関する調査研究ではあるものの，法人後見を受任している法人において，継続的・長期的業務を確保するために行っていることとして，複数担当者によるチーム対応がなされている点を明らかにしたものとして，西森利樹「高齢期の生活継続性の確保と法人後見の果たすべき役割」臨床法務研究18巻（2017）86頁。

93)　実践成年後見87号（2020）は，「チーム支援に成年後見人が参加する」との特集を組んでいる。

94)　丸尾・前掲論文（注88）103頁，水谷紀子「ソーシャルワーク実践事例における意思決定支援」社会保障法35号（2019）116頁，川島通世「従来制度の狭間をつなぐ高齢者の意思決定支援」社会保障法35号（2019）123頁，西森・前掲論文（注87）136頁。

95)　地域ケア会議の運営に関しては，長寿社会開発センター『地域ケア会議運営マニュアル』42頁以下を参照のこと。

必要はなく，他の支援者らが本人の意思や特性を尊重しながら適切に準備を進めているのかをチェックし，問題がある場合には改善を促すという形での関与をしていくことが求められるとするものがある。確かに，支援するチームがすでに機能している場合に，後から関与を始める成年後見人等は，参加者としての意識で関与することが支援をスムーズに進めるうえで現実的な対応であるといえよう。特に，家族，親族が成年後見人等となる場合と異なり，専門職などの第3者の成年後見人等の場合はそのように解されよう。ただし，成年後見人等は本人の利益や意思を代弁する役割を担うことからすると，どこまでも本人側に立つことが要請される立場として，チーム支援においても積極的な役割を果たすことが求められると思われる。

　また，チーム支援において，記録を文書などにより残すことをあえて明示しているものがある。こうした記録の積み重ねは多職種間の連携や時間の経過等にともなう高齢者の意思決定の変化にも対応しうることになり有用であるだけでなく，支援の継続性の確保にも資するものである。意思決定に対する支援は，それぞれの意思決定のプロセスに対する支援であり，そうしたプロセスの繰り返しに対する支援でもある。そのため，意思決定支援は単発のものではなく，継続性を帯びる性質の支援である。したがって，意思決定支援の継続性を確保することができるような支援体制の構築が求められるものであろう[96]。ここでの継続性は，高齢者が継続的な意思決定の支援を受けることのみならず，支援側の支援体制の継続性の確保も含まれる。

V　今後求められる法的支援の方向性
―意思決定支援の保障

1　意思決定支援の法的構成

　各種のガイドラインの策定は，高齢者の意思決定支援を推進しようとするものであり，推進するための内容の明確化の作業とも言いうる。そこで明確になってきたのは，高齢者がどのような状態であろうとも，意思決定能力が存在

---

96)　支援における記録に関しては，法人後見に関するものではあるものの，成年後見において継続的支援を確保するために業務に関する記録の完備と引継ぎを行っていることを明らかにしたものとして，西森・前掲論文（注92）87頁。

118 第2部 理 論 編

していることを前提に，その意思を可能な限り引き出し，または，推測し，本人の意思に沿った決定に従って高齢者が日常生活を（法的な対応も含め）送ることができるようにするものであろう。

ところで，高齢者の意思決定支援をめぐる法律関係はどのように構成されるべきであろうか。意思決定支援の内容や意思決定支援をするための体制づくりがガイドライン等によって進められている一方，こうした意思決定支援の法律関係や法律構成に関する議論はあまりなされていないように思われる。高齢者の意思決定支援をめぐる法律関係は，高齢者本人と意思決定支援者（または支援グループ）間の関係，高齢者と医療・福祉等の事業者（その他の取引等の相手方）との関係，意思決定支援者（または支援グループ）と医療・福祉従事者や事業者（その他の取引等の相手方）とに分けることができる。近代以降の社会は人と人との関係として構成され，人と人との関係は原則として契約により成立する[97]。そこで，以下では，意思決定支援における法的構成を契約関係として構成することを試みる[98]。

高齢者の意思決定支援をめぐる法律関係を高齢者と医療・福祉等の事業者との間の契約関係（医療契約や福祉サービス契約）とすると，医療・福祉のサービス等の提供を受ける高齢者，または，提供を受けるかどうか，どのようなサービス等を受けるかどうかを決定する高齢者の意思決定および意思表示は，相手方である医療・福祉等の事業者との間で有効な契約として成立し，その後の債務の履行の提供等の段階から契約の完了へと進んでいく。成立後の段階において，債務不履行，解除等の主張をする場合においても，高齢者の意思決定に基づく意思表示などがなされる。

この各段階における意思決定に対して支援がなされる場合，高齢者と意思決定支援者との関係は法的にどのような関係になるのであろうか。判断能力の低下等によりすでに成年後見等の審判を受けている場合は，成年後見人による関与によって意思決定支援を受けることになるとも考えられるものの，成年後見事務に意思決定支援が含まれていないと解する余地もありうることからすると，

---

97) 来栖三郎『契約法』（有斐閣，1974）1頁。
98) 稲田・前掲論文（注85）125頁は，本人と支援者との間でなされる「意思決定支援」という社会活動は裁判規範とは別次元の法的事柄としつつ，民法・社会保障法各法に意思決定支援という条文を定める場合は，大別して，本人と複数の支援者の各主体間の権利義務関係のあり方を検討する立場と，理念規定として各主体間の法律関係そのものの規律とは距離を置いた裁量権の問題等になるとする立場に分かれるとする。

法定後見制度を利用していることから当然に意思決定支援を受けることができると解することはできない。任意後見契約にくわえ見守り契約を締結し，当該見守り契約の中で意思決定支援を契約内容として盛り込めば，後見的関与として意思決定支援を受けることができるかもしれないものの，この見守り契約の性質は法律上委任契約になるものと思われる。高齢者が弁護士や社会福祉士といった専門職とホームロイヤー的な契約を締結し，その契約内容として意思決定支援を盛り込んだ場合も同様である。そこでは，委任契約をベースとして，当事者間の任意の契約条項が付け加えられることになるであろう。こうした契約の効力として高齢者は意思決定支援を受けることができ（意思決定支援を提供するよう請求することができ），委任契約の相手方は債務として意思決定支援を提供することとなり，有償である場合は，相手方は報酬を請求することができる。相手方がもし契約に基づく意思決定支援を提供しない場合は債務不履行として解除権が発生し，また，相手方は高齢者に対して委任契約に基づく善管注意義務を負い，善管注意義務に違反した場合は損害賠償義務を負う[99]。

　意思決定を法的に支援する場合，現行法上，特に民法を前提として考えた場合は，上記のような形となるものの，そこではやはり高齢者が自ら意思決定支援契約といわれるような契約を締結する必要があろう。仮に，高齢者が認知症を伴う状況にあり，意思能力などの契約締結能力に疑義が生じる場合は，当該契約は無効となるほか，そうと察した相手方は契約の締結を躊躇することにもなりうる。その結果，高齢者は意思決定支援を受けられないこととなるのではないだろうか。そうすると，高齢者の意思決定支援の法的関係を契約関係として構成することが妥当であるのか疑問となる。

　また，ガイドラインの考察においても触れたように，各種のガイドラインでは，医療・ケア従事者といった医療・福祉サービスの提供者がサービスの受益者の意思決定を支援する主体ともなっている。サービス提供とサービス受益者の意思決定支援とを同一の主体が行うことが意思決定支援として求められるものであるとすると，この点からも高齢者の意思決定支援の法的関係を契約関係として構成することには難点があるといえよう。

99）　成年後見人の善管注意義務に基づく本人に対する説明義務と意思決定支援に関して論じたものとして，田代・前掲論文（注8）31頁がある。

2 意思決定支援の保障

　ガイドラインや学説による概念の明確化が図られ，意思決定支援を具体的に実施しうる状況がもたらされたとしても，先述のように，法的には確実に支援されうる状況になっているわけではないというべきであろう。これは，契約をベースとする，いわゆる私法を前提とした場合の限界ともいうべきであり，さらに異なった発想からのアプローチが求められるといえよう。

　そこで，社会保障法の観点からは，意思決定支援を受けることができる状況を保障するような理論の構築や法制度の構築を検討することが考えられる。その場合に，意思決定に対する支援を受けることは，理論上，社会保障法による保障対象と考えることができるのかを検討する必要がある。

　この点，社会保障の目的を個人の自律の支援，すなわち，個人が人格的に自律した存在として主体的に自らの生き方を追求していくことを可能にするための条件整備とする見解は，人間像を現に存在する社会的経済的な力関係の格差を踏まえたうえで，かつそれを補完するための諸方策を不可欠としながら，なおも自律的主体的なものととらえることから，例えば，重度の認知症高齢者であっても自律に対する潜在的能力をできるだけ発揮できるように「選択」「参加」を行う能力の欠如を適切に補完するための法制度の整備が，当然に要請されるとする[100]。この見解によれば，判断能力が低下した高齢者であっても，選択，参加を行うために意思決定に対する支援を受けることが要請されると解することができよう。また，この見解を一歩進め，「参加・貢献に基づく権利」を社会保障の規範的理念とする見解は，参加・貢献は労働とコミュニケーションによる参加・貢献が重要であり，コミュニケーションによる社会参加を支援するものとして意思決定支援を理念として挙げている[101]。

　他方，社会保障の体系を目的別に体系区分する見解では，自立支援保障法（自立支援と社会参加促進の保障）を目的の1つとして挙げており，この目的を達成するためには，援助を受ける人々に福祉サービス等を請求する権利を保障するとともに，援助過程における自由と自己決定権を保障することが必要不可欠であるとする[102]。この見解では，自由と自己決定権を保障するために意思

---

100)　菊池馨実『社会保障の法理念』（有斐閣，2000）146頁。
101)　西村淳「社会保障の理念と改革の哲学」週刊社会保障3023号（2019）49頁，西村淳『参加・貢献支援の社会保障法―法理念と制度設計』（信山社，2023）45頁。

決定を支援する必要を導きやすいといえよう。

　上記の諸見解に対し，従来通説ともされてきた見解は，社会保障法は生活保障を目的とする社会的給付に関する法であるとし，社会保障の法体系を所得保障給付の法（生活危険給付と生活不能給付とからなる。）および生活障害給付とに区分し，後者は，傷病，障害，年少，老齢など心身の機能の喪失または不完全によって生ずる生活上のハンディキャップに対して，社会サービス給付を行う法であるとする[103]。給付別区別説とも称されるこの見解によれば，意思決定支援が給付ととらえられるのか，体系のどの給付に包含されるのかの検討が必要となる。この点，生活障害給付は，非金銭的な社会サービスを内容とするとされており[104]，意思決定支援がこれに該当するとすれば，生活障害給付ととらえられることになろう。また，意思決定支援を給付そのものに該当しないと解したとしても，給付における具体的な手続きにおける受給者の意思決定を支援するものと位置づけることも可能ではないかと思われる。この場合は，先述の生活障害給付以外の給付においても意思決定支援が課題となりうると解されようか[105]。

　以上の検討からすれば，意思決定支援は，いずれの見解によっても社会保障により保障されるべきものと解することができよう。また，意思決定は，人間が人間であるがゆえになされるものであり，生活にまつわる様々な事柄に対応するための基本となるものである。そのため，意思決定支援は，社会保障にかかわる諸制度における根源的な理念であると位置づけることも可能なのではないだろうか。

Ⅵ　意思決定支援と高齢者法の意義

　以上において，意思決定支援が重視されるようになった経緯および我が国の現行制度において意思決定支援が課題となる制度について概観し，その後，近

---

102)　河野正輝『社会福祉法の新展開』（有斐閣，2007）24頁。
103)　荒木誠之『社会保障法読本〔第3版〕』（有斐閣，2002）250頁（以下，『読本』とする。）。ほかに，荒木誠之『社会保障の法的構造』（1983）3頁以下。
104)　荒木・前掲書『読本』（注103）259頁。
105)　この点，木村茂喜「社会福祉制度の支給決定過程における諸課題」社会保障研究7巻4号（2023）は，福祉サービスのニーズ測定および支給決定といった，行政における手続過程においても意思決定支援を利用できるようにすれば，対象者のニーズに即し，かつ意向に沿った支援が受けられるようになるとする。

時，意思決定支援に関して作成されてきたガイドラインの内容を概観するとともに，その内容の妥当性について若干の検討を加えた。そこでは，とりわけチーム支援を重視した福祉的支援のあり方が模索されていた。また，意思決定支援における法的課題として，本人と意思決定支援者との間の法的関係を検討し，さらに，社会保障法的観点から意思決定支援を受けることができる状況を保障するような理論の構築や法制度の構築を検討するため，意思決定支援が社会保障法の保障対象となりうるのかを検討した。

　これらのことからは，高齢者の意思決定に対する法的支援は，高齢者と意思決定支援者（意思決定支援チーム）との私法上の関係のみならず，社会保障法における各分野（所得・医療・介護保障）を超えて高齢者に必要とされる支援であることを導出することができると考えられる。また，支援をする際には，高齢者の特徴や特質を踏まえた支援が必要となろう。高齢者の実態に即した法的な介入が求められるのである。そのため，従来の民法を中心とした私法的な観点，社会保障法のような社会法的な観点といった既存の法的枠組みのみによって高齢者の意思決定支援を位置づけ，その課題を検討することは，高齢者が直面している課題の１つの側面のみを検討するにとどまってしまう可能性がある。このことは，高齢者法という新たな領域を設定することの意義にも通じるものである。特に，意思決定支援に関しては，高齢者の意思に着目し，その意思を基礎とした多様な事項，多様な分野に関連するものであり，従来の法分野にとらわれない分野横断的な検討が不可欠である。したがって，高齢者法の観点や枠組みによって高齢者の意思決定支援を横断的に検討していくことが重要である。

［付記］　本稿は科研費（20K13730）の助成を受けた成果の一部である。

第5章

エイジズムの視点からみた高齢者雇用

柳澤　武

はじめに

　日本の高齢者雇用政策は，60歳から65歳までは「雇用確保措置」（①継続雇用制度，②定年の引上げ，③定年制の廃止）を維持しつつ，70歳までは新たな選択肢を加えた努力義務を課すという方向に突き進んだ。2020年3月，高年齢者等の雇用の安定等に関する法律（以下「高年法」）の改正を含む「雇用保険法等の一部を改正する法律」が成立し[1]，新たに65歳から70歳までの働く機会を確保することを事業主（企業）の努力義務となった。これは「高年齢者就業確保措置」と呼ばれるもので，従来までの雇用確保措置と同内容の措置に加えて，過半数代表の同意を得た上で「創業支援等措置」（後記④，⑤のいずれか）による代替も可能となり，④業務委託契約を締結することによる就業確保，⑤社会貢献活動への参加支援による就業確保，さらには⑥他企業への再就職支援（65歳以上の雇用確保措置として新たに規定）も加わるなど，より多様な選択肢が示された（高年法10条の2関係）。

　かかる高齢者雇用の法政策への賛否や，継続雇用制度における労働条件といった，喫緊の課題については，すでに多くの議論がなされている[2]。他方で，より長期的な観点から高年齢者雇用を分析したもの，とりわけエイジズム（詳しくはⅠで後述）と法との関係についての研究は，やや乏しいと言わざるを得ない[3]。後にみるとおり，高齢者に対する否定的なエイジズムが最も鮮明かつ深刻な形として現れる場面の1つが「雇用」であるとの指摘もあり，さればこそアメリカを含む諸外国では「雇用における」年齢「差別」を禁止する立法が成立してきた。日本では，労働施策の総合的な推進並びに労働者の雇用の安定及び職業生活の充実等に関する法律（以下「労働施策推進法」）9条により，募

---

1)　令和2年法律第14号。

124　第2部　理論編

集・採用という限定された場面に限って，年齢差別の規制が存在するにとどまる。

　本章では，エイジズムという視点から，アメリカや日本の高齢者雇用の歴史と法政策を考察し，今後の法政策の在り方について，長期的な展望を踏まえた検討を試みる。そこで，前提作業として，エイジズム概念が生まれた背景や，近年のエイジズム研究の展開など，エイジズム一般についての理論展開を確認する（Ⅰ）。次に，アメリカ社会における「年齢」規範についての歴史的背景について探り，エイジズムと法との関係性を描き，連邦法であるADEA（雇用における年齢差別禁止法）の立法に至った背景を探る（Ⅱ）。その後，日本に目を転じ，戦後の日本的な雇用慣行の変化に対して，どのような雇用政策が行われてきたかを振り返る（Ⅲ）。さらに，現代的課題として，日米の職場におけるエイジ・ハラスメントをめぐる訴訟の現状を分析する。このようなハラスメントについては，人種差別や性差別ほどには非難されず，被害者の法的救済も不十分であるとの指摘がなされているところである（Ⅳ）。これらをふまえ，エイジズムの視点から，今後の高年齢者雇用を検討する際の課題と展望を示したい（Ⅴ）。

---

2)　2019年以降の労働法学分野に限っても，鎌田耕一「高年齢者の雇用対策と年齢差別禁止」新田秀樹ほか編『現代雇用社会における自由と平等―24のアンソロジー』（信山社，2019）85頁，櫻庭涼子「日本における雇用分野の年齢差別」法政策研究19集（2019）39頁，柳澤武「高齢者の雇用と法―超長寿時代のディーセント・ワーク」社会保障法35号（2019）62頁，石﨑由希子「定年後再雇用労働者の処遇についての法的検討」年金と経済38巻2号（2019）24頁，新谷眞人「定年後再雇用をめぐる判例動向と課題」島田陽一ほか編『「尊厳ある社会」に向けた法の貢献』（旬報社，2019）287頁，三井正信「継続雇用制度に基づく再雇用労働条件の適法性」広島法学43巻2号（2020）1頁，山川和義「高年齢者雇用政策と年金政策の課題」和田肇ほか編『労働法・社会保障法の持続可能性』（旬報社，2020）297頁，櫻庭涼子「高年齢者の雇用と処遇―定年延長・再雇用における労働条件に関する法的制約」ジュリスト1553号（2021）54頁，原昌登「継続雇用制度における定年前後の労働条件の相違に関する不合理性判断のあり方」成蹊法学94号（2021）189頁，土田道夫「定年後再雇用社員の労働条件をめぐる法的考察」同志社法学73巻6号（2022）663頁など。

3)　職場のエイジズムについて，原田謙『「幸福な老い」と世代間関係―職場と地域におけるエイジズム調査分析』（勁草書房，2020），田尾雅夫ほか『高齢者就労の社会心理学』（ナカニシヤ出版，2001）。

I　エイジズムの定義と変容

1　バトラーによる発掘（1969年）

　エイジズムという概念が定義づけられたのは1969年であり，のちにアメリカ国立加齢研究所の所長となる Butler が，「ある年齢グループから，他の年齢グループへ向けられた，偏見」であると定義づけ，具体的な事例として住宅供給や雇用の問題を取り上げた[4]。すなわち，アメリカ雇用社会では定年退職により生活の中心となっている労働から引退させられており[5]，エイジズムにより労働の場面でも個人の職業能力とは無関係な扱いがなされているとの指摘である。とはいえ，同論考が掲載されたのは，1961年に刊行が始まったばかりのアメリカ老年医学会の専門雑誌（ジェロントロジスト）であり，あくまで医学的な知見を重視するアプローチであった。

　当時のエイジズムは，個人の主観的な感情に限定されうるような定義となっており，現在からみると，非常に狭い概念であった。それでもなお，マルコムX など人種差別の概念を広めた立役者を引き合いに出しつつ，エイジズムを深刻な差別の一形態であると位置付けた Butler の功績は少なくない。その後，徐々にではあるが，エイジズムは人種差別や性差別に続く第3の差別としてとらえられるようになり，複数の研究者によって種々な検証がなされるようになった。その証左として，2006年に刊行された『エイジング大辞典』では，エイジズムの項目を Butler が執筆しており，自らが初めて唱えたことを示しつつも，後述する Palmore らの知見なども取り入れた概念へと変容している[6]。すなわち，エイジズムとは「希に生じる老人に対する嫌悪よりも広い概念で，包括的かつ有益な概念である」，エイジズムに起因する差別は，「個人レベルのみならず，制度のレベルにおいても広範囲にみられる。それは，ステレオタイプや風説，徹底した軽蔑や嫌悪，接触の回避，住宅・雇用・サービスにおける

---

4)　Rubert N. Butler, *Age-ism: another form of bigotry,* 9 THE GERONTOLOGIST 243 (1969).

5)　制定されたばかりの ADEA（詳しくはⅡ6）は，一定年齢での定年退職を禁じていなかった。

6)　RICHARD SCHULZ ET AL., THE ENCYCLOPEDIA OF AGING 41 (2006). 同書の旧版（1987年）は，G.L. マドックス編『エイジング大辞典』（早稲田大学出版，1990）として邦訳されている。

差別的な慣行，あだ名，風刺画，冗談にもみられる」として，エイジズムの概念を自ら再定義することになった。

2　パルモアが示した両面性（1999年）

　第1章の関論文（Ⅱ4.1差別禁止の法理）も示すように，エイジズムの定義に新たな側面を加えたのが，Palmore（アメリカ・デューク大学，社会学者）である。『AGEISM』（1999年）において，「エイジズムとは，特定の年齢層に対する，否定的あるいは肯定的な偏見・差別である」と，その両面性を指摘し，偏見（Prejudice）と区別や差別（Discrimination）との関係を組み込んだマトリックスを提示した（図1）[7]。否定的（Negative）・肯定的（Positive）とは，高齢者への不利益や優遇措置という意味合いで使われている[8]。否定的・肯定的という両面性を持つ年齢への偏見は，ステレオタイプに留まるものと当該年齢グループに対する態度に分けられ，また両面性を持つ年齢区別（差別）は，個人への「差別的取扱い」と差別的な「制度」がありうる。本章で検討するエイジ・ハラスメントを，図1で位置づけるならば，否定的な偏見による個人への「態度」が，違法であると評価されうる領域に達したものと位置付けることができる（NEGATIVE の Attitudes）。むろん，同時に個人への「差別的取扱い」が成立することもあろう（NEGATIVE の Personal）。このような両面性を認識することは，高齢者に対する特別な給付や優遇措置を考える際にも重要である。

　なお，否定的エイジズムが顕著となる医療分野については，諸外国の動向も

〔図1　エイジズムのマトリックス〕

	NEGATIVE		POSITIVE	
PREJUDICE	Stereotypes	Attitudes	Stereotypes	Attitudes
DISCRIMINATION	Personal	Institutional	Personal	Institutional

Figure 2.1 Types of Ageism

---

7)　ERDMAN B. PALMORE, AGEISM: NEGATIVE AND POSITIVE 19 (1999).

8)　否定的な区別の具体例として，定年退職，自動車運転免許の高齢者講習などが挙げられる。また，肯定的な区別としては，高齢者に対する医療保険（アメリカのメディケア，日本の後期高齢者医療制度），税制上の優遇，高齢者限定の乗車券などがある。

含め，第7章の原田論文（Ⅱ1）にて詳しく検討する。

3　法律学者によるエイジズムの要因分析（2016年）

　Eglit（アメリカ・イリノイ工科大学，法学者）は，雇用分野のみならず，クレジット・スコア[9]，健康保険の保険料率[10]，における年齢差別を禁じる立法がなされたが，その効果は限定的で，高齢者に対するエイジズム（Old-Ageism）への解決策とはなっていないと，衝撃的な主張を展開している[11]。さらに，アメリカでエイジズムが生まれる理由として，以下の8つを挙げている。

A　無意識：性差別については社会的に不公正だと意識されているが，高齢者への差別については，文化に埋没している（例えば加齢を自虐ネタにした絵葉書が売られている。）。

B　終末，死，恐れ：これらの不幸な事実が存在する点は，その他の差別禁止とは異なっている。

C　高齢者は生産性に欠けるとの認識：引退した高齢者はもとより，働き続ける高齢者であっても，若年労働者に比べて，生産性が低いとみられがちである。

D　社会資源の過剰消費：医療分野が代表例で，高齢者が不公平な割合で資源を消費している。

E　高齢者の政治的・金銭的・職場の権限に対する，若年世代からの憤り

F　遺伝子的な本能：加齢に対する否定的な差別は，人間に組み込まれているとの研究もある。

G　肉体的な外貌：もっとも，偏見によって高齢者が魅力的でないとみなされるのか，高齢者が魅力的ではないという結果として偏見が生まれるのかは，鶏と卵の関係。

H　若さへの賛美：アメリカの宣伝・コマーシャルの多くは，若さと結びついている（美肌，肉体美，精神的活発さなど）。

　これらの指摘は，アメリカ社会において高齢者に対する否定的なエイジズムが生じる背景を，かなり網羅的に分析したものとして貴重である。

　さらにEglitは，2004年の著書において，エイジズムと法との関係についても指摘している[12]。高年齢者の人口増とともに，高年齢者による訴訟の数も

---

9)　Equal Credit Opportunity Act of 1974.

10)　Affordable Care Act 2010.

11)　HOWARD C. EGLIT, AGE, OLD AGE, LANGUAGE, AND LAW: A DYSFUNCTIONAL-OFTEN HARMFUL-MIX AND HOW TO FIX IT 9-16 (2014).

増えるが，その内実は従来と異なった様相となっている。高年齢者は，30年前と比べて，知識があり，財産があり，地域社会とのかかわりも深くなっていて，自分自身の法的権利を確立することにも慣れている。そして，高齢者のニーズが現れやすい民事法の分野として，①差別訴訟，とりわけ職場における年齢差別，②成年後見をめぐるトラブルあるいは高齢者に対するネグレクトを含む虐待，③資産の管理や医療保険の支払いをめぐる紛争，④老人ホームでの不適切なケアに対する不法行為，の4つを挙げている。

ところが，これらの紛争が法廷に持ち込まれた際に，あるいは持ち込まれようとした際に，法にかかわる人々や法システムにエイジズムが内在することで，高齢者にとって不平等な裁判が行われる危険性を指摘する。例えば，刑事事件の目撃者として高齢者が出てきた際に，若年者よりも信頼できないのではないか，との偏見が出てくることがある。これは，陪審裁判において顕著であり，当該裁判の陪審員が，年齢をどのように見ているか，年齢に対する偏見が存在しないか，といったことが訴訟の結論に大きな影響を与える。

さらには，弁護士と高齢の依頼人との関係にも目を配り，弁護士は依頼人を慎重に扱うべきであり（これは単に高齢者を贔屓にするという意味ではない），エイジズムの影響を受けないようにすべきであると主張している。Eglit の研究は，アメリカ社会における年齢に対する偏見の根強さと，エイジズムの影響を受けた法制度の課題を浮き彫りにした点が注目される。

次節（Ⅱ）では，アメリカ社会においてエイジズムはどのように形成されたのか，その歴史的な背景を探ることにしたい。

Ⅱ　アメリカ社会とエイジズム

1　尊敬される高齢者

アメリカ独立革命（1775～83年）以前の社会は，天然資源に恵まれていることを生かし，家族単位を中心とする農林水産業が発達した地方型の社会であった[13]。すなわち，家族によって共同して営まれる地域社会では，よほど肥沃な土地でなければ余剰農作物を生産できず，賃金を得て働くという意味での労

---

12)　Howard C. Eglit, Elders on Trial: Age and Ageism in the American Legal System (2004).

働者は少数であった[14]。高齢者は，人口比からすると圧倒的少数だったが，家族という単位では指導的な役割を果たし，尊敬される立場にあり，大きな経済的・政治的影響力を保っていた。同時に，高齢労働者の引退後のセーフティネットも家族であり，指導的役割からの引退についても自らの意思で行うことが可能であった。

少数派であった賃労働に従事する労働者層においても，高齢者が長年の経験によって蓄積された技術は重宝され，むしろ徒弟制度において熟練の高齢職人の地位は強固であった。この時代までの年齢を理由とする不利益取扱いは，むしろ若年者に向けられていたといってよい[15]。あるいは，この時代は，年齢という規範自体が曖昧であったため，強固なエイジズムを生み出す構造が存在しなかったという見方もできよう。

2　エイジズムの広がり

アメリカ独立革命は，市場経済が発展するための法システムを整える契機となった[16]。アメリカ合衆国憲法により，個人の私有財産権が明確に認められ，連邦政府には貨幣鋳造や課税の権限が与えられた。アメリカ経済の急速な発展とともに，高齢者の地位は徐々に低下していく。

1つ目の要因は，画一的な公教育制度の普及である。各州によって創設された無料の教育制度は，子ども達だけでなく，多くの大人（とりわけ貧困層やアフリカ系アメリカ人）にとっても字を学び知識を身に着ける機会となり，高齢者の権威の基礎となった知識が時代遅れになると同時に，独占的なものではなくなる。さらに，子どもに対して年齢別の教育システムを導入することは，幼少期より「年齢」という規範を意識させることにもつながった。

2つ目の要因は，都市化の進展である[17]。海外からの大量の移民と，交通

---

13)　アメリカにおけるエイジズムと法制度の変遷について，柳澤武『雇用における年齢差別の法理』（成文堂，2006）15頁，櫻庭涼子『年齢差別禁止の法理』（信山社，2008）79頁。歴史的背景について，有賀貞＝大下尚一『概説アメリカ史』（有斐閣，1990）39頁，秋元英一＝菅英輝『アメリカ20世紀史』（東京大学出版会，2003）23頁，福田茂夫ほか『アメリカ合衆国』（ミネルヴァ書房，1989）26頁，鶴谷壽『アメリカ西部開拓博物誌』（PMC出版，1987）157頁など。

14)　有賀夏紀＝油井大三郎『アメリカの歴史』（有斐閣，2003）64頁。有賀貞ほか『アメリカ史1』（山川出版社，1993）63頁。

15)　柳澤・前掲書（注13）16頁。

16)　有賀＝油井・前掲書（注14）42頁

130　第2部　理論編

手段の発達により，各地に小規模な都市が広がっていった。とりわけ南北戦争後には，大陸横断鉄道の完成に代表される交通革命によって，鉱山町や工業が盛んな都市へと人口が集中するようになった。ロックフェラーやカーネギーといった著名な資本家が台頭し始めたのも，この時期である。高齢者の多くは地方に取り残され，結果として，高齢者が獲得した地位と権威を及ぼすことができる範囲が低下することになった。

　3つ目の要因は，急激な工業化である。そして，18世紀半ば以降には海外から大量の移民が殺到し，未熟練の若年労働者による低賃金の就労が可能となった。そのため手工業の徒弟制度が崩れ始め，高齢職人の地位も急速に低下し始める。さらには，退職した高齢者人口の増加という要因も影響し，「高すぎる年齢」という要素が徐々にネガティブな意味合いを持つようになった。

　そして，19世紀には，ロード・アイランド州での木綿工場を皮切りに，小規模な工場が次々に設立された。1830年代には，技術革新と呼ばれる発明の数々を伴って鉄鋼業などが発展し，いわゆる産業資本主義が確立された。このような産業形態においては，製造工程の単純化や速度向上が強く求められるとともに，フレキシブルな雇用形態での大規模な人員確保が必要となる。そのため，特別な技術を持った貴重な高齢の熟練職人ですら雇用機会はさらに低下し，かわりに移民を中心とした非熟練・半熟練労働者が重宝されるようになった。こうした工業化・都市化・大量の移民という3つの流れは，19世紀末に加速することになる。

3　否定的エイジズムへの転換

　20世紀に入ると，産業構造の変化とともに，工場規模の拡大と資本の吸収合併が同時に巻き起こった[18]。さらに都市建設が進み，主要都市の人口が総人口の3割を占めるようになり，企業規模の拡大とともに，雇用慣行の中にも年齢を理由とする取扱いが徐々に浸透していった。この時期から個々の企業内システムとして，自発的な退職を促す年金制度の普及がみられ，一部では先任権（勤続年数が長い労働者を優遇する制度）対策として強制退職制度もみられるよ

---

17)　野村達朗『アメリカ労働民衆の歴史』（ミネルヴァ書房，2013）13頁，有賀貞ほか『アメリカ史2』（山川出版社，1993）4頁。
18)　紀平栄作編『アメリカ史』（山川出版社，1999）243頁，秋元＝菅・前掲書（注13）23頁。

うになった。ほどなく，このような雇用慣行における年功規範，典型的には勤続年数に基づく属性の利用拡大に伴い，「高齢」という属性が「採用」段階において決定的な不利益を及ぼすようになる。

これらの動向に対抗するために，産業界の行き過ぎを規制するような労働者保護立法も次々と行われるようになった。各州で，最低賃金立法（1912年のマサチューセッツ州法），労災補償法（1910年のニューヨーク州法）が制定され，労働問題が法的な紛争として登場するようになる[19]。労働組合運動も活発になり，アメリカ労働総同盟（AFL）に代表される現実派路線の組合勢力が拡大し，相当数の労働者から支持を得るようになった。この時期に AFL は雇用と年齢の関係についての調査を行っており，主力産業で，技術を持たない労働者は40歳で，技術を持つ労働者でも45歳程度で年齢制限に直面することを確認している。こうした中高年労働者が衝突する年齢の障壁は徐々に認識されるようになり，例えば New York Times といった著名な新聞で労働と年齢についての論争が繰り広げられるなど，社会問題としても意識されるようになったことが示されている[20]。

4　強制的な退職制度の広がり

1929年の大恐慌以降に雇用情勢が厳しくなると，高齢労働者側も新たな自衛策を取り始めた。1939年には，40歳を過ぎた幹部クラスの再就職を支援する団体として「40PLUS」が結成され，ニューヨークでの活動を開始した[21]。この活動は多くの反響を呼び，瞬く間に全米各地へと広がっていった。管理職という部分的な職位に限定されていたとはいえ，20世紀前半に高年求職者のための活動団体が誕生していたことは注目に値しよう。

さらに多くの企業に退職制度が広がるようになり，年齢を理由とする引退の問題が，行政でも取り上げられるようになる。ニューヨーク州議会では，使用者，労働組合，退役軍人団体などにヒアリングを行い，1938年に「中高年労働者の雇用における年齢差別についての予備レポート」を発刊した[22]。同レポー

---

19)　中窪裕也『アメリカ労働法〔第2版〕』（弘文堂，2010）3頁。

20)　KERRY SEGRAVE, AGE DISCRIMINATION BY EMPLOYERS 9 (2001).

21)　40PLUS「about 40Plus」http://www.40plus-dc.org/about（最終アクセス：2024年7月21日）。

22)　JOHN MACNICOL, AGE DISCRIMINATION: AN HISTORICAL AND CONTEMPORARY ANALYSIS 215 (2006).

トは，加齢に伴って高くなる賃金や，身体能力の衰え，技術革新に追いつけない技術などが背景にあると分析している。

こうした年齢差別に関する当時の社会状況をみるに，遅くとも1900年代以降から徐々に「高齢であること」によって受ける不利益は決定的なものとなり，ステレオタイプ的な高齢労働者像から生み出されるエイジズムが定着したといえる。そして，雇用における年齢差別を認識した労働組合や高齢労働者団体が実態調査や支援活動に取り組むようになり，こうした団体が20世紀後半になって本格的な活動を始めるための礎が築かれた時期でもあった。

第二次大戦中は一時的にエイジズムが影を潜めたが，戦後になると高齢労働者を取り巻く状況は再び厳しくなった。また，戦前とは異なり，職を求める中高年労働者のみならず，比較的恵まれた待遇で働き続けて定年を迎えた高齢退職者の不満も表面化するようになる。

そして，第二次大戦後には，いよいよ高齢退職者が「団結」するインセンティブが生じる。当時は，低水準の老齢年金給付によって退職者の生活は困窮し，高齢医療保険であるメディケアは1965年になるまで存在せず，新たに健康保険に加入しようとしても組織を離れた人間が自力で契約することは困難であった。そこで，カリフォルニア州の高校教師 Ethel Percy Andrus は，自らが退職を迎えるにあたって，こうした高齢退職者の需要に応じるために退職者教員組合を結成する。この組合は，高齢リスクに対応できるような民間保険会社との契約を初めて実現することで次々と会員を増やし，医薬品の格安販売や支援プログラムなどでも好評を呼び，早くも1947年には全国退職者教員組合（NRTA）として全米に拡がった。そして1958年には，この全国退職者教員組合が発展的に解消し，後に最も強大で著名な高齢者団体となるアメリカ退職者協会（AARP）へと生まれ変わり，年齢差別の禁止へ向けた潮流が生まれていった。

5　差別禁止法への結実

年齢差別の禁止という価値観は，徐々にアメリカ社会に根付きつつあったのだが，1967年の ADEA 制定に至る直接的な契機となったのは，1964年の公民権法制定であり，その原動力となった公民権運動にある。1954年の Brown 事件によって教育分野での人種差別が違憲とされるとともに，翌年には著名なバスのボイコット運動が展開されるようになった。こうした人種分離政策への抵

抗活動は，連邦裁判所への提訴を認めた1957年公民権法の制定へと結実し，さらには1960年代の大規模かつ激しい公民権運動へと発展していく。この時期の連邦最高裁によるリベラルな判決と，大規模な公民権運動がADEA制定に与えた影響は大きい。

　1964年公民権法の中で雇用差別禁止規定を定める第7編は，Roosevelt議員により出された法案が元になっている。同法案では，「人種」「皮膚の色」「宗教」「出身国」「祖先」とともに，「年齢」も禁じられる雇用差別の類型の1つとして規定されていた。ところが，特定年齢層の労働者が不利益を受けるという事実については概ね認識が一致していたものの，差別禁止法というアプローチに「年齢」という要素が馴染むか否かという点について，連邦議会の意見は割れた。このため，労働長官に年齢差別を生ぜしめる要因の調査を求めることで決着した。

　そこで，労働長官W. Willard Wirtzの主導によって，立法を検討するための資料である「Wirtz報告書」が作成された[23]。1965年に刊行された同報告書に「エイジズム」という言葉は出てこなかったが（そもそも「エイジズム」という言葉の発掘は，前述のように1969年である。），雇用の場面において年齢のみを理由とする様々な不利益取扱いにより，高齢労働者の能力が発揮できないことを憂慮している。エイジズムなるものが一般に知られるようになる前に，当時としては最も注目された雇用分野の立法である差別禁止法というアプローチを用いて，エイジズムに基づく恣意的な年齢差別を禁止しようとしたとみることができる。

　かかる事情により，この時期には相当な数の年齢差別禁止法案が一気に提出され，様々な利益団体の意見が対立したため，立法は丸2会期にわたって先送りとなった。かかる事態に危惧の念を抱いたJohnson大統領は，雇用における年齢差別禁止法制定に積極的な姿勢を知らしめるため，1967年初頭には立法へ向けた勧告を行った。そして，次の第90議会では，連邦レベルでの雇用にお

---

23)　この報告書は，雇用における年齢差別の大掛かりな実態調査活動によるものであり，先行する各州の年齢差別禁止法なども参照している。同報告書の要旨は，①個人の年齢よりも能力に基づく採用が現実となるための政策を明らかにすべきである，②高齢労働者の雇用における不利な状況を取り除くための対策が必要であり，先任権や企業年金などの見直しを行うことも視野に入れる，③職業訓練の促進をはじめとする，能力向上のための機会が必要である，④時代の変化に対応できるような高齢者の教育機会を与えるべきである，との提言を行うものであった。

134　第2部　理 論 編

ける年齢差別禁止法実現へ向けて，ようやく議論が収斂していくことになる。そして，公民権法第7編の修正案をめぐる議論から3年を過ぎた1967年12月15日に，公民権法とは別個の単独立法として，ようやくADEAが成立する運びとなった。

6　ADEAの概要

ADEA（Age Discrimination in Employment Act of 1967，雇用における年齢差別禁止法）は，原則として，雇用の場面において40歳以上の者に対する年齢に基づく差別を禁じる[24]。制定当初は適用年齢の上限が65歳までとなっていたため，66歳定年制度は適用除外となっていた。この上限は，1978年に70歳となり，1986年に撤廃されることで定年制度は原則として終焉した。

ADEAによって禁止される類型は，採用や解雇はもとより，報酬，雇用期間，労働条件，雇用上の特典という雇用のあらゆる場面を含んでいる。一部の特殊な職業については例外規定があるものの，定年制度も禁じられる。もっとも，労働者の意思で特定年齢での引退を選択することができる，いわゆる早期退職優遇制度については，弁護士への相談や，考慮期間といった厳格な手続きに加え，退職金の上乗せといった「約因」（一種の対価）を要件として，例外的に許容される。また，「年齢以外の合理的な要素に基づいている場合は，いかなる措置を講ずることも違法ではない」というADEA独自に認められた例外規定が存在し，差別的インパクト（いわゆる間接差別法理）の適用は，限定的である。労働者の救済については，採用命令，現職復帰，バック・ペイ，定額損害賠償などが可能である。

さらに，各州レベルでも年齢差別の禁止を重畳的に行っており，連邦法以上に厳しく規制する州も存在する。すなわち，年齢差別を受けた労働者は，連邦法であるADEAと州法違反の双方について連邦裁判所に訴えてもよいし，当該州の年齢差別禁止法違反について州の裁判所に訴えることで解決することも可能である。

7　現在の課題

ADEAと州法の存在により，採用において年齢を理由に門前払いされるこ

24）　Age Discrimination in Employment Act of 1967, Pub. L. No. 90-202, 81 Stat. 602.

とはないし，高齢だからといって再就職の斡旋を断られることはない。例えば，アメリカ退職者協会（AARP）が設立した職業訓練や就労の機会などを提供する機関では，55歳以上を対象としながら70％が就職に成功するとの実績を残しているとろこもあり，なかには90歳以上で再就職した事例もあるとのことであった[25]。それでもなお，Eglit ら多くの研究者も示すように，たとえ雇用の場面に限ったとしても，エイジズムの問題が解決したとは言えない状況にある。

第1に，複数の研究者や弁護士が異口同音に，雇用における年齢差別訴訟では，労働者側が勝訴することが非常に難しいと述べている。そもそも「年齢」が理由でなされた取扱いであることの証明は困難であり，雇用差別訴訟で差別的取扱いを証明するための最初の段階である「一応の証明」すら困難な場合が少なくない[26]。また，ADEA の下では差別的インパクト法理は限定的にしか適用することができず，いわゆる間接差別の法理によって証明することも困難な状況となっている[27]。

第2に，事実上の強制的な退職制度が残されている可能性である。ADEA§626(f)(1)は，「個人は知っていて自発的に（knowing and voluntary）でなければ，いかなる権利や訴訟も放棄できない」と規定しており，経済的な優遇措置や厳格な手続きの下でのみ，同法による保護を放棄し，退職する仕組みとなっている。だが，実態として多くの労働者が一定年齢で退職してしまっているのであれば，ADEA は単に退職金を上乗せする効果しかないという見方もできるであろう[28]。

第3に，法が禁じる明確な不利益取扱いとまではいえない，エイジ・ハラスメントについて，十分に対応できていない可能性である。この点は，アメリカでも検討されてこなかった問題であり，本章にて後述（Ⅳ）する。その前に，次節（Ⅲ）では，日本の雇用社会における年齢規範にかかわる政策について，その形成史を確認することにしたい。

---

25) 2018年3月フロリダ州サンシャインセンターでの Wilson 氏に対するインタビュー。
26) 「一応の証明」については，中窪・前掲書（注19）200頁。
27) このことが明らかになったのは，2008年の最高裁判決である。柳澤武「Meacham v. Knolls Atomic Power Lab., 128 S. Ct. 2395 (2008)」アメリカ法2009年1号（2009）176頁。
28) 柳澤・前掲書（注13）106頁。

Ⅲ　日本型雇用システムと年齢

1　日本社会とエイジズム

　日本では，高齢者を「お年寄り」と呼ぶことに代表されるように，敬老精神が根強く存在しているとの認識は広く共有されている。前述のエイジズム研究者Palmoreは，日米のエイジズム比較研究を踏まえ，「日本のように……高齢者の地位と権威に及ぼす近代化の影響が中和される傾向にある社会が存在する」という分析結果を提示している[29]。すなわち，日本社会でも高齢者に対する否定的エイジズムが一定程度みられるが，アメリカの場合と比較し「中和」されたとの理解である[30]。

　ところが日本の労働政策では，労働者の年齢が重要な要素となっており[31]，雇用における否定的なエイジズムとして発現する場合も少なくない。近年では年功的な雇用制度への風当たりが強くなり，「オブジェ社員」や「妖精さん」といった働かない中高年労働者を揶揄する言葉も耳にするようになった[32]。このような表現が否定的エイジズムにかかわる問題であることは明らかだが，かつては当事者が自虐的に使うこともあった「窓際族」と比べても，より直截的な表現が目立つようになった[33]。こうした複合的な年齢規範意識の変遷が生じた背景を，戦後の労働政策の移り変わりを通じて検証する。

---

29)　PALMORE, *supra* note 7, at 69.

30)　このような日本の敬老精神を分析した著作として，アードマン・パルモア＝前田大作『お年寄り―比較文化からみた日本の老人』（九州大学出版会，1995）があり，日本ではアメリカに比べて高齢者の地位の低下が緩やかであったことを指摘している（138頁）

31)　田尾ほか・前掲書（注3）74頁も，「日本人は労働における年齢についての規範意識が強い」と指摘する。

32)　「『オブジェ社員』を生むな」日本経済新聞2020年2月17日5頁によれば，「アドバイザー的な役割しかになわず，まるでオブジェのよう」との声が紹介されている。「動けぬ『会社の妖精さん』」朝日新聞2019年11月12日3頁では，メーカーの若手社員が，朝の数時間しか姿を見ない50代後半の社員を「妖精さん」と呼んでいることを紹介し，その後も幾度か関連する記事を掲載している。

33)　窓際族という言葉は，すでに1970年代の終わりには使われるようになっていたようである。「高齢化社会を生きる・⑸窓際族のいない社会」日経新聞1979年7月16日1頁など。

2 日本型定年制度としての復活

第二次世界大戦の前にも，日本の雇用社会では定年制度が定着しつつあった。ところが，戦時期は徴兵制度によって労働力が急速に不足し，定年後の再雇用が活用され，あるいは，定年制度そのものが中止となった。すなわち，これまで形成されてきた定年制度は事実上廃止されてしまい，戦後に全く異なる役割をもって復活したのである。

終戦から間もないころは，各企業とも復員等による多くの過剰雇用を抱え，強制退職を伴う定年制度による引退を求める圧力が強まった。また，労働運動の発展とともに，労働組合の力は戦前を上回る勢いで急速に強まり，全国電気産業労働組合協議会から電産型賃金体系が提案された。組合の力が強かったがゆえに，賃金コストの上昇にともなう高齢労働者の人員整理を安易に行うことは事実上不可能であった。他方で，労働組合の中にも，定年制度の雇用保障機能を重視したがゆえに，定年制度の確立を要求事項とするところもあった。

そこで，人件費の高騰を防ぐための解決策として，あるいは，労働組合側の要求事項でもあったことから，戦前に一度は普及していた定年制度が導入され，それまで形成されてきた退職金制度もセットとなり，戦後の年功型人事管理制度の原型となった。この労使間での合意は，「経営側は雇用の調整機能を労働組合側は雇用の保障機能を重視していたというまさに同床異夢状態だったのである」とも評されている[34]。

また，日本において定年制度が復興した要因として，年齢に対する規範意識の変動——敗戦と占領によって，日本社会は新しい思想に移行し敬老精神が消え去った——を指摘する見解もある[35]。労使の異なる思惑，無条件の敬老精神からの脱却，退職金制度の同時普及，高度経済成長の始まり，これら複数の要因がきれいに重ならなければ，現在にもつながる日本型定年制度の復活は達成できなかったかもしれない。

3 高齢者雇用率制度の失敗

本格的な高度経済成長期に入ると，定期昇給制度の確立と終身雇用慣行が完全に定着するようになり，多くの大企業では55歳定年制が一般的となり，多く

---

34) 佐口和郎＝橋元秀一編『人事労務管理の歴史分析』（ミネルヴァ書房，2003）293頁。
35) 富安長輝『定年制と賃金制度』（労働法学出版株式会社，1966）13頁。

138　第2部　理論編

の労働組合が定年制の延長を要求し始めるようになる。こうした政策表明や幾度かの団体交渉が積み上げられた結果として，大企業を中心に定年延長が徐々に実現するようになったが，そのスピードは緩やかであった。仮に制度としての実現には至らなかった場合でも，勤務延長・再雇用制度など実態としての雇用延長がみられ，退職者には帰農または小商工業を開業するという選択肢もあった。また，中小企業では，この時期に定年制度が普及し始めており，企業規模による違いにも留意しなければならない。この時期の定年制度は，その性質を変えながら，複合的な意義をもって展開してきたといえる。

　中高年齢者の雇用を促進するための新たな試みとして，1966年「職業安定法」の改正により，国・地方公共団体・特殊法人を対象とした中高年齢者（35歳以上）の職種別雇用率制度が開始した（高年齢雇用安定法旧47条の2）。同制度は，職種ごとに雇用率を設定し，中高年齢者の割合が雇用率以上となるように努力義務を課した。そのようななか，1967年に策定された第1次雇用対策基本計画では，採用時の年齢制限が中高年の能力を適切に生かしていないとの指摘がなされた。1971年には「中高年齢者等の雇用の促進に関する特別措置法」により，民間企業にも45歳以上の年齢層を対象とした63の職種別雇用率が設定された。雇用率達成は努力義務であったが，公共職業安定所は，雇用率を達成していない事業所の事業主が中高年齢ではないことを条件として求人の申込みをした場合，これを受理しないことができた。

　しかしながら，日本では職種別労働市場が確立していないため，そもそも職種という概念が不明確であり，年齢のレンジも広いことから，高年齢者に対する十分な対策とはならなかった。そこで，1976年の法改正では，高年齢者（55歳以上）を企業組織全体で6％以上とする雇用率へ改められた。それでもなお政策の効果が疑問視され，同制度は1986年の高年法の制定とともに廃止されることとなった。

4　定年制度を基軸とする法政策へ

　1986年に制定された高年法により，事業主には，定年年齢が60歳を下回らないようにとの努力義務が課された。ここから，定年制度を基軸に据えた法政策が，よりいっそう展開されるようになった。同時に，公共職業安定所による求人開拓，再就職援助に関する措置，シルバー人材センターを指定法人とする規定なども盛り込まれ，現在まで継続される総合的な高年齢者の就業促進および

雇用安定立法としての土台が完成する。

　1990年改正では，引き続き60歳定年制度の普及を目指しながら，定年後65歳までの再雇用の推進について努力義務とされた。すなわち，60歳定年の実現を盤石なものとしつつ，65歳までの継続雇用の推進について努力すべき旨を，法律上示したものといえる。

　そして，1994年改正によって，60歳定年制が十分に普及したことなどを踏まえ，60歳未満の定年制度が禁止されるに至る。ここまでの政策は，年金支給開始年齢の引上げを意識しつつ，何よりも「定年延長」を最重要課題として推し進めるという点で一貫していた。なお，1995年には，高年齢雇用継続給付金制度が新設され，賃金が減少する60歳以上の雇用継続者に対する大きな支えとなった。

　ところが2000年改正では，65歳までの雇用確保を努力義務として課すという形式を維持しながらも，①定年そのものの引上げ，②継続雇用制度の導入，③その他の必要な措置という曖昧な選択肢が並べられ（高年法旧4条の2），若干の変化が生じた。その背景の1つとして，定年到達以前に労働者が当該企業の外へ放り出される「定年制度の空洞化」ともいうべき事態が生じ，定年制度のみに着目した政策の限界が生じてきたことが挙げられる。

5　現在の高年齢者雇用法制

　雇用の入口である募集・採用については，2007年の旧・雇用対策法改正により，年齢制限が禁止されることとなり，年齢差別禁止アプローチが実現している（労働施策推進法9条）。もっとも，差別禁止法としての実効性については疑問が残るところである。採用段階では，差別が存在したことを認識すること自体が困難であり，「年齢」を理由として採用拒否されたことを特定することはいっそう難しい。本条の違反に対する罰則は規定されておらず，制裁としての企業名の公表すらない。

　他方で，雇用の出口ともいえる引退に関しては，日本独自の年齢基準に依拠した制度が選択肢として認められている。すなわち，60歳未満の定年を禁止しつつ（高年法8条），65歳までの安定した雇用を確保するため，後述する3つのいずれかの「高年齢者雇用確保措置」を事業主に求めている（高年法9条1項）。同措置全体の実施率は99.8％と完全実施に近く，3つの措置の内訳は，当該定年の引上げが19.4％，継続雇用制度の導入が77.9％，定年の定めの廃止が2.7％と，

140　第2部　理論編

約8割の企業が継続雇用制度を選択しており，各比率は改正法の施行当初から現在まで大きく変動していない[36]）。

　2004年改正の旧・高年法の下では，事業場協定（労使協定）にもとづき，継続雇用制度の対象となる労働者を一定基準で選抜することが可能であった（対象基準制度）。その後，2012年改正により，対象基準制度は段階的に廃止されることになり，事業主には，本人が希望する限りは，継続雇用制度を適用する義務が課された。

6　現行法下の法的紛争

　冒頭にも述べたように，現在の喫緊の課題として，継続雇用制度による定年後の再雇用では，労働条件の妥当性をめぐる法的紛争が生じている。

　再雇用により賃金体系が異なる有期労働契約となったトラック運転手らが，労働条件の差異は労働契約法旧20条に違反するとして争った長澤運輸事件（最二小判平成30・6・1労判1179号34頁）は，継続雇用制度における労働条件が争点となった初めての最高裁判決として注目された。同最高裁判決は，「両者の賃金の総額を比較することのみによるのではなく，当該賃金項目の趣旨を個別に考慮すべきものと解するのが相当である」として，「精勤手当」のみを不合理な格差であると判断し，それ以外の正社員との格差（年収ベースで2割前後の賃金減額）については，不合理とは認められないと判示した。

　さらに継続雇用時の基本給や賞与の支給に係る労働条件の相違について，労働契約法20条は適用されるところ，名古屋自動車学校（再雇用）事件（最一小判令和5・7・20労判1292号5頁）は，基本給月額が定年退職時の半分以下に減額されたという事案で，「その判断に当たっては，他の労働条件の相違と同様に，当該使用者における基本給及び賞与の性質やこれらを支給することとされた目的を踏まえて同条所定の諸事情を考慮することにより，当該労働条件の相違が不合理と評価することができるものであるか否かを検討すべき」（メトロコマース事件参照）であるとし，これらの事情に加え，労使交渉の具体的な経緯をも勘案すべきであると判示して，原審（名古屋高判令和4・3・25労判1292号23頁）を破棄・差し戻した。同最高裁判決には，継続雇用にかかわる各論点に対する判断が示されることが期待されていた。しかしながら，最高裁は自ら

36）　厚生労働省「令和元年『高年齢者の雇用状況』集計結果」より。

規範を定立することを避け，一審（名古屋地判令和2・10・28労判1233号5頁）や原審で争いとなった諸論点（労働契約法旧20条にいう不合理を認めた根拠や水準，再雇用と社会保障給付との関係など）には言及せず，抽象的な一般論を示すのみで，原審へと差し戻した。再雇用における労働条件を決定することの難しさを示すものといえる。

　他方で，特定の労働者に対して，他の労働者とは異なる労働条件，とりわけ従来のキャリアを全く生かせない職務を提示することで，労働者に再雇用を断念させるという問題も生じている。大手自動車メーカーで，再雇用の職務としてシュレッダー清掃業務などの短時間労働を提示されたことから，労働者が契約締結を断念した事案では，「社会通念に照らし当該労働者にとって到底受け入れ難いような職務内容を提示するなど実質的に継続雇用の機会を与えたとは認められない場合においては，当該事業者の対応は改正高年法の趣旨に明らかに反する」として不法行為の成立を認めた[37]。また，同様の職務であっても日数や勤務時間が大幅に減少し，賃金が低下する継続雇用を提示されたため，労働者が再雇用に応じなかった裁判例では，定年時の労働条件との連続性を前提に，「再雇用について，極めて不合理であって，労働者である高年齢者の希望・期待に著しく反し，到底受入れ難いような労働条件を提示する行為は，継続雇用制度の導入の趣旨に違反した違法性を有する」として，慰謝料請求を認めた[38]。

　このように，継続雇用制度の下においては，再雇用後の労働条件や職務内容を規律する法規制がないため，使用者の裁量に委ねられる傾向にある。それでも，労働者に継続雇用を断念させるような労働条件や，基本給の大幅な低下について，一部では歯止めをかけようとする判例法理が形成されているところである。

　さらには，これまで幾度か言及してきたように，エイジ・ハラスメントに該当するような行為が，ときに裁判紛争として発現するようになってきている。日本型定年制度の下では，当該定年に達するまでは，少なくとも「年齢」を理由として退職を迫られることはないはずである。しかし，年齢を理由とするハ

37）　トヨタ自動車ほか事件（名古屋高判平成28・9・28労判1146号22頁）。
38）　九州惣菜事件（福岡高判平成29・9・7労判1167号49頁）。ただし，再雇用自体は成立していないため，地位確認請求は棄却された。本件上告は最高裁で不受理となり（最決平成30・3・1労経速2347号12頁），高裁判決が確定した。

142 第2部 理論編

ラスメントと退職強要が横行する職場では，継続雇用制度の問題を論じる以前
に，一定年齢層での退職を余儀なくされてしまう。次節（Ⅳ）では，かかる課
題について，アメリカとの比較も交えながら，検討したい。

Ⅳ　現代的な法課題—エイジ・ハラスメント

1　エイジ・ハラスメントの看過

　近年のエイジズム研究として，フォス（心理学者，ドイツ）らによる，年齢
へのステレオタイプと差別的態度との関係性，さらには行為者（Actor）が知
覚者（Perceiver，年齢差別を受ける可能性がある高齢者）に与える影響を分析し
た成果がある[39]。同研究では，年齢差別的な行為だけでなく，年齢差別的で
はない行為についても，年齢差別であると受け取られる場合があることが示さ
れている。換言するならば，「客観的に認識できる年齢差別」と「知覚者が年
齢差別であると感じる場合」の双方を意識すべきであるとの指摘である。ここ
で最も注目すべきは，今やドイツを含むEU諸国でも雇用における年齢差別禁
止法制が広がっており，何が違法な年齢差別となるかは一見すると明らかなよ
うに思えるが，年齢への否定的なステレオタイプから惹起される態度（その一
類型としての，ハラスメント）についての法的基準が存在しないとの指摘である。
すなわち，エイジズムに起因するハラスメント，すなわちエイジ・ハラスメン
トに対する法規制のあり方は，年齢差別禁止法を制定するだけでは解決できな
い，高齢者法分野における現代的な課題であるといえる[40]。
　まずは，アメリカにおけるハラスメント救済の法理を確認の上で，エイジ・
ハラスメントが肯定された裁判例と否定された裁判例を比較検討する。

2　アメリカのエイジ・ハラスメントにかかわる裁判例

　アメリカ法では，環境型ハラスメント（Hostile Work Environment）は差別
禁止の一環として規制されており，行政機関であるEEOCの介入とサポート

---

39) Peggy Voss, Ehud Bodner, and Klaus Rothermund, *The Relationship between Age Stereotypes and Age Discrimination*, CONTEMPORARY PERSPECTIVES ON AGEISM (2018).
40) Eglit, *supra* note 12, at 9; PATRICIA BARNES, OVERCOMING AGE DISCRIMINATION IN EMPLOYMENT 15 (2016).

によって解決される。EEOC ガイドラインが示すハラスメントの具体例として，不快な冗談，中傷，あだ名，身体的な暴行や脅迫，脅し，愚弄，けなす言動，不快な絵や物体，職務遂行の妨害などが挙げられているが，あくまで例示列挙であり，これらに限られるわけではない。

　民事訴訟では，原状回復のみならず損害額を超える損害賠償も認められる（ただし，定額損害賠償に留まり，懲罰的損害賠償は認められない）。連邦最高裁が示した環境型ハラスメント判断基準によれば，被害者にとって労働環境が敵対的あるいは虐待的と感じられる限り，本人が精神的な被害を受けていなくとも（＝具体的な損害が発生していなくとも），セクシャル・ハラスメントは成立すると位置づけている[41]。同最高裁判決の法理は，性以外の差別事由にもとづくハラスメントや嫌がらせについても適用されるため[42]，エイジ・ハラスメントの場合も同様の基準が適用される。エイジ・ハラスメントが成立した代表的な裁判例として，次の Dediol 事件（2011年）がある[43]。

（事実の概要）車のディーラーY会社で働く65歳のXが，翌日に行われる教会のイベントのため休暇を願い出たところ，上司が「おいクソじじい，明日そこには行けないからな。もし行こうものなら，てめえの汚いケツに火をつけるぞ。」と発言。さらに翌日から，「old man」「pops（じいさん）」「old M-F［卑語］」など名誉を棄損するような蔑称でXを呼ぶようになった。それから，Xと上司の対立は激化し，Xは出勤できなくなり，解雇された。Xは，「年齢を理由とする環境型ハラスメント」「宗教ハラスメント」により解雇されたと，EEOC へ申し立て，連邦地裁に訴えた。連邦地裁は，Y側勝訴の略式判決。Xが上訴。
（判旨）上司の言動が，年齢を理由とする敵対的環境を作り出したか否かは，①差別的な行為の頻度，②当該行為の程度，③身体的な脅迫・屈辱的な行為か，あるいは，単なる発言か，④被害者の職務遂行に影響を及ぼすものか，などを総合考慮して判断すべきである。上司の言動は，客観的にも，主観的にも，Xを傷つけるものであり，地裁判決を破棄・差し戻す。

同事件では，当該労働者が年齢を理由とする明確な不利益取扱いを行ったわ

---

41)　Harris v. Forklift Systems, Inc., 510 U.S. 17 (1993). 日本での紹介として，池添弘邦「環境型セクシャル・ハラスメントの違法性判断基準」労働法律旬報1371号（1995）30頁。
42)　中窪・前掲書（注19）225頁。
43)　Dediol v. Best Chevrolet, Inc., 655 F.3d 435 (5th Cir. 2011).

144　第2部　理論編

けではない。しかし，ハラスメントによって職場環境が悪化したことにより労働者が出勤できなくなり，最終的に解雇された事実に対して，年齢を理由とする環境型ハラスメントを認めている。すなわち，セクシャル・ハラスメントや人種・ハラスメントと同様の理論的枠組みで，エイジ・ハラスメントが成立することが明らかとなった[44]。

　他方で，2015年のNorman事件では[45]，65歳の高校教師に対する退職勧奨の一環として「自分が何歳だと思っているの？」という発言が認定されたものの，環境型ハラスメントの成立要件である敵対的な労働環境の成立は認められなかった。

　両裁判例で結論を異にする分水嶺となったのは，その環境悪化が年齢を動機とするものであるとの推定を働かせるに十分なものであるかどうかである。したがって，単なる「stray comment（失言）」だけでは，差別を立証するには不十分であるとされる[46]。差別禁止法の一環としてのハラスメント法理では，敵対的あるいは虐待的な労働環境であることが求められる。

3　日本のエイジ・ハラスメント裁判

　日本の職場におけるハラスメントは，主に損害の発生を前提とする不法行為あるいは職場環境配慮義務の債務不履行によって救済される。セクハラやマタハラについては防止措置などの関連規定があり（雇用機会均等法11条，同11条の2，育児介護休業法25条），2020年にはパワハラについても定義や防止措置が規定された（労働施策推進法30条の2）。いずれの類型も，まずは裁判例でハラスメントの違法性が認められ，立法に至ったという経緯がある。

---

44)　Barnes, *supra* note 40, at 58.

45)　Norman v. Metropolitan Government of Nashville and Davidson County, Tenn. (2015 WL 5773553). 教育学博士を持つ教師歴30年の高校教員（65歳）Xが，両ひざの手術をしたため，医師から座って働くことが望ましいとの診断を受け，少なくとも1時間に5～10分程度は座ることにした。Xは，この障がいや年齢を理由として，否定的な人事評価を受けているのではないかと思うようになった。教頭先生らは，Xに対して「引き際を知らない人もいる」「すぐに引退できる準備はしているの？」「自分が何歳だと思っているの？」などと発言し，若い教員らの手法を見習うように指導した。これらの引退への圧力を感じたため，Xは退職した。XがEEOCへの申立ての後，連邦地裁に訴訟を提起した。同事件の判旨は，Xの職務評価は妥当である。教頭らの行為の程度と広範性では，敵対的な労働環境であるとは認められないとして，ADEA違反には該当しないと結論付けた。

46)　Stray Remarkとも呼ばれる。差別的取扱いについての裁判例だが，Gange v. Northwestern Nat. Life Ins. Co. (6th Cir. 1989) を参照。

いまだエイジ・ハラスメントについての明文規定はないが，フクダ電子長野販売ほか事件（東京高判平成29・10・18労判1179号47頁）は，主に年齢を理由とする退職強要についての違法性を認めた（下線部は執筆者付記，以下同じ。）。

（事実の概要） 従業員30数名の会社（Y1）で，代表取締役（Y2）が経理係長であったX2に対して <u>「人間，歳をとると性格も考え方も変わらない」</u> と述べ，経理処理が不適切であったとして懲戒処分の手続きを進めた。X1に対しては，賞与を減額する際に <u>「人間57，58になれば，自分の考えなんて変わらない」</u> などと発言した。X1とX2は労基署にも随時相談し，Y2の発言（<u>「ババア」「おばさん達の井戸端会議」</u> など）を記録した。X1とX2は，X3とも話し合い，3人が退職し，これを知ったX4も退職した。X1らは，慰謝料と減額された退職金との差額等を求めて提訴した。地裁（長野地松本支判平成29・5・17労判1179号63頁）は一部請求を認容し，Y1らが控訴。

（判旨） Y2はX2に対して <u>正当な理由なく批判ないし非難を続け，X2に勤務の継続を断念させた。</u> X1は，かかる懲戒処分をX2が受けることを認識し，自身も賞与を正当な理由なく減額され，<u>年齢差別的な発言を受け，退職するに至った。</u> Y2の一連の行為は，退職を強要するものにほかならない。X3とX4は，同じ職場で，<u>「いずれ自分たちも同じような対応を受け，退職を強いられるであろうと考え」</u> それぞれ退職願を提出し退職するに至ったもので，一連の退職強要行為は，X3およびX4にも間接的に退職を強いるものである。Y2は不法行為，Y1は会社法350条の責任を負い，Xらには慰謝料等が認められる。X1らの退職は，Y2の退職強要行為により退職を余儀なくされたもので，会社都合退職と同視できる。

フクダ電子長野販売ほか事件は，年齢を基準とする能力評価の誤りについて丁寧な事実認定を行った上で，年齢のみによって原告らの能力や勤務態度を低くみたことを認定した。さらには，直接的な退職勧奨を受けなかった労働者に対しても慰謝料等の請求を認めており，エイジ・ハラスメントによる職場環境の悪化を正面から認定した裁判例として位置づけられる。

ほかにも，職場でのエイジ・ハラスメントが疑われるような裁判例は，いくつか散見される。雇止めの裁判例として知られているシャノアール（カフェ・ベローチェ）事件（東京地判平成27・7・31労判1121号5頁）では，有期労働契約の更新を拒否された労働者の団体交渉において，人事部長は労働組合の事務局長に対し，カフェでは定期的に労働者が入れ替わることに非常に意味があると説明し，その理由として，「サラリーマンのお客さんなども多くて，<u>新しい子</u>

146 第2部 理論編

が入ったなということで，労働者が若返ったということがお店の魅力にもなる
し，それを社内的には鮮度と呼んでいる」と発言した。しかし，同事件の判旨
は，次のように発言の違法性を否定した。

（判旨）「Yは店舗における全体としての従業員の入れ替わりを鮮度と表現している
のである。」「確かに理由の中で「若さ」とあるのが，Xら組合員のように長期間
アルバイトに従事していた者に対するあてつけのようにも感じる表現であるから，
相当性を欠くきらいはある。」しかし，本来議論は論理的に行われるべきところ，
議論においては主張を的確にとらえることに主眼がおかれるはずである。Xは，
人事部長の述べる理由の一部の言葉をとらえて不法行為の成立を問題としている
ことになる。人事部長にXの人格を傷付ける意図があったことを認めるに足りる
証拠がないことをも考慮すると，当裁判所としては，人事部長の発言の評価につき，
やや不相当な面があったきらいはあるとしても，違法な発言とまでは評価できない。

　また，東京地判平成28・11・16労経速2299号12頁では，パワー・ハラスメン
トを争う一環として，「その歳でその程度なのか」「いい歳して」「いい歳した
おっさんなのに何もできない」「クズ」「周りの社員はその歳だったら役職がつ
いているのに，いまだに役職についてないのってどうなの」などと人格を否定
する発言により，懲戒解雇の有効性が争われた。同事件では，職場環境配慮義
務のために行った懲戒解雇処分の有効性を認めたが，あくまでパワー・ハラス
メントの事件として扱われている[47]。
　ハラスメント法理による救済は，ハラスメントを受けた労働者が人事上の明
確な不利益を受けた場合に限らず，上司からの発言・メール・職務分担など，
その射程範囲は広い。これらのハラスメントに対して使用者が不十分な対応を
行った場合には，職場環境整備義務違反を問うことも可能となる。年齢を理由

---

47) 同様にパワハラとの関連が問題となった事案として，東京地判平成30・3・
　27LEX/DB25560807がある。社長であるYが，顧客名を忘れたり，書類を書き間違った
　りすることがあったところ，Xは，業務に支障が生じないようYをサポートしていたが，
　社長は自分が忘れたり間違えたりしたことを否定したり理不尽な叱責を行ったりすること
　があった。また，Yは，女性は結婚したら「おばさん」であるなどの発言を行うこと
　があり，Xに対しても，そのような言動等を行っていた。同事件の判旨は，YのXに対
　する態度は，元従業員に対して過大な精神的負荷を与えるパワハラと評価されるべきも
　のであって，Xに対する不法行為を構成するとして，他方でYの物忘れなどは年齢の影
　響があることも否定できず，そのことはXもある程度は理解していたとして，50万円の
　慰謝料を認めた。

とするハラスメントについても，他のハラスメント同様，救済法理の基盤形成を試みるべきであろう。

V　今後の課題

1　新規採用に及ぼす効果

　採用の場面では，特定の年齢グループに向けられた直接的なエイジズムのみによって，年齢差別が生じるわけではない。しかし，いわゆる統計的差別と呼ばれるモデルによって説明されるように，個々の労働者の質・能力について，企業は限られた情報しか持たないため，年齢を用いた選別を行うことが統計的には合理的な行動となるという問題が残されている[48]。

　かかる統計的差別を克服するためには，労働施策推進法9条の実効性確保，高年法の雇用確保措置違反と同様に企業名の公表を行うといった直接的な手段だけでなく，年齢制限を取り払うことによって人材確保にもたらされる有益な効果や高齢労働者の能力を発揮できた成功事例などを，情報として企業間で共有することにより，統計的差別モデルを克服することが考えられる。

　最近の心理学の研究でも，世代を超えて接触頻度を上げることが，エイジズムの根底にある偏見を低減することが明らかとなっている[49]。このような接触を促進するための施策として，まずは上記のようなアプローチ（成功事例の共有）になるにせよ，労働施策推進法9条の実効性を徐々に高める必要がある。集団間の接触が偏見を低減するための前提条件として，差別禁止法などの社会的な制度が求められることは，幾度も指摘されてきた[50]。募集や採用の段階にこそ，差別禁止法のアプローチが求められる所以である。

2　雇用における肯定的エイジズム―「休息」の権利

　エイジズムは，それぞれの国や時代ごとに，どの世代に向けられるか，肯定的か否定的か，どれだけ強固に根付いているかといった要素が異なることが改

---

48)　柳澤武「高年齢者雇用政策―年齢差別禁止アプローチの可能性」日本労働法学会誌124号（2014）41頁。
49)　北村英哉＝唐沢穣『偏見や差別はなぜ起こる？』（ちとせプレス，2018）85頁。
50)　原田・前掲書（注3）149頁など。

148　第2部　理論編

めて確認できた。日本の雇用社会では，多くの先進諸国と同じように，長年の労働生活で社会を発展させてきた高齢労働者に対しては，雇用の継続や労働からの引退という過程において，相当期間の労働に対する「休息」が認められるとの理論も成り立つ[51]。高齢者に対する肯定的エイジズムが肯定される根拠として，現在の法政策を考える際の視点となりうる。

雇用保険の高年齢求職者給付金についても，休息の観点からの政策が求められる。基本手当に変え，このような一時金を支給することとしている理由は，65歳以降に離職した高齢者の，多様な就業希望，具体的には短時間労働や雇用ではない就労などに適合した給付となるようにとの趣旨による[52]。同給付の対象となる労働者は，フルタイム勤務からの引退過程にあり，一時金の支給とすることで，高年齢者の多様な就業希望に対応した幅広い働き方に対応するためのエンパワーメントであると位置付けるのであれば，「休息」の理念とも軌を一にする。その上で，雇用保険の給付区分として用いられる年齢基準については，長期的な視点からの見直しを進めていくべきであろう。

3　職場のエイジズムが与える悪影響

本章でみたエイジ・ハラスメントの裁判例は，職場の個人（使用者が，上司，同僚など）に行使されるエイジズムが，先鋭化した形で法的紛争に至った事例といえる。今後，フクダ電子長野販売ほか事件・前掲を契機として，エイジ・ハラスメントが不法行為として認められるようになったとしても，日本のハラスメントの法的救済のあり方には，なお解決すべき課題が多い[53]。

また，法的紛争に至らずとも，「職場でエイジズムを経験している者ほど職場満足度が低く，その職場満足度の低さが抑うつ傾向の高さにつながっていた」との研究結果もある[54]。とりわけ，日本の労働者に多い会社人間ほど，職場のエイジズムにより大きな疎外感を抱き，メンタルヘルスへの悪影響をもたらすことになる。エイジズムが職場に蔓延する状況は，長期的な経営戦略としても誤りであると言わざるを得ない。日本においても，高齢者雇用の法政策を議論する際には，エイジズムの視点が求められる。

---

51)　休息権の論拠について，柳澤・前掲論文（注2）62頁。
52)　労務行政研究所『雇用保険法〔新版〕』（労働行政，2004）581頁。
53)　柏崎洋美「ハラスメントと紛争解決手続及び救済の方法・内容」日本労働法学会誌128号（2016）109頁。
54)　原田・前掲書（注3）121頁。

第6章

高齢者の経済的問題に関する法制度
—所得保障と資産管理

西村　淳

I　高齢者法と高齢者の経済的問題

1　本章のねらい

　本章では，高齢者の経済的問題に着目して，高齢者法のあり方について論ずる。とくに，高齢者特有のニーズに着目した所得保障制度と資産管理支援のあり方について，「高齢者の保護から社会への参加・貢献へ」という観点から，高齢者特有の消費構造，格差の大きさ，65歳以降の雇用などに着目しつつ，生活保護，公私年金，雇用関連給付，税制，医療介護の自己負担を取り上げて論ずる。その際，高齢者を平等に取り扱う視点（社会参加を支援する視点）と高齢者を保護する視点（特別な配慮を行う視点）のバランスに留意する。

2　高齢者のとらえ方と高齢者法の理念

　本章では，高齢者特有の経済的ニーズへの対応に関する分野を対象にして，高齢者法のあり方を考えるが，ここで高齢者法とは，①高齢者を対象とする法分野であること（アメリカにおける実務的観点からの高齢者法の論じられ方はこの視点を中心とする），②高齢者特有のニーズへの対応を問題とすること，③高齢者特有の法的課題と高齢者法特有の法原理を有することを特徴とする法分野であると考える（第1章関論文参照）。そのような意味での高齢者法が経済的問題に関する分野において理念的に成立するか，また，法体系はどのようなものであるべきかについて検討を行っていきたい。

　高齢者をどのようにとらえたらよいだろうか。これまでの高齢者の人間像は，老齢になって身体的・精神的能力を失い，経済的には一切の収入を失い，社会参加をせずに人の介護を受けて生きている，弱者としての固定的・画一的な人

150 第2部 理 論 編

間像であったといえる。しかしながら，現在の高齢者像は，医療・介護ニーズをもちながらも健康で，資産を有し，働き，交際費などを消費する姿である。一方，これらの状況には人によって大きな格差がある。

　本章における高齢者のとらえ方は，自立した人格・蓄積をもち，長い人生において社会参加・貢献してきた者であり，また現在もそうしているが，時間とともに徐々に変化していく存在というものである。そして，高齢者について，これまでの弱者として特別視し一方的に保護されるべき存在としての見方から，長く社会に参加・貢献してきた者として評価するとともに，老後も時間に伴う変化の中で可能な限り社会に参加・貢献し得るように支援する法体系をつくりあげていくべきことを提唱する。

　このように，時間の蓄積と変化という観点から見る必要があることが，高齢者法の最大の特徴であると考える。何歳以上は高齢者であるとし，画一的な像に基づき特別な対応が必要であると考えるよりも，人が長い時間をかけていろいろなものを蓄積してきた過程と，その歴史を踏まえた現在，そして今後の死に至るまでの人生において，いかに社会への主体的な参加を行ってきたかを評価し，死に至るまで可能な限り社会に参加できるように，法によって支援することを考える視点である。いわば到達点としての「老齢」よりも，過程としての「加齢」に着目した考え方である。

　一定の集団を対象とした法分野であり，社会保障分野を多く含む隣接領域としては，子ども法と障害法がある。最近独立した法分野としての確立を目指して積極的な動きがあり[1]，高齢者法を考える際にも参考になる。これらと比較してみると，高齢者には過去の人格・蓄積のある点が，これがない子どもと大きく異なる点である[2]。また，高齢者は時間によって変化する（多くは衰退的変化とされてきたが，発達的変化でもある）点が，障害が固定している障害者と大きく異なる点である。子ども法の法原理としてあげられるものに「子どもの最善の利益」があり，障害法の法原理としてあげられるものに「合理的配慮」があるが，高齢者法の法原理としては，「過去の人生の評価」があると言

---

1)　菊池馨実＝中川純ほか編著『障害法〔第2版〕』（成文堂，2021），大村敦志＝横田光平ほか『子ども法』（有斐閣，2015）など。

2)　「子どもには洋々たる未来がある」というが，現在は白紙である。一方で「高齢者には洋々たる過去がある」ということができる。もちろん高齢者にも死に至るまでの未来の期間があり，過去だけでなく未来もよりよく生きることができるようにする必要があることを忘れてはならない。

えるかもしれない。

　保護すべき弱い高齢者像から脱却した新たな高齢者像に立ち，とくに，最近の老年心理学の知見[3]を踏まえ，高齢者の特色を次の3つからとらえておきたい。まず，(A)仕事からの引退，身体の変化，家族の独立や死などの自己を取り巻く状況の変化の中で，自己存在の意味を再解釈し新たな挑戦（社会参加）をしていくという発達課題をもつ存在であることである。職場中心の生活から地域における家族とのかかわりが生活の中心になること，健康上の不安が生じたり，体が思いどおりに動かなくなってくること，子育てが終わって子どもが独立し，親や配偶者も失うことなどが起こる。必ずしも社会とのかかわりを一方的に失い，できることが少なくなっていくというのではなく，今までとは異なる新たな自分の生き方を追求しつつ，社会に参加・貢献していくのが高齢者である。また，(B)老後までの長い準備期間があることによる過去の蓄積と達成がある。老後までの長い人生において，仕事などの社会参加を通じて得てきた地位，資産や人脈，人生を通じた努力で得てきた家族，健康，生活習慣，人格や趣味などがあり，なお活用しているのである。そしてこれらは長い人生の蓄積として得られるものなので，人によってその経てきた人生は異なるために，（努力の成果も運不運の結果の場合もあるであろうが）人により大きな格差が生じている。そのために貧困者の割合も大きい。さらに，(C)身体的・精神的能力・社会的紐帯の残存と変化，医療・介護ニーズの増大が見られることである。これらの多くはもっぱらこれまでは「衰退」とされてきたが，失ったものではなく残っているものを見れば，高齢者にはそれまで蓄積されてきたものの多くが残っており，活用することができるため，「変化」ととらえることができる。健康状態や人間関係などに代表されるように，この面においても人による格差が大きい。

　本章では，これらを踏まえて，高齢者の経済的問題に関する「高齢者特有の法的問題」としての高齢者法のあり方を論ずる。とくに，「高齢者＝弱者」観から脱却して，何歳になっても社会に参加・貢献するというあるべき高齢者像に基づき，社会に参加・貢献できるよう，アクティブ・エイジングの考え方に基づき高齢者を支援する（特に65〜70歳に注目する）法体系をつくっていくことを提言する。

---

3)　佐藤眞一ほか『老いのこころ―加齢と成熟の発達心理学』（有斐閣，2014）など。

ここで，社会参加とは就労を中心とした概念であるが，賃労働や収入を得る労働に限らず，介護や育児，非営利活動などによる社会参加も含むことに注意が必要である。また，資産形成などによる意思決定のように，社会とのかかわり方に影響を与える行為も社会参加ととらえたい。社会参加を狭く考えるのではなく，多様な形態を含むことを考慮する。

また，社会参加している姿を高齢者の規範的人間像と考えるが，高齢者は社会参加しているのが当然であり，また実態であるという見方をとるものではない。高齢者が社会参加できるように「支援」することが重要であり，そのための法体系が必要であるということを主張している。その意味で，第1章（関執筆）で論じられているように，高齢者の差別禁止と保護のバランスが必要であり，一部は高齢者の保護と重なるところがあることに注意が必要である。

具体的には，経済的問題にかかわる高齢者法として，所得保障制度と資産管理の支援を中心に論ずる。所得保障については，これまでの老後の稼働能力低下を前提とした貧困リスク対応としての所得保障（これまでの所得保障水準は原則生活保護準拠であった）から，過去の社会参加に基づく所得保障制度，かつ高齢者の現在と未来の社会参加を支援する所得保障制度への転換を求めるものである。ただし，高齢者が就労しにくい現在の環境を踏まえ，暫定的に高齢者を保護する必要性（特に70歳以降について）とのバランスに留意する必要がある。資産管理については，資産を取り崩して生活するという高齢者家計の特徴を踏まえ，高齢者になるまでの資産形成支援，高齢者になってからの安定的な資産活用の仕組みの必要性，意思決定能力の低下に対応しつつ資産に関する意思決定を支援する仕組みの必要性などを論じる。既存の法分野との関係では，社会保障法のほかに，金融法・消費者法・民法などにも関係する。

本章の高齢者法のとらえ方との関係で，3点ほど補足しておく。まず，関論文（第1章・第3章）との関係である。本章は高齢者法を1つのまとまった法分野としてとらえる意義や，高齢者の差別禁止と保護，高齢者における強い人間像と弱い人間像，自由権的側面と社会権的側面といった多面的なとらえ方をすべきことにおいては，第1章と問題意識を共有しているが，「より長く生きてきた」こと自体を「功績」として評価し，高齢者法の法理念の中心に置く第3章（とくにⅡの2参照）とは，その点においては異なる視点によっている。本章において高齢者法の法理念の基本に置く高齢者の「過去の蓄積と達成」とは，主に就労などの社会的に有用な貢献をしてきたことを評価するものであっ

て，ただ「長く生きてきたこと」を評価するものではない。

　第2に，本章で高齢者法を論ずることによって，これまでの法学における伝統的な見方についての見直しを提唱する。戦後法学は，自立した個人の人権の存在を前提とし，それを確立することを使命にしてきた。契約自由の原則や民主主義的な政治・政策過程への参画の権利などに現れている。しかしながら近時，個人の完全に自由な意思により権利行使が行われるわけでなく，公的な支援が必要であるとする法学的議論が多く現れてきた[4]。人間は必ずしも自立した強い存在であるわけではなく，人との関係がないと生きられない弱い存在であり，社会に参加できるようになるために支援が必要な存在であることにもとづく法理論である。また，権利の有無はある1点をとらえて論ずるのではなく，人間関係に基づく長い経緯や過程を踏まえて論ずるべきだとする法理論である。本章における高齢者法のとらえ方は，高齢者の社会参加支援を強調する点，高齢者が歩んできた人生の過程を踏まえたあり方を論じるべきだという点で，こうした現代法の流れとも親和性のあるものである。社会保障法においても，これまでは稼得能力低下による貧困リスクに対する経済的ニーズに対応し，生存権を保障するのが所得保障制度の理念であったが，その理念を転換し，過去の社会参加に基づき，かつ高齢者の現在と未来の社会参加を支援するものが所得保障制度であると考えようとするものであり，従来の社会保障法学の見直しにも及ぶものである。

　第3に，筆者はこれまで，社会保障の法理念として，生存権論や自由基底的社会保障論には乗り越えられるべき点があるとして，「参加・貢献に基づく権利」論を提唱してきた[5]。社会への参加・貢献の見返りとして社会保障の権利を得，そのための支援を社会の責務とするものである。本章はこうした視点から高齢者の所得保障のあり方について論ずるものでもあり，その点で従来の筆者の法理念論と重複している面がある。

---

4) 内田貴『制度的契約論―民営化と契約』（羽鳥書店，2010），大江洋『関係的権利論―子どもの権利から権利の再構成へ』（勁草書房，2004），西谷敏『規制が支える自己決定―労働法的規制システムの再構築』（法律文化社，2004），笹倉秀夫「基本的人権の今日的意味」社会福祉研究70号（1997），山本顕治「非援助の支援と民事法学」和田仁孝ほか編『法社会学の可能性』（法律文化社，2004）など。西村淳「社会保障の規範的基礎についての考察―法学理論と規範理論を手掛りに」年報公共政策学9号（2015）120頁参照。

5) 西村淳『所得保障の法的構造』（信山社，2013），同『参加・貢献支援の社会保障法』（信山社，2023）など。

3 高齢者の経済的生活実態と課題

　基本的認識として，高齢者の経済的生活実態のデータをみて，現状を整理しておきたい。まず，消費支出と雇用収入を見ると，高齢者世帯[6)]の消費支出月額は25.2万円と総世帯比では低いが，「保健医療」は1.15倍，「交際費」が1.40倍と特定の費目が高くなっていて，高齢者特有の家計構造の特色が見られる[7)]。高齢者世帯[8)]の平均所得年額は304.9万円（全世帯平均の58%）で，そのうち稼働所得の割合は26.1%となっているが，これは年齢や世帯によって大きく異なっている[9)]。

　高齢者世帯[10)]の所得分布をみると，全世帯平均と比べ，中央値が平均値を大きく下回るなど，格差が大きい。ジニ係数（等価再分配所得）は0.3781である[11)]。

　また，高齢者世帯[12)]の貯蓄現在高の平均値は全世帯（2人以上世帯）平均の1.3倍（2,462万円）で，他の年齢階級に比べ大きな純貯蓄を有している[13)]。貯蓄を取り崩して生活しているわけである。ただし，格差が大きいことに注意をする必要がある。

　さらに，社会参加の状況を見ると，高齢者の就業率は65〜69歳で52.0%，70〜74歳で34.0%，75歳以上で11.4%で，いずれも年々上昇傾向であるが，70歳以上になると低くなる[14)]。60歳以上の人に聞くと約2割が「働けるうちはいつまでも」働きたいと回答しており，70歳くらいまでまたはそれ以上との回答と合計すれば，約6割が高齢期にも高い就業意欲を示している[15)]。

　こうした生活実態を踏まえると，高齢者特有の経済的生活の課題として，全体としては消費支出が低いが，特定費目の支出が多いことにどう対応するかということがあげられる。ただし，それは平均像であり，格差が大きいことにど

---

6)　夫65歳以上，妻60歳以上の夫婦のみの無職世帯。
7)　総務省「家計調査」2023年。
8)　65歳以上の者で構成するか，またはこれに18歳未満の者が加わった世帯。
9)　厚生労働省「国民生活基礎調査」2023年。
10)　前掲注8と同じ。
11)　厚生労働省「所得再分配調査」2021年。
12)　2人以上の世帯のうち世帯主が65歳以上の世帯。
13)　総務省「家計調査」2023年。
14)　総務省「労働力調査」2023年。
15)　内閣府「高齢者の経済生活に関する調査」2019年。

う対応するかという問題がある。そして，高齢者の社会参加を促進し，アクティブ・エイジングを実現するために，とくに65歳以降の雇用をどのように促進するかが課題である。

　以下では，こうした現状を踏まえ，所得保障の各制度の現状と課題について検討し，所得保障制度の体系を再考することとしたい。

Ⅱ　各分野の現状と課題

　まず，各分野における現状と課題を整理しておく。各分野の検討にあたっては，高齢者の経済的生活を支える基本である年金・雇用・資産を論じた後，貧困，医療・介護といった事態への対応に関して論じていく。

1　公的年金

　年金は過去の就労による保険料の支払いに基づき支払われるもので，老後所得保障の中心となっており，またそうあるべきものである。

1.1　国民年金

　まず，国民年金についてである[16]。1961年の創設時の年金水準という基準は，当時の生活保護の老人の生活扶助基準額（4級地）を考慮して決められたものであった[17]。国民年金の水準は生活保護とリンクしていたわけである。その後，1966年の「1万円年金」創設時に生活保護基準との乖離を容認し，経済成長に合わせて伸びる賃金の伸びに準拠して年金額が改訂されていったが，1986年には高齢者の衣食住に相当する基礎的消費支出を賄うものとして基礎年金が創設され，消費支出とのリンクが復活した。つまり年金水準は生活保護や最低消費支出との関係で設定されてきた。

　その後2000年の既裁定者物価スライドと2004年のマクロ経済スライドの導入により，年金水準はそれまでの高齢者の最低消費支出をカバーするという考え方から決定的に乖離することになった。給付水準は固定された負担と均衡する

16）　年金制度の経緯については，西村淳「国民年金再考」社会保障研究1巻2号（2016）293～307頁，同「高齢期所得保障における公と私」社会保障法31号（2016）13～27頁参照。

17）　25年加入で月2千円であった。

156　第2部　理論編

かどうかで決まり，生活保護基準や消費支出との関係は検証されない拠出建て的な仕組みとなったため，今後水準は低下していくことになる。雇用不安定下で保険料を払えない人も増えており，医療・介護の保険料や自己負担の増も考慮すると，将来的には国民年金だけではで基礎的消費支出を賄えなくなる可能性がでてくることが懸念される。

1.2　厚生年金

次に，厚生年金である。厚生年金は賃金に比例して保険料を支払った見返りとして従前所得の一定割合を保障するもので，過去の就労を評価したものと位置づけられる。年金水準は，年金収入だけで老後生活を賄うのではなく，資産の取り崩し・私的年金・就労で年金収入が補填されることを前提としている。従前保障の水準（所得代替率）は将来にわたって現役世代比5割を確保するように設定されている（消費実態では8割となっている）。ただし，この代替率は，配偶者が就労しない片働き世帯モデルに基づく夫婦の受給額で設定されている。

1973年に所得代替率6割を確保するという基準ができたが，その後2004年の保険料固定方式・マクロ経済スライドの導入で，負担の範囲内で給付をすることとなり，いわば拠出建て的な制度になって，今後給付水準は低下していくことになる（ただし，政策的目標として所得代替率5割が下限とされている）。

厚生年金は，基礎年金に上乗せして支給されるもので，より高い水準の老後生活保障となるが，一定範囲の非正規雇用労働者には適用されないため，非正規雇用労働者が増加している現在においては，将来厚生年金が受け取れる人の割合が減り，年金受給額が減ることが懸念される。

2　企業年金と退職金

さらに，企業年金についてである。企業年金は現役時代の就労に退職後に報いる退職年金制度で公的年金を補完する制度である。公的年金によって基本的な生活を保障し，それを上回る部分について企業年金で上乗せ的に補完するという考え方がとられてきた。1965年の厚生年金基金制度創設時には，厚生年金基金は厚生年金の上乗せ補完として明確に位置付けられていた[18]。しかし，そ

---

18)　制度設計上，公的年金の上乗せ部分にあたるプラスアルファの部分は代行部分の3割以上になるように規制されたほか，代行部分の2.7倍までの積立金の特別法人税は非課税とされていた。

の後2001年の企業年金2法で，望ましい水準の設定はない確定給付企業年金と，給付額が確定しない確定拠出年金が中心となり，2013年改正で厚生年金基金制度も廃止された。近年退職金を企業年金で支給する企業も多くなっているが，一方で企業年金（とくに確定給付年金）の加入率は減少し，個人型確定拠出年金などの個人年金振興が図られているものの，これも公的年金を補完するという役割は制度設計上明確になっていないものである。

3　雇用と所得保障

3.1　年金支給開始年齢と雇用確保措置

次に，雇用継続との関連で所得保障制度を見てみたい。過去の年金支給開始年齢の引上げは，雇用確保措置と平仄を合わせて進められ，年金と雇用の接続が図られてきた[19]。今後，65歳を超える引上げにも，雇用との接続が前提であり，65歳以降の雇用確保措置がない支給開始年齢の引上げは適当でないものと考えられる。2020年の高年齢者雇用安定法の改正で，65歳から70歳までの高年齢者就業確保措置（定年引上げ，継続雇用制度の導入，定年廃止，労使で同意した上での雇用以外の措置の導入のいずれか）を講ずることを企業の努力義務にしたので，この進捗状況を注視していくべきである。

なお，2000年改正時に，繰上げ受給時の減額率と繰下げ受給時の増額率は，どの年齢で受給しても受給総額が同じになるように設定されたが，繰上げは低年金を招き，望ましくない[20]。

3.2　在職老齢年金

在職老齢年金は，在職中の厚生年金額の減額を行うものである。戦後1954年に厚生年金制度が再構築されたときには，年金受給には退職要件があり，在職

---

19)　1994年の年金改正で定額部分の支給開始年齢の引上げ，2000年年金改正で報酬比例部分の支給開始年齢の引上げ，2004年高年齢者雇用安定法（高年法）改正で定額部分の支給開始年齢までの雇用確保措置義務付け，2012年高年法改正でその拡充が行われた。森戸英幸「高年齢者雇用安定法—2004年改正の意味するもの」日本労働研究雑誌642号（2014）5～12頁，柳澤武「高齢者雇用をめぐる法制度の現状と課題」DIO313号（2016）8～11頁参照。

20)　なおその後の寿命の延びで繰上げ減額率・繰下げ増額率は現在は年齢によって財政中立になっておらず，繰上げは不利，繰下げは有利となっていることから，財政中立となるように，繰上げ減額率を小さくすることとされた（2023年施行）が，上記の考え方からすれば，誤った方向であった。

158   第2部　理論編

中は厚生年金は支給されなかった。つまり，一定年齢になれば支給される老齢年金でなく，退職した場合に支給される退職年金だったわけである。1965年改正で退職要件がなくなったときに，年金を在職中でも一部支給するものとして65歳以上の在職老齢年金が創設され，その後も見直しが行われて，現在は65歳以上の在職老齢年金（高在労）と65歳未満の在職老齢年金（低在老）の制度があり，一定以上の雇用所得がある場合厚生年金が減額されている[21]。在職老齢年金は，賃金補填することによって高齢者の就労に寄与しているほか，年金財政にも寄与している。在職老齢年金制度の就労抑制効果が批判されることがあるが，支給開始年齢の引上げで低在老は遠からずなくなっていくとともに，支給停止基準額が高い高在老については就労抑制効果は見られないとする実証分析が多くなっている[22]。

3.3　雇用保険

　60歳代前半の雇用促進のための高年齢者雇用継続給付は1995年に創設された。年金との支給調整が行われている。60歳代前半の所得保障を年金財源から「賃金＋雇用保険」に切り替え，高齢者の所得保障における企業の役割を強化したものとみることができる。高年齢者雇用安定法により65歳までの雇用確保措置が義務付けられたことから，2007年労働政策審議会雇用保険部会報告では段階的に廃止とされた（このとき国庫負担は廃止された）。その後「引き続き検討」とされてきたが，65歳までの雇用確保措置導入が企業に行き渡り，報酬比例部分の65歳への引上げが2025年に完了することから，2020年の法改正で，2025年度に60歳に到達する人から給付率を半減させることとなった。しかし，この制度が賃金補填により雇用確保に大きな役割を果たしていることは無視できない。
　なお，雇用保険への加入年齢については，1984年改正で65歳を上限としたが，2016年改正で65歳以上の者も高年齢被保険者として加入させることになった。

---

21)　1969年に65歳未満の在職老齢年金（低在老）が創設された。1986年改正で加入年齢が65歳未満になり，在職老齢年金は65歳未満対象のものになった。その後2004年には高在労の復活（ただし低在老よりも減額率は低い），2005年には減額率の見直し（低在老の一律2割停止の仕組みの見直し），2007年には70歳以上への在職老齢年金の適用が行われている。2020年には低在老と高在老の支給停止基準がそろえられ，支給停止が緩和された。

22)　山田篤裕「高齢者雇用と年金の接続」西村淳編著『雇用の変容と公的年金—法学と経済学のコラボレーション研究』（東洋経済新報社，2015），上野有子＝新田尭之「60代の労働供給の決定要因」年金と経済38巻2号（2019）10〜23頁など。

これは働く高齢者を規範的な高齢者像としたものとみることができる。

3.4 高齢者関係の所得税制

高齢者関係の所得税制について，1951年に，老年者が「所得獲得上及び社会的立場等において弱者の地位にあることによる配慮」として老年者控除が創設された。その後，1988年の公的年金等控除創設時に倍額となったが，2005年に廃止されている。年金の所得控除については，1973年の「5万円年金」創設時に年金を所得としないためとして，老年者年金特別控除が創設されたが，1988年に年金収入は給与の後払いとしての性格を有しなくなったとして給与所得から雑所得となった際，定額＋定率の公的年金等控除となった（最低保証額あり）。これは，高齢者への配慮と他所得との負担調整のためとされている[23]。

公的年金等控除は，年金所得のほとんどを課税しないことになるため，年金非課税のためにつくられたがのち廃止された老年者控除の系譜をひいて，高齢者を弱者として優遇するものであるとともに，就労している場合は給与所得控除との二重控除になっている点が批判されている[24]。

4 金融資産の管理

4.1 高齢者の資産の実態と特色

高齢者世帯（世帯主65歳以上）の貯蓄現在高の平均値は2,462万円（全世帯平均の1.3倍）で，他の年齢階級に比べ大きな純貯蓄を有している[25]。これは，必ずしも高齢世代が若年世代よりも豊かであるということよりも，長い人生を経てきたことによる過去の蓄積を有しているという高齢者の特色によるものである。また，2,500万円以上の世帯が34.1％ある一方で，300万円未満の世帯も15.1％あり，格差が大きい。このことも，長い人生を経てきたことによる過去の蓄積を有しているという高齢者の特色を現している。

高齢者世帯の収入を見ると，公的年金が62.9％，企業年金・個人年金等が5.6％，稼働所得が26.1％，財産所得が4.6％となっており[26]，老後所得は公的年金・私的年金・就労収入・資産収入の組合せで賄われている。また，家計調査で見る

---

23) 2018年税制改正では小規模な改正が行われた（2020年施行）。
24) 佐藤主光「年金課税のあり方」税研188号（2016）36〜42頁，田近栄治「年金税制改革—公的年金等控除を廃止し，年金財源強化を」税研185号（2016）46〜53頁など。
25) 総務省「家計調査」2023年。
26) 厚生労働省「国民生活基礎調査」2023年。

160　第2部　理論編

と，高齢者世帯の実支出は実収入よりも平均で月4万円程度多く[27]，現役時代に老後のために貯蓄した資産を取り崩して生活していることが高齢者家計の特色であることがわかる。このように見ると，資産収入は高齢者の経済的生活の重要な要素である。資産の検討にあたっては，高齢期に向けての資産形成と高齢者になってからの資産管理の両面の検討が必要である。

　高齢者になってからの資産形成は限界があるので，老後までの長い準備期間における若い世代からの資産形成を支援することがまず必要である。高齢社会対策基本法9条3項には「国は，高齢期のより豊かな生活の実現に資するため，国民の自主的な努力による資産の形成等を支援するよう必要な施策を講ずるものとする」として国の資産形成支援義務を定めている。金融庁は「家計の安定的な資産形成の推進」で，金融資産の預貯金から株式や投資信託への分散を促すとともに，早い時期から長期・積立・分散投資による資産形成を勧めている[28]。資産形成の支援としては，税制上の優遇措置が講じられる NISA や iDeCo の普及が進められてきている。

4.2　資産管理における高齢者の意思決定支援

　高齢者になってからの資産管理については，高齢者の自己決定を基本として，どのように意思決定を支援する仕組みをつくっていくかが問題になる。資産管理には，資産の運用と資金の利用の双方が含まれる。高齢世代の資産運用は安全な預貯金に偏っているわけではなく，若い世代よりも株式投資などのリスク資産が多いが，合理的な選択行動をとるのではなく，直感や過去の経験に依存したヒューリスティックな意思決定をしやすいという特徴を持っていることが知られている。また，認知科学や金融老年学の知見によれば，認知症の増加など認知能力の低下を招くことも多く，資産管理能力が低下する場合も多いとされている[29]。

　高齢者の資産管理については，これまでは金融取引に関する能力の低下に対し高齢者を保護する観点から，主に能力制限（成年後見制度）の仕組みで対応

---

27)　総務省・前掲（注25）。
28)　金融審議会市場ワーキング・グループ報告書「高齢社会における資産形成・管理」（2019年6月）。
29)　駒村康平「金融機関のための金融老年学入門①～⑧」金融財政事情3279～3286号（2018），五十嵐禎人「認知症高齢者の財産管理能力について」新井誠編集代表『高齢社会における信託制度の理論と実務』（日本加除出版，2017）参照。

されてきた。制限行為能力制度は，成年被後見人や被保佐人のした法律行為は取り消すことができるなど，高齢者の金融取引を制限するものである。日常生活行為については例外になっているので（民法９条ただし書，13条１項ただし書），日常生活における支払いに必要な預貯金等の払戻しは有効だが，意思能力もないとされた場合は意思無能力による無効となる可能性がある。

　高齢者の資産管理支援に関し，現在まで用いうる数少ない制度の１つが成年後見制度であった。成年後見制度には，自己決定支援のためであれば原則として本人が意思決定を行う補助類型が中心であるのが望ましいところ，わが国では後見類型が中心であり，高齢者から意思決定をする権限を奪う形になってしまっていること，虐待など親族との関係が不適正であったり，１人暮らしなどの場合の市町村長申立があまり増えていないこと，人材確保と不正防止が求められていること，低所得者の利用を支援する成年後見利用促進事業の普及が不十分であること，などの課題がある。このほか，資産運用に関しては，後見人選任後は預貯金以外の新たな資金運用は善管注意義務に反すると解され困難であるといった問題も指摘されている。被後見人の財産を金融機関が管理する後見制度支援信託・支援預金も登場している。

　また，資産運用や資産利用を支援する仕組みを考えた場合，まずは消費者被害や特殊詐欺の防止や被害回復が必要である。2008年施行の振り込め詐欺救済法では犯罪被害者に対する犯罪利用口座からの返金による被害の回復，2017年施行の消費者契約法改正では，加齢等による判断能力の低下の不当な利用を防ぐための取消事由の拡大などが行われている。

　高齢者向け金融取引に関しては，「適合性原則」が金融商品取引における消費者保護の中心的考え方となっている[30]。金融機関は，顧客の投資経験，投資目的，資力等を十分に把握し，顧客の意向と実情に適合した投資勧誘を行うことを求められる。認知機能の低下した高齢者にリスクが高く複雑な金融商品を勧誘し被害を与えたケースで，適合性原則違反と説明義務違反を認め不法行為となるとした判例がある[31]。日本証券業協会は自主規制である「高齢顧客への勧誘による販売に係るガイドライン」を設けており，商品調査と顧客調査

---

30)　金融商品取引法40条は，「金融商品取引業者等は，業務の運営の状況が次の各号のいずれかに該当することのないように，その業務を行わなければならない」として，１号に「金融商品取引行為について，顧客の知識，経験，財産の状況及び金融商品取引契約を締結する目的に照らして不適当と認められる勧誘を行つて投資者の保護に欠けることとなつており，又は欠けることとなるおそれがあること」を掲げている。

162　第2部　理論編

を行って適合性を判断することになる[32]。

　このようにこれまでは保護や行為能力制限・意思能力無効などで対応してきたが，今後は，高齢者の自己決定を基本として，高齢者の意思決定を支援するような，適切な資産運用と事情に応じて円滑に資産を取り崩して資金利用できる仕組みを考えていく必要がある。この場合，家族や近親者が関与する場合もあり，家族の意思の確認，家族の不適切な使用からの保護などの観点も考慮する必要がある。

　高齢者の金融取引を制約する対応とは別に，能力減退前に本人が事前意思表示しておくことで自己決定を支援する仕組みがある。取引制限ではなくできるだけ本人意思が尊重できるようにするものである。任意後見，財産管理委託契約，代理人届制度，信託契約などである[33]。高齢者支援を目的とした金融商品としては，解約制限付き信託やリバースモーゲージなどが広がりを見せてきている。このほか，家族が受託者となって高齢者のために財産管理を行う家族信託（民事信託）が近年注目されている[34]。

　高齢者の資産管理ニーズは，金融取引や代理権に限らない。地域における権利擁護のためには，関連の機関との連携が不可欠である。成年後見制度利用促進法に基づく成年後見制度利用促進計画において，権利擁護支援の地域連携ネットワークづくりの必要性が求められており，ほかに社会福祉協議会が日常的な金銭管理の支援を行う日常生活自立支援事業も存在する。しかしながら，高齢者の抱える問題は，介護，家族との関係などの問題と密接に絡まっており，地域包括支援センターなどを中核とした成年後見にとどまらない関連機関の広範な連携システムが求められている[35]。

---

31)　最一小判平成17・7・14民集59巻6号1323頁など。上柳敏郎「金融商品取引における高齢者保護と支援」金融法務事情2119号（2019）40頁参照。

32)　日比野俊介「金融取引における高齢者対応の現状と課題」金融法務事情2119号（2019）30頁。

33)　山下純司「高齢者の金融取引と自己決定権」金融法務事情2119号（2019）47頁。

34)　ここでは高齢者自らの生活のためのもののみを挙げ，財産承継に関するものは挙げなかった。新井誠編集代表『高齢社会における信託制度の理論と実務』（日本加除出版，2017）参照。

35)　日比野・前掲論文（注32）35頁，上柳・前掲論文（注31）43頁など。

第6章　高齢者の経済的問題に関する法制度　　163

5　貧困と生活保護

5.1　高齢者の貧困と格差

　高齢者は長い人生の結果として所得分布や年金受給額の分布において格差が大きくなる。貧困率も現役世代に比べて高く，とくに単身者や女性において高くなっている。

　このように高齢者が貧困に陥りやすい要因としては，次のようなことが考えられる。第1は低年金である。長い人生の中で安定的な就労につけない時期があると，保険料の免除や未納などで保険料を払うことができず，老後になって受け取る年金額が減少してしまう。とくに国民年金受給者の場合，厚生年金よりも給付水準が低いほか，免除や未納により給付額が低下してしまう。第2に単身問題である。高齢単身者が増えているが，1人あたりの生活費は世帯で暮らしている時よりも生活費がかかる。年金の給付水準の設計は夫婦モデルにより作られているので，単身で暮らすためには少ない。とりわけ女性は，就労期間の短かさや給与水準の低さにより，自身の厚生年金額が少ないうえに，夫死別後の単身期間が長いので，貧困に陥りやすい。第3に医療・介護の問題である。健康でいる間は年金で十分暮らしていくことができても，医療や介護を要するようになると，医療・介護保険の定率の一部自己負担がかかるほか，健康状態が悪いためにタクシー代などいろいろな費用がかかる。とくに単身の場合は家族の介護も期待できず，その分費用がかかることになる。第4に家賃問題である。高齢者の持ち家率は高いものの，必ずしも高齢者にふさわしい住宅であるとは言えず，また持ち家がない場合の家賃は高齢者の家計を圧迫する。我が国の場合，住宅手当・家賃補助・公営住宅などの住宅政策が貧弱であることが特徴である。第5に就業問題である。我が国では高齢者の就労率が高いとはいえ，70歳以上になると就業機会は著しく減り，就労支援策もほとんど講じられていない。年金受給額が低い場合の稼働所得による補填の機会が低くなっている。

　高齢者の貧困への対応としては，それぞれの要因に対応する必要がある。

5.2　生活保護

　貧困な高齢者の最後の砦が生活保護である。現に生活保護受給者の半数は高齢者世帯となっている。生活保護基準は高齢者の規範的な最低消費支出水準で

ある。生活扶助第1類費は栄養所要量を参考に年齢別に定められており，高齢者はカロリー量が少ないため若年者に比べて低くなっている。過去には老齢加算という仕組みがあり（1960年創設），「老齢者は咀嚼力が弱いため，他の年齢層に比し消化吸収がよく良質な食品を必要とするとともに，肉体的条件から暖房費，被服費，保健衛生費等に特別な配慮を必要とし，また，近隣，知人，親戚等への訪問や墓参などの社会的費用が他の年齢層に比し余分に必要となる」として[36]，弱者である高齢者の特別需要対応のためという説明で70歳以上に老齢福祉年金額を加算したものであったが，2003年に70歳以上と60歳代の消費支出を比較し違いがないとして廃止された。老齢加算は，高齢者特有の需要を認めることが憲法上の最低生活保障の理念から見て必要かどうかをめぐり裁判で争われたため，法学上の大きな論点として論じられてきた[37]。これに関し，最高裁が判断過程審査を行い合憲とした判決[38]については，多くの判例評釈がある[39]。

　生活保護基準の決定方式は，絶対的貧困から相対的貧困へという考え方から，1965年から格差縮小方式（中間層の6割基準），1984年から水準均衡方式で検証・見直しがされてきた。2017年12月の生活保護基準の検証結果では，水準均衡方式に基づき，一般低所得世帯の消費支出額と生活扶助基準を比較した。その結果，生活保護基準が消費支出を上回る高齢者世帯類型が多いという検証結果になり，それに基づき生活保護基準の改正が行われた。2022年12月にも同様に生活保護基準の検証が行われ，2023年10月から基準の改正が行われた[40]。

　ただ，このように支出総額を用いて水準均衡方式により保護基準を検証する方法には，いくつかの問題がある。第1に，格差の大きい高齢者では第3五分位に比べ5割程度になってしまう（一般は6割）。第2に，高齢者は「資産の取り崩し支出＞収入」となっているので，支出総額で比較すると保護基準が過大

---

36)　1980年12月中央社会福祉審議会生活保護専門分科会中間の取りまとめ。
37)　木下秀雄「生存権訴訟（老齢加算廃止違憲訴訟）の現状と課題」法律時報1043号（2012）79～83頁，豊島明子「老齢加算訴訟」公法77号（2015）130～140頁など。
38)　生活保護老齢加算廃止訴訟（東京）・最判平24・2・28判時2145号3頁，生活保護老齢加算廃止訴訟（京都）・最判平26・10・6賃社1622号40頁。
39)　新田秀樹「社会保障法判例」季刊社会保障研究198号（2012）349～358頁，菊池馨実「老齢加算廃止と生活保護法・憲法25条」『社会保障法判例百選〔第5版〕』（有斐閣，2016）8～9頁など。
40)　高齢者世帯については標準3人世帯から展開している。2017年12月及び2022年12月社会保障審議会生活保護基準部会報告書参照。

になること，第3に，消費水準が低下し格差が拡大している状況下での一般低所得者世帯との比較では，絶対貧困水準を割り込んでしまいかねないことがある。第4に，支出総額だけでなく高齢者の掛かり増し費用（とくに保健医療・交際費など社会参加にかかわる費用）を考慮する必要はないか，という問題がある。

　また，生活保護の補足性の原理との関係について考えてみると，高齢者の就労実態・就労環境の実態から，若年層と同様の稼働能力を認めることは困難であるが，現在65歳以上に稼働能力の活用を求めていない現在の運用を改めて，70歳までは働けるものと考え，就労能力の活用を求めるとともに就労支援策を講じるべきではないかと考えられる[41]。なお70歳とするのは，現在では環境的に70歳以上の就労が困難であることから暫定的に70歳で線を引くのが妥当と考えられることと，平等と保護のバランスを考えたものである。

6　医療・介護の自己負担

　最後に医療・介護の自己負担について言及しておきたい。これは所得保障そのものではないが，高齢者の経済的問題としては重要であり，自己負担の軽減は所得保障としての機能を持つものであるからである。とくに高額の場合の上限を論ずる必要がある。高額療養費（70歳以上高齢者の入院時）は70歳未満の現役世代と同様に月57,600円が自己負担額の上限額で，多数回該当は44,400円となっている（一般的な収入の場合。収入によって異なる）。これは年間最大負担額が総報酬月額の2か月分となるように決められているものである[42]。年金の所得代替率が5割とすると年金4か月分にもなり，病気になった時の負担がきわめて大きいものであるといえる。なお，高額介護サービス費については，年間上限はあるもののこれと同額の44,400円となっている（一般的な収入の場合。収入で異なる）。

---

41)　ただし，70歳までは一律に稼働能力があると解するべきではなく，受給要件としての稼働能力の有無の判断は個別具体的な状況で判断する必要があることに十分留意する必要がある。

42)　2016年11月30日社会保障審議会医療保険部会資料。

166 第2部 理論編

Ⅲ 高齢者特有の経済的ニーズに対応した 高齢者法の検討

以上，経済的問題にかかわる高齢者法各分野の現状と課題を見てきた。以下では，冒頭（Ⅰ）に述べた高齢者の特色を踏まえ，高齢者の経済的問題に対し，「高齢者＝被保護者」観から脱却して，高齢者の社会参加促進を支援する高齢者法の体系のあり方を検討していきたい。

1 社会参加と自己決定の支援

高齢者は，自己存在の意味を再解釈し，新たな社会参加の挑戦をしていく存在である。その支援のためには，従前は，高齢者を保護の対象と考え，生活保護基準を基礎とした年金額を非課税で保障するという制度体系であったが，今後は能動的に生きる高齢者像を想定し，若年時の就労による保険料負担に基づく年金を基本としつつ，老後も就労を中心とする社会参加の継続を支援する所得保障制度体系が求められる。これが基本的考え方であるべきと考える。近時の制度改正はその方向で動いているといえるが，より徹底する必要がある。これは，従前の，老後の稼働能力低下による貧困リスク対応としての所得保障から，過去の社会参加に基づく社会保障制度，かつ高齢者の現在と将来の社会参加を支援する所得保障制度へという理念転換を図ろうとするものである。なお一方で，最低保障制度の創設など，高齢者の就労困難な現状を考慮した暫定的な保護的措置も必要であることに注意が必要である。

ここで社会参加とは，必ずしも有償労働に限られるものではない。育児や介護，非営利活動への参加，教育や職業訓練のほか，能力と機会に応じて軽作業，職業・社会生活訓練，芸術活動などの形での社会参加も含まれる。社会参加の支援としての所得保障給付の要件としては，これらの活動を広く含めるようにする必要があるだろう。一方で，社会参加の中ではやはり雇用継続支援が最も重要であり，支援の重点となる。とりわけ，当面60歳代後半の雇用継続支援が重要である。

高齢者の労働能力の活用と減退への対応として雇用継続支援を進める場合，年金と雇用の接続が必要である。年金支給開始年齢のいっそうの引上げには高齢者の雇用継続の確保が不可欠の条件になると考えられ，性急な引上げはする

べきではない。また，雇用延長後の年金支給額増額のため，保険料支払い期間の延長，繰下げ増額率の高め維持ないし引上げも考えていく必要がある。最後の点については，年齢にかかわらず財政中立にしようとすれば現在の繰下げ増額率は引き下げることになるが，繰下げ促進のため繰下げ増額率は維持ないしむしろ引き上げるべきであると考える[43]。

　現在の制度は，65歳以上は働かないことを前提としているが，65歳以上も働いている状態を規範的な高齢者像と考えれば，現在の老齢年金から退職年金に戻し，つまり退職した時に年金支給することを原則とし，就労意欲への悪影響への懸念からの批判はあるものの，継続雇用支援（低下賃金の補填）の観点から，在職老齢年金と高年齢者雇用継続給付を，退職年金の例外としての退職前一部給付と考え，65歳以降の制度として当面維持または拡充すべきであると考える。また，年金税制は，現在は高齢者を弱者として保護する仕組みになっているが，雇用されている状態を規範的な高齢者像とし，再分配効果を考えれば，公的年金等控除を縮小するか，給与所得に戻して総合課税とする必要がある。

　そのほか，生活保護において，65歳以上には就労を求めない現在の運用を改め，少なくとも70歳までの就労を義務化し，60代の就労支援を生活保護においても社会参加支援として行うべきである[44]。ただし，70代以上の高齢者については，現在の環境ではすぐに若年層と同様の稼働能力を認めることは困難であるので，この点からも若年者向けの就労促進的な生活保護とは別に高齢者向け最低保障制度が必要であると考えられる。

　このほか，高齢期になり，認知能力の低下がみられたとしても，自らの資産の管理に関しできるだけ自己決定ができるようにすることは，高齢者の所得の柱としての資産収入の重要性のみならず，資産管理に関する自己決定という形での社会参加を支援する観点からも重要である。能力減退前に資産管理に関する意思を尊重できるような任意後見，財産管理委託契約，代理人届制度，信託契約などの普及支援，資産を取り崩して生活費を賄う高齢者にふさわしい金融商品や，家族や金融機関にゆだねる信託の仕組みの検討がより進められるべきである。

　また，成年後見制度については，原則として本人が意思決定を行う補助類型，

---

43)　2020年度年金制度改正時においては，財政中立のために繰下げ増額率を引き上げることが検討されていたが，見送られた。

44)　補足性の原則を改めようとするものではない。注41参照。

168　第2部　理論編

市町村長申立の普及，人材確保や不正防止の取組みが進められる必要がある。
　さらに，高齢者の抱える問題は，資産のみならず介護や家族との関係などと複雑に絡み合っており，資産を有するもののみならず地域における関連機関が連携した権利擁護や見守りのための包括的な仕組みが必要である。

2　長い準備期間における老後準備の支援

　老後までには長い準備期間があるので，老後準備を支援する必要がある。若年時の就労に基づく保険料拠出による年金が所得保障の基本であるべきである。ただし有償労働のみならず，育児・介護等の社会参加・貢献活動に対しても年金受給権が付与されるような配慮が必要である。厚生年金の水準は，過去の就労に基づき従前の収入の一定割合を保障するものであり，負担の限界を考えた拠出建て的な水準設定という現在の仕組みが適当であるが，より就労に報いるためには，給付率を屈折させる（高所得者については給付率を低くする），在職老齢年金による給付調整を継続する，年金課税を強化するなどによって，より低所得者に分配されるように年金制度における再分配を強化することが必要である。給付水準の決定モデルを片働きモデルから夫婦が就労する共働き世帯モデルとすること[45]，所得比例の負担・給付であって年金給付が就労に比例する性格が強い厚生年金の適用をパート労働者などにより拡大することも必要だと考えられる。
　また，公的年金によって基本的な生活を保障し，それを上回る部分について私的年金で上乗せ補完するという考え方にこれまでは立ってきたが，今後は公私の年金の組み合わせで老後保障するという考え方に立ち，公的年金における再分配と最低保障を強化するとともに，公的年金の水準が抑制される中・高所得者の私的年金を促進する必要がある。現在，私的年金には望ましい給付水準の設定がないので，望ましい確定給付年金の基準を設け，最低限の規制（受給権の内容明示など）・一定の非課税措置（資産外部積立・解散減額規制・運用管理・情報開示など受給権保護がなされているもの）・強力な非課税措置（終身給付・物価スライド・ポータビリティなど公的年金との類似性が強いもの）といったように基準に沿ったものを優遇して促進すべきである。加入促進策についても，企業年金の制度の多様化，企業側リスクの軽減，税制上の支援措置などのこれまで

---

45)　ただし，この場合給付水準は下がることに注意が必要である。

とられてきた方法のほかに，公的補助や自動加入制度などのいっそうの制度的な工夫が必要になってこよう。

最近は，個人型確定拠出年金の促進策が講じられているが，これは個人で老後に備える個人年金の一種である。拠出後の変動リスクを個人が負う点でかなり個人の役割が大きいものの拠出・教育・商品提供等の責任が企業にある企業年金の一種である企業型確定拠出年金とは，まったく異なるものである。現在は確定給付年金／確定拠出年金，企業年金／個人年金，年金／一時金というそれぞれの違いに応じて，望ましい方をきめ細かく優遇しており，基本的にはそのような考え方を維持すべきであろう。すべての退職金・退職年金を同等に扱う個人退職勘定のような考え方によるのではなく，集団での相互扶助・企業責任としての企業年金が優先されるべきであると考えられる。

さらに，企業年金や個人年金も含め，老後までの長い準備期間における若い世代からの資産形成の支援も必要である。税制上の優遇措置が講じられる金融商品も普及しているが，金融資産の預貯金から株式や投資信託への分散をやみくもに促すのではなく，ライフコースを通じた金融教育やライフプラン形成の支援を行う必要がある。

3 高齢者の貧困と医療・介護ニーズへの対応

高齢者の生活は長い人生の結果であり，それまでの様々な努力や運などを反映していることから，大きな格差が生じており，貧困に陥りやすいという特色をもっている。老後準備を支援しつつも，十分な老後準備を行うことができなかった高齢者には保護を行う必要がある。

高齢者の貧困の要因に対応して，次のようなことが考えられる。第1に，年金加入の徹底・拡大である。「保険料を払っても年金は受け取れなくなる」というような報道に踊らされて保険料を納付しなかった結果老後になって低年金・無年金となるようなことがないよう，年金教育の徹底や保険料の徴収確保が必要である。また，現在パート労働者など被用者のうち一部が加入することになっていない厚生年金の適用拡大を図り，年金受給額を増やすことが必要である。第2に，公的な医療介護サービスにとどまらず，単身高齢者の地域住民による見守りや支えの仕組みを整えることである。また，貧困高齢者が抱える問題は，所得のみならず医療，介護，家族との関係（中高年・未婚・未就労の子と同居し，その生活を支えている場合も多くなっている[46]），消費者被害や特殊詐

欺の危険など複合的であり，地域包括支援センターなどの相談・支援窓口の対応が求められる。第3に，女性の貧困問題への対応である。国民年金第3号被保険者制度（制度創設から40年たっておらず，まだ成熟していない）と遺族年金制度は専業主婦期間が長かった高齢女性の老後所得保障に大きな役割を果たしており，当面は維持すべきである。ただ，将来的には，女性が自らの就労に基づく年金で老後暮らせるよう，就労と家庭の両立や男女の賃金格差の是正を図った上で，縮小が図られていく必要がある。そのほか，高齢者の就労支援，医療介護の自己負担の適正化，家賃手当の検討などが行われる必要がある。

　制度的な対応としては，次のようなことが考えられる。

　まず，雇用の不安定化によって十分な老後準備ができない人が現れてきたことに対応し，低所得高齢者への年金給付のために，給付と負担の比例の観点から批判はあるものの，高額年金者の給付抑制，在職老齢年金制度による一部支給停止，年金課税強化などによる厚生年金における再分配が必要であると考えられる。

　一方で，年金制度内での再分配にとどまらず，就労支援を徹底する生活保護とは別に，暫定的に70歳以上の人に，就労を求めず老後の所得状況のみを考慮して年金を補足する別途の最低保障制度が必要であると考える。公的年金の水準は長く生活保護基準とリンクしてきたが，2004年以降拠出建て的になり，消費水準とは直接リンクしなくなった。今後マクロ経済スライドで給付水準が低下するとともに，雇用不安定下で保険料を払えない人が増えていくこと（これは社会保険の限界といえる）から，年金制度だけでの老後保障という考え方には限界が生じてきている。

　また，生活保護における最低保障については，老齢加算の廃止自体は肯定されるが，水準均衡方式の限界を踏まえ，高齢者特有の社会参加ニーズに着目した掛かり増し費用を考慮しつつ，最低貧困線（絶対水準）を割り込まない最低水準の確保が必要である。

　さらに，高齢者の貧困への対応という観点からも，経済問題のみならず介護や家族との関係などと複雑に絡み合っている高齢者の抱える課題に総合的に対応できる相談・支援窓口と，地域における関連機関が連携した権利擁護のための包括的な仕組みが必要である。

---

46)　いわゆる8050問題など。

医療・介護ニーズが大きくなる高齢者の医療介護にかかる経済的問題への対応も必要である。高齢者の医療・介護の利用者負担は，病気や要介護といった危機的状況において大きな負担となりかねない。こうした理由から，社会保障制度体系の中では，平時の保障である年金に対して，危機的状況での保障である医療・介護が優先されるべきだと考える。医療・介護を受けることは社会参加の促進のためでもある。こうしたことから，年金水準を上げてその中で医療・介護の自己負担を賄うという考え方でなく，まず医療・介護の自己負担の上限を低く設定する必要があり，今後のこれ以上の高額療養費の限度額の引上げは不適当であると考えられる。

おわりに

本章では，老後も社会に参加・貢献するというあるべき高齢者の姿に近づけるべく支援する高齢者法のあり方に照らして，所得保障制度と金融資産管理の支援を論じた。そのことにより，平等と保護のバランスのため，高齢者のおかれた現状から暫定的な保護措置を設ける必要を留保しつつも，所得保障の法理念を所得喪失による貧困リスク対応から就労支援へと転換することを試みた。

それでは，本稿は，「高齢者法」の観点から，高齢者特有の経済的問題の法的課題を抽出することはできたであろうか。本章では，高齢者の特色に着目して，高齢者の経済的課題を論じた。そのため，もしかしたら，高齢者特有の法的課題よりも，高齢者を対象とした所得保障法の機能的特色と，社会参加支援の法理念に基づく高齢者の所得保障制度のあり方を論ずるにとどまっているという評価もあるかもしれない。本章でどの程度高齢者法について論ずることができたかについては，読者の評価に委ねたい。

172　第2部　理論編

第7章

高齢者医療をめぐる法的諸問題
―医療における「高齢者」に着目して

原田啓一郎

はじめに

　長寿社会は人類が理想とする1つの到達点であるが，加齢とともに心身機能や判断能力が低下する時間を誰もが経験しなければならない。そして，やがて人生の最終段階を迎え，人は誰かに見守られながら人生を終えることになる。長寿社会では，こうした自明の理をめぐる様々な社会的事象が問題として可視化される。その1つが高齢者の医療（以下では，「高齢者医療」という）に関する事柄である。

　高齢者医療をめぐる問題は，様々な要素が複雑に絡み合い，また，倫理的な側面も多分に含まれており，多くの学問領域で主要な関心事となっている。わが国の法学研究においても，社会保障法学や医事法学等ですでに多くの議論の蓄積がみられる[1]。アメリカの実践的取組みから発展してきた法分野ないし法領域である高齢者法においても，高齢者医療をめぐる法的問題は主要な研究課題の1つとして注目されており，医療におけるエイジズムや高齢者の人権・権利保障の観点から議論が進められている。わが国の高齢者法研究が緒に就いた

---

1)　社会保障法学における高齢者医療の研究の蓄積は医療保障の研究の流れと重なるところが大きい。後期高齢者医療制度の創設前後からみても，西田和弘「高齢者医療制度の改革」ジュリスト1282号（2005）97頁，久塚純一「医療保険と介護保険における高齢者像」法律時報77巻5号（2005）49頁，岩村正彦「特集医療・介護・障害者福祉改革　総論―改革の概観」ジュリスト1327号（2007）18頁以下，島崎謙治「高齢社会における医療制度と政策」ジュリスト1389号（2009）38頁，菊池馨実『社会保障法制の将来構想』（有斐閣，2010）121頁以下，尾形健『福祉国家と憲法構造』（有斐閣，2011）223頁，西田和弘「高齢者医療制度」日本社会保障法学会編『新・講座社会保障法1　これからの医療と年金』（法律文化社，2012）133頁，原田啓一郎「高齢者の医療保障と法」社会保障法35号（2019）20頁，島崎謙治『日本の医療　制度と政策〔増補改訂版〕』（東京大学出版会，2020）335頁以下等がある。また，医事法学では，代諾や終末期医療の問題を中心に高齢者と医療にかかわる法的問題が以前より取り上げられているが，近年では高齢者医療制度の検討も進められている。

段階にある中，高齢者法の視点から高齢者医療に関する諸問題をとらえた場合，その議論にいかなる特質を見いだすことができるのかを明らかにすることが，高齢者医療をめぐる高齢者法研究の出発点であると考える。

　そこで本章では，以下の叙述によって，この問いに答えるための糸口をみつけたい。まず，考察の手がかりとして，健康の視点から高齢者の特性を探り，高齢者医療を考える視点をつかむ（Ⅰ）。次に，高齢者医療をめぐる高齢者法の議論状況を概観する（Ⅱ）。ここでは，高齢者法研究の主要な研究テーマであり，かつ，一定の議論の蓄積がみられる「エイジズム」について，高齢者医療に関連する海外の議論を参照することで，高齢者法が高齢者医療に関心を示してきた視点の一端を示す。そして，Ⅲでは，わが国の高齢者医療をめぐる問題群を，Ⅱでみた視点に照らしてみた場合，いかなる法的問題が浮き彫りになるかを示すことになる。そして最後に，現時点での医療における高齢者法の議論のまとめと今後の課題を示す（おわりに）[2]。

Ⅰ　高齢者の特性と高齢者医療

　一般に，私たちがある人を「高齢者」として認識する場合，若年者と高齢者の関係を対峙的にとらえ，その相違の理解を基にしていることが多い。しかし，ライフサイクルの中で見た場合，「高齢者」とはある特定の時期を過ごしている人を示すに過ぎない。高齢者法の視点から高齢者医療を考えるにあたり，いかなる視点が必要となるのか。本節では，その手がかりを健康の視点からみた高齢者の特性に求めてみたい。

1　健康の視点からみた高齢者の特性

　高齢者の健康をめぐる1つの特徴として，老化が挙げられる。一般に，老化とは，成熟した個体での心身の変化で，加齢とともに生じる諸機能の低下や衰退という退行性の変化であるとされる[3]。老化は誰にでも起こるものであるが，

2）　新型コロナウイルス感染症の世界的な拡大に直面し，私たちは医療分野での深刻な影響を目の当たりにした。医療危機の状況下において，高齢者はぜい弱な立場におかれ，医療におけるエイジズムを平時以上に経験するということを，私たちは強く認識することとなった。高齢者医療・介護への影響も例外ではなく，高齢者法の視点から分析すべき課題も数多いが，執筆時期の関係から，本章では検討対象としていない。これらの検討については他日を期したい。

174 第2部 理論編

その始期は明確ではなく，進行速度も一律ではない。また，老化の身体的・精神的・社会的な機能面への影響の大きさは個人により異なる。それゆえ，単に年齢だけで身体的・精神的に虚弱であると仮定することはできず，「典型的な」高齢者は存在しないともいわれる[4]。

　一方，高齢者の健康にかかわるリスクは年齢を重ねるごとに増加する傾向が一般的にみられる。この老化の進行に伴い，老年症候群と呼ばれる高齢者に頻繁に見られる諸症状（認知機能低下，せん妄，うつ，虚弱，嚥下障害，転倒，失禁等）がみられるようになり，QOL（生活の質）の低下や日常生活機能の低下を引き起こすことが多くなる。また，高齢者の疾病は，個人差が大きい，複数の疾患が併存している，症状や経過が非典型的である，重篤化しやすい，容易に生活動作の低下が出現する，薬剤に対する反応が異なる，精神症状がみられやすい，といった特徴を有することが一般に知られている[5]。

　また，高齢者を年齢層別にみた場合，前期高齢者（65歳から74歳）では，「老化の徴候が明瞭になり，いわゆる老年疾患に罹患する人の数が増加するが，日常生活に大きく差し支える機能障害を有する率はまだ低く，社会的にも活動を続けることが可能」であり，後期高齢者（75歳以上）になると，「老化の徴候はさらに明瞭となり，複数の疾病を抱えている人が著しく増加をする」といった特徴があるといわれている[6]。もっとも，こうした高齢者が経験する健康状態や機能状態は多様性のあるものとして認識されており，その変化も直線的に生じるものでも一貫して起こるものでもなく，年齢を重ねる中で個人の年齢とゆるやかに関係しているのみであるとされる[7]。

---

3)　老化について，柴田博編『老年学要論』（建帛社，2007）33頁以下〔新野直朗〕，井口昭久編『これからの老年学〔第2版〕』（名古屋大学出版会，2008）6頁以下〔内藤通孝〕，古谷野亘＝安藤孝敏編著『改訂・新老年社会学』（ワールドプランニング，2018）55頁以下〔石崎達郎〕，鈴木隆雄『超高齢社会のリアル　健康長寿の本質を探る』（大修館書店，2019）18頁，杉澤秀博他編著『老年学を学ぶ　高齢社会の学際的研究』（桜美林大学出版会，2020）2頁以下等を参照。

4)　WHO, World Report on Ageing and Health vii (2015); Bridget Lewis et al., eds., The Human Rights of Older Persons 281 (2020).

5)　高齢期の疾病の特徴につき，柴田編・前掲書（注3）87頁以下〔渡辺修一郎〕，井口編・前掲書（注3）51頁以下〔葛谷雅文〕，古谷他編・前掲書（注3）62頁以下〔石崎達郎〕，鈴木・前掲書（注3）28〜30頁，杉澤他編・前掲書（注3）72頁以下等を参照。

6)　日本学術会議臨床医学委員会老化分科会「提言　超高齢社会のフロントランナー日本：これからの日本の医学・医療のあり方」（2014年9月30日公表）4頁。

7)　WHO, *supra* note 4, at 25.

2 高齢者医療を考える視点

このような健康の視点からみた高齢者の特性をめぐる知見は，高齢者法の視点から高齢者医療を考えるうえで，次のような点で示唆に富む。

第1に，高齢者が経験する健康状態や機能状態の多様性を認識しなければならない点である。このことは，高齢者の年齢は多くの意味で相対的なものであり，医療・ケアにおける高齢者は個別的に把握されなければならないことを意味する。それゆえ，高齢者法は高齢者を特定の集団とみなすことで生ずる種々の偏見や固定観念，それに基づく差別であるエイジズムの問題に向き合わなければならない[8]。

第2に，他方で，高齢者としての特性を踏まえた医療・ケアのあり方を模索しなければならない点である。この点は第1の点と相反するようにみえるが，老化や高齢者の疾病構造は確実に他の世代と異なる点も見逃してはならない。一般に，高齢者は多臓器に疾患を持ち，慢性疾患や老年症候群を複数有することが多いため，他の世代以上に総合的かつ包括的な医療・ケアが求められるとされる。このため高齢者法は，他の世代とは異なる点に着目し，高齢者に必要な配慮や保護を法的に検討しなければならず，また，疾病の治癒という狭義の医療にとどまらず，高齢者個人を主体とした保健医療や介護・福祉が統合された包括的な医療・ケアを検討対象としなければならない[9]。近年では，「治す」医療から，従来どおりの治療（「治す」）を維持しつつ，慢性疾患についてはQOLを重視し生活を支える医療（「支える」）をあわせた「治し支える医療」への転換が唱えられており[10]，地域包括ケアの実現がその重要なカギを握っている[11]。

第3に，年齢が身体的または精神的な老化の徴候とどの程度相関するかは，自然環境や物理的環境，社会的環境，遺伝等といった諸要因が影響し，個別に

---

8)　本章で取り扱うエイジズムの多くは，パルモアの分類である肯定的エイジズムと否定的エイジズムのうち後者である。

9)　原田・前掲論文（注1）23頁以下を参照。

10)　日本学術会議臨床医学委員会老化分科会・前掲書（注6）9頁以下，大内尉義「超高齢社会における医療のあり方と多職種連携」第30回日本老年学会総会編『「治し支える医療」へ向けて，医学と社会の大転換を』（ライフ・サイエンス，2018）88頁等を参照。

11)　地域包括ケアの概念整理と法的論点について，原田啓一郎「地域包括ケアの法的評価」社会保障法研究10号（2019）91頁以下を参照。

176　第2部　理論編

大きく変化するという点である。このことは，生活にかかわる種々の環境を整えることにより，老化の程度は変えられることを示唆している。そうであるとすれば，高齢者法は，高齢者の疾病や要介護状態のみに関心を寄せるのではなく，健康に年を重ねていく過程にも関心を示すべきである。そして，その関心は，（本章の検討の射程をはるかに超えるが）医療や介護に加え，住宅，雇用，経済的保障，交通，社会参加，エイジフレンドリーなまちや環境づくりといった高齢者の健康を支援するために必要な様々な方策にまで射程を広げるものとなろう[12]。

Ⅱ　高齢者医療をめぐる高齢者法の問題関心

人々を年齢別の集合体として認識することは，高齢者を特定する方法として恣意的な分類に陥りやすい。高齢者法はジェロントロジー（老年学）の分野とともに，社会の様々な場面に潜んでいる恣意的な分類を発見し，問題にしてきた。ここでは，高齢者医療をめぐる高齢者法での議論の1つとして，医療におけるエイジズムを取り上げ，検討が先行している海外での議論の一端を手がかりに，高齢者法の問題関心の一側面を把握することにする[13]。なお，エイジズムの定義やその変容については，第5章の柳澤論文を参照されたい。

1　高齢者と医療におけるエイジズム

エイジズムは医療においても存在することが，実態解明を長年試みてきたジェロントロジー分野の研究により指摘されている。医療におけるエイジズムは，高齢者の尊厳を脅かし，高齢者の健康への平等の確保を阻害するものであり，医師と患者間の臨床レベルや医療制度のレベルで，高齢者に提供される医療サービスの量と質，健康関連のアウトカムに影響を及ぼしているとされる。

例えば，医療者と患者間のレベルでは，医療者の態度やコミュニケーション，臨床上の意思決定の中に，患者個人に対する年齢に基づく差別や偏見がみられる場合がある[14]。ただし，医療における評価や診断の複雑さを考慮すると，年

---

12)　John R. Beard et al., *The World Report on Ageing and Health*, 56 (S2) THE GERONTOLOGIST S164 (2016); LEWIS ET AL., *supra* note 4, at 311.

13)　本節の整理は，高齢者医療をめぐる高齢者法の議論動向の全体を示すものではなく，議論の概略をつかむものであり，限られた文献に基づいた大まかな把握にとどまる。国内外の先行研究の文献研究が今後求められる。

齢に基づく差別・偏見的な態度や決定と，高齢患者に対する医師の慎重な判断を区別することは実際には相当困難である[15]。医療者と患者間のレベルでのエイジズムを可視化し，一般的な問題として認識するには，こうした困難さがつきまとうことに留意を要する。

また，医療制度レベルでのエイジズムは，一定の年齢を基準にして，特定の医療にアクセスできないようにする，あるいは，特定の医療内容を制限するなど，法規定や手続きの中にみられる集合的な概念としての高齢者に向けられる[16]。こうした取扱いは，医療サービスの財源不足が顕在化し，財源支出の抑制を指向するような医療政策のあり方と親和的である。このため個人の年齢が，限りある医療資源の配分の順位付け要素として正当化されることがある。その結果，医療制度レベルでのエイジズムは，高齢者の医療へのアクセスを阻害する要因となる[17]。こうしたエイジズムは，構造的エイジズム，あるいは制度的エイジズムなどと呼ばれることがある。

2　医療におけるエイジズムに対する法的アプローチの可能性

前述のとおり，年齢に基づく異なる取扱いを受けている事案を客観的に把握し，分析・評価することが難しい側面はあるものの，医療におけるエイジズムの可視化はエイジズムという事象を社会的に認識することを可能にした。高齢者法では，高齢者の医療におけるエイジズムという事象を法的に認識することが要請され，いくつかの法的アプローチの模索を観察できる。

例えば，年齢による差別を排除し，年齢にかかわらず，必要な医療へのアクセスを要請するアプローチである。ここでは，各年齢層にわたり評価や治療のプロセスそのものを画一化することではなく，個々人の特有のニーズを尊重し，診断・治療の妥当性と適合性を各人に平等に保障することが重要となる[18]。この帰結として，年齢にかかわらず，個々のニーズに対応した医療の提供が求め

---

14) LEWIS ET AL., *supra* note 4, at 125; Mary F. Wyman et al., *Ageism in the Health Care System: Providers, Patients, and Systems,* in CONTEMPORARY PERSPECTIVES ON AGEISM 202 (Liat Ayalon & Clemens Tesch-Römer eds., 2018) を参照。

15) Wyman et al., *supra* note 14, at 206.

16) LEWIS ET AL., *supra* note 4, at 202-203. 等を参照。

17) 2008年の欧州委員会の報告書は，欧州諸国での医療サービスへのアクセスに関する年齢差別の存在を指摘している（EUROPEAN COMMISSION, QUALITY IN AND EQUALITY OF ACCESS TO HEALTHCARE SERVICES, 104-105 (2008)）。

18) Wyman et al., *supra* note 14, at 207.

178 第2部 理 論 編

られることになる。ただし，こうした議論は雇用における年齢差別や障害者差別にみられる成熟した議論とは異なり，その多くは視点の提示にとどまるように見受けられる。

また，国際人権規約等にみられる医療に関する権利と，高齢者が現実的におかれている状況とのギャップを明らかにし，それを埋める法的方策を検討するアプローチもある。ここで求められるのは，高齢者の人権・権利保障であり，その実現に向けた高齢者への配慮や保護のあり方の検討である。このアプローチにおいては，医療におけるエイジズムが，到達可能な最高水準の健康を享受する権利を阻害していることが問題となる。

健康を人権や権利概念によって法的に取り扱う試みは，国際人権法の文脈では，「経済的，社会的及び文化的権利に関する国際規約」（以下では，「A規約」という）等に見られる。A規約12条は，すべての者が到達可能な最高水準の身体および精神の健康を享受する権利を有することを明示し，一般に「健康権」として認められている。健康権の実現は，その人の人生すべてにおいて重要な意味を持つとともに，健康に年齢を重ねることとも重要なかかわりをもつ。それゆえに，普遍的な人権である健康権の実現は高齢者の人生の基礎となる。高齢者の健康に関する権利については，国際的には，国連の国際高齢者年（1999年）を契機に注目が集まり，健康権の高齢者固有の側面を概念化する必要性が高齢者法研究の中でも共有されつつある[19]。ただし，健康権それ自体は基本的かつ普遍的な人権であり，ある特定の年齢層を対象とするものではない。障害者権利条約が存在し，批准国では国内法の整備が進められる障害者分野と比べると，高齢者の人権・権利のおかれている状況は大きく異なる。健康権の高齢者固有の側面を概念化するにあたっては，様々な視点からの検討が今後も必要となる。

3 小 括

高齢者の医療におけるエイジズムに対して，法的アプローチから検討を試みる場合，現実問題の中に高齢者の具体的な人間像を認識し，年齢というフィル

---

19) 例えば，Israel Doron & Itai Apter, *The debate around the need for an International Convention on the Rights of Older Persons,* 50(5) THE GERONTOLOGIST 586 (2010); Orit Bershtling et al., *The Right to Health in Old Age: Israeli Professionals' and Older Persons' Perspectives,* 83(4) THE INTERNATIONAL JOURNAL OF AGING AND HUMAN DEVELOPMENT 470 (2016) などがある。

ターにより生ずる様々な不具合や不都合を取り除くことを基礎としている。年齢による差別の排除を指向するアプローチは，高齢者の個別性を重視し，各人への診断・治療の妥当性と適合性を各人に平等に保障することを目指す議論といえる。また，人権・権利に基づくアプローチは，基本的かつ普遍的な人権・権利が高齢者にも適切に保障されるように，集合体としての高齢者の特質ないし特有のニーズに着目し，人権の意味内容を高齢者の文脈でとらえ直すことを目指す議論といえる。もっとも，この2つのアプローチは重なり合うところがあり，両者は必ずしも排他的な関係にあるものではない。

Ⅲ　高齢者法の視点からみる高齢者医療の法的諸問題

本節では，わが国の高齢者医療をめぐるいくつかの問題を取り上げ，いかなる法的問題が浮き彫りになるかを検討する。本節で取扱う問題は網羅的ではないが，1と2は主として医療を受ける高齢者と医療者間の問題，3と4は制度と高齢者間の問題として整理することができ，それぞれ高齢者医療にかかわる重要な論点を含むものである。

1　医療における高齢者と家族

1.1　高齢者医療における家族のかかわり

高齢者医療では，高齢者の自律や自己決定の権利の保障がとりわけ重要となる。そこでは，周囲の人にも，高齢者医療における高齢者の尊厳の保持や人格の尊重が求められるとともに，高齢者の意思を可能な限り尊重することが要請され，高齢者自らの医療や生活に関する解釈を高齢者各人に委ねることが望ましい。その際，高齢者個人の自律を尊重した高齢者医療と，家族のかかわりとのバランスが問題となりうる。

医療における家族の役割については，患者本人や医療機関等とのかかわりの中で様々な役割があることが知られている[20]。高齢者が治療方針を決める際，本人の意向とともに，家族の意向や家族への気遣いが影響していることが挙げられるように，高齢者医療の特徴の1つとして，次のような場面において，家族の役割や家族の存在を無視し得ない点を指摘することができる。

---

20)　唄孝一「家族と医療・序説」唄孝一＝石川稔編『家族と医療』（弘文堂，1995）9頁以下，家永登「医療と家族（総論）」年報医事法学26号（2011）98頁等を参照。

180　第2部　理論編

　第1に，治療方針をめぐって，患者と家族との間の希望が異なる場面がしばしばみられる。例えば，入院している高齢患者は住み慣れた自宅に戻ることを希望しているが，自宅での受け入れ準備が整っていない家族はより長い入院生活や他の施設への入所を望むことがある。このような場合，現実的には家族の介護負担や経済的負担が問題となり，家族の意向が優先されることがある。

　第2に，在宅医療では，高齢者の健康を維持する上で，家族は重要な役割を担う。例えば，医学的管理の当事者として，在宅での医療機器の管理や，服薬管理などに家族があたる場合がある。

　第3に，高齢者の判断能力の低下に伴い，医師と患者の間における治療をめぐるやりとりが難しくなった場合，医療者側が患者以外の第3者（多くは家族）に対して，患者の治療方針の選択を求めることがある。症状改善の見込みがわずかな場合や延命措置を目的とする治療の場合，患者以外の第3者はその医療措置を行うか否かという選択を求められるが，こうした選択は，医療措置による治療効果にとどまらず，治療後の介護負担や経済的負担など，複雑な要素が絡み合った中で行わなければならない。このため，意思決定の代行，代諾の妥当性を客観的に判断することは非常に難しく，乗り越えなければならない課題は数多い。この点に関する議論については，第4章西森論文を参照されたい。

　第4に，人生の最終段階を迎えている高齢患者の治療行為の中止（人工栄養，水分補給の停止を含む）について，患者の意向とは別に，家族間で意見が異なることがある。これについては，家族個々人の利害，高齢患者との関係性の濃淡など，その食い違いの要因は様々である。それゆえに，多くの医師が家族との意見調整に困難を感じている現状がある。そこで，第3の点ともかかわり，高齢患者の判断能力の低下に対して高齢患者の意向をいかに把握するのかといったことが現実的には問題となる。この点，後述するように，近年では，医療・ケアの方針やどのような生き方を望むかなどを，日頃から繰り返し話し合うアドバンス・ケア・プランニング（以下，「ACP」という）が推奨されている。

1.2　高齢者医療における「家族」
　このように高齢者医療では，家族のかかわりが顕著に見られるが[21]，そこ

---

21)　同様のことは子どもの医療においても指摘できるが，家族のかかわりの態様は高齢者とは異なる点があることに留意する必要がある。

に登場する高齢患者の「家族」とは誰なのかといった点も問題となりうる。

　一般に家族とは，配偶者や血縁関係を中心に構成される集合体を想定し，家族こそがお互いをわかり合っているということを前提とすることが多い。しかし現実的には，これら家族と当該高齢患者のかかわりはこれまでの関係性に大きく依存することから，家族の存在に多くを委ねるのは当該高齢患者にとって必ずしも望ましい結果に結びつくとは限らないことがある。この点，人生の最終段階における医療では，法的な意味での親族関係のみならず，人生で最も親密な関係を形成し，その関係を継続してきた人を家族等とみなすことが望ましいとの考えがみられる[22]。今後，子どものいない単身者が高齢になり，身寄りのない高齢患者がさらに増加することが予測されることから，従来の家族の役割や機能を所与のものとした高齢者医療のあり方の見直しは喫緊の課題である[23]。

2　人生の最終段階における医療と高齢者[24]

2.1　人生の最終段階における医療

　人生の最終段階における医療は，何らかの単独の給付を指すものではなく，人生の最終段階でかかわりをもつ医療全般を意味する。人生の最終段階は，高齢者だけの問題ではなく，すべての人がいずれ経験するものである。このため，高齢者ゆえに死を問題にするという視点は必ずしも適当ではなく，生と死は別々のものではない人生の中で，どのように生きて死を迎えるのかという生きる人の継続的な課題が，高齢期にどのように現れるのかという視点[25]が重要であるといえよう。このようにとらえると，人生の最終段階における医療では，「最期まで尊厳を尊重した人間の生き方に着目した医療」を目指すことが求められているといえる。こうした視点からみると，高齢者ゆえに人生の最終段階

---

22)　後述する「人生の最終段階における医療・ケアの決定プロセスに関するガイドライン」では，「家族等」とし，家族等には広い範囲の人（親しい友人等）を含み，複数人存在することも考えられるとしている。

23)　身寄りがなく，医療に係る意思決定が困難な人への対応方法について，厚生労働省の「医療現場における成年後見制度への理解及び病院が身元保証人に求める役割等の実態把握に関する研究」班が「身寄りがない人の入院及び医療に係る意思決定が困難な人への支援に関するガイドライン」（2019年5月）を作成している。

24)　本款は，原田・前掲論文（注1）をもとに再検討したものである。

25)　藤井美和「高齢者と死」小倉襄二＝浅野仁編『老後保障を学ぶ人のために〔新版〕』（世界思想社，2006）268頁参照。

182 第2部 理論編

における医療がおざなりにされたり、制約されたりするとすれば、そのこと自体がエイジズムの問題となり得る。尊厳のある人生の最終段階が迎えられるように、高齢者の身体的・精神的状況や生活環境、人間関係を十分に配慮した医療の提供が肝要である。

2.2　人生の最終段階における医療とACP

　人生の最終段階においても、本人の意思が十分に尊重されることが何よりも重要である。そのための有効的な方法として考えられているのが、健康や意思決定を行う能力が失われることを自ら想定して、事前に本人の意思を示しておくことである。

　近年では、医療・ケアの方針やどのような生き方を望むかなどを、日頃から繰り返し話し合うACPが推奨されている。「人生の最終段階における医療・ケアの決定プロセスに関するガイドライン」(2018年3月公表。以下、「ガイドライン」という)[26]では、心身の状態の変化等に応じて、本人の意思は変化しうるものであり、医療・ケアの方針やどのような生き方を望むか等を、家族等や医療者側とともに日頃から繰り返し話し合うことを推奨し、ACPの取組みの重要性を強調している。こうした取組みは、医療・介護サービスの報酬面からも促進されており、ACPに関する加算を診療報酬や介護報酬で算定できるようにしている。

　ACPの意義の1つは、人生の最終段階に備えた意思決定を行うプロセスにあるといえる。すなわち、人生の最終段階に備えた意思決定の内容は常に変わることを基本とし、本人や家族等と、医師、看護師、ソーシャルワーカー、介護支援専門員等の介護従事者等の多職種で構成された医療・ケアチームが常にその意思を確認し合うことが重要である。こうしたプロセスを繰り返すことで、仮に本人の判断能力が減退したとしても、本人の意思を推定し、本人にとって最善の判断ができる素地をつくり上げることができる。また、高齢者にとっては、ACPにより、自らが苦痛を抱えながら、あるいは尊厳のないかたちで人生の最終段階の生活を続けるというリスクを取り除くことが期待できる。その意味で、高齢者の人権・権利保障のための重要な取組みであるといえる。

---

26)　厚生労働省「人生の最終段階における医療・ケアの決定プロセスに関するガイドライン」(2018年3月改訂 (2018年3月14日公表))。

2.3 看取りのケアとその体制構築

今日の人生の最終段階における医療・ケアについては，人生の最終段階にある人に対して地域サービスとヘルスサービスをつなげて全人的なケアを包括的に提供するエンドオブライフ・ケア（End of Life Care）への転換が求められている[27]。看取りのケアでは，人生の最終段階における予後不良の患者に対する疼痛緩和治療やQOLを重視する医療・ケアを目指す。そこで重要となるのは，人が死を迎える瞬間に至る過程における苦痛の緩和であり，痛みの管理と緩和ケアが求められる。

国際的には，十分な痛みの緩和が人権問題として認識されている[28]。A規約12条1項の到達可能な最高水準の身体および精神の健康を享受する権利の内実に緩和ケアを読み取ろうとする議論はその一例である[29]。その議論は，健康権の保障とともに，人生の最終段階における尊厳と自律性の尊重を重視した，死のあり方を含めた非常に繊細な論点を含むものである。

ここで重要になるのは，人生の最終段階における医療・ケアの対象の拡がりを社会が認識することである。人生の最終段階における医療・ケアでは，その対象は患者への医療・ケアのみならず，病気に伴う心と身体の痛みを和らげるために，多職種連携チームである緩和ケアチームによる患者とその家族への相談支援にまで及ぶ。また，身近な人と死別して悲嘆に暮れる家族や近親者に対して，その悲しみから立ち直れるように支援をするグリーフケアも重要である。さらに，感情労働の視点からは，グリーフケアを担当する専門職の精神的ケアも重要な課題となる。人生の最終段階を迎える当人を超えて周囲の関係者にも及ぶ種々のケアの必要性について，社会や制度がいかに対応していくのかという点は，現実的にも理論的にも検討すべき喫緊の課題である。

---

27) 例えば，MALCOLM PAYNE, OLDER CITIZENS AND END-OF-LIFE CARE (2017) のほか，長江弘子編『看護実践にいかすエンド・オブ・ライフケア』（日本看護協会出版会，2014）等を参照。

28) BRIDGET LEWIS ET AL., EDS., *supra* note 4, at 308.

29) COMMITTEE ON ECONOMIC, SOCIAL AND CULTURAL RIGHTS, *General Comment No. 14: The right to the highest attainable standard of health (Art. 12)*, UN Doc E/C.12/2000/4.

184　第2部　理論編

3　高齢者入居施設における医療

3.1　高齢者入居施設における医療体制

高齢者入居施設の入居者[30]の生活は，自宅や病院とは異なり，施設サービスに大きく依存する。施設入居者の医療も例外ではなく，施設類型ごとに想定している入居者像にあわせた医療とのかかわりを前提としている。高齢者の生活の場の違いにより，高齢者医療のあり方や高齢者医療へのアクセスに異なる取扱いがあるとすれば，必要な医療へのアクセスの平等の観点から問題となり得るし，構造的エイジズムないし制度的エイジズムからの関心も及ぶ。

高齢者入居施設における医療体制の違いは，施設が対象とする入居者像に大きく依拠している。

介護保険施設である介護老人福祉施設（特別養護老人ホーム）や介護老人保健施設，介護医療院では，医師や看護職員の配置基準が定められており，医療的対応のできる体制が整えられている[31]。ただし，医師の配置については介護保険施設の中でも差がある。介護老人保健施設と介護医療院では，常勤の医師および看護職員が配置され，入居者に必要な日常的な医療等は施設の医師等が行う。これに対し，介護老人福祉施設で配置される医師は非常勤でもよいとされており，非常勤は約9割（雇用契約〔嘱託等〕または配置医師の所属先医療機関との契約）を占めている[32]。

介護保険施設以外の高齢者入居施設についてみると，例えば，有料老人ホームでは，医師の配置を求めておらず[33]，認知症グループホームでも，医師および看護職員の配置を求めていない[34]。

この他，入居者の病状の急変等に備えるために，介護保険施設では，一定の要件を満たす協力医療機関を定めることが義務付けられている（特定施設や認知症グループホーム等では努力義務）。

---

30)　通常の行政文書では施設「入所者」としているが，施設も生活の場であることから，本款では行政文書の引用の場合を除き，「入居者」という表現を用いる。

31)　指定介護老人福祉施設の人員，設備及び運営に関する基準2条，介護老人保健施設の人員，施設及び設備並びに運営に関する基準2条，介護医療院の人員，施設及び設備並びに運営に関する基準4条を参照。

32)　「令和4年度老人保健事業推進費等補助金（老人保健健康増進等事業）特別養護老人ホームと医療機関の協力体制に関する調査研究　報告書」（2023年3月）48頁参照。

33)　「有料老人ホームの設置運営標準指導指針について」（平14・7・18老発第0718003号）別添の有料老人ホーム設置運営標準指導指針7（1）三を参照。

第7章　高齢者医療をめぐる法的諸問題　185

3.2　施設入居者像と入居施設で必要とされる医療提供機能

　政策的には，地域包括ケアシステムの構築により，住み慣れた地域で在宅を基本とした生活の継続を目指しているが，在宅生活が医療や介護の面で不安や困難になると，介護老人福祉施設への入居を希望する例が多く見受けられる。介護老人福祉施設の入居者の多くは複数の慢性疾患を抱え，医療依存度の高い状態にあり，また，近年では，施設で人生の最終段階を迎える人が多くなっていることから，介護老人福祉施設と医療とのかかわりはこれまで以上に重要度を増している。

　介護老人福祉施設では，施設内でかかりつけ医的な役割を担う配置医師が入居者の継続的かつ定期的な健康管理と療養の指導を行い，入居者に医療が必要な場合は外部の医療機関を利用することを基本としている。また，近年では看取りへの対応から，介護老人福祉施設と配置医師との密な連携が求められている。ただし，配置医師の専門の診療科は特に指定されたものはなく，前述のとおり，勤務形態も非常勤である場合が多い。現実には，医療依存度の高い入居者への医学的管理が多くを占めており，日常的な対応の多くは看護師が担っているのが実情である。このため，配置医師が施設にいない時間帯に生じた急変対応が問題となるが，夜間時に看護職員が常駐している施設は少なく，また，配置医師不在時のオンコール対応や駆けつけ対応などにばらつきが大きい等の課題がある。

3.3　施設入居者による医療機関や医師の選択

　介護保険施設では，施設の配置医師がかかりつけ医的な役割を果たす。また，介護保険施設以外でも，配置医師のいない有料老人ホームやサービス付き高齢者向け住宅等では，医療機関との関係を強化しているところや，クリニックを併設しているところがみられる。このように，高齢者入居施設と医療機関が緊密な連携を採る体制は入居者にとっては心強い反面，入居者が自由に医療機関や医師を選ぶことに制約が生ずることがあり，事実上，その選択の範囲は狭め

---

34)　認知症対応型共同生活介護（グループホーム）については，指定地域密着型サービスの事業の人員，設備及び運営に関する基準90条を参照。この他，介護付き有料老人ホーム（介護保険法の特定施設入居者生活介護の指定を受けている事業者）の場合は，看護職員の配置が義務付けられているが，医師の配置の定めはない（指定居宅サービス等の事業の人員，設備及び運営に関する基準175条を参照。なお，外部サービス利用型特定施設入居者生活介護については，医師や看護職員の配置基準はない）。

186 第2部 理論編

られることもありうる。

　また，医療保険と介護保険の給付調整に関する診療報酬の算定上の取扱いには制約があるが[35]，その態様や解釈次第では，入居前のかかりつけ医と入居者の関係が制限されることも想定されよう。かかりつけ医との継続的な関係性の構築や，セカンド・オピニオン，ACP・人生会議の推進など，施設入居者にとっても，今後は信頼のおける医師とのかかわりがますます重要になる。このため，高齢者入居施設における医療について，施設入居者の選択の自由という視点からの検証・検討が必要である。また，介護保険施設では，配置医師の役割を再確認したうえで，外部医師等とのより柔軟な連携のあり方も模索されるべきであろう。

3.4　高齢者入居施設における薬剤管理

　高齢者は，日常的に薬の服用が欠かせず，多種類の薬が処方されることも少なくない。薬剤の種類や数が多くなると，薬剤の飲み合わせや併用禁忌の管理が難しくなり，身体・認知機能の低下と相まって，有害事象が生じやすくなる。こうした「多剤投与による有害事象」（いわゆる「ポリファーマシー」）はかねてより問題視されており，厚生労働省による高齢者の医薬品適正使用の指針等が発出されている[36]。施設レベルでは，服薬調剤数の減少や用法の単純化などの服薬支援が進められている。

　また，高額な薬剤費について，施設の持ち出しとなることを避けるため，特定の疾患で高額な薬剤を必要とする人について，介護老人保健施設への入所に困難が生じている場合がある[37]。介護老人保健施設では，入居者に対する医

---

35)　特別養護老人ホーム等では，配置医師以外の保険医が施設で入居者を診察し，診療報酬を請求できるケースは，「患者の傷病が配置医師の専門外にわたるものであり，入所者又はその家族等の求め等を踏まえ，入所者の状態に応じた医学的判断による配置医師の求めがある場合」のほか，緊急の場合であって，特別養護老人ホーム等の管理者の求めに応じて行った診療の場合，末期の悪性腫瘍の場合，看取りの場合に限られている（「特別養護老人ホーム等における療養の給付の取扱いについて」（平18・3・31保医発第0331002号（最終改正：令6・3・27））。また，介護老人保健施設では，入居者の症状からみて，施設で必要な医療を提供することが困難な場合は，保険医療機関において医療をうけることができる（他科受診）が，運営基準上，不必要な往診・通院は認められないとされている（「介護老人保健施設入所者に係る往診及び通院（対診）について」（平12・3・31老企59号（最終改正：令6・5・31）））。

36)　「高齢者の医薬品適正使用の指針（総論編）について」（平30・5・29医政安発0529第1号・薬生安発0529第1号），「高齢者の医薬品適正使用の指針（各論編（療養環境別））について」（令元・6・14医政安発0614第1号・薬生安発0614第1号）等を参照。

療提供にかかる費用は介護保険からの給付となっており，入居者の薬剤費も基本的には介護報酬に包括化されている。このため，現実的には，経営上の観点から施設の方針として薬剤費の上限を設定することや，施設側が利用者と家族に薬剤の減量や減薬を求める事例が報告されている[38]。入居者の処方の内容の変更や減薬といった薬剤調整が，薬剤の有害事象の回避や薬剤の有効性の再検討につながり，高齢者の QOL の向上に資することは間違いない[39]。他方で，薬剤調整が施設における薬剤費負担の抑制のために機能する側面があるとすれば，高齢者医療のあり方が入居施設の種別，制度や報酬のあり方に依拠していることになり，制度的エイジズムないし構造的エイジズムの視点からも検討の余地があるのかもしれない。

4　後期高齢者医療制度と高齢者医療

4.1　高齢者に対する医療給付の種類・診療方針・診療報酬

わが国は，原則75歳以上の人を被保険者とする後期高齢者医療制度を有する。制度体系上は，後期高齢者のみで形成される医療制度が存することから，高齢者法からは制度的エイジズムないし構造的エイジズムの存否に関心が及ぶ。

年齢によって一律に区分した最初の医療制度は老人保健法であった。このような老人保健法の医療について，年齢による制度上の医療差別，または医療における年齢差別[40]ととらえ，健康権保障の観点から問題点が指摘されていた[41]。こうした指摘は，現時点の後期高齢者医療制度ではどのようにとらえることができるのであろうか。制度体系全体としては，加入者を後期高齢者のみ[42]と

---

37)　「平成28年度老人保健事業推進費等補助金（老人保健健康増進等事業）介護老人保健施設における医療提供実態等に関する調査研究事業　報告書」（2017年3月）37頁以下参照。

38)　齋藤香里「介護老人保健施設の現状と課題―平成30年度介護報酬改定に着目して」千葉商大紀要56巻1号（2018年）45頁，「令和4年度老人保健事業推進費等補助金（老人保健健康増進等事業）介護老人保健施設における薬剤調整にかかる調査研究事業　報告書」（2023年3月）114頁等を参照。

39)　薬剤調整については，介護老人保健施設の配置医師と入居者の主治の医師の合意，連携が必要であるため，介護報酬ではかかりつけ医連携薬剤調整加算として評価している。

40)　脇田滋「老人保健法の権利主体と年齢による医療差別」龍谷法学26巻3・4号（1994）102頁以下等を参照。

41)　井上英夫「健康権と高齢者の医療保障」井上英夫＝上村政彦他編『高齢者医療保障』（労働旬報社，1995）34頁以下，脇田滋「老人保健法の法的諸問題」（同書所収）50頁以下などを参照）。

188 第2部 理論編

する独立した医療制度に対する高齢者法からの分析が必要になるが，ここでは後期高齢者に対する医療給付を中心に，医療給付の種類，診療方針，診療報酬の変遷を確認する[43]。

(1) 医療給付の種類

老人保健法は保健事業等の1つとして医療を定め，疾病または負傷に関して行われる給付を規定していた（17条）。その内容は健康保険法の療養の給付（同法63条1項）に準拠したものであったが，健康保険法の療養の給付とは別個の給付を定められるように同条7号で「その他政令で定める給付」という規定を設けていた[44]。

これに対し，高齢者医療確保法47条では，高齢者の疾病，負傷または死亡に関して必要な給付を行うものとして「後期高齢者医療」を法律上明記する。後期高齢者医療の中心となる療養の給付の内容は，他の医療保険制度の療養の給付に準拠したものである点は老人保健法と同様である。

(2) 診療方針

老人保健法に基づく医療の診療方針については，健康保険法の療養担当規則とは別に，「老人保健法の規定による医療の取扱い及び担当に関する基準」（老人医療担当基準）を定めていた[45]。その内容は，「老人の心身の特性」にふさわしい医療を提供するために，長期入院患者に対する医療は漫然かつ画一的なものとならないこと，適切な在宅医療の推進を図ることを保険医療機関等に要請

---

42) 高齢者医療を年齢で区切る理由について，土佐和男編著『高齢者の医療の確保に関する法律』（法研，2008）284頁を参照。

43) なお，本章の検討の射程外であるが，一部負担金等の費用負担の面は高齢者の医療へのアクセスとの関連で重要である。後期高齢者医療制度の被保険者は，現役並み所得者は現役世代と同じ負担割合3割であるものの，一定の所得のある者については2割，その他の被保険者の負担割合は1割とされており，現役世代と比べ負担割合は軽減されている。また，かつては老人医療費の無料化や，一律定額負担といった取扱いが見られた。高齢者間の所得状況の格差や，健康状態の個人間の相違といった現実を前にして，こうした一律あるいは他の年齢との別異の取扱いをどのように評価するかは，年齢区分による別異の取扱いに着目する高齢者法の観点からも検討が可能である。

44) ただし，当時は老人保健法17条7号の政令で定められたものはなかったとされている（岡光序治編著『老人保健制度解説』（ぎょうせい，1993）194頁）。

45) 当時の担当者らの解説によれば，老人医療担当基準と老人診療報酬点数表は，「老人の心身の特性にふさわしい医療を提供することを主眼として設定されて」いるとされる。また，老人の心身の特性とともに，「必要以上に在宅より入院に，生活指導より投薬，注射，点滴等に偏りやすく，医療費増加の大きな要因になっている面もみられる」ことから，「適切な老人医療の確保と老人医療費の効率化に資することが必要なこととされた」とされる。以上につき，岡光・前掲書（注44）257〜260頁参照。

するとともに，診療の具体的方針として，往診や検査，投薬，注射，手術，処置を「みだりに行ってはならない」「みだりに反復してはならない」としていた。

後期高齢者医療制度では，老人医療担当基準を改称・改正し，「高齢者の医療の確保に関する法律の規定による療養の給付等の取扱い及び担当に関する基準」（後期高齢者療養担当基準）を健康保険法の療養担当規則とは別に定めている。その内容は，療養の給付等は「後期高齢者の心身の特性」を踏まえるとして，基本的には老人医療担当基準の考え方を引き継いでおり，診療の具体的方針の「みだりに行ってはならない」「みだりに反復してはならない」といった規定は存置されている。

(3) 診療報酬

老人保健法では，社会保険診療報酬点数表とは別に，「老人保健法の規定による医療に要する費用の額の算定に関する基準」（老人診療報酬点数表）を定め，診療報酬の逓減制や包括化を導入していた[46]。この老人診療報酬点数表は，老人の心身の特性にふさわしい医療を提供するために，老人診療報酬点数表で特別に点数を設定することが必要な診療行為についてのみ独自に定められていたものであり，それ以外の診療行為については，社会保険診療報酬点数表の例により算定していた[47]。

後期高齢者医療制度では，老人診療報酬点数表のような体系を採らず，後期高齢者医療の診療報酬は「診療報酬の算定方法」により，健康保険法63条3項1号に規定する保険医療機関に係る療養に，高齢者医療確保法の規定による療養も含むとして，その算定方法も健康保険法と同様に取り扱っている[48]。

ただし，後期高齢者医療制度の創設時には，後期高齢者の心身の特性を踏まえた独自の診療報酬項目を一般の診療報酬の中で新設していた点には留意を要する。すなわち，高齢者のかかりつけ医推進のための定額の後期高齢者診察料や，終末期の医療内容の決定を支援する後期高齢者終末期相談支援料など，後期高齢者の患者のみに適用される診療報酬項目を新設していた。これら年齢に着目した診療報酬項目は，高齢者の心身の特性等にふさわしい医療を提供する

---

46) 老人診療報酬の策定経緯につき，吉原健二編『老人保健法の解説』（中央法規出版，1983）75頁以下を参照。
47) 岡光・前掲書（注44）261頁。
48) 「診療報酬の算定方法」（平20・3・5厚生労働省告示59号）の一を参照。

という趣旨・目的から設けられたものとして当初は説明されていたが，後期高齢者医療制度の導入直後の各方面からの批判の中で，高齢者をはじめ国民の理解を得ることはできないと判断され，その後廃止されている。

4.2 制度体系における年齢区分と高齢者に対する医療給付の内容

　後期高齢者医療制度では，診療方針については，老人医療担当基準の考えを後期高齢者療養担当基準がほぼ受け継ぐ一方，診療報酬については，独自の老人診療報酬点数表が廃止され，一般の診療報酬の中で取り扱われている。このように現在の後期高齢者医療は，他の医療保険各法の医療給付と内容・診療報酬ともにほぼ変わらないかたちで運用されており，制度論としては，医療内容や診療報酬の面で構造的エイジズムないし制度的エイジズムは明確には存しないようにみえる。ただし，可視化されていない高齢者医療の現状の中に，制度のあり方が高齢者医療のあり方に影響を与えている事象が存在する可能性もあるため，性急に評価するのではなく，運用の実情に照らして注意深く慎重に分析を行っていく必要があろう。

　診療方針や診療報酬については，老人保健法以来，「老人の心身の特性」ないし「後期高齢者の心身の特性」を踏まえた内容とされているが[49]，老人保健法時代には年齢による医療差別であるとする議論があったのは，先に述べたとおりである。この点，のちの評価として，老人医療担当基準の「みだりに」は総体としては抑制よりも高齢者の特性に着目していたとする注目すべき見解が示されている[50]。また，「みだりに行ってはならない」「みだりに反復してはならない」といった要請は，老人医療費の高騰の抑制といった側面があったにせよ，高齢者の社会的入院や病院での寝かせきりといった社会問題化した当

---

49)　老人保健法における「老人の心身の特性」の例として，①標準値が若い人とは異なる，②寝たきりになりやすい，③いくつかの病気を併せもっている，④病気の進行が緩やか，⑤完全には治らない病気が多く，長期の療養が必要，が挙げられる（岡光・前掲書（注44）259頁）。また，後期高齢者医療制度では，後期高齢者には若年者と比較して，①老化に伴う生理的機能の低下により，治療の長期化，複数疾患への罹患（特に慢性疾患）がみられる，②多くの高齢者に，症状の軽重は別として，認知症の問題がみられる，③後期高齢者は，この制度の中で，いずれ避けることが出来ない死を迎えることとなる，といった心身の特性があるとしている（社会保障審議会後期高齢者医療の在り方に関する特別部会「後期高齢者医療の診療報酬体系の骨子」（2007年10月））。

50)　西田・前掲論文（注１）（2012）150頁参照。なお，ここにいう高齢者の特性について，「（むしろ高齢者固有のニーズと理解すべきで，それ以外は本来的には疾病の特性であろうが）」と括弧書きが付されている点に留意する必要がある。

時の老人医療の一側面に対処するために不必要な医療は行わない，という一般的なことを保険医や保険医療機関に対して遵守すべき規範として示したといった側面も看過してはならないであろう[51]。介護保険制度が創設され，後期高齢者医療制度に移行した今日においても，「みだりに」の表現を存置しているのは，高齢者の特性に留意しつつ，一般的なこととして不必要な医療は行わないことを規定し続けているとみることができよう。そうすると，「みだりに」の規定それ自体が問題というよりはむしろ，保険医療機関が減点査定を受けることを憂慮することで，「みだりに」という表現が具体的な診療抑制として働き，高齢者の良質な医療を受ける権利を間接的に侵害する可能性を否定できないことが現実的には問題となるのではなかろうか。この点，医療の提供にあたり一般的に求められる要請の規定が，診療報酬の請求段階において，かえって抑制的に働くことがないように，適切な解釈運用が求められる。

　なお，上記のような現行法の取扱いとは別に，年齢基準によって診療報酬体系を別扱いとすることの適否の問題は残る（高齢者医療確保法71条）。この点につき，後期高齢者医療の診療報酬をめぐる議論では，年齢基準によって診療報酬体系上で別扱いとすることまでは否定されるものではないという見解がみられ，「高齢者の疾病構造の特殊性ないし心身の特性」にその根拠を求めている[52]。高齢者法の視点からも，若年者とは別に，「高齢者の疾病構造の特殊性ないし心身の特性」から生じる高齢者特有のニーズを十分に考慮した診療報酬項目を設定することまでをも否定するものではないと考えられるし，項目次第では，肯定的エイジズムの観点からはむしろ望ましい場合もあり得るであろう[53]。ただし，前述 I で確認したように，「高齢者の疾病構造の特殊性ないし心身の特性」は認めうるも，そのことが一定年齢以上の者であれば画一的な状態像を持ちうることと同義ではないことには留意を要する。すなわち，人は75歳を境にして，必要となる医療がそれまでの医療の範囲や内容と大きく変化するものではなく，「医療の基本的な内容の連続性」があることを看過してはならないのである。現在の後期高齢者医療制度の診療報酬体系が，この「医療の基本的な内容の連続性」を考慮して，別立ての体系を採用せず，一般の診療報

---

51)　吉原・前掲書（注46）77頁以下を参照。
52)　菊池・前掲書（注 1 ）151頁，西田・前掲論文（注 1 ）(2005)104頁を参照。
53)　小児医療では，未就学児の医療ニーズの特性に着目し，一定の年齢層の患者への医療提供を評価する診療報酬点数がある（未就学児の患者に対し，かかりつけ医機能を持つ保険医療機関を評価する「小児かかりつけ診療料」）。

酬の中で評価することとした経緯をここでは確認しておくべきであろう[54]。あくまでも，個別に提供される医療そのものは制度が画一的に決めるものではなく，各高齢者のQOLと医学的適応の観点から医師の判断で個別に論じられる事柄であり，患者個々人の状態に応じて提供されることを基本とすべきであると考える方が穏当であろう。これらのことから，高齢者特有のニーズを踏まえた給付や診療のあり方[55]以外は，若年層と同様の内容および水準が保障されなければならないといえよう。いわんや，ある一定の年齢を基準にある治療や医療の提供を保険給付として行わないとする選択肢が，保険給付の内容や水準の制約となり，また，社会保障医療を受ける機会を年齢基準で区分することにもなりかねず，現実的にも理論的にも相当慎重な検討を要する。

5　小　　括

　以上，わが国の高齢者医療における具体的な問題をいくつか概観してきた。実際の具体的な問題に照らしてみると，高齢者医療に対する高齢者法の視点として，高齢者の個別性と集合的特質の双方を共有する考え方を模索することが必要であるといえる。ここでの考え方の支柱は，「高齢者」をある一定の年齢以上の人の「集合体」としてとらえるのではなく，一定の集合的特質を有する個別の「高齢の個人」を対象とする点にある。この考え方の下では，高齢者各人における高齢者特有の医療ニーズの発生の個別性を承認することで，医療において，高齢者各人が一定の集合的特質（高齢者特有の医療ニーズ）を有する「個人」として尊重され，配慮ないし保護されうるといえよう[56]。

---

54)　社会保障審議会後期高齢者医療の在り方に関する特別部会がまとめた「後期高齢者医療の診療報酬体系の骨子」（2007年10月）では，「高血圧や糖尿病に対する各種指導や投薬・注射，骨折に対する手術等のように，後期高齢者に対する医療の多くは，その範囲や内容が74歳以下の者に対するものと大きく異なるものではなく，患者個々人の状態に応じて提供されることが基本となる」とし，「医療の基本的な内容は，74歳以下の者に対する医療と連続しているもので，75歳以上であることをもって大きく変わるものではない」としている。この他，『長寿医療制度の解説』（社会保険研究所，2008）26～27頁も参照。

55)　年齢区分により給付やサービスを別異にするという制度は，高齢者医療以外にみられる。例えば，母子保健法では，年齢によって共通性のある子どもの特殊な身体的状況について医学的にも合理的な根拠があるとされ，特定の年齢の子どもを対象とした保健サービスを実施している。

56)　ただし，この場合でも，配慮ないし保護の必要性の理論的正当性や，高齢者法全体での高齢者像のとらえ方の整合性等，検討すべき課題は多い。

おわりに

　本章の検討を通じて，高齢者法の視点から高齢者医療をみた場合，高齢者の個別性と集合的特質との関係をいかに整理し理解すべきかという問題が存在することが明らかになった。ただし，この問題はより本質的な問題を提起する。すなわち，法はそもそも特定の個人や集団にどの権利や資源を割り当てるのかを選択する機能を有しており，その割当てのために特定の個人・集団を他の個人・集団と分けて取り扱うということが生じうるという事実に，高齢者法はどのように向き合うのか，という点である。高齢者に関する諸制度では，別異の取扱いが否定的エイジズムである場合にはそれを排除することに関心を寄せる一方，別異の取扱いが高齢者に有利に働く場合には，これを明示的にないし暗黙的に受け入れるといった肯定的エイジズムの受容ともいえる姿勢がみられる。高齢者法は2つのエイジズムに対するこうした姿勢をどのように整理し，理解するのか[57]。高齢者にかかわる法制度や政策を高齢者法の視点から評価分析する際には，この点は特に問題となるであろう。

［付記］　本章は，序文に挙げられた研究費のほか，JSPS科研費20K01337の助成を受けた成果の一部である。

---

57)　この問題は近年の高齢者法研究の理論的課題の1つとして指摘されている。Nina A. Kohn, *A Framework for Theoretical Inquiry into Law and Aging*, 21 THEORETICAL INQUIRIES IN LAW 202-203 (2020). を参照。

194　第2部　理論編

第8章

高齢者の住まいの選択における情報提供・相談
―「住み替え」を支える制度に着目して

川久保寛

はじめに

　本章では，高齢者の「住み替え」に着目して高齢者に対する支援を検討する。具体的には，施設入所や介護を理由にした転居における支援の現状を分析することを通じて，現在行われている支援，とりわけ高齢者の住まいの選択にかかわる情報提供・相談を確認して，必要な支援の検討を試みる。

1　高齢者の住まいと住み続ける難しさ

　まず高齢者の住まいを確認しよう。現在，高齢者がいる世帯の約9割は「持ち家」に住んでいる[1]。持ち家は，長期的には修繕費用や維持費用を負担しなければならないが，家賃負担がない[2]。家賃負担がない分，持ち家に住んでいる高齢者はより自由に支出を決めることができる。また，高齢期に生じうる介護ニーズに合わせた改修も容易である。国の住宅政策などの影響もあり，いつかは持ち家に住むという考え方がある。持ち家に住む高齢者の中には，壮年期に賃貸から持ち家への「住み替え」を経験している者が多くいると思われる。

　一方で，持ち家であっても借家であっても，高齢者が自宅に住み続けることは簡単なことではない。寝たきりや認知症にならずに自立した生活を送ることができる健康寿命は，男性が約73歳，女性が約75歳である[3]。さらに，寝たきりや認知症ではなくても，医療ニーズや介護ニーズが生じた高齢者が自宅に住

---

1)　「一戸建て」（約75％），「分譲マンション等の集合住宅」（約12％）となっている（『令和5年高齢社会白書』37頁参照）。

2)　もちろん持ち家の購入費用は高額であり，労働者は退職時を支払い満了期とするローンを組むことが一般的であろう。

3)　2019年のデータである。厚生労働省 e-ヘルスネット〈https://www.e-healthnet.mhlw.go.jp/information/dictionary/alcohol/ya-031.htm〉（最終アクセス：2023年11月4日）。

み続けることは難しい。家族がいる高齢者であればある程度のケアを期待できるかもしれないが，家族がいない単身高齢者であれば期待できない。自宅の状況や家族の有無，家族とのかかわりなどは個人によって異なるため一概に言うことが難しいものの，公的なサービスなしで自宅に住み続ける難しさは容易に想像できるだろう。

こうしたことから，高齢社会の進展とともに高齢期に対する社会保障制度が整えられてきた。その代表が2000年から施行されている介護保険である。後述するように，高齢者が自宅に住み続けることは社会保障政策において重要な目標であり，介護保険や地域包括ケアシステムによって実現が図られている。実際に，訪問診療や訪問看護，訪問介護などを利用して自宅で生活している高齢者は相当数に上る[4]。

とはいえ，最後まで自宅で生活すること，つまり亡くなるまで自宅で生活することはなお困難である。実際には高齢者の約7割が病院で亡くなっており，自宅で看取られた割合は約13.6％にとどまる[5]。確かに在宅で提供できる医療には限界があるし，自宅の状況や利用できる介護サービスによっては重度化した介護ニーズを満たせない。その場合は，入院や介護施設に入所して終末期を迎えることになる。現状では，医療保険や介護保険の給付を充実させて住み慣れた自宅に住み続ける期間を延ばすことができても，病院や介護施設で終末期を過ごして亡くなることが実際には多い。

つまり，社会保障制度を利用して高齢者が自宅に住み続けるというモデルはあくまで目標であって，現実は医療ニーズや介護ニーズが大きくなって在宅での生活が難しくなるまで自宅で生活することにとどまっている。その場合，高齢者は入院したり，高齢期や終末期に自宅から施設に入所したり，現在の住まいより利便性の高い住居に転居したりすることに余儀なくされる。こうした入院や「住み替え」はどのような状況にあるのだろうか。とりわけ介護施設や民間の施設が充実しつつある現在，「住み替え」はどのような法的位置づけを有するのか。

本章では，高齢者の「住み替え」において実際に行われている支援を確認す

---

4) やや古い資料だが，訪問診療は2014年で月65万件の利用があり，伸び続けている（厚生労働省全国在宅医療会議資料「在宅医療について」（2016）参照）。

5) もっとも病院で死亡が確認された場合など直前までの居所とは異なる可能性を含む。なお数値は人口動態統計（2021年）による。

るとともに，高齢者が必要とする支援を考える。高齢者の「住み替え」にかかわる制度を確認し，問題を考察することで高齢者法として認められる部分を抽出することを試みる。

2 「住み替え」と本章の構成

本章では，「住み替え」を一定期間居ることを目的にした生活の場の変更と定義し，①介護施設入所など介護保険がかかわる居所の変更，②（介護保険の給付にかかわらない）介護を見越した転居などの住所の変更，に分けて考察する。この分類は，高齢期に対する社会保障制度およびそこでの支援を確認する目的にもとづく[6]。

現在，介護保険は高齢者の生活に大きな影響を及ぼす社会保障制度である。地域包括支援センターやケアマネジャーは在宅の高齢者を支援する専門機関・専門職であり，高齢者だけではなく高齢者の家族から相談を受けて，様々な対応をしている[7]。自宅で自立した生活が難しくなった高齢者の相談を受けることも多く，①介護保険がかかわる居所の変更において，介護保険に期待される役割は大きい。高齢者の「住み替え」を考えるにあたって，最初に確認する必要がある（Ⅰを参照）。

次いで，医療保険がかかわる支援を確認する。入院治療や慢性疾患は生活上の大きな変化をもたらすため，医療の提供だけではなく，治療やその後の生活のための患者および家族への相談支援が必要と理解されてきた。医療保険では，専門職の配置や診療報酬の加算を行い，急性期病院では医療ソーシャルワーカーによる医療相談を受けることが可能になっている。これらの支援は高齢者に限ったものではないが，明らかに多くの高齢者に利益をもたらす[8]。医療保険における相談は長年にわたる実践や制度を通じた実施の確保の結果であり，

---

6) 高齢者の「住み替え」に焦点を当てて検討するものとして，原田啓一郎「高齢者の住まいと高齢者ケアをめぐる現状と課題」古橋エツ子＝床谷文雄ほか編『家族法と社会保障法の交錯　本澤巳代子先生還暦記念』（信山社，2014）315頁，松井孝太「第3章　高齢者の住まい　第1節　様々な選択肢」樋口範雄＝関ふ佐子編著『高齢者法　長寿社会の法の基礎』（東京大学出版会，2019）75頁参照。

7) 介護保険における高齢者への支援について，川久保寛「高齢者の介護サービス利用支援と法—ケアマネジャー・ケアマネジメントを手がかりに」社会保障法35号（2019）34頁参照。

8) 入院患者の約75％，通院患者の約半数が高齢者である（『令和2年患者調査』4頁参照）。

介護保険における相談と連携して高齢者を支援している。一方で，病院は住まいではなく，住み続けるわけではない。本章では，①介護保険がかかわる居所の変更に関係している医療相談にしぼって検討する（Ⅱを参照）。

こうした社会保障制度との関連が明確である①と比べて，②介護を見越した転居は，最近見られる高齢者の動向であり，新しい検討対象である。

近年，民間事業者によって，介護保険外の介護サービス，一見すると施設介護サービスに類似したサービスが提供されている（以下，「保険外施設介護サービス」という。）。サービス付き高齢者向け住宅（サ高住）など保険外施設介護サービスは，おおよそ介護保険の給付を前提に提供されており，保険給付を受けつつ施設に住み続けることや，自宅から保険外施設に入居すること，保険外施設で介護保険の施設の空きを待つことなど多様な利用の仕方が可能である。かつて，保険外施設介護サービスは，（介護保険施行前の）有料老人ホームといった高い費用を払える所得がある者が入所する限定的な事業であり，利用する高齢者も少なかった。しかし，介護保険の施行後は保険給付を前提とした保険外施設介護サービスの利用が可能になり，施設の数および利用者が急速に拡大している。本章では，こうした施設の位置づけを確認したうえで，高齢者がおかれている現状や必要となる支援について考える。あわせて，「住み替え」を考えるうえでは，住宅政策における支援や高齢者の住まいに関する制度を取り上げる必要がある。高齢者住居確保法なども取り上げることとしたい（Ⅲを参照）。

そして，「住み替え」における支援を考察したうえで，高齢者法としての位置づけを探りたい（Ⅳを参照）。

3 「住み替え」の実際と本章の検討対象

一方で，「住み替え」では，社会保障制度や提供されるサービスだけが決め手になるわけではない。

例えば，家族がいるか，近くに住んでいるか，良好な関係かなど家族に関する事柄は，自宅での生活が困難になった高齢者や不安を感じる高齢者に大きな影響を及ぼす。近くに住む家族がケアをすれば社会保障制度を使わない選択がありえるし，場合によっては自宅で終末期を迎えることもできるかもしれない。もっとも，家族がいることによって高齢者の選択肢が狭まることもありえる[9]。

また，収入がどれくらいか，資産があるかなど所得や資産に関する事柄も大

きな影響を及ぼす。高齢者のなかには年金収入のみの者が多く，その比率は高齢になるほど高くなる[10]。ある程度資産があるとしても，施設の利用費など定期的な支出にいくら出せるかは収入が決め手になることが多く，家族の金銭的な支援の有無とともに，「住み替え」を考える際に考慮される要素である。高齢者の所得・資産はそれまでの生活と関係するために一律に論じることが難しいが，資産を持つ高齢者がいる一方で，貧困や低所得の高齢者が一定割合いることも事実である[11]。

　確かに，家族や高齢者の収入・資産といった事柄は年金や生活保護といった社会保障制度や地域福祉サービスと関係しており，高齢者の「住み替え」を考える場合に検討の対象になる。また，医療や介護といったサービスを給付する社会保障制度が高齢者の自立した生活を支えるため，サービスの質を確保することや質を維持・向上させる仕組みなどを検討することも重要であろう。高齢者の「住み替え」を考えるにあたって検討すべき課題は多く，検討が不十分な課題もあると思われる。

　そのうえで，本章では，情報提供や相談などサービスに付随する支援を検討の中心にしたい。なぜなら，社会保障制度や民間事業者によって複数の施設介護サービスが提供されるようになった現在，“迷っている”高齢者が多くいるにもかかわらず，検討が十分ではないと思われるからである。これまで，社会保障法学ではその範囲について議論しつつ，伝統的にはサービスや金銭給付の内容や種類，サービスの質，財源などを考察してきた。その一方で，サービスや給付に付随する行為，例えば情報提供や相談などの行為をどのように評価するかはあいまいであり，給付に結びつく場合には検討されてきたものの，給付に結びつかない場合には検討されてこなかった[12]。しかしながら，高齢者がおかれている状況が大きく変化した現在，高齢者の「住み替え」を考える場合には，社会保障制度における給付の内容や種類だけではなく，情報提供や相談といったサービスに付随する支援や，権利擁護の観点からのかかわりが重要に

---

9)　高齢者と家族のかかわりについて，関ふ佐子「第1章　高齢者法の意義」樋口＝関・前掲書（注6）1頁（特に24頁以下）参照。

10)　世帯の収入が年金収入のみの世帯は約半数に上る。一方で，60歳代では働く者も多い（『令和4年度版高齢社会白書』23頁参照）。

11)　嵩さやか「貧困・低所得化する高齢者」論究ジュリスト27号（2018）56頁。

12)　社会保障法学におけるサービス以外の支援とその検討について，川久保寛「成年後見・権利擁護と社会保障法」社会保障法研究12号（2020）3頁参照。

なると考えられる。より具体的には，医療や介護を理由にした高齢者の居所の変更や，介護を見越したいわば予防的な転居では，サービスや質とともに，正確な情報を得ることや選択肢を理解することが必要であり，そのための支援が求められているのではないだろうか。こうしたことから，本章では「住み替え」を切り口に，情報提供や相談などを考えたい。

4 具体的な検討対象

具体的には，高齢者に対して行われる様々な支援のうち，情報提供や相談，相談援助を中心に検討する。情報提供は，例えばwebや広報誌への掲載，パンフレットの配付などであり，対象者を限定せずに行われることもある。権利者に制度や給付を理解してもらい申請や受給といった権利行使をさせる周知や広報ということもできよう[13]。一方，相談は一対一の対人関係であり，制度など抽象的な事柄だけではなく，負担する金額や今後の治療の見通しなど個別的具体的な教示を行うやりとりなどである。これまでの裁判例では，支援者に教示義務があるかどうか，適切な教示を行ったかどうか，争われることがあった[14]。また，相談は1回で済むこともあれば複数回行われることもあり，法律上求められることもある。そして，相談援助は情報提供や相談と比べると，長期的なかかわりを想定した関係であり，一定の法律関係にもとづいて行われる，より専門的なかかわりである[15]。問題解決を指向しつつ，例えば本人が気づいていない問題を発見したり，本人の理解や納得のために短期的には失敗させたりするかかわりなどである。後述するように，専門職である医療ソーシャルワーカーが行う退院支援は伝統的に行われてきた相談援助の1つである。

Ⅰ 介護保険にかかわる支援

まず，介護保険にかかわる支援として在宅介護や家族介護，施設介護を確認し，そこで行われる情報提供・相談，行政による情報提供・相談を検討する。

---

13) 大原利夫「社会保障法における個別的情報提供義務について」法学志林〔法政大学〕113巻3号（2016）119頁。
14) 山下慎一「社会保障法における情報提供義務に関する一考察」福岡大学法学論叢60巻2号（2015）1頁。
15) 菊池馨実「序章 相談支援と地域共生社会をめぐる政策動向と本書の概要」菊池馨実編著『相談支援の法的構造 「地域共生社会」構想の理論分析』（信山社，2022）3頁。

とりわけ，ケアマネジャーによる支援が重要であって，高齢者に対する相談援助と評価できよう。

1　介護保険における在宅介護と家族介護

　2000年から施行されている介護保険は，高齢者の生活に大きな影響を与えている。施行当初，地域によっては介護サービス事業者の不足や偏りがあり，"保険あってサービスなし"と評されたこともあったが[16]，要介護状態の高齢者が自宅で生活し続けられる理由の1つは，保険給付である在宅介護サービスの利用による。要介護者が在宅介護サービスを利用しつつ自宅で生活する状態は「在宅介護」として，要介護者が施設で生活し介護を受ける施設介護と対置される。「在宅介護の優先」は介護保険法が要請する原則の1つであり（2条4項），自宅での生活を望む高齢者にとっても施設介護より費用がかからないという意味で，介護保険の財政においても，重要な位置づけを有する。

　一方で，介護保険は，いわゆる家族介護をなくすためにあるわけではない。高齢者の親族が要介護者を介護する家族介護は，介護保険の在宅介護サービスを利用したとしてもなお必要である。介護保険からみれば，要介護度が低い者に対する保険給付の上限額は低く，生活のすべてで介護サービスを受けられるわけではないからであり，また高齢者が必要とするサポートがすべて保険給付になっているわけではないからでもある。今後，保険給付の上限額が引き上げられたり保険給付の種類が増えたりしても，要介護者のニーズすべてを介護保険によって賄うことは難しい。そのため，介護者を支える仕組みを充実させることも必要である。近年，介護休業は時間単位での取得が可能になり，男性の取得率が低いなどの問題はあるものの，それなりに定着しつつある。在宅介護のために介護者が「休む」ことが理解されるようになってきたといえる。

2　施設介護とその変化

　さらに，どれほど在宅介護や家族介護を整えたとしても，施設介護のニーズはなくならない。要介護状態が重い要介護者は医療サービスを必要とすることが多く，訪問診療や訪問看護を利用したとしても，自宅での生活が難しいからである。介護保険の創設時には，要介護度が低い者が在宅介護サービスを受け

---

16)　介護保険の評価について，稲森公嘉「介護保険制度見直しの方向」ジュリスト1282号（2005）83頁参照。

て自宅で生活することを目的としつつ，施設介護サービスを「維持」することとされており，施設介護の必要性が明記されていた[17]。実際に，費用が比較的低額である特別養護老人ホームへの入所希望者はいまだに多く，原則として要介護度3以上であることを入所の要件にした後も多くの市町村で待機者がいる[18]。

　また，施設介護サービスは，複数回の改正を経てグループホームや小規模多機能型などが創設され対象者や内容が異なるサービスが増えている[19]。さらに同じ施設介護サービスであっても，無機質な施設からより在宅に近い環境を持つ施設を目指す事業者も見られるようになった。例えば，特別養護老人ホームにおけるユニットケアは，2003年から介護報酬の加算によって後押しされており，従来の多床室からの転換が図られている。そして2016年の社会福祉法改正によって社会福祉法人が地域に参画することがより求められるようになり，住民が参加する行事の開催など地域に開かれた施設が目指されている[20]。介護保険法の施行から20年以上がたち，介護保険の施設介護サービスは，老人福祉法にもとづく措置制度の施設介護から大きく変容している。

　つまり，介護保険の創設および改正によって施設介護の種類や提供のあり方は変化しており，それに伴って高齢者の選択肢も多岐にわたるようになっている。そこでは，地域差があるものの，要介護状態が重い高齢者が自宅から施設へ「住み替え」ることをモデルとしつつ，施設介護が多様になったために，地域にある施設の種類や費用，入所の可否，施設の状況など多くの事柄を踏まえて選択できる現状にある。さらに，自宅から施設へ「住み替え」る際も，同じ施設に住み続けるのではなく，施設から施設へ「住み替え」ることも見られるようになっている。高齢者にとって，選択肢が増えることや自宅に近い施設サービスが増えることそれ自体は望ましいといえるが，どういった選択肢があるか理解して，それぞれのメリット・デメリットを踏まえて判断することはよ

---

17)　厚生省高齢者介護対策本部事務局監修『高齢者介護保険制度の創設について』（ぎょうせい，1996）237頁。

18)　地域的な偏りがあり，待機者が少ない自治体もある。全国的には減少している（厚生労働省「特別養護老人ホームの入所申込者の状況（令和4年度）」参照）。

19)　2011年改正と創設された施設介護サービスについて，稲森公嘉「24時間安心の居宅介護保障と介護保険」ジュリスト1433号（2011）15頁参照。

20)　地域貢献活動の実際について，大洞菜穂美「社会福祉法人の地域貢献活動に関する検討―大都市の高齢者施設に焦点化して」十文字学園女子大学紀要50号（2019）33頁参照。

202　第2部　理論編

り難しくなっている。「住み替え」において，高齢者は多岐にわたる選択肢の前で"迷う"。

3　民間事業者・社会福祉法人による情報提供・相談

　その場合，高齢者が適切な選択を行うための情報提供や相談が重要である。
　介護保険法が施行される以前，高齢者の介護サービスは，主に老人福祉法にもとづく措置制度か，民間事業者による介護サービスによって提供されていた。民間事業者の介護サービスには有料老人ホームのような施設介護サービスが多くあったが，費用が高く利用者は限定的であった[21]。そして高齢者への情報提供や相談は，行政による情報提供や相談か，もしくは民間事業者による情報提供に限られていたといえる。
　もっとも，民間事業者による情報提供は，措置制度における行政による情報提供や相談とは異なった法律関係にある。例えば，介護ニーズがある高齢者や家族が有料老人ホームを探す過程で，複数の施設を訪問して職員から説明を受けることがある。契約を結ぶことを前提にしたやりとりであり，いわば契約の説明や誘引である。当事者間には，情報に格差があり，場合によっては不適切な説明がなされたり説明が不十分であったりする可能性がある。一方で，介護サービスについて情報を持たない高齢者や家族にとって，有益な情報提供や相談となることもありえる。現在も，こうした民間事業者によって介護サービスに付随して提供される情報提供や相談は見られるし，介護保険制度の給付を前提とした保険外施設介護サービスの広まりによっていっそう拡大する傾向にある。
　また，措置制度では，社会福祉法人による情報提供や相談が一定の役割を果たしていた。措置制度では，行政が施設を運営してみずからサービスを提供するとともに，行政の委託を受けた社会福祉法人によるサービス提供が行われていた。社会福祉法人の職員は利用者である高齢者と日常的に接する立場にあり，家族ともかかわりを持つ。そこではサービスを提供するだけではなく，高齢者や家族に対する情報提供や相談が実務上行われていたといえる。社会福祉法人の職員は，たとえ資格を持っていないとしても経験にもとづく知識があり，高

---

21)　高齢者の自宅に赴く在宅型サービスがなかったわけではない。社会福祉協議会によるヘルパー派遣について，渋谷光美『家庭奉仕員・ホームヘルパーの現代史』（生活書院，2014）107頁参照。

齢者や家族に対する支援が一定程度期待できよう[22]。例えば，要介護状態にある高齢者がどのような経過をたどっていくか，終末期においてどういった支援を必要とするかなど家族が感じる疑問に答えられるだろうし，措置制度において求められる手続きを教示するなど，スムーズな制度利用に資する存在であったと考えられる。一方で，措置制度における社会福祉法人と利用者の法律関係は措置処分によって直接規律されるものではなく，利用者が情報提供や相談を受ける法的地位にあるか否かは，明確ではない[23]。とはいえ，サービスを受ける利用者がサービス提供に関連する情報提供や相談を求めることは十分に考えられ，利用者が社会福祉法人や職員に対して過度な負担ではない情報提供や相談を求めることは，解釈上認められるように思われる。

4　行政による情報提供・相談とその変化

　一方で，行政による情報提供や相談は，介護保険の創設によって大きく変化している[24]。その区切りは，介護保険法が施行された2000年と，法改正によって地域包括支援センターが創設された2005年である。これらは高齢者の権利関係に大きな影響を及ぼす制度が設けられたことと，情報提供や相談を行う専門機関が設けられたことにもとづく。

4.1　介護保険法の創設と行政

　介護保険法の創設前，措置制度における行政の情報提供や相談は市町村が中心であった。もともと住民にとって身近な行政主体である市町村は様々な情報提供や相談を行っているところ，高齢者については，老人福祉法にもとづく措置に関して情報提供や相談を行っていた[25]。措置制度における市町村と対象者の法律関係は，法律では市町村の権限を定めるにとどまることが多いため，市町村に権限があることを前提にしつつ，主に裁判例を通じて個別具体的な状況における市町村の義務や対象者の権利を導くことが試みられてきた。そこで

---

22)　福祉における資格は，医療における資格の整備よりも遅く，業務を追いかける形で資格の整備が行われた。例えば相談支援を行う専門職である社会福祉士は1987年に創設されている。相談支援にかかわる専門職について，太田匡彦「社会福祉における専門職能」法律時報94巻1号（2022）38頁。

23)　倉田聡『これからの社会福祉と法』（創成社，2001）21頁。

24)　4の記述について，詳しくは川久保・前掲論文（注7）35頁以下参照。

25)　現在も市町村は養護老人ホームへの入所や「やむを得ない事由による」措置の権限を持つ（老人福祉法10条の4・11条）。

204　第2部　理論編

は，老人福祉法にもとづく措置処分は高齢者の状況を大きく変える行政処分であり，市町村には高齢者および家族に対して（虐待など家族が高齢者の権利を侵害している状況を除いて）一定程度具体的な情報提供が求められると思われる。例えば，窓口に来た高齢者や家族に対して市町村が行う対応について情報提供を行うことや，認知症の高齢者と同居する家族からの相談に応じることは，老人福祉法にもとづいて市町村が行うべき対応として認められよう[26]。

　2000年に施行された介護保険は新たな社会保険であり，事業者や行政だけではなく高齢者にとっても大きな変化であった。そこでは，高齢者が新たに保険料を負担することや，保険証を持っていてもすぐに保険給付を得られるわけではないことなど，理解を得ることが難しい事柄を多く含んでいた。そのため，介護保険法の成立から施行まで約3年かけて，介護保険制度の理解を進める施策が行われた。具体的には，冊子・パンフレットの配付や広報誌での特集，公開シンポジウムや講座など多岐にわたる情報提供である。介護保険の保険者であり実施にかかわる市町村だけではなく，国や都道府県による情報提供が積極的に行われたことが特徴であろう。また，介護保険が動いていないため，制度の仕組みや利用の方法などの情報提供が中心であった。

4.2　市町村とケアマネジャーの役割分担

　2000年に介護保険法が施行されると，市町村は制度にかかわる，より具体的な情報提供を行うこととなった。例えば，介護保険の保険料の徴収や要介護認定といった高齢者および家族の状況に応じた支援である。介護保険において，保険者である市町村は情報提供や相談を行うことが求められており，現在においても同様に当てはまる。

　一方で，施行後の情報提供や相談では，市町村とケアマネジャーの役割分担が問題になる。ケアマネジャーは，要介護者・要支援者からの「相談に応じ」，各事業者との「連絡調整等」を行う専門職である（介護保険法7条5項）。また，ケアマネジャーがケアプランを作成する過程で行われるケアマネジメントは，要介護者・要支援者を対象としつつ，介護サービス事業者との調整を行う。そして，ケアマネジャーは高齢者と長期的なかかわりが予定されており，在宅での自立した生活が難しくなった場合のかかわりも含む。このことは高齢者が施

---

[26]　情報提供や相談について，木下秀雄「社会保障法における行政の助言・教示義務」賃金と社会保障1457・1458号（2008）25頁参照。

設に入所する場合の「紹介その他便宜の提供」がケアマネジメントの一環となっていることから裏づけられる（8条25項）。したがって，要介護者・要支援者に限られるものの，市町村が担ってきた介護保険についての情報提供や相談のうち，ケアマネジャーと契約を結んでいる高齢者については，ケアマネジャーによる支援を期待できることになる。

また，ケアマネジャーが専門職であることから，どのように情報提供や相談を行うか一定の裁量があるものの，状況によっては個別具体的な提供義務を導くことも可能であろう[27]。つまり，高齢者にとっては，市町村による情報提供や相談だけではなく，専門職であるケアマネジャーによる情報提供や相談を期待できるようになった。市町村にとっては，これまで行ってきた介護保険の情報提供や相談のうち，個別具体的な部分をケアマネジャーに担わせることが可能になったといえる。

4.3　地域包括支援センターの創設

さらに，2005年に地域包括支援センターが創設されたことによって，高齢者への情報提供・相談の仕組みは再度変化することとなった。

地域包括支援センターは，在宅の高齢者に対する事業を行う機関として市町村が置かなければならない専門機関である（介護保険法115条の45・115条の46）。地域包括支援センターには社会福祉士・保健師または看護師・主任ケアマネジャーの3職種が配置されており，専門職による情報提供や相談を行う。おおよそ中学校区ごとに置かれている専門機関であり，市町村よりも細やかな支援を期待できる。

もっとも，地域包括支援センターが担う業務は，高齢者個人に対する情報提供や相談に限らない。地域包括支援センターの業務には，情報提供や相談といった総合相談支援から，在宅の高齢者に対する継続的・専門的な相談援助，その実施にあたって必要なネットワークの構築など多岐にわたる。さらに，孤独死やごみ屋敷，セルフネグレクトといった近年高齢者福祉や地域福祉において課題とされる事柄の解決を担う地域包括支援センターもある。現在の地域包括支援センターは，担当地域の専門機関と市町村をつなぐ役割やネットワークの構築，地域ケア会議の運営など，個別支援から離れた業務の比率が高まりつ

---

27)　詳しくは，川久保寛「介護老人保健施設における介護支援専門員・支援相談員の説明義務」北大法学論集72巻2号（2023）357頁参照。

つある。そのうえ，地域包括支援センターには，通知によって情報提供や相談，さらには長期的かつ全人的なかかわりである相談援助といった個別支援を行う義務はあるものの，その義務の履行には，行政や他の事業者と協力して対応したり，任せたりするなど複数の手段があることや介護サービス給付そのものをもたらす機関・事業所ではないことから，具体的な高齢者に個別具体的な支援を行う義務が法的に認められるとは言い難いと思われる[28]。

5 介護保険における支援と「住み替え」

　現在，介護保険では，①市町村，②ケアマネジャー，③地域包括支援センターによる情報提供や相談が存在する。①市町村による支援は制限されたものではなく，抽象的には市民であれば誰でも受けることが可能である。また，③地域包括支援センターは管轄する地域の在宅の高齢者や家族を支援するが，高齢者に具体的な支援を受ける権利があるとはいえず，業務において個別支援の比率が下がっていることから考えると，支援への期待は高いとはいえない[29]。

　一方で，②ケアマネジャーによる支援は，契約当事者ないし結ぼうとする者である必要があるが，個別具体的な支援を期待できる。また，長期にわたることが多く，当事者の変化に応じた支援が可能である。法律上，ケアマネジャーは介護にかかる調整の権限にとどまっているが，より広い支援が期待される立場にあるといえる[30]。

　「住み替え」は，高齢者の個別具体的な状況によって適切な住み替え先が変わるため，個別具体的な支援が必要になる。そのため，市町村が行える支援は情報提供にとどまり，相談や相談援助が期待できる別の専門機関・専門職を紹介することになろう。市町村が相談援助のような継続的なかかわりを行う場合は，例えば高齢者の精神状況を含む健康での支援が必要と保健部局が判断した場合など限定的であるように思われる。

　地域包括支援センターが行う「住み替え」の支援も同様である。地域包括支援センターは在宅の高齢者を支援するため，見守り体制の構築など住み続ける支援や，退院して自宅に戻ってきた高齢者への支援を期待できる。しかし，住

---

28)　川久保・前掲論文（注7）38頁。
29)　もっとも虐待や認知症の徘徊といった個別具体的な問題が認識されている場合には，市町村の保健部局や地域包括支援センターによる支援が行われやすい。
30)　川久保・前掲論文（注7）46頁。

第8章　高齢者の住まいの選択における情報提供・相談　207

み替えによって自宅からいなくなる高齢者への支援は，管轄の問題や物理的な
距離が生じることから期待しにくい。もっとも，「住み替え」を行う前の情報
提供や相談が否定されるわけではない。

　ケアマネジャーによる「住み替え」の支援は業務に含まれており，入院・退
院・介護保険施設への入所の場面での「連絡調整」を行う役割がある。高齢者
や家族にとってもっとも重要な支援者になりえる。介護保険の給付を利用しな
くなる施設への入所ではケアマネジャーがかかわらないこともあるようだが，
入所するまではケアマネジメントの対象であり「連絡調整」を行うべきであろ
う[31]。

Ⅱ　医療サービスの提供に付随する支援

　つぎに，医療保険における支援を検討する。とりわけ退院時に行われること
が多い医療相談において，医療における支援と「住み替え」が具体化されると
いえる。

1　近年の医療政策と医療機関の変化

　近年，医療では，サービスの適正利用を目的とする政策が採られており，医
療機関や患者の状況に影響を及ぼしている。例えば，医療計画の病床分類は，
かつて精神・伝染病・結核・その他という分類であったが，現在は一般病床・
療養病床・精神・感染症・結核の5分類となっている。入院患者が必要とする
医療サービスが異なることを前提に，一般病床と療養病床では人員基準と診療
報酬が異なる。また，医療法にもとづく病院の機能評価では，法改正によって
特定機能病院や地域医療支援病院といった分類が設けられ，特定機能病院では
高度な医療サービスの提供や初診の制限が行われており，地域医療支援病院で
は診療所や地域の病院を支援する役割が求められる。さらに，病院によっては，
すべて同じ分類の病床を持つのではなく，細分化された人員基準や施設基準を
満たし，病棟レベルで異なる機能評価を受ける病院も見られる。こうした病床
分類や病院の機能評価は，基準の設定とそれにもとづく診療報酬の加算といっ
た医療政策によって進められている。

---

31)　江口隆裕「終末期体験録」週刊社会保障3025号（2019）28頁。

208 第2部 理論編

　また，診療報酬では，提供された医療サービスを積み上げる出来高払い方式
の転換が進められており，実際に医療サービスが提供されるか否かにかかわら
ず一定額の診療報酬が支払われる包括払い方式となる傷病が増えている。さら
に基準となる期間を経過した場合に診療報酬を段階的に減らす措置もあり，医
療機関にとっては基準となる期間を超えた入院を避けようとする理由となって
いる。

　これらは，病床や病院の分類および診療報酬を通じて，医療機関や患者に適
切な医療サービスの利用を求める一連の医療政策である。その結果，かつては
可能であった行為，例えば傷病が治癒するまで1つの病院に入院し続けること
やいわゆる大病院を初診で利用することは難しくなっており，医療機関や患者
の行動に変化が生じている。具体的には，傷病の治療中であっても一定期間経
過後に転院や退院が求められるようになっている。そこでは自宅に戻れない場
合に施設に入所することがあり，本章にいう「住み替え」にあたる。そして，
こうした移動には近年変化が見られる。

2　退院時の施設入所

　従前からある施設として，医療の側面が強い老人保健施設と介護の側面が強
い特別養護老人ホームがある。

　老人保健法にもとづく老人保健施設は，病院で治療するまでではない医療
ニーズがある者を入所させる施設であった。自宅に戻ることを目的に，医師や
リハビリテーションを行う職員を配置する施設であり，病院から老人保健施設
を経由して自宅に戻るモデルといえる。現在は，介護保険法にもとづく介護老
人保健施設におおよそ移行しており，医療ニーズがあって自宅での生活に支障
がある者が入所する施設と位置づけられている。しかし，施設の目的から入所
期間が限定されており，長期にわたる入所は難しい。そのため，老人保健施設
に入所したとしても再度「住み替え」を考えなければならない。

　特別養護老人ホームは，もともとは老人福祉法にもとづく養護老人ホームの
一類型であったが，現在は介護保険法にもとづく施設としても位置づけられて
いる。特別養護老人ホームでは（通院や服薬等を除いて）医療ニーズへの対応
を予定していないため，病院から特別養護老人ホームへの移動は，介護ニーズ
があって自宅に戻れないことを想定している。つまり，傷病の治療をしたもの
の介護ニーズがある状態になり，自宅の状況によって生活が難しい者が入所す

る施設である。したがって，長期間の入所を想定しており，入所者が終末期を迎えることもありえる[32)]。

　介護老人保健施設および特別養護老人ホームは介護保険の施設であり，介護保険にいう要介護状態にある者でなければ利用できない。社会保障制度である以上やむを得ないが，高齢者にとっては，自分の医学的な状況とともに退院にかかわる医療保険や介護保険の仕組みを理解することは難しいと思われる。

3　医療相談と高齢者

　医療相談は，こうした患者の不安や疑問の解消に役立つ支援である。そもそも，医療相談は患者の不安や相談に応じる支援として，戦前から行われていた事業である[33)]。当時の医療相談は，制度化されて広く提供されていたわけではなく，病院ごとの実践にとどまり，それが広まっていく経過をたどった。また，多くは看護師による医療相談であり，医療サービスに付随する支援として看護師が行う業務の一部であったといわれる。

　現在，医療相談は主に社会福祉士や精神保健福祉士といった医療ソーシャルワーカーによって行われる業務となっている[34)]。医療ソーシャルワーカーの業務は，療養中の心理的・社会的問題の解決や調整支援，経済的問題の解決・調整支援，退院・転院支援，社会復帰支援，地域活動など多岐にわたっており，医療職とは異なる観点で患者を支援することが求められている[35)]。医療ソーシャルワーカーは，病床100床につき1名以上の配置とされており，配置している医療機関には診療報酬の加算がある。また，回復期リハビリテーション病棟などの病院や病床の機能評価とかかわる配置もあり，政策上，配置が求められている現状にある。さらに，医療ソーシャルワーカーが行った患者の支援内容に応じて診療報酬がつくことがある。つまり，医療相談は，医療サービスに付随して必要となる支援として医療政策で後押しされている，患者にとって有用な支援である。むろん，医療ソーシャルワーカーによる医療相談は，本章にいう情報提供や相談を含む相談援助である。

---

32)　介護保険では看取りを行う特別養護老人ホームに介護報酬の加算をしている。
33)　髙橋恭子『戦前病院社会事業史　日本における医療ソーシャルワークの生成過程』（ドメス出版，2016）15頁。
34)　林祐介『効果的な退院・転院支援　医療ソーシャルワーカーの専門的役割』（旬報社，2019）36頁。
35)　厚生労働省健康局長通知「医療ソーシャルワーカー業務指針」二（1）。

210　第2部　理論編

　また，医療相談の対象者は患者であるが，高齢者にとって利益のある支援である。高齢者は一般に傷病リスクが高く，転倒や誤嚥など他の年齢層にとってはリスクの低い行為であっても，骨折や呼吸困難といった重大な結果を招きかねない年齢層である[36]。実際に，入院患者の約7割は高齢者であり，患者の大半は高齢者である[37]。また，高齢になるほど治癒が遅くなることや，慢性疾患など他の傷病を考慮したうえでの治療を必要とすることなど，高齢者に対する医療には一定の配慮が必要である。つまり，医療における高齢者は，医療サービスの提供において配慮を必要とするだけではなく，入院や通院といった治療によって生活が長期にわたって変わる可能性が高い年齢層である。さらに，個人差があるものの，政策によって変わる医療の現状に戸惑い，理解して適応するのに時間がかかる年齢層とみることも可能であろう。こうした状況では，医療サービスの提供だけではなく，情報提供・相談・相談援助といった支援が必要とされる。

4　医療における支援と「住み替え」

　医療における支援は，医療相談に代表される。病床や病院の機能評価とあわせた専門職の配置や報酬の加算があるため，制度によって手当てされている。具体的に，退院時の医療相談では医療にかかわる今後の見通しと合わせて，在宅や施設入所が検討され，具体的な支援が期待できる。制度上，介護との連携も図られており，例えば医療ソーシャルワーカーからケアマネジャーへ引き継がれるなど，引き続いて相談や相談支援を受けやすい状況にある。さらに，医療相談では患者を支えるキーパーソンを利用した相談援助が行われることが多く，家族を視野に入れた支援も期待できる。

　もっとも，医療相談はすべての病院で行われているわけではなく，もっぱら入院患者への支援を想定しており通院患者が利用できない場合もある。また，入院・退院・施設入所の時点で支援されることが多く，（長期入院をのぞいて）医療相談が長期にわたることは考えにくい。

　高齢期における傷病は今後の生活に大きな影響を与える事柄であり，場合によっては「住み替え」が必要となる。自宅への退院・施設入所のいずれであっ

---

36)　高齢者と医療について，原田啓一郎「高齢者の医療保障と法」社会保障法35号
　　（2019）20頁参照。
37)　前掲注8参照。

ても，高齢者は，自らの状況を踏まえたうえで選択することになる。その際は，自宅の状況や費用などが問題になるが，身体状況を含めた医学的状況がもっとも重要な要素になる。したがって，医療における「住み替え」では医療相談を踏まえて選択することが重要であろう。

Ⅲ　保険外施設介護サービスにおける支援

つぎに，医療や介護と密接にかかわる保険外施設介護サービスについて検討する。近年大きな変化がみられる分野であり，以前からあるサービスと近年見られるサービスともに，「住み替え」の対象として選択されるようになっている。

1　有料老人ホームとサ高住

有料老人ホームは，従前からある民間事業である。有料老人ホームは，老人福祉法にもとづいて設立される施設であるものの，比較的規制が緩い入所施設である。有料老人ホームの運営には制限がなく，事業者によって専門職を含む職員の配置や費用，提供するサービスなどが相当異なる[38]。もちろん，規制がないわけではない。届出を受けた都道府県知事は，国が定めた指針（有料老人ホーム設置運営標準指導指針）にもとづいて指導を行う。

介護保険の施行は，有料老人ホームにも影響を及ぼした。すなわち，特別養護老人ホームなど介護保険の施設介護に切り替えて，介護保険の基準や規制を受ける施設介護サービスを提供するホームが現れた。

現在，有料老人ホームは，おおよそ①介護付有料老人ホーム，②住宅型有料老人ホーム，③健康型有料老人ホーム，に分類される。このうち，②③は，介護保険の要介護認定を受けなくても利用できる施設として位置づけられる。

一方で，近年広まっている施設としてサ高住がある。サ高住は，食事や安否確認，生活相談サービスなどを提供する施設である。サ高住は，施設による介護サービスの提供が必須ではない点で①介護付有料老人ホームと，利用者との間で結ばれる契約が賃貸借契約とされる点で②住宅型有料老人ホームと，介護

38）　有料老人ホームには，ケアハウスや生活支援ハウスなど福祉系だけではなく，高齢者向け優良賃貸住宅などの住宅も含むことがある（矢田尚子「第5章　有料老人ホーム」丸山英氣編著『高齢者居住法』（信山社，2003）101頁（特に108頁）参照）。

が必要になっても契約解除を求められない点で③健康型有料老人ホームと異なる。また，サ高住は，後述する高齢者住まい法にもとづく施設であり，借地借家法の適用を受ける。サ高住は，提供するサービスによっては有料老人ホームと同様に老人福祉法にもとづく規制を受けるものの，福祉的側面が少ない施設といえる。とはいえ，サ高住では入所する高齢者の利用を見越して，実際には介護保険の指定を受けているサービス事業者や，ケアマネジャーが所属する居宅介護支援事業者などと連携していることがほとんどであり，サ高住に住みながら介護保険の給付を利用するモデルが一定程度構築されている。

サ高住は，②住宅型・③健康型有料老人ホームと同じような保険外施設介護サービスとみることができ，費用や提供されるサービスなども多岐にわたっている。また，サ高住も有料老人ホームも施設職員による情報提供や相談が行われており，入居した高齢者や家族に対する支援とみなすことが可能である。もっとも，制度上専門職の配置が求められているわけではなく，介護や医療で行われている相談支援と同じように考えることは難しい。

2　高齢者向け住宅政策と公営住宅

ここまで主に社会保障制度から高齢者の「住み替え」と支援を検討してきたが，高齢者を対象にした住宅政策もある[39]。高齢者住まい法と住宅セーフティーネット法は高齢者の住まいに影響を及ぼす法律である。

2001年に成立した高齢者住まい法は，賃貸住宅に住もうとする高齢者が高齢を理由に契約を断られる場合があることから，公営住宅および民間住宅を整備することで住まいを失うことがないようにするものである。具体的には高齢者向けにバリアフリーかつ（居住）生活相談サービスを提供する住宅の登録を定めており，それがサ高住である。また，都道府県知事による基本計画の策定や市町村長による計画の策定を求めるだけではなく，都道府県知事に独自に基準を設定することを認めており，行政がサ高住の整備に一定程度関与することとしている。

そして，2007年に成立した住宅セーフティーネット法は，高齢者や障害者，低所得者などを要配慮者として支援するものである。賃貸住宅のうち，要配慮者の入居を拒まない住宅を登録して借りやすくしつつ，登録住宅を増やすため

---

39)　片桐由喜「高齢社会の住宅政策　改正高齢者住まい法を契機に」週刊社会保障2632号（2011）44頁。

に改修費用や補助を行う仕組みである。また，居住支援を行う法人を指定することで，入居を希望する者を支援している。2023年4月時点で，登録住宅は約84万戸にとどまり，登録住宅が増えないことや地域での偏りが大きいことが問題として指摘されている[40]。とはいえ，賃貸住宅を探している高齢者にとっては，実際に契約に至らないとしても，高齢者の入居を明示的に拒んでいない住宅を見つけられるという点でメリットがある。

　一方で，高齢者にとっては公営住宅への入居が望ましいこともあるだろう。公営住宅は，時代によって位置づけが変わってきたが，現在でも住宅市場，とりわけ賃貸住宅市場において立場が弱い者が借りやすい住宅である。地方自治体が公営住宅を整備する義務はないため，公営住宅を持たない地方自治体がある一方で，公営住宅を通じて住宅政策を行う地方自治体もある。その場合，高齢者の居住を見越した施策が行われることが多い[41]。例えば，バリアフリーにしたり，高齢者に特化した抽選を行ったりすることがある。また，保証人を不要とすることで身寄りがない高齢者が入居しやすい公営住宅もある。

　こうした住宅における支援は，確実に変わってきている。サ高住は生活相談サービスを提供するため，専門職とは限らないものの実質的な情報提供や相談が期待できる。住宅セーフティーネット法にもとづく登録住宅や公営住宅では情報提供や相談を行う窓口があり，居住支援法人による相談支援も行われている。現在，住まいに関する高齢者や家族を支援しているといえるだろう。

3　介護を見越した予防的転居と支援

　こうした有料老人ホームやサ高住の広まりとともに，近年，高齢者が自立した生活ができなくなることを見越して転居を行うことが見られるようになってきた。いわば介護を見越した予防的な転居である[42]。

　もともと，高齢者が介護を見越した転居を行うことがなかったわけではない。例えば，老齢の親が子どもが生活している市町村に転居することはまま見られたことである。いわば家族の問題であり，高齢期や終末期に子どもに頼る考え方との関連が見られる。

---

40)　国土交通省・住宅セーフティネット制度について〈https://www.mlit.go.jp/jutakukentiku/house/content/001475159.pdf〉（最終アクセス：2023年11月4日）。

41)　小川富由「第8章　地方公共団体による住宅施策」丸山・前掲書（注38）175頁参照。

42)　予防的転居について主に費用負担と提供されているサービスから検討する先行研究として，原田・前掲論文（注6）326頁参照。

214 第2部 理論編

　一方で，近年の動きはサ高住の広まりや有料老人ホームの多様化を背景にし
つつ，子どもに頼らないための選択という側面がある。こうした予防的転居は，
有料老人ホームやサ高住といった民間事業者のサービス提供であるため，公的
な規制はあるものの専門職や行政による情報提供や相談といった支援があるわ
けではない。つまり，壮年期の「住み替え」と同じように，原則として自ら情
報を得て選択肢を検討して判断することになる。実際には，専門誌やweb な
どによって大量の情報が提供されており，事業者も積極的に見学や体験入居を
受け入れている。その意味では，介護や医療のように情報がなかったり理解が
難しかったりして困るわけではない。むしろ情報が多すぎる状況であろう。

　また，自立しており介護ニーズがない高齢者が自宅から「住み替え」る場合，
社会保障制度にもとづく支援はない。もとより自立している個人に対する介入
には自律が必要であり，支援を行う必要はないかもしれない。さらに，ある程
度の収入・資産がなければ予防的転居を行うことは難しいために対象となる者
は多くないし，そうした者は自ら費用を負担して専門家による支援を受けるこ
とも可能である。その意味でも社会保障制度にもとづく支援の対象から外れや
すくなる。

4　保険外施設介護サービスにおける支援と「住み替え」

　保険外施設介護サービスは，その施設の性質によって支援のありようが変わ
る。

　有料老人ホームは，現在に至るまで様々なサービスを行う施設である。専門
職を配置してサービスの質を確保し競争力を高めようとする施設が増えており，
相談や相談援助を行っている施設も多い。看取りを行う有料老人ホームでは，
高齢者が「住み替え」たあと最後まで住むことが可能である[43]。終末期まで
見越した施設として有料老人ホームを考えることも不可能ではない。また，サ
高住では，必須となっている生活相談サービスにおいて，専門職による支援で
はないものの実質的な情報提供・相談が行われている。さらにサ高住では制度
上介護との連携が求められており，介護保険の事業者との結びつきが強い。経
営上のアピールとして，介護事業者による情報提供・相談・相談援助を謳うサ
高住も見られる。そのため，サ高住では，生活相談サービスを提供しつつ，介

---

43)　事前に本人の意向を示すことで，本人が望む形で最期を迎えやすくなる。終末期の
　　意思表示について，原田・前掲論文（注36）25頁参照。

護ニーズについても一定程度支援が見込める状況にある。

　つまり，保険外施設介護サービスは，施設で提供されるサービスそのものが変わるとともに，求められる支援を介護保険の専門機関やサービスに委ねることで事業の展開が図られている。社会保障制度に頼りつつ，一定の高齢者を対象にする施設介護サービスに変化したと言える。

　現在，有料老人ホームおよびサ高住では，入居後や退去に関する法的紛争が見られるようになっている[44]。例えば，有料老人ホームの倒産やサ高住の運営者が変わることによって，入所者に提供されるサービスや支援が大きく変わってしまうことや，契約を解除して「住み替え」る場合に払い戻される金額が約定どおりに支払われないことなどである。これらの紛争は，有料老人ホームやサ高住の運営主体に制限がなく，建設に関する補助金はあっても運営に関する補助金がないことなど理由は様々であるが，保険外施設介護サービス特有の問題である。高齢者が「住み替え」る場合には，こうしたリスクを理解したうえで選択する必要があるだろう。

Ⅳ　高齢者の「住み替え」と支援

1　医療・介護における支援と専門性

　長い実践があり制度上確実な支援である医療相談において，高齢者は患者として支援を受ける。典型的には，入院している高齢者が治療上の見通しが立って，転院・（自宅への）退院・施設への入所のいずれかを選択する場面で受ける相談援助である。そこでは，専門職による支援が行われ，経済問題や家族の問題などに今後にかかわる事柄も考慮される。むしろ，医療相談では，医療をきっかけにして介入することが期待されている[45]。とはいえ，病院から「住み替え」た後は医療ソーシャルワーカーの支援を受けることは難しい。短期的に集中した支援，問題の解決に至らずとも整理する支援，他の専門職につなぐ支援ということができよう。

　一方で，介護における支援は，実態としてサービスを提供する事業者や社会

---

44)　介護契約とその規制について，三輪まどか『契約者としての高齢者』（信山社，2019）59頁以下参照。

45)　林・前掲書（注34）60頁。

216　第2部　理論編

福祉法人から受ける場合があるが，介護保険の創設や改正を経て，制度上は行政・地域包括支援センター・ケアマネジャーといった多様な主体から受ける情報提供や相談である。

　なかでも，ケアマネジャーによる支援は，契約にもとづいているためにもっとも権利性が強く，一対一の支援，かつ長期にわたる支援であるために具体的な情報提供や相談が行われる。制度上，ケアマネジャーの支援は情報提供や相談にとどまっているが，相談援助と評価できるような支援を行うケアマネジャーもいるし，家族を対象にした支援を期待することもできると考える[46]。「住み替え」での典型例は，自宅から介護施設に入所する場合である。現在は施設介護が多様になっているため，どの種類の施設に入るか，具体的にどこの施設に入るかはより難しい選択となっているものの，ケアマネジャーの支援を受けながら，高齢者は考えることができる。

　もちろん，医療や介護における「住み替え」は制度上想定されていることであり，専門職によって一定の質を確保した支援が行われてきた。いいかえると，医療や介護において「住み替え」を検討すれば，情報提供・相談・相談援助を経た選択ができるといえよう。

2　医療・介護における支援と「住み替え」

　医療や介護における情報提供や相談は，制度上担保された支援であり，高齢者に対する支援と考えることができる。とりわけ，介護における支援は高齢者を対象にした支援であり，その仕組みおよび実践は高齢者法と考えることができよう。一方で，高齢者の「住み替え」のそのものを考えると，専門職による支援が必要不可欠とは言えないように思われる。

　本来，自らの生活の場である住まいをどうするかは個人の嗜好が反映され，考慮要素やその比重も個人によって異なる。例えば，居住空間が狭くてよい者がいればそうでない者もいるし，どれほど持ち家や家賃にお金をかけるかも考え方が分かれる。このことは高齢者の「住み替え」と壮年期における「住み替え」に共通する。その場合，支援の必要性，例えば法律にもとづく支援の仕組みや公的な支援の必要性はあるとしても強くはない。そのように考えると，「住み替え」で必要となる支援は，最適解を見つけるための支援ではなく，メ

---

46)　川久保・前掲論文（注7）46頁。

リット・デメリットを理解したり自らの考えを確かめたりして，時間をかけて納得できると思える選択をすることにとどまると考えられる。いわば，よりよい結果とともに考える過程が重要な支援である。

もっとも，このことは医療や介護における支援にも含まれている。しかしながら，医療や介護における専門職による支援では，医療や介護の要素が反映される。例えば，医療では治療やリハビリを継続して受けることが優先され，そのための環境が整えられることになるし，介護では介護サービスを受けて，要介護状態の維持や生活環境の改善が図られる。つまり，医療や介護における支援は，あくまで医療や介護のための支援であり，生活の場の選択という「住み替え」はそのための手段や生じる結果にすぎない。いわば，（本人による選択ではなく）本人のためにする選択であり，結果こそが重要といえる。相談援助によってそれまでに抱えていたり本人が気づいていなかったりした問題が解決して，当初は採りえなかった選択ができて本人が望んでいる「住み替え」に至ったとしても同様である。場合によっては，専門職が考える「住み替え」が本人の価値観と衝突することもあるだろう。

とはいえ，医療や介護をきっかけにした支援それ自体は，医療や介護以外を見越した支援が専門職によって行われるため意味がある。また，「住み替え」が複数回行われる場合には今後の見通しを含めた支援が必要であり，その意味でも医療や介護における支援は有用である。自宅から保険外施設介護サービスへの「住み替え」時にも，専門職による情報提供や相談を得られる仕組みを導入することも１つの考えであろう。

3 保険外施設介護サービスの広まりと高齢者の支援

保険外施設介護サービスの広まりによって選択肢が増えたこと，高齢者の予防的な転居が可能になったことから，高齢者の「住み替え」における支援は変容している。

かつて，医療や介護における支援を経て「住み替え」る場合，自宅に戻ることを第一にしつつ，それが難しい場合に老人保健施設や特別養護老人ホームといった公的な施設介護の利用や有料老人ホームの利用が検討されていた。現在，医療や介護の制度が変わってサービスが増えたことによって自宅に戻る可能性は広がっているが，自宅や家族の状況，何より本人の状況によって施設介護となる高齢者はいまだに多い。その意味では，保険外施設介護サービスの広まり

それ自体は，選択肢が増えるために望ましいことである。選択肢が増える分，高齢者の価値観に沿った生活の場が増えることにもつながる。

しかし，医療や介護における支援と異なり，保険外施設介護サービスにおける支援は，制度上専門職による提供となっていない。また，医療や介護における支援を経て保険外施設介護サービスに「住み替え」る場合は，専門職による支援を受けながら高齢者が判断することになるが，高齢者が予防的に自宅から「住み替え」る場合には，専門職による支援がないままに高齢者が判断することになる。保険外施設介護サービスは社会保障制度のサービスよりも競争原理が働きやすく，web などを使った情報提供が積極的に行われるため，よりよい選択を行う場合には，多くの情報を分析して理解することが必要である[47]。予防的な「住み替え」を行う高齢者は，終末期を迎える高齢者ではなく，より若い高齢者であると思われるが，大量の情報を分析して自らにとって適切な選択を行うことは簡単ではない。有料老人ホームやサ高住には，老人福祉法や高齢者住まい法といった規制が及ぶものの，提供されるサービスや施設の管理など届出事項の遵守を通じたサービスへの規制が中心である。その意味では，有料老人ホームやサ高住で行われている情報提供や相談は，サ高住の生活相談支援サービスのように制度上確立している部分と，有料老人ホームでの相談のように実践に頼る部分が混在している。これらは，法的な位置づけは異なるものの，高齢者の「住み替え」固有の情報提供や相談であり，それをもって高齢者法として位置づけることができるだろう。

もっとも，保険外施設介護サービスでは，広告規制や契約締結時の働きかけなどサービスに付随する事柄の規制は十分とはいいがたい。また，サ高住の契約は借地借家法の適用を受けるものの宅地建物取引の対象ではなく[48]，事業者に十分な説明を行わせるための制度上の保障は不十分である。これらの改善を図ることが期待される。

4 行政への期待と支援の限界

そのため，行政への“期待”が存在することは確かである。法律上，行政には事業者の指定や取消しにまつわる権限の行使や，診療報酬・介護報酬・公金

---

47) 高齢者の立場でポイントを示すものとして，本澤巳代子監修『サ高住の住み替え方』（信山社，2019）参照。

48) この点について本澤巳代子教授よりご示唆をいただいた。

支出の審査・支払にかかる権限があり，立入検査や監査，指導を通じて事業者に対する規制を行う。一方で，医療や介護における支援が専門機関・専門職によって行われるようになり，行政による支援は，窓口に来る市民や相談者を拒むものではないが，制度上は情報提供や相談に重点がおかれるようになっており，行政が個別具体的な支援である相談支援を行う場合は，虐待など限定的な事例に限られるといえる。つまり，行政の役割は，個別具体的な支援を行う責務よりも，専門機関による支援を行わせるための仕組みを構築することに重点がおかれている。医療や介護における変化を考えると，高齢者の「住み替え」について，行政がみずから適切な相談支援を行うことは難しいと思われる。

　また，事業者に対する行政の規制はサービスに関する規制が中心であり，そこでは情報提供・相談・相談支援といったサービスではない支援を評価する項目は少なく，職員の配置や説明会の実施など提供体制の整備をもって評価されるにとどまる。行政による規制によって，保険外施設介護サービスにおける支援の提供体制を構築することはできても，その実効性を確保することは難しいと思われる。保険外施設介護サービスにおいてより積極的に情報提供や相談などの支援を行うとすれば，行政が自ら行うよりも，支援を行う機関を設置する方が実効性のある支援を行えるのではないだろうか。将来的には，こうした行政による「住み替え」の支援を充実させつつ，高齢者が予防的な「住み替え」を行う場合には，自ら相談援助を確保することが必要かもしれない[49]。

おわりに

　本章では，高齢者の「住み替え」に着目して，医療や介護，保険外施設介護サービスにおける情報提供や相談，相談援助を検討してきた。医療や介護における「住み替え」の支援は充実している一方で，サ高住のような保険外施設介護サービスにおける「住み替え」は，生活相談支援サービスなどがあるものの，専門職による支援ではなく，高齢者が選択を行う際に不安があることを指摘した。一方で，サ高住において生活相談支援サービスを行わせていることそれ自体は，高齢者が「住み替え」で支援を必要とすることから設けられた制度であり，高齢者法として考えることができる。

---

49)　弁護士など法律家による相談や独立型社会福祉士による相談などがわずかにみられるが，どれほど本人の価値観を活かす選択となるかは実際の関係による。

220　第2部　理論編

第9章

中国の高齢者をめぐる法制度
―高齢者権益保障法を中心として

余乾生

はじめに

　高齢化は世界的な現象であり，世界各国は高齢者をめぐる法的課題に注目しつつある[1]。中国では高齢化の急激な進行とともに，高齢者をめぐる法的課題に対応し，1996年に高齢者権益保障法が制定された。その後，2012年に本法の抜本的な法改正が行われ，その他の立法や法改正ともあわせて，高齢者をめぐる法制度の構築が加速している。そして，高齢者権益保障法以外には，憲法，民法，刑法，労働法，社会保険法，行政法規・規則および地方立法などにおいて，高齢者をめぐる法制度に関する規定がみられる。このような状況を背景に，高齢者をめぐる法制度に関する学問の蓄積もみられる。

　本章は，このような中国の高齢者をめぐる法制度の全体像を明らかにするために，主要な法規定を整理し，法制度のとらえ方を検討し，その現状を確認する（本章Ⅰ）。次に，高齢者を対象に特別に設けられた高齢者権益保障法を取り上げて，この法律の沿革，条文の構造および特徴を確認・分析し，中国の高齢者をめぐる法制度の具体的な仕組みを明らかにする（本章Ⅱ）。最後に，上記の検討のまとめを行い，中国の高齢者をめぐる法制度の課題を提示する（おわりに）。

---

1)　世界各国および日本における，高齢者をめぐる法的課題に関する研究の動向は本書第1章「高齢者法をとりまく状況と理論」を参照。なお，高齢者をめぐって，中国では，社会学，人口学，老年学，老年医学などの分野において，多種多様な議論が存在する。本章は高齢者権益保障法を中心とする法制度上の高齢者像に限定して検討を展開する。

I　中国の高齢者をめぐる法制度の全体像

1　高齢者をめぐる主要な法規定

　中国の高齢者をめぐる主要な法規定は，憲法，民法，刑法，労働法，社会保険法，高齢者権益保障法，関連の行政法規および地方立法などにまとめられよう。具体的には以下のとおりである。

　最初に，中国の憲法（2018）においては，国民の人権（33条3項），仕事から引退した後の保障（44条），国民が国から物質的な支援を受ける権利（45条1項），子が親を扶養する義務（49条3項）および高齢者の婚姻の自由と虐待の禁止（49条4項）が高齢者をめぐる法規定として挙げられる。これらの規定は抽象的であり，以下の民法典，刑法，高齢者権益保障法などを通じて，高齢者をめぐる法制度を具体化している。

　次に，民法通則などを廃止して新たに制定された民法典（2020年成立，2021年施行）には，諸々の高齢者関係の条文が存在する。具体的にみると，まず，民法典総則においては，子が親を扶養する義務（26条2項）および成年後見制度の規定（21条から24条，28条から39条）が挙げられる。そして，民法典第5編の「婚姻と家族」においては，①高齢者の「権益[2]」保障の原則（1041条3項）および家族における敬老の原則（1043条2項後段）が規定されている。②高齢者の扶養に関しては，夫婦間の扶養義務（1059条），子が親を扶養する義務（1067条2項，1071条1項），養子縁組による養子の養親を扶養する義務（1111条1項），再婚後の父母に対する子の扶養義務の継続（1069条後段），父母の再婚相手と子の間の互いに対する扶養義務（1072条2項），孫が祖父母を扶養する義務（1074条2項），高齢の兄姉に対する弟妹の扶養義務（1075条）などが定めら

---

2)　「権益」という表現は，中国の法律でしばしば使用されている。本文の民法典1041条3項以外に，例えば，高齢者権益保障法1条，消費者権益保護法1条，女性権益保障法1条，障害者保障法1条，未成年者保護法1条などが挙げられる。「権益」の解釈について，特殊なグループの権利（法律出版社法規センター編『中華人民共和国婚姻法注釈付きバージョン』（法律出版社，2017）7頁（法律出版社法規中心编．中华人民共和国婚姻法注释本［M］．北京：法律出版社，2017：7.)），法的に規定される権利と保障すべき利益（麦鋭『中華人民共和国高齢者権益保障法注釈付きバージョン』（法律出版社，2014）3頁（麦锐．中华人民共和国老年人权益保障法注释本［M］．北京：法律出版社，2014：3.)）などがある。「権益」の概念は合意されたものではないといえよう。

222　第2部　理論編

れている。さらに，民法典第6編の相続の枠組みは，全体的に高齢者と密接に関係している。民法典における高齢者をめぐる規定は，上記憲法の関連規定の具体化という側面をもっている。一方，これらの規定は，民法という一般的な法分野において高齢者をその一部として規定しており，とりわけ扶養関係などについて定めたものである。

　続いて，中国の刑法（2020年第11の修正案が成立，2021年施行）においては，満75歳以上を要件として，高齢者の刑罰の軽減を図る制度がある。それらは，刑事責任の軽減（17条の1），死刑の不適用（49条2項）および刑の執行の猶予（72条1項）である。そして，高齢者虐待（260条の1），高齢者の遺棄（261条）など高齢者に対する犯罪およびその刑罰が規定されている。これらの規定は，いずれも年齢を重要な基準としており，高齢者の特徴を考慮している。しかし，刑法の一般規定の一部であるため，高齢者に的を絞って総合的に規定しているものではない。

　そして，中国の労働法分野においては，定年・退職との関係で，高齢者をめぐる規定をおいている。例えば，退職制度を規定している「高齢，障害などの幹部の処遇に関する暫定弁法」と「労働者の退職に関する暫定弁法」という2つの国務院が発令した行政法規（国発（1978）104号）が高齢者をめぐる主要な法規定として挙げられる。ただし，これらの規定は労働から引退するプロセスに焦点をあてたものである。

　また，中国の各社会保険制度について規定する社会保険法[3]，最低生活保障制度などを規定する，行政法規としての社会救助暫定弁法[4]は高齢者をめぐる法規定と考えられる。これらの規定は，高齢者を重要な対象者として想定しているが，後述の高齢者権益保障法ほど高齢者の特徴に着目しているとはいえな

---

3)　社会保険法は2010年に制定，2011年に施行，2018年末に法改正された法律である。主として，養老保険（年金），医療保険，労災保険，失業保険（雇用保険），育児保険について規定している。2019年3月に，中国の国務院弁公庁が「全面的に育児保険と被用者基本医療保険の合併実施を推進することに関する意見」（国弁発（2019）10号）（《国務院办公厅关于全面推进生育保险和职工基本医疗保险合并实施的意见》（国办发（2019）10号））を交付し，2019年末までに，全国範囲で，育児保険と医療保険の合併実施を目指していたが，現在の具体的な状況はまだ明らかになっていない。そして，この動向に応じて，社会保険法自体の改正の動きもまだみられていない。

4)　社会救助暫定弁法は国務院が2014年に制定・施行した行政法規であり，2019年に改正された。2020年9月に，中国は社会救助暫定弁法が規定する社会救助（生活保護）制度を踏まえ，社会救助法草案（意見公募）を公開し，本格的に国レベルの立法化を目指している。

い。

　最後に，上記の高齢者をめぐる法規定とは異なり，中国の高齢者権益保障法は，高齢者を対象として，高齢者のために特別に立法されたものであり，高齢者の特徴に着目して規定されているといえよう。具体的には本章Ⅱで説明する。またこの法律に基づいて，中国の各省，自治区，直轄市などには高齢者権益保障条例という地方立法がある。例えば，2018年に制定された河北省高齢者権益保障条例，同年に制定された上海市高齢者権益保障条例などが挙げられる[5]。

　本章は上記の高齢者をめぐる主要な法規定などを総じて，中国の高齢者をめぐる法制度の範囲内に位置づける。そして，高齢者権益保障法は，高齢者の特別立法という点で，そのなかの一番重要なものであるといえよう。

2　高齢者をめぐる法制度のとらえ方

　前述した高齢者をめぐる法制度の範囲以外に，高齢者をめぐる法制度のとらえ方に関する議論も徐々に出現してきた[6]。しかし，このような議論はまだ始まったばかりであり，整理もされていない状態である。以下では，「高齢者をめぐる法体系」，「高齢者をめぐる法分野」および「法制度における高齢者像」という3つの側面から高齢者をめぐる法制度のとらえ方を整理したい。

2.1　高齢者をめぐる法体系

　そもそも，中国の高齢者をめぐる法体系の存在の有無について，学説が大きく2つの立場に分かれている。1つは，高齢者をめぐる法制度は存在するが，その法体系自体はまだ構築されていないとする立場である[7]。もう1つは，高齢者をめぐる法体系はすでに存在するが，さらなる改善を必要とする立場である[8]。

　次に，高齢者をめぐる法体系のあり方について，以下3つのモデルが考えられる[9]。それらは①高齢者を対象に，特別な立法を行うモデル，②特別な立法ではなく，高齢者と関係する既存の各法律（民法・刑法など）の中に，高齢者

---

5)　高齢者権益保障条例という形式の地方立法は高齢者権益保障法の制定以前にもみられる。例えば，北京市高齢者権益保障条例は1995年に制定され，2013年に法改正が検討されたが，まだ改正されていない。北京市司法局「『北京市高齢者権益保障条例』の法改正のための検討会が市民生局で開かれる」《北京市老年人权益保障条例》立项论证会在市民政局召开）北京市政府 HP〈http://sfj.beijing.gov.cn/sfj/sfdt/ywdt82/jcgz20/478924/index.html〉（最終アクセス：2020年2月27日）。

224 第2部 理論編

に対する規定を設けるモデル，③上記①のモデルを主要なモデルとして，上記
②のモデルを補助的に利用する混合モデルである。そのうち，②のモデルを支
持する説は少数であるが，高齢者をめぐる法体系の概念は相対的であり，例え
ば高齢者法典といった特別な立法を目指すべきではなく，民法・刑法・労働法
など様々な法分野に委ねるべきであると主張する説がある[10]。これに対して，
③のモデルを支持する説は多数である。これらの説では概ね，高齢者権益保障
法という特別な立法およびその法実務上の役割が評価され，この法律を中核に，
既存の各法律などがこれを補完するという中国の特徴にふさわしい法体系のあ
り方が主張されている[11]。なお，単独で①のモデルを支持する説はまだ見あ
たらない。

　続いて，高齢者をめぐる法体系の理念について，学説により様々な理念が述

---

6)　李春斌「人口高齢化の法的対応—高齢者をめぐる法学の立法モデルおよび体系の構築
　　を中心に」甘粛社会科学2011年2号（2011）150～153頁（李春斌．人口老齢化的法律应
　　对—以老年法学的立法模式和体系构建为中心［J］．甘粛社会科学，2011（2）：150-153.
　　以下，李①という。），王文軍＝劉雲ほか「中国の高齢者をめぐる法制度の体系の構築を
　　論ずる大綱」大連海事大学学報12巻3号（2013）49～53頁（王文军，刘云，潘重阳．中
　　国老齢法制体系构建论纲［J］．大连海事大学学报（社会科学版），2013（12-3）：49-
　　53.），肖金明「健全の中国的の高齢者をめぐる法体系の試み」法学論壇147号（2013）
　　27～35頁（肖金明．构建完善的中国特色老年法制体系［J］．法学论坛，2013（147）：
　　27-35.），孫娟娟「高齢者をめぐる法学という学問の構築に関する若干の課題の検討」
　　老年科学研究2巻2号（2014）3～11頁（孙娟娟．关于老齢法学学科建设若干问题的探
　　讨［J］．老齢科学研究，2014（2-9）：3-11.），李金杏「高齢者の権益を保護する法体系
　　の健全化を図る—高齢者をめぐる精神扶養の法制度の構築を視点として」財経政法情報
　　2014年2号（2014）61～65頁（李金杏．完善保护老年人权益的法制体系—以建立老年精
　　神赡养法律制度为视角［J］．財经政法资讯，2014（2）：61-65.　以下，李②という。），
　　晏英「日本における高齢者権益保障の法体系およびその示唆」中華人民共和国共産党山
　　西省委員会党校学報2017年10号（2017）91～94頁（晏英．日本老年人权益保障的法律体
　　系及其启示［J］．中共山西省委党校学报，2017（10）：91-94.），肖輝＝孫文勝「我が国
　　における高齢者をめぐる法学の学問および高齢者をめぐる法体系の構築の試み」河北法
　　学35巻1号（2017）107～118頁（肖辉，孙文胜．构建我国老年法学学科和老年法体系初
　　探［J］．河北法学，2017（35-1）：107-118.）。
7)　王ほか・前掲論文（注6）49頁，肖・前掲論文（注6）27頁，晏・前掲論文（注6）
　　93頁。
8)　李①・前掲論文（注6）151頁，李②・前掲論文（注6）62頁，肖ほか・前掲論文
　　（注6）114～115頁。
9)　李①・前掲論文（注6）150～151頁。
10)　王ほか・前掲論文（注6）49，51～53頁。
11)　李①・前掲論文（注6）151～153頁，肖・前掲論文（注6）27～28頁，李②・前掲
　　論文（注6）63頁，晏・前掲論文（注6）93～94頁，肖ほか・前掲論文（注6）114～
　　116頁。

べられている。例えば，高齢者をめぐる法律・法規を社会法に分類し，社会法における理念は高齢者をめぐる法体系に及ぶと主張した上で，ａ）中央政府が定めた高齢者に関する政策の理念（例：各五か年計画における高齢者に関する理念），ｂ）すべての高齢者が平等に保障を受けられる普遍主義の理念，ｃ）国（政府）の責任を基礎として，社会の力も利用する責任分担の理念，ｄ）中央政府の法律のみならず，地方立法も重視する理念，ｅ）中国国内の状況への適応を優先し，外国の経験を補助的に取り込む理念を主張する説がある[12]。また，前説と異なる視点から，①積極的に高齢化に対応する理念，②特殊なグループの権益を保障する理念，③社会における公平および正義を取り込む理念，④総合的・調和的・持続可能な法体系を構築すべきという理念，⑤共同責任の理念などを主張し，それらの理念は，ア）人権保障，イ）公平や正義，ウ）科学的な発展を目指し，責任や義務を分担させる理念に由来すると主張する説もある[13]。しかし，上記の様々な理念の関係性などについては分析されていない。

2.2　高齢者をめぐる法分野

中国では，高齢者をめぐる法分野はまだ存在しないが，これから構築すべきであると主張されている。以下ではこのような高齢者をめぐる法分野のとらえ方に関する学説を整理する。

高齢者をめぐる法分野は高齢化の急速な進展[14]，人権保障の観点からみられる高齢者グループの弱者性[15]，高齢者の問題に対応する既存システムの不備[16]，中国の科学的な発展への要請[17]などから，その構築の必要性が主張されている。

高齢者をめぐる法分野の性質については，3つの説がある。①法学とその他高齢者をめぐる科学の交差領域であると主張する説[18]。②理論法学をベースに，法学に共通する方法で，隣接の法律の学問，一般法学およびその他特別な法学の研究成果を吸収し，並びに高齢者をめぐる法分野に関する実践を踏まえて構

---

12)　王ほか・前掲論文（注6）49〜50頁。
13)　肖・前掲論文（注6）27〜28頁。
14)　孫・前掲論文（注6）3〜6頁，肖ほか・前掲論文（注6）108頁。
15)　孫・前掲論文（注6）6〜7頁。
16)　肖ほか・前掲論文（注6）109頁。
17)　孫・前掲論文（注6）7頁。
18)　孫・前掲論文（注6）8頁。

築された新たな独立した学問であると主張する説[19]。また，③高齢者をめぐる法的現象およびそこに内在する論理について，基本理論の研究，高齢者をめぐる国内立法の研究，比較法研究およびその他の関連研究を行う体系的な学問であると主張する説である[20]。

続いて，高齢者をめぐる法分野の研究対象は，法制度の歴史，現行法制度，他国の法律，高齢化による法的課題などであるとする説がある[21]。加えて，高齢者の権益保障および高齢者をめぐるあらゆる社会関係を調整することであるとする説もある[22]。

さらに，高齢者をめぐる法分野の理念について，①高齢化の社会的な価値および高齢者個々人の社会的価値には，プラス・マイナスの両側面があり，プラスの側面をさらに模索・利用する理念，②絶対的な利益の均等化という「利益の平等」ではなく，いかなる年齢であっても尊厳を持ち，差別されず，社会の経済発展に平等に参加する権利・機会を有するという「年齢の平等」を重視する理念が主張されている[23]。しかし，高齢者をめぐる法分野の各理念の関係性，またはこれらの理念と上記高齢者をめぐる法体系の各理念との関係性などは論じられていない。

最後に，高齢者をめぐる法分野の特徴として，現存の法分野と異なり，新しい学問であると主張する説がある[24]。このような新しい学問の意味するところとして，①高齢者をめぐる法分野は，伝統的な法分野を超えて，家族法，相続法，刑法などの法分野に加えて老年学などほかの学問分野と交差する点から生ずる複合的な性格があることが指摘されている[25]。②高齢期のみを研究すれば足りるものではないという広範性，中年世代を中心に社会を考える思考パターンから高齢世帯を十分に考慮した思考パターンへの転換の必要性があること[26]，③理論と実務を結びつける研究手法の特殊性があることも主張されている[27]。

---

19) 李①・前掲論文（注6）150頁。
20) 肖ほか・前掲論文（注6）110～111頁。
21) 孫・前掲論文（注6）8頁。
22) 肖ほか・前掲論文（注6）109～110頁。
23) 孫・前掲論文（注6）10頁。
24) 以下，孫・前掲論文（注6）7～9頁。
25) 孫・前掲論文（注6）8～9頁，肖ほか・前掲論文（注6）111～112頁。
26) 孫・前掲論文（注6）9頁。
27) 肖ほか・前掲論文（注6）109頁。

2.3　法制度における高齢者像

第3章「高齢者の人間像」のとおり，本書の研究テーマである高齢者法分野を確立させるためには，高齢者の人間像を明らかにする必要がある。これまでの中国の高齢者をめぐる法制度に関する学説から，法制度における高齢者像もある程度整理できる。

具体的には，①高齢者をグループとしてとらえて，それを高齢化の現象として理解する一方で，高齢者を個々人としてもとらえる考え方がある[28]。この2つのとらえ方が必ずしも矛盾しないとも主張している。また，②高齢者を特殊なグループとしてとらえて，その特殊性は高齢者が弱者あるいは保護される対象であることに由来するというとらえ方が多くみられる[29]。他方で，③同様に高齢者を特殊なグループとしてとらえるが，その特殊性は高齢者が社会にプラスの価値を生み出せる強い存在であることに由来するというとらえ方もある[30]。

2.4　法制度の特徴

以上の学説によると，高齢者をめぐる法体系のあり方について，多くの学説は上記2.1③の混合モデルを支持しており，高齢者権益保障法を重視し，この法律を高齢者をめぐる法体系の中核として位置付けている。混合モデルでは，高齢者をめぐる法体系は，高齢者権益保障法を中心に，様々な法律を含む横断的な法体系となる。そして，高齢者をめぐる法体系については，様々な理念が主張され，必ずしも合意されたものがあるとは言いがたい。同様に，高齢者をめぐる法分野については，その必要性，性質，研究対象，理念，特徴がある程度述べられているが，それぞれの学説は異なる側面に注目している。学説により高齢者をめぐる法分野は横断的な学問であることが読み取れる。

このような中国の高齢者をめぐる法体系，高齢者をめぐる法分野の横断的な側面は，本書の主要な検討対象である，日本における高齢者法分野の横断的な特徴[31]と一致している。また，上記の高齢者像の議論，とりわけ，高齢者の

---

[28]　孫・前掲論文（注6）7～8頁。孫は「高齢」（社会現象であり，高齢者個々人も含まれる。）と「高齢者」（高齢者個々人）を区別し，その区別に依拠して，細かく「高齢者をめぐる法制度」に関する表現（概念）を分類している。

[29]　李①・前掲論文（注6）152～153頁，孫・前掲論文（注6）10頁，李②・前掲論文（注6）65頁，肖ほか・前掲論文（注6）108頁。

[30]　孫・前掲論文（注6）10頁。

特殊性に注目し，グループと個人，弱者と強い存在の対比を意識している点は本書の高齢者の人間像の議論（第1章から第3章）に親和性がある。さらに，上記法体系と法分野の議論における様々な理念は，第1章「高齢者法をとりまく状況と理論」で列挙されている高齢者法分野の法理念と類似するものがある（例えば，社会法の理念，特殊なグループの権利保障，年齢の平等など）。したがって，中国の学説と本書の議論の方向性は共通しているといえよう。

　しかし，当然，異なる点もある。中国の高齢者をめぐる法制度に関する学説は，法体系と法分野を別々に取り扱い，法体系にかなり注目している。これに対して，日本における高齢者法分野の議論は，中国の高齢者をめぐる法分野の議論により近いと考えられる。中国の学説がより法体系に注目している理由は，高齢者に対する特別立法である高齢者権益保障法の存在が大きな要因となろう。中国の高齢者をめぐる法制度に関する学説は，現段階では，上記で整理した議論にとどまる。今後，各学説の関係性，法理念についての詳細な分析，高齢者像の是非，中国の高齢者をめぐる法制度のあるべき姿の検討などをさらに行う必要がある。また，中国の高齢者をめぐる法制度に関する学説は理論上の大局的な整理であり，本書序文の3「本書の射程」にいう具体的な課題からアプローチする視角が欠けている。この点も今後の課題となろう。ただし，上記（本章Ⅰの1）の高齢者をめぐる主要な法規定の検討で明らかにしたとおり，高齢者権益保障法は高齢者の特徴に着目し，特別に設けられた法律であるため，重要なものである。学説でも，極めて重視されており，今後の研究を進めるための核とされている。そこで，以下では，高齢者権益保障法の枠組みを紹介することで，中国の高齢者をめぐる法制度の具体的な仕組みを明らかにしたい。

Ⅱ　高齢者権益保障法の枠組み

　本章の高齢者権益保障法の具体的な整理は，本法の①沿革・条文の構造および②その特徴という2つの側面を中心とする。というのも，中国においてこの2つの側面を詳細に研究する論文が少ないからである。また，これらを日本に紹介する文献も多くはない[32]。

---

31)　関ふ佐子「第1章　高齢者法の意義」樋口範雄＝関ふ佐子編著『高齢者法　長寿社会の法の基礎』（東京大学出版会，2019）22～25頁。

第9章　中国の高齢者をめぐる法制度　　229

1　沿革と条文の構造

1.1　法の制定と4回の法改正

　中国の高齢者権益保障法は1996年第8期全国人民代表大会常務委員会第21回会議により成立し，「1996年8月29日中華人民共和国主席令第73号」により公布され，同年10月1日に施行された。この立法は高齢者をめぐる課題を正面から取り扱っており，重要な意義を有している。その後，2022年1月現在までに，2009年，2012年，2015年，2018年の計4回の法改正を経た（以下，高齢者権益保障法を「高権法」という。さらに，1996年の高権法および2012年の法改正後の高権法を，それぞれ「1996年法」と「2012年法」という。）。

　4回の法改正のなかで，2009年，2015年，2018年の法改正はいずれも大きな法改正ではなく，高権法の総則についての改正もなかった。これに対して，2012年には総則を含む，高権法の全体に及ぶ抜本的な法改正が行われた。この法改正の後，高齢者をめぐる課題にさらなる注目が集まり，2012年法は高齢者の小憲法と呼ばれることもある[33]。

　上記の経緯から，高権法の枠組みは，高齢者をめぐる課題について正面から規定する1996年法により構築され，抜本的な法改正を経た2012年法により現在の姿になった。したがって，高齢者をめぐる法制度の具体的な仕組みを明らかにするために，以下では1996年法および2012年法の構造を取り上げて分析する[34]。

---

32)　高齢者権益保障法を日本に紹介する文献としては，以下の文献が代表的なものである。宮尾恵美（海外立法情報調査室）「中国　高齢者権益保障法の改正（2012年改正）」国立国会図書館HP〈http://dl.ndl.go.jp/view/download/digidepo_7544690_po_02540209.pdf?contentNo=1&alternativeNo=〉（最終アクセス：2020年2月12日），清水由賀「改正『高齢者権益保障法』と中国の高齢者政策―『頻繁に親元に帰れ』条項に着目して」社学研論集23巻（2014）121～133頁，朴光駿「中国高齢者権益保障法2012年改正の内容と課題」佛教大学社会福祉学部論集10号（2014）33～47頁。

33)　呉国平「高齢者権益の法的保障に関する研究」広州大学学報（社会科学版）16巻3号（2017）31頁（吳国平．老年人权益的法律保障研究［J］．广州大学学报（社会科学版），2017（16-3）：31.）。

34)　1996年法から2012年法への条文の改正表は，拙稿「中国の高齢者権益保障法の立法府解釈（1）」横浜国際社会科学研究25巻2号（2020）109～118頁参照。なお，1996年法の条文は，上坪陽「アジアの高齢者法（2）中国老人権益保障法」月刊ゆたかなくらし257号（2003）54～59頁，2012年法の条文は「中華人民共和国高齢者権益保障法（和文仮訳）」JICAのHP〈https://www.jica.go.jp/china/office/others/pr/ku57pq0000226d5k-att/houritu_01.pdf〉（最終アクセス：2020年2月23日）を参照されたい。

230　第2部　理論編

1.2　1996年法の制定とその構造

(1)　制定の背景

　1996年法の制定の社会的背景としては，高齢化の進展が顕著にみられたことが挙げられる[35]。続いて，高齢者政策についてみると，国レベルでは「家族扶養」が主要な「養老[36]」のあり方として認識されつつ，「養老の社会化」も避けられない傾向として認識されていた[37]。さらに，養老保険（年金）制度は「社会養老」の一番重要な手段として位置づけられた[38]。また，1994年12月14日に中央政府の10部門の連名で「中国の高齢事業に関する7年間の発展要綱（1994〜2000）」が作成された。これには，政府が主導し，高齢者のために行われ，幅広い内容を有する「高齢事業」が規定された。地方レベルでは，全国各地において，高齢者の精神扶養，住宅などのニーズに対応する様々な政策が実施されていた[39]。

　次に，高齢者に関する立法の状況をみると，①高齢者に関する法規定（憲法，

---

35)　劉伝江「中国の人口高齢化の将来と対策の専門家の検討会に関する要約」社会学研究1993年6号（1993）108〜110頁（刘传江．中国人口老龄化前景与对策专家研讨会综述［J］．社会学研究，1993（6）：108-110.），阿計「天に代わって道を行う：中国は高齢者のために立法している」政府法制1996年11号（1996）7〜8頁（阿计．替天行道：中国为老年人立法［J］．政府法制，1996（11）：7-8.），徐周同「銀色の潮：中国の世紀の変わり目の衝撃波—『高齢者権益保障法』の実施に際して」社会工作1996年5号（1996）7〜8頁（徐周同．银色浪潮：中国世纪之交冲击波—写在《老年人权益保障法》实施之际［J］．社会工作，1996（5）：7-8.），相自成「人口高齢化およびその法的対策—中国最初の『高齢者権益保障法』を評価して」中国法律1996年4号（1996）12頁（相自成．人口老龄化及其法律对策—评中国第一部《老年人权益保障法》［J］．中国法律，1996（4）：12.），楊文忠「高齢者権益保障法の実施に当たって注意すべき若干の問題」河北法学1997年2号（1997）42頁（杨文忠．实施老年人权益保障法应注意的几个问题［J］．河北法学，1997（2）：42.）。

36)　ここで「養老」は社会政策などの分野における社会問題として認識されている。阿・前掲論文（注35）10〜11頁，徐・前掲論文（注35）8頁。「養老」は一般的に①老後生活を営む，②高齢者を養う（扶養する）ということを意味する。なお，「養老」を「扶養」と同一視する見解もみられる。清水・前掲論文（注32）121頁。また，「養老」の内容は所得，医療，介護，精神など幅広いものであり，中国では，とりわけ，高権法における「養老」の概念に関して，合意された定義があるとはいえない。

37)　阿・前掲論文（注35）10〜11頁。

38)　徐・前掲論文（注35）8頁。

39)　例えば，高齢者の精神扶養のニーズに対応して，当時上海市では高齢者に付き添い，家事・話し相手などをして賃金を得る「陪老員」がおり，天津市では高齢者の話し合いの場としての「高齢者チャットステーション」が存在した。徐・前掲論文（注35）8〜9頁。また，高齢者の住宅のニーズに対応して，全国各地で高齢者福祉施設が建設された。阿・前掲論文（注35）11頁。

法律，地方立法[40]）は存在していたが，体系的なものではなかったため，人々に十分な影響を及ぼしていなかったと評価された[41]。②当時中国では，社会的弱者の権利を保障・保護するために，1990年の「障害者保障法」，1991年の「未成年者保護法」，1992年の「女性権益保障法」が制定され，高齢者も社会的弱者としてとらえられ，高齢者のための特別立法の制定が主張された[42]。

最後に，社会の高齢者に対する動向をみると，文化大革命の影響により敬老・養老の伝統的な美徳を喪失する傾向がみられた[43]。さらに，高齢者が「余計なもの」，「重荷」であるという論調が現れた[44]。その論調に対抗し，政府主導で高齢者の価値が唱えられた。そして，社会的に高齢者虐待など，高齢者の権益を侵害するケースも多く存在していた[45]。

(2) 1996年法の構造

1996年法は全50条で構成され，6章に分かれている。

第1章（1条から9条）は「総則」であり，その内容は主として，①高齢者の権益保障，高齢事業の発展，敬老・養老の美徳の発揚という3つの法の目的（1条）と，②高齢者（満60歳以上）の定義（2条）である。第2章は「家族扶養[46]」であり，家族の役割を規定している（10条から19条）。第3章は「社会保障」であり，国・社会[47]の役割を規定している（20条から39条）。第4章は「社

---

40) 1996年以前は，中国において，28の省・自治区・直轄市で高齢者の権益を保障する地方立法が存在していた。阿・前掲論文（注35）12頁，黄薇「高齢事業の発展および高齢者の合法的な権益を保障する重要な法律―『中華人民共和国高齢者権益保障法』の概説」人大工作報道1996年21号（1996）10頁（黄薇. 発展老年事業保障老年人合法権益的重要法律―《中華人民共和国老年人権益保障法》簡介［J］. 人大工作通讯，1996（21）：10.）。

41) 屈野「高齢者の合法的な権益の保護を論じて」現代法学1995年6号（1995）80頁（屈野. 論老年人合法権益的保護［J］. 現代法学，1995（6）：80.）。

42) 阿・前掲論文（注35）8頁，曽慶敏「『高齢者権益保障法』を修正すべし」法学雑誌25巻（2004）14頁（曾庆敏.《老年人权益保障法》应予以修正［J］. 法学杂志（立法研究），2004（25）：14.）。

43) 以下，屈・前掲論文（注41）78〜80頁。

44) 高齢者が「余計なもの」ととらえられた論調の背景として，①高齢者による政治の弊害を除去するために，官僚終身制が廃止されたこと，②高齢者の社会的価値が減少すると考えた，高齢者を軽蔑する論調の存在，③高齢者に対する社会保障の不十分さにより，さらに高齢者が弱体化したことが挙げられている。曽・前掲論文（注42）14頁。

45) 阿・前掲論文（注35）8〜10頁。

46) 高権法においては，①子から親への扶養（「贍養」），②同輩の者（例：配偶者，兄弟）の間の扶養（「扶養」）および③親から子への扶養（「抚養」）という3種類の扶養が存在している。本章では，統一的に「扶養」という。

232 第2部 理論編

会発展への参加」であり，高齢者の知識・経験などの重視，高齢者の社会参加の促進などを規定している（40条から42条）。第5章は「法的責任」であり，高齢者の権益保障に対して，行政・民事・刑事責任を規定している（43条から48条）。第6章は「附則」であり，少数民族の習慣への法的配慮などを規定している（49条・50条）。

　この構造は，高齢者をめぐる法制度の具体的な仕組みの土台を構築した。そして，美徳（敬老・養老）が法の目的とされた点（1条），家族が高齢者の権益保障に対して主要な役割を担うとされた点（10条など）が顕著な特徴であるといえよう。

1.3　2012年の法改正とその構造

⑴　法改正の背景

　上記（本章Ⅱの1.1）のとおり，1996年の立法後，2012年の抜本的な法改正までの長い間大きな法改正はみられなかった。

　2012年の法改正の社会的・政策的背景として，まず挙げられるのは中国の高齢化の加速と深刻化である[48]。続いて，高齢者の養老の主要な担い手は家族のみでは済まなくなったことが挙げられる。かつて，1996年法および社会通念上，高齢者の養老の主要な担い手は家族とされてきたが（本章Ⅱの1.2⑴），要介護高齢者の増加，少子化・核家族化，出稼ぎなどによる高齢者の独居問題が深刻化した。さらに，1996年法の重要な目的であり，当時始まったばかりの高齢事業（1条）が促進され，この事業に関する経験や政策の蓄積がみられたことが挙げられる。とりわけ，高齢事業の一環として，地域や高齢者向け施設が

47）　高権法において，「国」は政府（地方政府を含む。）を意味し，「社会」は政府，家族，高齢者自身以外の例えば社会組織（NPO など）を意味する。

48）　以下，①2012年の法改正のための張学忠「『中華人民共和国高齢者権益保障法（修訂草案）』の説明」（关于《中华人民共和国老年人权益保障法（修订草案）》的说明）全国人民代表大会HP〈http://www.npc.gov.cn/zgrdw/npc/zfjc/zfjcelys/2015-12/28/content_1957520.htm〉（最終アクセス：2020年2月13日），②宮尾・前掲論文（注32），③清水・前掲論文（注32）123頁，④朴・前掲論文（注32）34〜41頁。①では，高齢化の加速と深刻化を示すためのデータが挙げられており，例えば1999年，60歳以上の高齢者は総人口の約10％であったが，2012年末には，その割合が13.26％に上った。2012年末に，60歳以上の高齢者総数は1.78億であり，推計として，2025年には3億，2033年には4億となると予想されている。また，④は，中国の少子化について1人っ子政策を紹介し，高齢者の独居問題についての2011年前後のデータ，高齢者向け施設についての2013年の政府からの助成金のデータを挙げている。

家族の代わりに，各種の介護サービスなどを提供するようになりつつあったことも挙げられる。

学説的背景としては，1996年の立法時における法理論および調査不足により，1996年法の基本原則や具体的な内容に不備が存在すること，そして，立法後の社会の変化に対応できず，法体系化に失敗したこと，または，実用性のある下級の行政法規などが作成されていないことが指摘されていた[49]。さらに，1996年法の制定後は徐々に高齢者の権益保障に関する裁判例が蓄積されつつあるといわれるが[50]，1996年法の裁判実用性は乏しく，批判が高まっていた[51]。

こうした背景において，2012年の法改正が始まった。

(2) 2012年法の構造

2012年法は全85条まで拡充された。そのうち，新たに設けられた条文の数は38であり，1996年法の条文を改正した数は37である[52]。残りの10の条文は1996年法の条文と同様である。章立てからみれば，2012年法は9章から構成されている。そのうち，1996年法の第3章「社会保障」を拡充して，2012年法の第3章「社会保障」に加えて，新たに第4章「社会サービス」，第5章「社会的優遇」および第6章「快適な居住環境」を設けた[53]。それら以外の章立ては，1996年法と同様である。

2012年法各章の主要な法改正の内容は以下のとおりである。第1章「総則」では，高齢者の権益保障に関する内容の拡充，国の役割の強化が挙げられている（1条から12条）。第2章「家族扶養」では，家族の役割の変化，介護義務や

---

49) 鄭春賢「我が国の『高齢者権益保障法』の修訂に関する若干の問題の思考」北京労働保障職業学院学報6巻4号（2012）11～12頁（郑春贤. 我国《老年人权益保障法》修订若干问题思考［J］. 北京劳动保障职业学院学报，2012（6-4）：11-12.）。

50) 于鴻＝程穎ほか「高齢者の合法的な権益を侵害する案件に関する分析」当代法学2002年8号（2002）140～141頁（于鸿，程颖，张志刚. 关于侵害老年人合法权益案件的分析［J］. 当代法学，2002（8）：140-141。）。

51) 曽・前掲論文（注42）14～16頁。

52) 以下（本章Ⅱの1.3（2））全体は，全国人民代表大会内務司法委員会内務室他（編著）『中華人民共和国高齢者権益保障法の読本』（華齢出版社，2013）25-31，317～339頁（人大内司委内务室等编著. 中华人民共和国老年人权益保障法读本［M］. 北京：华龄出版社，2013：25-31,317-339.）参照。

53) 2012年法が新たに3つの章を設けた理由としては，社会の変化により，もともと1996年法第3章「社会保障」に属していた内容は，2012年法の4つの章（第3章～第6章）に分けるレベルに達しているからであると説明されている。そして，2012年法における「社会保障」の範囲は1996年法より縮小されたと説明されている。全国人民代表大会内務司法委員会内務室他・前掲書（注52）25～26頁。

親を訪問する義務などが明記されている（13条から27条）。第3章「社会保障」（28条から36条），第4章「社会サービス」（37条から51条），第5章「社会的優遇」（52条から59条），第6章「快適な居住環境」（60条から64条）においては，国・社会の役割の充実と拡大が挙げられている。第7章「社会発展への参加」では，高齢者自身の役割の拡大が挙げられている（65条から71条）。第8章「法的責任」では，高齢者向け施設などに関する新たな法的責任の追加が挙げられ

〔表1　1996年法と2012年法の比較〕

各章の内容		1996年法	2012年法	各章の法改正のポイント	
○3つの法の目的 ○高齢者の定義	9か条 （1〜9）	第1章 総則	第1章 総則	12か条 （1〜12）	○高齢者の権益保証に関する内容の拡充 ○国の役割の強化
家族の主要な役割	10か条 （10〜19）	第2章 家族扶養	第2章 家族扶養	15か条 （13〜27）	○家族の役割の変化 ○介護・親を訪問する義務の明記
国・社会の役割	20か条 （20〜39）	第3章 社会保障	第3章 社会保障	9か条 （28〜36）	国・社会の役割の充実と拡大
			第4章 社会 サービス	15か条 （37〜51）	
			第5章 社会的優遇	8か条 （52〜59）	
			第6章 快適な 居住環境	5か条 （60〜64）	
○高齢者の知識・経験などの重視 ○社会参加の促進	3か条 （40〜42）	第4章 社会発展 への参加	第7章 社会発展 への参加	7か条 （65〜71）	高齢者自身の役割の拡大
高齢者の権益保証に関する行政・民事・刑事責任	6か条 （43〜48）	第5章 法的責任	第8章 法的責任	11か条 （72〜82）	高齢者向け施設などに対する新たな法的責任の追加
少数民族の習慣への法的配慮	2か条 （49〜50）	第6章 附則	第9章 附則	3か条 （83〜85）	法改正前の高齢者向け施設への対応
全50か条			全85か条		

（筆者作成）

ている（72条から82条）。第9章「附則」では，2012年法の施行前に設立された高齢者向け施設への対応の方法が新たに規定された（83条から85条）。

　改正された2012年法の構造は，現在の高齢者をめぐる法制度の具体的な仕組みを形作るものであるといえよう。そして，美徳（敬老・養老・助老）が法の目的とされた特徴（1条）は受け継がれた。他方で，新たな特徴として，高齢者の権益保障に対する家族の役割は「主要」な担い手から，高齢者の権益保障全体を下支えする「基礎」的な主体に変化し，国・社会の役割が充実・拡大した（13条など）[54]。

　以上の1996年法の構造（本章Ⅱの1.2(2)）と2012年法の構造（本章Ⅱの1.3(2)）のポイントを表1にまとめた。これは，高齢者をめぐる法制度の具体的な仕組みの変遷を示している。

2　高権法の特徴

　上記の高権法の構造の分析により，高齢者をめぐる法制度の具体的な仕組みを明らかにしたことで，美徳を変わらず法の目的とする点および家族と国・社会の役割分担の変化という高権法の特徴をみることができた。以下では，「3つの主体と他法との関係」，「高権法の条文の独自の機能」および「高権法の高齢者像」から，さらに高権法の特徴について分析したい。

2.1　3つの主体と他法との関係

　まず，高権法の高齢者に対する責任主体を確認する(a)。1996年法の条文からみると，1996年法の目的や原則を定める総則以外に，第2章「家族扶養」は家族の役割，第3章「社会保障」は国・社会の役割，第4章「社会発展への参加」は高齢者自身の役割を規定している。すなわち，1996年法において，高齢者の権益保障を担う主体は家族，国・社会および高齢者自身という3者である。

　次に，高権法と他の法律の関係を確認する(b)。1996年法10条の家族は高齢者の「養老」の主要な担い手であるという規定以外に，1996年法第2章は主に中国の家族法分野の婚姻法[55]における「扶養」の概念を用いて，扶養義務者の

---

54)　日本も含めて世界に，家族の役割を強調する「頻繁に親を訪問する義務」（2012年法18条2項）が高権法の特徴として紹介されている。清水・前掲論文（注32）121～133頁など。この点は，ここで紹介する2012年法の新たな特徴もふまえて，再検討する余地があるといえよう。

236　第2部　理 論 編

義務を規定している。1996年法第3章と第4章は中国の行政法分野に属する内容である。同第5章の内容は高齢者を取り巻く者を対象に，既存の中国の法律の中の行政・民事・刑事責任の条項を採用し，高齢者の権益の侵害に対する罰則を規定している。すなわち，1996年法は他の法分野と重複する部分が多く，異なる法分野を組み合わせて規定する法という側面をもつといえよう[56]。

　上記の(a)と(b)で示した1996年法の特徴は，高齢者の権益保障を担う主体の役割分担が変化し，各章において大幅な法改正があった2012年法においても変わらないと指摘されている[57]。

2.2　高権法の条文の独自の機能

　上記のとおり，1996年法は異なる法分野を組み合わせて規定した法という側面をもつ。しかし，これは1996年法がそれらの法分野の考え方に支配され，高

〔表2　1996年法第2章と第3章の条文構造の比較〕

家族の役割（第2章　家族扶養）	国・社会の役割（第3章　社会保障）
養老の主要な担い手（10条）	
高齢者の経済的な扶養義務（所得保障） 高齢者の生活の世話（介護）をする義務 高齢者の精神的な慰藉をする義務 （11条）	高齢者の所得保障（20条から24条）
高齢者の医療を保障する義務（12条）	高齢者の医療保障（25条から28条）
高齢者の住宅を保障する義務（13条）	高齢者の住宅保障（29条，30条）
高齢者に対するその他の義務 （14条から19条）	高齢者の他の保障（31条から39条）

（筆者作成）

---

55)　ここでの中国の婚姻法は，1980年に立法されたものを指す。その後，婚姻法は2001年の法改正を経て，2021年民法典の施行により廃止された。現在，婚姻法の仕組みや内容は，民法典第5編の「婚姻と家族」にまとめられている。

56)　この点について，1996年法の他の法分野と重複する部分は単なる強調の意味しかもたず，高齢者の権益保障に対する特別立法という意味がないという見解がある。曽・前掲論文（注42）15〜16頁。

57)　2012年の法改正の指針において，他の法分野との重複および矛盾を回避することが挙げられている。全国人民代表大会内務司法委員会内務室他・前掲書（注52）23頁。この指針により，2012年法の他の法分野との重複は減少したが，特に第2章家族扶養においては，いまだいくつかの重複がみられる。

権法の条文に独自の機能や考察がないという意味ではない。

1996年法第2章と第3章の構造を比較すると，家族と国・社会の役割の構造は似ている（表2）。すなわち，家族の役割のうち，10条の養老の主要な担い手および11条における生活の世話（介護）および精神的な慰藉の義務を除けば，その役割は国・社会の役割と同様に，高齢者の所得，医療，住宅，その他に対する保障で構成されている。

このような家族の役割の項目と社会政策的に規定した国・社会の役割の項目とを対応させている構造は，一般的に家族法分野の家族扶養を規定する構造ではない。この構造は，私人関係を中心に義務を課す家族法分野の目的と異なり，1996年法が社会政策など独自の目的をもつことを意味するといえる余地があろう[58]。すなわち，1996年法は家族法分野の家族扶養の外見をとり，政策的な意味合いなどを組み込み，社会的な高齢者問題（養老問題など）を解決させようとしているのではないか。したがって，少なくとも，1996年法の第2章は家族法分野の家族扶養の条文以上に，社会的な高齢者問題を解決するために独自の機能を有しているといえよう。

また，2012年法については，第2章において，家族法分野の扶養義務としては明確に規定されなかった介護や高齢者の精神的なニーズに対応する義務が新たに具体化された（同15条2項，18条）。他方で，第3章から第6章において，国・社会の介護に対する役割（同30条など），精神的な慰藉に対する役割（同37条など）が新たに設けられた。このような法改正の項目を加えると，1996年法でみられる家族の役割と国・社会の役割が対応している構造は，2012年法においても明らかであるといえよう。したがって，2012年法第2章の条文も社会的な高齢者問題を解決するために独自の機能を有しているといえよう。

2.3 高権法の高齢者像

本書第3章「高齢者の人間像」のとおり，高齢者法という法分野を研究するためには，高齢者像に関する検討が不可欠である。中国の高齢者をめぐる法制

---

58) 1つの具体例を挙げると，1996年法11条3項は「扶養義務者の配偶者は扶養義務者が扶養義務を履行するのに協力しなければならない」と規定している。この条項の「配偶者」の協力義務は，当時の婚姻法（1980）にはなく，婚姻法などとの整合性を考慮したうえで，1996年法が独自に規定したものであると説明されている。黄・前掲論文（注40）10〜11頁。この条項は現行法にも存在しているが（現行高権法14条3項），現在の民法典第5編の「婚姻と家族」においても，同様の趣旨の条項はない。

238　第2部　理論編

度について議論を深めようとする場合も同様であるといえよう。したがって，ここでは高権法の条文の内容・構造に沿って，高権法が想定する高齢者像を検討する。なお，高齢者像も高権法の重要な特徴の1つである。

　まず，1996年法は2012年法と同様に高齢者を年齢（満60歳以上）という基準で定義している（同2条）。次に，1996年法は高齢者の権益の内容を①国・社会から物質的な支援を受ける権利，②社会の発展の成果を享受する権利としている（同4条）。2012年法はさらに③社会サービス・社会的優遇を享受する権利および④社会の発展に参加して発展の成果を享受する権利を加えている（同3条）。これらの高齢者の権益の内容は高齢者特有のニーズに対応していると説明されている[59]。続いて，1996年法と2012年法は高齢者を保障・優遇される対象として位置付けているほか（1996年法第2章と第3章，2012年法第2章から第6章），社会発展への参加者として重視している（1996年法第4章，2012年法第7章）[60]。さらに，1996年法第2章では，高齢者はグループというより個人として保障され，同第3章，第4章では，高齢者は個人というよりグループとしてとらえられている。この点は2012年法第2章（個人），同第3章から第7章（グループ）についても同様であるといえよう。

おわりに

　以上の内容を踏まえて，高権法の特徴は次のようにまとめられよう。まず，高権法では，美徳が法の目的の一部とされ，高齢者の権益保障を担う主体は家族，国・社会および高齢者自身に分けられている。担い手のうち，家族の役割は「主要」な担い手から，高齢者の権益保障全体を下支えする「基礎」的な主体に変化し，国・社会の役割が充実・拡大した。続いて，高権法は異なる法分野を組み合わせて規定する法という側面を有しているが，家族法分野の家族扶

---

59)　田敬科＝張同春編『中華人民共和国高齢者権益保障法の解釈』（華齢出版社，1997）10頁（田敬科，張同春主编. 中华人民共和国老年人权益保障法释义［M］. 北京：华龄出版社，1997：10.），全国人民代表大会内務司法委員会内務室他・前掲書（注52）26頁。しかし，これらの高齢者の権益の内容が，どのような高齢者の特有のニーズに，どのように対応しているのかについては説明されていない。

60)　高齢者が保障・優遇される対象である理由として，高齢者は弱者であり，社会に貢献してきたことが挙げられている。田他・前掲書（注59）2頁。そして，高齢者が社会の発展への参加者として重視される理由について，高齢者は巨大な人材集団であり，社会の発展への参加に対して強烈な願望を抱いていることが挙げられている。全国人民代表大会内務司法委員会内務室他・前掲書（注52）30～31頁。

養などの機能や考え方を超えて，養老問題への対応など独自の機能や考え方を有している。また，高権法の高齢者像は，満60歳以上という明確な年齢を基準とし，高齢者特有のニーズを考慮し，高齢者を①個人とグループ，②保障・優遇される対象と社会参加の主体とに分けている。これらの特徴のうち，高権法が異なる法分野を組み合わせて規定する法という側面は，本章Ⅰの2.4の高齢者をめぐる法制度の横断的な特徴と親和性がある。そして，高齢者を①個人とグループ，②保障・優遇される対象と社会参加の主体とに分けている特徴は，本章Ⅰの2.3の法制度における高齢者像と類似している。

　中国の高齢者をめぐる法制度に関する研究自体は少なく，整理も十分なされていない。また，その研究は日本にほとんど紹介されていない。本章は中国の高齢者をめぐる法制度に関する主要な法規定および学説の整理を通じて，中国の高齢者をめぐる法制度の現状を概観し，その学説の限界を指摘し，今後の研究の核となる高権法の重要性を指摘した。そして，本書で検討されている日本の高齢者法の議論と比較し，日中の同異を確認した。さらに，中国の高齢者をめぐる法制度の具体的な仕組みを明らかにするために，まだ詳細に紹介されていない高権法の沿革，条文の構造および特徴を明らかにした。

　しかし，本章の研究はまだ初期段階のものである。中国の高齢者をめぐる法制度に関する研究を今後さらに深めるためには，以下の5点が重要であろう。①立法資料，学説，判例などを手がかりとして，高権法の条文の内容，構造，用語などをさらに分析すること，②本章でまとめた学説，高権法の特徴に存在する課題についてさらに検討すること，③あらゆる高齢者をめぐる法制度を分析し，高権法との関係性を明らかにすること，④老年学・社会学など高齢者に関連する分野と連携すること，⑤中国以外の世界各国，例えば日本の研究から示唆を得ること，である。

　さらに，法の目的とされた美徳，家族，国・社会および高齢者自身の役割分担，高権法独自の機能や考え方，そして，高権法の高齢者像の是非なども，今後の課題として研究すべきものであろう。

第 3 部

実 務 編

242　第3部　実務編

第10章

認知症の医療現場における課題

鈴木ゆめ

I　「認知症」をめぐる用語

1　用語の概念と変遷

1.1　「痴呆症」から「認知症」への変更

　2004年6月に厚生労働省が立ち上げた「『痴呆』に替わる用語に関する検討会」は，同年12月，(1)「痴呆」という用語は，侮蔑的な表現である上に，「痴呆」の実態を正確に表しておらず，早期発見・早期診断等の取組みの支障となっていることから，できるだけ速やかに変更すべきである，(2)「痴呆」に替わる新たな用語としては，「認知症」が最も適当である，との結論にいたった[1]。「痴」は「おろか」，「くるう」であり，「呆」は「ぼんやり」，「魂の抜けた」という意味である。不快感や侮蔑感を催させない言葉として「認知症」が選ばれた。「痴呆」という用語は撤廃され，公文書においてもジャーナリズムにおいても，すべて「認知症」に書き換えられた。

　呼称の変更は認知症の領域では最近さらに進み，「周辺症状」と呼んでいた精神や行動の変化を BPSD（Behavioral and Psychological Symptoms of Dementia），「認知症の行動心理症状」と呼ぶほか，「チャレンジング行動」とも呼ばれている[2]。また，後述のように，「徘徊」という言葉も見直されつつある。言葉はその意味もニュアンスも時々刻々変化する。

---

1)　厚生労働省 HP「『痴呆』に替わる用語に関する検討会報告書（平成16年12月24日）」〈https://www.mhlw.go.jp/shingi/2004/12/s1224-17.html〉（最終アクセス：2024年6月26日）。
2)　イアン・アンドリュー・ジェームズ（著）山中克夫（監訳）『チャレンジング行動から認知症の人の世界を理解する』（星和書店，2016）。

第10章　認知症の医療現場における課題　　243

1.2　アルツハイマー型認知症の「型」とは

　アルツハイマー型認知症はアルツハイマー病と呼ばれることがある。「病」と言い切るには，一疾患単位として確定できる証拠がなければならない。確定できる証拠は脳病理学的に「老人斑」や「アルツハイマー原線維変化」という独特な変化としてとらえられる。その変化はβ-アミロイドやタウという異常タンパクの蓄積によるもので，脳の決まった場所に決まった異常タンパクがたまっているという病理学的所見が，アルツハイマー病の確定診断には必要なのである。

　脳組織をとって調べる「脳生検」は，検査による侵襲とこれにより得られる利益を考えた場合，認知症においては神経機能の欠落や出血の危険性といった不利益が上回るため適応とならない。他方，そういった変化を脳に示した人たちの生前の臨床症状を検討すると症状や経過が比較的均質なため，同様の症候を示す人の脳病理には同じ所見があるはずだと考えられている。そして，「臨床診断」としてアルツハイマー型認知症と呼ぶ。さらに，臨床診断を尊重し，「型」を取り去ってアルツハイマー病と呼ぶこともある。

　近年，脳脊髄液検査によるアミロイド定量や脳のアミロイド PET（Positron Emission Tomography；陽電子放出断層撮影）検査により脳のアミロイドβの蓄積を明らかにし，それをもってアルツハイマー病の診断とすることができるようになった。アミロイド PET 検査の侵襲性は低いが，核医学検査であるため検査施設が限られる。

1.3　若年性認知症

　若年性認知症は，18歳以上から64歳以下で発病する認知症の総称で，原因は問わない。当該年齢で発症する変性疾患も，外傷性の高次脳機能障害も含まれる。

1.4　MCI：軽度認知機能障害

　MCI（Mild Cognitive Impairment）は軽度認知機能障害といって，正常ではないが認知症でもないといった状態のことである。『疾病及び関連保健問題の国際統計分類〔第10版〕』（以下，「ICD-10」という。）では[3]，MCD（Mild Cognitive

---

3) World Health Organization, International Statistical Classification of Diseases and Related Health Problems (10th Revision), World Health Organization (1993).

Disorder）とも呼ばれる。MCIの診断にあたっては，Petersenの提唱した基準が簡便でわかりやすい[4]。「本人，または周囲が気づく認知機能の低下があるが，診断基準は満たさず，基本的な日常生活はできる」という3点をみる。米国精神医学会（APA；American Psychiatric Association）による「精神疾患の分類と診断の手引き〔第5版〕」（以下，「DSM-5」という。）では[5]，MCIは「認知機能のうち1つ以上の項目でわずかな低下があり，認知機能テストや周囲からの情報で確かめられるが，日常生活自体を阻害しない。」とされている。いずれの定義でも日常生活は自立できていることが条件として挙げられている。

　注意を要するのは，MCIを「認知症初期」と混同してはならないという点である。MCIは軽度認知機能障害であるが，「認知症」ではない。さらに，Ⅱで説明するとおり，認知機能障害[6]と認知症は異なる。MCIは，認知症診断の要件は満たしておらず，2の「認知症の診断基準と評価スケール」で説明するMMSE（Mini-Mental State Examination）では，カットオフ値より高い24-26点ほどにあたる。この状態から認知症に進行する可能性もあるが，進行せずMCIのままにとどまることもある。

1.5　BPSD：認知症に伴う行動心理症状

　BPSD（Behavioral and Psychological Symptoms of Dementia）は認知症に伴う行動心理症状といって，認知症の周辺症状ともいわれる。記憶，計算，判断などの認知機能そのものの低下を中核症状と呼び，ともなって生じる脱抑制，興奮，攻撃性など行動面の症状と，不安，焦燥，鬱，幻覚，妄想などの心理症状を周辺症状という。近年，BPSDをチャレンジング行動と呼び，理解しづらい認知症の人の行動は本人なりに困った状況を解決し，あるいは周囲に伝えようと努力した結果生ずるものであると考えることもある。

　また，BPSDのうちでも「徘徊」は「あてもなく，うろうろと歩きまわること」（デジタル大辞林）と説明されており，認知症の人が1人で外出して道に

---

4)　Ronald C. Petersen, John C. Morris, *Mild Cognitive Impairment as a Clinical Entity and Treatment Target*, 62 ARCH NEUROL 1160-1163, 1167 (2005).

5)　AMERICAN PSYCHIATRIC ASSOCIATION, DIAGNOSTIC AND STATISTICAL MANUAL OF MENTAL DISORDERS (Fifth Edition: DSM-5) Arlington, American Psychiatric Association (2013).

6)　「障害」を「障がい」あるいは「障碍」とし，「害」という漢字を使わないという向きもあるが，「認知機能障害」という言葉については，「認知機能障がい」，あるいは「認知機能障碍」という用語は一般化していない。

迷ったりすることを指している。しかし，自治体などでは「徘徊」という言葉を使わない動きが広がっている[7]。本人としては特段道に迷っているわけではないのにもかかわらず，外出や散歩を十把ひとからげに認知症の症状である「徘徊」と呼んではほしくない，という患者の申し出があったためである。厚生労働省には使用制限などの明確な取り決めはないものの，新たな文書などでは「徘徊」という言葉を使わないようにしているとのことである。

2　認知症の診断基準と評価スケール

　認知症の診断基準は，1990年に世界保健機関（WHO）の第43回世界保健総会において採択されたICD-10やDSM-5の中で規定されている。

　ICD-10では，認知症は「記憶力と認知能力の低下があって日常生活や実行機能に支障を来して6ヶ月以上続く，意識混濁やせん妄がなく，情緒易変性，易刺激性，無感情，社会的行動の粗雑化のうち一つ以上がある」症状と規定されている。

　DSM-5では，認知症は「本人や本人をよく知る人，あるいは臨床家によって1つ以上の認知領域で以前の水準からの有意な低下が懸念され，標準化された検査や定量化された評価によって実際あるとされ，またそれによって社会生活が阻害されて自立できず援助を必要とする状態で，せん妄や他の精神疾患によるものではないこと」とされている。

　認知症の評価には，わが国では長谷川式認知症スケール（以下，「HDS-R」という。）がよく使われる。HDS-Rは9項目で30点満点となっており，20点以下で認知症の可能性が高いと判断される。このカットオフ値については，すでに信頼性のある検査であるGlobal Deterioration Scaleを用いてこれと突き合わせ，21/20とした際に，認知症である人を陽性と診断できる率である「感度」は90％，認知症でない人を陰性と診断できる率である「特異度」は82％と加藤らが示した[8]。認知症の「軽度群」は19.10±5.04点，「中等度群」は15.43±3.68点，「やや高度群」は10.73±5.40点，「非常に高度群」は4.04±2.62点，他方で「非認知症群」は24.27±3.91点とされている。

---

7)　朝日新聞デジタル版「『徘徊』使いません　当事者の声ふまえ，見直しの動き」(2018年3月28日〈https://www.asahi.com/articles/ASL3N6H64L3NULZU015.html〉（最終アクセス：2025年1月6日）。

8)　加藤伸司＝下垣光ほか「改訂長谷川式簡易知能評価スケール（HDS-R）の作成」老年精神医学雑誌2号（1991）1339～1347頁。

246　第3部　実務編

　HDS-R による評価は認知機能のスクリーニング検査であり，カットオフ値を満たしたからといって認知症と確定診断することはできず，あくまで「疑い」となる。認知症以外の意識障害，失語，うつ状態により認知機能を発揮できない状態でも点数が低下するからである。

　国際的に使われる評価方法として MMSE（Mini-Mental State Examination）がある。見当識，単語の記銘・再生と遅延再生，計算，数字の逆唱，物品の呼称と視覚銘記は HDS-R とほぼ共通であるが，文章の復唱，3段階の口頭命令の実行，読字理解とその実行，文章書字，図形の模写描画という4項目の動作性課題が課されている。24/23がカットオフ値である[9]。森らの日本語版 MMSE による検討では，カットオフ値を24/23点としたとき，感度は83％，特異度は93％であった[10]。MCI と健常者とのカットオフ値を検討した杉下による検討とも一致している[11]。

　アメリカでは重症度を分ける場合に MMSE が多く使われ，20-23点は軽度，10-19点は中等度，0-9点は高度とされる[12]。Hodges らは24点以上を軽微群，23点〜17点を軽度群，16点以下を中重度群としている[13]。

　このほか，外来診療の検査には時計盤の絵を描かせ視空間能を評価する時計描記テスト，数字をつないでいく時間で精神運動速度を評価するトレイルメイキングテストなどがある[14]。また，BPSD を25項目にわたって評価する Behave-AD（Alzhaimer's Disease），「認知機能」と「生活機能」の障害を評価する DASC-21（Dementia Assessment Sheet in Community-based Integrated Care System-21 items）がある。

---

9)　本間昭「認知症の検査，評価尺度」日本認知症学会編『認知症テキストブック』（中外医学社，2008）114〜138頁。

10)　森悦郎＝三谷洋子ほか「神経疾患患者における日本語版 Mini-Mental State テストの有用性」神経心理学1号（1985）2〜10頁。

11)　杉下守弘「MMSE-J のカットオフ値」MMSE-J テクニカルレポート＃3（2018）1〜4頁。

12)　Zec RF et al., *Alzheimer disease assessment scale: Useful for both early detection and staging of dementia of the Alzheimer type*, 6 Alzheimer Dis Assoc Disord 89-102 (1992).

13)　Hodges JR, Patterson K, *Is semantic memory consistently impaired early in the course of Alzheimer's disease? Neuroanatomical and Diagnostic Implications*, 33 Neuropsychologia 441-459 (1995).

14)　日本神経学会 HP，日本神経学会監修「認知症疾患診療ガイドライン」作成委員会編集「認知症疾患診療ガイドライン」25〜27頁〈https://www.neurology-jp.org/guidelinem/nintisyo_2017.html〉（最終アクセス：2024年6月26日）。

MCI のスクリーニングには MoCA-J（Montreal Cognitive Assessment of Japan）が，アルツハイマー型認知症の進行度には FAST（Functional Assessment Staging of Alzheimer's Disease）が使われる。

この他，WAIS（Wechsler Adult Intelligence Scale）が改訂され，第 4 版が使われており，再現性や他の検査との相関を含め，おおむね結果に信頼性があるとされている。対象年齢は16歳 0 か月～90歳11か月とされているが，検査自体に 1 ～ 2 時間を要すため，注意力が低下した患者でテストを完遂することが難しい。WAIS Ⅲ と MMSE や HDS-R の相関は良好としたデータもあり[15]，臨床の場では後 2 者が使われることが多い。

Ⅱ　認知機能障害と認知症

1　認知機能障害

1.1　生理的物忘れと認知機能障害

アルツハイマー型認知症の場合，初期には記銘力障害といい，物事を覚えこむことが苦手となる。発病する前は脳への記銘に何ら不自由はないことから，その時期に覚えたことはよく保たれる。発病すると新しいことが記銘できなくなり，記銘しなかったことは思い出すこともないため，「忘れた」という認識を持ちにくく，物忘れの自覚はうすいことが多い。

認知症でなくとも，うっかり物忘れをすることはよくあるが，認知症の初期症状と区別する必要がある。物忘れの自覚は，忘れた事実に気がつき，その内容を思い出すことで生じる。脳には記銘できたということだ。これは記銘力障害ではなく生理的物忘れの範疇である。

1.2　認知機能障害をきたす状態・疾患

「認知機能」は「認知症」でなくとも低下する場合がある[16]。軽い意識障害，

---

15)　伊澤幸洋＝小嶋知幸ほか「アルツハイマー型認知症患者における簡易知能検査と WAIS-Ⅲ の関連および知能特性」高次脳機能研究32巻 4 号（2012）22～30頁（572～580頁）。

16)　認知機能障害と認知症について，詳しくは，鈴木ゆめ『認知症これだけ知れば怖くない』（実業之日本社，2013），鈴木ゆめ『無理をしない認知症との付き合い方』（河出書房新社，2014）参照。

248 第3部 実務編

特に譫妄といわれる状態では脳が十分に働かず，ぼんやりし，何を聞いてもちぐはぐな答えをする。これは意識障害のために認知機能を果たせない状態ととらえ，この状態を認知症とは呼ばない。例えば，深酒して意識がもうろうとしているときは，計算などはできないし，いずれここがどこかも，自分の立場も分からなくなり，見当識が失われた状態となる。この状態はアルコール摂取による「酩酊」と呼ばれ，酩酊から醒めると間もなく認知機能も発揮できるようになる。

　高齢者は基本的に体水分量が少ない上に水分摂取が少ないこともあり，下痢や嘔吐，発汗による水分喪失などわずかなきっかけで脱水に傾き，電解質などの内部環境の変化が脳の機能，すなわち認知機能を低下させうる。脱水による認知機能障害も先に述べた酩酊による意識障害と同様，ぼうっとして何を聞いてもちぐはぐな答えをしたり，自分を囲む状況がわからなくなったりする。何とか返答をしたり，かえって興奮したりすることもあり，こうなると認知症という観念により近づく。適切な水分補給をすれば，脳は再び正常に働き始め，「認知症が治った」といわれるが，本質は脱水による認知機能障害である。

　高齢者の認知機能障害で，脱水と並んで疑わなければならないのが内服薬の不足や過量である。いつもの薬をきちんと飲んだかどうか，逆に飲み過ぎていないかという点にも注意を要する。食事を摂らずに抗糖尿病薬を服用したり，一回飲んだことを忘れて重複して服用したりすると低血糖になることがある。眠剤や精神安定剤などは処方どおりに飲んでいても，連用していると代謝能の低い高齢者では効果が強まり，日中までうつらうつらと眠り続け，起こしてもぼんやりしていたりすることがある。体の病気で老廃物を除去できなくても脳は働かなくなる。腎不全，肝不全では本来代謝排泄すべき老廃物が血液に溜まる。呼吸不全では低酸素血症や高二酸化炭素血症となり，脳の働きが低下する。

　以下の2疾患に代表されるように，脳自体の病気も認知機能を低下させる。「正常圧水頭症」は脳室と呼ばれる脳の空間に溜まっている髄液の量が多くなり脳の実質を圧迫するため，圧された脳が機能を発揮しづらくなる病気である。認知機能障害，歩行障害および尿失禁をともなう。脳室にストローのような長い管を埋め込み，溜まった髄液を排出するシャントを置くと認知機能は回復する。「認知症」になると「失禁」するという思い込みに引き込まれるのは，この病気によるところが大きい。認知症で排尿コントロールができなくなるのは，病気がかなり進んだ時期である。

第10章　認知症の医療現場における課題　　249

「慢性硬膜下血腫」は頭部打撲などにより，脳の硬膜という厚い膜の下で脳表面の静脈が切れ，少しずつ出血し脳がその血腫に圧迫されるために症状が出る病気である。脳は柔らかいためしばらくは血腫の圧力と折り合っているのだが，認知機能障害が週単位で進む場合，この病気を疑う。脳外科的に血腫を除去すると認知機能が軽快し「認知症」が治ったといわれたりするが，これは慢性硬膜下血腫という病気であって認知症とは呼ばない。

2　真の「認知症」

2.1　治癒しない「認知症」

以上のように，「認知症」が「治ったり治らなかったり」するといわれるのは，認知機能障害全部を一概に「認知症」と呼んでしまうことから生ずる誤謬である。治ったのは体調や疾患，正常圧水頭症や慢性硬膜下血腫によって起こる認知機能障害であって，認知症が治るのではない。

2.2　アルツハイマー型認知症

アルツハイマー型認知症は，β-アミロイドやタウタンパクといった異常タンパクの脳への蓄積によって起こる変性疾患で，記銘力障害が強いという特徴があり，MRI画像では海馬に萎縮が目立つ。特に日付の覚えが苦手になる。日付は毎日変わり，せっかく覚えても翌朝には新しくなっているからである。同様の理由で年齢を上書きすることができなくなると，本人の現在の年齢を答えられなくなる。

発症早期は人格が保たれているため，記銘力障害に悩み，忘れてしまったことに様々な言い訳をする「取り繕い」と呼ばれる言動が見られる。また，何度も家人に物忘れを指摘されて自信をなくしているため，質問されたときに家人の方を振り返って確認しようとする「振り返り」が多くなるのもこの病気の特徴である。覚え込むことは苦手だが，感情や人格はよく保たれ，人の表情もよく読みとる。

また，地誌的見当識障害により地理感覚を失って地図描記ができなくなり，自分のいる場所についての見当識が失われる。建物の名前や色，形などが覚えられないことも道に迷う1つの原因といわれる。さらに，計算力や判断力の低下により，金銭管理能力も早期から落ち，比較的早い段階から適切な社会的判断能力を失う恐れがある。

250　第3部　実務編

2.3　レビー小体型認知症

　レビー小体型認知症はレビー小体を伴う認知症ともいう。病理学的には脳細胞の中にα-シヌクレインというタンパクを含む「レビー小体」が出現する。認知障害のほか，体を動かしにくくなるパーキンソニズムを伴い，色鮮やかな幻覚や症状の変動も特徴的で，こういった特徴から臨床診断される。また，REM（Rapid Eye Movement）期睡眠行動異常といって，睡眠中，脳波上は覚醒期と同様の所見を示し眼球が素早い動きを呈し，このREM期に大きな声で寝言をいったり，手足をばたつかせたりすることがある。

2.4　前頭側頭葉変性症

　前頭側頭葉変性症は脳にタウタンパクが蓄積する変性症で，昔「Pick病」といわれていた。症状はイライラして怒りっぽくなったり，暴言，暴力，反社会的行為に走ったりする。比較的若い年代で発症するものを「前頭側頭型認知症」と呼ぶ。以前はそんな人ではなかったのに，万引きのような反社会的行動に走ったり，暴力を振るったりする。

　前頭側頭葉変性症のもう1つの型に，高齢で発症し，物忘れで気づかれる「嗜銀顆粒性認知症」がある。イライラして怒りっぽく，暴言，暴力に訴えることもあり，アルツハイマー型認知症とは印象が異なる。抗認知症薬では改善せず，かえって脱抑制になったり，攻撃性が増したりする。脳病理学的に鍍銀染色という特殊な染色をすると銀に親和性のある顆粒が認められて診断されるが，通常，認知症の診断に脳生検は行わないため，生前に確定診断することはできない。記銘力障害が高齢で発症し，イライラや暴言，暴力の傾向が強い認知症の場合には当該疾患の臨床診断が必要になる。

2.5　血管性認知症

　血管性認知症は脳血管障害によって起こる認知症の総称である。脳血管障害は脳の血管が破れたり，詰まったりすることにより起こる病気全般を指し，具体的には脳出血や脳梗塞がこれにあたる。脳出血や脳梗塞というと体が不自由になったり，言葉が出なくなる疾患と思われ，認知症とは結び付けづらいかもしれない。しかし，脳は認知機能も担当しており，担当脳細胞が死ぬと認知機能が果たせなくなる。脳出血や脳梗塞を繰り返し起こすたびに階段状に進行して症状が固定するため「認知症」の範疇に入れる。脳出血や脳梗塞は脳のとこ

ろどころに起こり，認知機能は要素別に差のある低下を示すため「まだら認知症」といわれる。

わが国では塩分摂取量の過多があったため，高血圧による脳出血の罹患率が高く，動脈硬化による脳梗塞も繰り返して起こしたことから，血管性認知症が多かった。しかし，公衆衛生知識が広まり脳動脈硬化を進める危険因子をコントロールできるようになったため，特に脳出血が減った。また急速に進む高齢化に伴い，高齢発症するアルツハイマー型認知症がその数を逆転した。2010年代前半の調査では，認知症の中ではアルツハイマー型認知症が最多で67.6％，次いで脳血管性認知症が19.5％とされている[17]。

動脈硬化は加齢とともに避けられない変化だが，それを促進する危険因子として高血圧，糖尿病，高脂血症，高尿酸血症，肥満といったいわゆるメタボリックシンドロームなどの生活習慣病や喫煙が挙げられる。動脈硬化を防ぎ，脳血管障害のリスクファクターを減らすと，このタイプの認知症にはならない。唯一予防のできる認知症である。

2.6　認知症推定有病率

認知症の推定有病率は65～69歳で2.9％，70～74歳で4.1％，75～79歳で10％を越え13.6％，80～84歳で21.8％，85～89歳で41.4％と，5歳刻みで倍に増えていき，90～94歳では61.0％だが，95歳以上では79.5％となる。75歳以上では半数がなんらかの認知症であることになる[18]。

3　認知症の治療

3.1　認知症に使用される薬

真の認知症を治癒する薬剤はない。しかし，抗認知症薬は存在する。

アルツハイマー型認知症にはアリセプト®，レミニール®，イクセロンパッチ®，リバスタッチパッチ®のいずれか，およびメマリー®の追加が保険診療で認めら

---

17)　朝田隆「都市部における認知症有病率と認知症の生活機能障害への対応」（厚生労働科学研究費補助金・認知症対策総合研究事業・総合研究報告書，平成23年度～平成24年度）筑波大学附属病院精神神経科 HP「H24総合報告書_Part1」7 頁〈https://www.tsukuba-psychiatry.com/?page_id=806〉（最終アクセス：2024年6月26日）。

18)　朝田・前掲報告書（注17）「H24総合報告書 Part3」119頁，認知症施策推進のための有識者会議（第2回）資料1「認知症年齢別有病率の推移等について」（2019年3月29日）〈https://www.kantei.go.jp/jp/singi/ninchisho_kaigi/yusikisha_dai2/gijisidai.html〉（最終アクセス：2024年6月26日）。

252　第3部　実務編

れている。これらの薬剤は脳内の伝達物質であるコリンを分解する酵素を阻害し，結果として脳内に不足しているコリン系伝達物質の量を増やす。アルツハイマー病薬としては，ヒト化抗ヒト可溶性アミロイドβ凝集体モノクローナル抗体（一般名：レカネマブ，商品名「レケンビ」）が，進行抑制効果を認められて，令和5年12月20日，薬価基準に収載され，発売となった。

　レビー小体型認知症には，アリセプト®が保険に収載されている[19]。前頭側頭葉変性症ではアリセプト®などの抗認知症薬は保険適用がない。嗜銀顆粒性認知症では，抑肝散や少量の向精神薬が有効であり，気分が落ち着き，家庭での生活ができるようになる。血管性認知症は先に述べた動脈硬化のリスクファクターをコントロールすることで予防に努めるべき疾患である。

3.2　薬剤治験の壁

　異常タンパクが溜まらないようにする方法には，①β-アミロイドになる前駆物質を分解しβ-アミロイドが集まるのを防ぐ，②β-アミロイドの分解を促進する，③溶けにくいシート状になったβ-アミロイドに対して自分の体に抗体を作らせる，④抗体を人工的に作って投与する，などがある。しかし，脳は血液脳関門という強靭な防護壁の保護を受けているため，害のあるものを脳に入れない仕組みがある。まずはこの関門をクリアしなければならない。次に，血液脳関門を超えて脳に入り込んだとしてもそれらの薬剤が実際に脳の中で効果を発揮できるか，また，異常タンパクの減少に伴い症状はよくなるかが問題である。つまり，理論的には効くはずなのにもかかわらず，使ってみると効果がなかったり，実際の臨床評価に出てこなかったりする。その上，長期使用において毒性のないことが確かめられなければならない。

　「死んでしまった脳細胞は生き返らない」というたった一点の事実が認知症の薬剤治験を阻む壁である。根治療法としてのタンパク蓄積阻害でさえ死んだ細胞を生き返らせるわけではなく，進行を止めるにすぎない。

---

19)　レビー小体型認知症の不穏には抑肝散，幻覚が十分収まらない場合には向精神薬が使用されることもある。前頭側頭葉変性症の不穏には抑肝散や向精神薬の使用が有効であるといわれている。血管性認知症では，脳血栓予防には血液の通過をよくするため抗血小板療法を行い，心房細動という不整脈があるときには心房内血栓による脳塞栓を予防するために抗凝固療法を行う。

第10章　認知症の医療現場における課題　　253

Ⅲ　事件・事故・裁判と認知症
—医師から見た法的課題

1　高齢者による事件・事故・裁判の例

　以上で認知症のあらましを述べたが，当該疾患は社会とのかかわりが多々あるため，それらをいくつかの代表的な事例をもって示したい。

1.1　事例1〈自動車暴走事故〉

　車の暴走につき，「被告は認知症」と弁護側医師が証言した事例をみる。宮崎市で2015年に起きた暴走死傷事故で，加害者の認知機能などを検査した脳神経内科医が弁護側証人として出廷し，「前頭側頭型認知症（FTD）と診断した」と証言した[20]。

　裁判所は，「被告人の認知機能の低下により本件事故が引き起こされた可能性も一概には否定できない」，「被告人がてんかんの発作により意識障害の状態に陥った状態のまま，本件事故を起こしたと認定することはできない」とした。そのうえで，危険運転致死傷罪が成立するとは認められないとして，過失運転致死傷罪が成立すると判断した。

1.2　事例2〈万引き事件〉

　「認知症」について再審請求がなされ，責任能力が判断された事例をみる。大阪市のスーパーで2015年5月に万引きをして，窃盗罪の有罪判決を受けた当時70歳の男性が，判決直後に認知症と診断された。同年12月にも万引き事件を起こし，その際は，認知症の影響で「心神喪失の状態に陥っていた可能性が合理的に否定できない」として無罪を言い渡された[21]。弁護人はさかのぼって5月の事件についても「検察は精神鑑定で責任能力を厳密に判断すべきだった」と指摘し，無罪判決を求めて大阪簡易裁判所に再審を請求した。

---

20)　宮崎地判平成30年1月19日判時2401号114頁。
21)　大阪地判平成29年3月22日 D1-Law.com 判例体系。毎日新聞「『認知症』再審請求へ　責任能力どう判断」（2017年9月23日）〈https://mainichi.jp/articles/20170923/k00/00m/040/142000c〉（最終アクセス：2024年6月26日）。

254　第3部　実務編

1.3　事例3〈列車事故〉

　高齢男性の列車事故について，損害賠償が問題となった事例をみる[22]。2007年，認知症の高齢者（男性・当時91歳）が1人で家を出て電車線路に入り，不幸にもはねられて亡くなった。JR東海は損害賠償を家族に請求し最高裁まで争われた。この事件では，高齢男性は列車事故の被害者であると同時に，その家族が損害賠償責任を問われた。名古屋高等裁判所は当時85歳の妻に約360万円の損害の支払いを命じたが，最高裁の判決は家族に責任はないとして，賠償請求も退けられた。

1.4　事例4〈意思能力に関する裁判〉

　今後，遺言状をめぐる裁判は増え，医師が診断書，意見書，鑑定書を求められることもあると予想される。第11章で検討する意思能力に関する裁判例中，末尾別表の裁判例8では，遺言状を作成した公証人と認知症専門医の意見が述べられたうえで，判決が下りている[23]。公証人は診断書について「『物忘れを自覚しており，物忘れのエピソードを自ら語ることができた』との記載は，かなり高度な認識能力がなければできないと思う」と主張した。これに対して，医師は「病的に低下した認知機能を利用して誘導されたものであれば，」（遺言作成の）「正当な意思と呼ぶことはできない。」と主張した。判決は，アルツハイマー型認知症患者の「取り繕い」に注目し，「公証人の陳述・記述を本件遺言当時の花子に遺言能力があったと認めるに足りる的確な証拠であると評価することはできないといわざるを得ない」とした。遺言が患者の「話を合わせてしまう」特質のもとに作成されたものとみなされた。

1.5　臨床医から見た法的課題

　事例1の自動車暴走事故の被告は，前頭側頭型認知症の可能性が非常に高いと医師が証言しており，この診断が判決に影響している。「被告人が認知症に罹患していたため判断力がある程度低下していた可能性があることは，量刑上それなりに有利に考慮すべき事情といえる。」と判断しており評価できる。

　事例2の「万引き事件」では12月に万引きをしたが，認知症により心神喪失であったとして本人の責任能力が否定され，無罪の判決が下った。そして，弁

---

22)　JR東海事件・最三小判平成28・3・1判時2299号32頁。
23)　東京地判平成28年8月25日判時2328号62頁。

第10章　認知症の医療現場における課題　　255

護人が，さかのぼって同年 5 月に起こした万引きについても，すでに病気は発
症していたと考えられるとして無罪を主張した。本件については，次の争点を
改めて検討すべきであろう。①認知症は全面的に責任能力を失わせるのかどう
か，②どういった犯罪まで責任がないのか，③さかのぼるとすれば，いつまで
さかのぼると判断するのかである。

　事例 3 の「JR 東海事件」でも，責任能力がない者の対応について問われた。
最高裁の判決どおり，列車事故について家族に賠償責任がないとすると，臨床
医としては，認知症患者に対する保護責任はいったいどこにあるのかが疑問に
残る。家族は判断力のない家族の一員に対して，人身を安全に保護すべく努力
せねばならないだろう。認知症の患者が起こした損害についてその家族に賠償
責任がないということは，起こしてしまうかもしれない事故の加害者となる危
険から患者を守る責任をも免れてしまうことにならないだろうか。加害する場
合，自身の身にも危険が伴うなか，危険からの保護責任はどこに行くのだろう
か。もちろん，昼夜逆転していたかもしれない認知症の患者を始終見張ってい
ることなど，事実上，家族にもできない。また家族に過重な責任を課すと，今
後，認知症の家族との同居が忌避されないとも限らない。

　事例 4 の「意思能力に関する裁判」における認知機能低下のもとでは，正当
な意思を形成することができないという医師の意見はきわめて真っ当である。
しかし，その程度はどうなのかは言及されていない。医師がいう「病的に」と
は「認知症である」ということと等しいが，認知症の程度は述べられていない
のである。もちろん，本症例の HDS-R 9 点は，Ⅰの 2 「認知症の診断基準と
評価スケール」に示したとおり，やや高度の認知症にあたり，遺言公正証書作
成の能力を欠いている程度であるとするのはわかる。しかし，どの程度を境界
とするのかが論点として残る。筆者としては，認知症と専門の医師が診断する
程度の範疇に入る認知機能低下がある場合には，遺言状の有効性はなしとした
方が，明快であると考える。

2　臨床医から見た高齢者による事故

2.1　高齢者の自動車事故の原因と認知症

　高齢者による事故が報道されるたびに，臨床医としてはその原因を問う。運
転手が高齢者であると，また認知症による事故か，と思わせるような報道があ
る。また，一般の人は，高齢者が交通事故を起こすと，認知症であるという先

256 第3部 実務編

入観を持ってしまいがちである。しかし，飲酒や麻薬，覚醒剤使用による事故は別としても，単なる不注意や操作ミスでは考えづらい交通事故の原因には多様な疾患がある。てんかん発作，不整脈，低血糖による失神，心筋梗塞や大動脈解離といった突然の致死的疾患などである。このような疾患が自動車運転中に起こると，突然意識がなくなり，大きな事故につながる。

てんかんは子供の病気と思われがちだが，脳外傷後の成人や脳血管障害後の高齢者に発症する場合もある。もちろん，ほとんどのてんかん患者は適切に服薬しているため，発作のない日常生活が送れ，自動車運転にも問題はない。ところが，発作中は意識がないため，病気であることに気づかず病院にかからなかったり，病気であるという認識が持てずに怠薬したりすることがある。そのうえで自動車を運転して事故を起こして罪に問われると厳しい結果となる。

高齢になると，高血圧，糖尿病，高脂血症などのメタボリックシンドロームが加齢による動脈硬化に拍車をかけ，狭心症や心筋梗塞などの虚血性心疾患や大動脈疾患も多くなり，不整脈も増える。また，糖尿病患者が食事を摂らず血糖降下薬を服薬し，あるいは飲み忘れて重ねて服薬することで起こる低血糖も高齢者にはありがちである。

2.2 高齢人口の増加と事故の増加可能性

高齢人口の増加に伴い，2020年の75歳以上の免許保有者数は約590万人となり，前年より7万8千人増えている[24]。75歳以上の人口の約3人に1人が運転免許保有者である[25]。75歳以上の運転者の死亡事故件数は減少傾向にあるものの，75歳未満の運転者と比較して，免許人口10万人あたり2倍以上発生している[26]。75歳以上の高齢運転者は，ハンドルの操作不適やアクセルとブレーキの踏み間違いといった操作不適による死亡事故が35.7％と最も多く，14.1％の75歳未満運転者より高い（75歳未満は，安全不確認が28.5％と最も多い）。

認知症でなくとも高齢になるとハンドル操作などを誤る確率が増え，素早い

---

24)　警察庁 HP「運転免許統計（令和2年版）」3，5頁〈https://www.npa.go.jp/publications/statistics/koutsuu/menkyo/r02/r02_main.pdf〉（最終アクセス：2024年6月26日）。

25)　内閣府『令和3年版高齢社会白書』2頁の数字から計算。

26)　警察庁 HP「令和3年上半期における交通死亡事故の発生状況」（2021年3月7日）7頁〈https://www.npa.go.jp/bureau/traffic/bunseki/kamihanki/030728R03kamihanki.pdf〉（最終アクセス：2024年6月26日）。

動きができなくなる。それにも増して問題なのは，そういった能力の低下に対する自覚が足りないことだろう。たとえ認知症と診断されていなくとも，加齢はリスクである。

2.3　認知症と交通事故の原因

「地誌的見当識障害」といって，認知症になると，よく知っている場所で道に迷うことがある。つまり，自分のいる場所がどこだか見当がつかなくなる。具体的には4つの型がある。①建物や風景はわかるのにその建物が何か認識できない街並失認，②目で見たものを覚えることができなくなる前向性健忘，③建物などと自分との位置関係が把握できなくなる自己中心的地誌的見当識障害，④2地点の位置関係がわからず方向感覚がなくなる道順障害である。どれであっても目的地に着くことが難しくなる。道順がわからなくなるほか，道路と自分との関係，出発地と目的地の位置関係が不明になることもある。自動車運転のようなスピードのある移動の場合，なおさらの困難をもたらす。

視空間認知においても，視覚と運動の統合が障害されることによって，自動車の駐車が下手になり，物損事故を頻回に起こすことがある。また，レビー小体型認知症では，幻覚のために見間違いを起こすことがあるといわれている。

他にも，前頭側頭葉変性症のように易怒性が強い人もいる。今まで運転の上手だった人が物損事故を繰り返したり，信号を無視したり，他の運転者と喧嘩をしたりする。事例1では，家族が何度も自動車運転を止めていた高齢者が運転したことにより人身事故を起こした。このように，自動車の運転などへのこだわりが強くなり，説得に応じないというのも，特に前頭側頭葉変性症の症状の1つである。

2.4　認知症と自動車運転

(1)　免許更新

自動車運転免許の更新では，優良運転手であっても高齢者は別立ての講習を受けることになっており，75歳以上では更新手続前に認知機能検査と高齢者講習等を受けなければならない[27]。「記憶力・判断力が低くなっている」という判定結果を受けると，臨時適性検査（専門医の診断）の受検，または医師の診

---

27)　警視庁HP「ご高齢の方へ」〈http://www.keishicho.metro.tokyo.lg.jp/menkyo/korei/index.html〉（最終アクセス：2024年6月26日）。

断書提出が必要になり，認知症と診断された場合は運転免許が取り消される。

　自動車運転免許証は自主返納といって，取消しの申請ができる。有効期間中の運転免許を自主返納した場合，申請すれば運転経歴証明書が発行され，身分証明になる。運転経歴証明書は自主返納をしないと取れない。免許更新申請をし，認知症と診断されて更新できなかった場合は，免許取消しになるため返納はできず，運転経歴証明書も発行されない。この点の周知をさらに図ることで，高齢者の運転免許の返納が進むかもしれない。

⑵　18の基準行為

　75歳以上の人が信号無視など政令で定められた18の交通違反を行うと，臨時認知機能検査を受けなければならない。結果として，認知機能低下が見られた場合には，さらに臨時適性検査または医師の診断書の提出，臨時高齢者講習が必要になる。高齢者の自動車運転の交通違反に関しては，他の世代と比較してより厳しい措置が設けられている。

⑶　医師の任意通報制度

　2014年6月から，認知症診療にかかわる医師が認知症と疑うか診断した患者が自動車運転を継続している場合に，公安委員会に通報できるようになった（道路交通法101条の6）。医師は診察を受けた者が認知症を含む疾患（同法103条1項1号，1号の2，3号）であることが判明したとき，当該診察の結果を公安委員会に届け出ることができる。また，刑法の秘密漏示罪の規定その他の守秘義務に関する法律の規定は届出を妨げると解釈してはならず（同法101条の6第3項），届け出は守秘義務に優先する。患者を含めた人命の安全を守ることが優先されている。

　認知症によっては，計算や記憶に大した障害がなくても，判断力や地誌的見当識が低下したり，あるいは苛立ちや暴言，暴力が勝ったりする場合もある。運転に固執して，頑強に免許返納に応じないというのも，認知症の症状の1つと考えられる。その時は，人命尊重を優先し，認知症専門の医師が責任を持って判断する必要がある。

　患者の人権に鑑み，認知症にかかわる5つの学会が届け出についてのガイドラインを出した[28]。そのなかで，診断や届け出については，「患者および家族（または介護者）に説明して，その旨を診療録に記載する」ことが記載された。また，患者や家族の同意も必要であるほか，届け出の写しも本人もしくは家族に渡す必要がある。このうち4つの学会は2017年にさらに提言を出し，患者の

尊厳への配慮を示した[29]。

　しかし，事件にもなったように，家族がいくら運転をしないようにいっても聞かないことや，運転免許を返納せずに運転を続ける人がいるということが問題である。医療への受診も同意しない高齢者が多い。ガイドラインは医師が家族や介護者から相談を受けた場合は，患者の同意取得が困難な場合を含め，状況を総合的に勘案し，届け出について判断するとしている。医師がなすべきことについての指針が記載されている。

おわりに—認知症の今後

　認知症の高齢者が加害者となり損害賠償を求められた際に，市が保険で補償する全国初の取組みが2017年に大和市で始まった[30]。その後，少なくとも61市区町村（2020年7月時点）が，認知症の高齢者に対する損害賠償請求に備えた賠償責任保険の保険料を市が負担する仕組みなどを構築した[31]。

　本当に大切なのは，社会全体がセイフティーネットになることである。そのセイフティーネットが，困っている人，不安な人全員を包み込むような安全網であれば，高齢者も安心して生活できる。その仕組みの根本的な課題は，高齢者特有の事象に関する法制度の整備である。

　2007年に65歳以上の人口が21％を超える超高齢社会となってから10年以上経った[32]。2020年現在の高齢化率は28.8％である[33]。また，本章Ⅱの2.6「認知症推定有病率」のとおり，90歳以上では2人に1人以上が認知症である。高齢者の社会生活を考えるうえで認知症を外しては考えられず，認知症に配慮した

---

28) 「わが国における運転免許証に係る認知症等の診断の届出ガイドライン」（平成26年6月1日，日本神経学会，日本神経治療学会，日本認知症学会，日本老年医学会，日本老年精神医学会〈https://www.neurology-jp.org/news/pdf/news_20140624_01_01.pdf〉（最終アクセス：2024年6月26日）。

29) 日本認知症学会HP「改正道交法にかかる提言」（平成29年1月6日，日本神経学会，日本神経治療学会，日本認知症学会，日本老年医学会〈https://dementia-japan.org/statement/〉（最終アクセス：2024年6月26日）。

30) 関ふ佐子「紙面拝見」神奈川新聞（2017年12月14日）。

31) 日本総研HP「自治体による認知症の人の事故を補償する民間保険への加入支援に関する調査研究事業」（2021年4月12日）〈https://www.jri.co.jp/page.jsp?id=38671〉（最終アクセス：2021年8月16日）。

32) 総務省HP「人口推計（平成21年10月1日現在）」Ⅱ結果の概要2「年齢別人口」5頁〈https://www.stat.go.jp/data/jinsui/2009np/pdf/gaiyou.pdf#page=4〉（最終アクセス：2024年6月26日）。

33) 以下，内閣府・前掲書（注25）2頁。

社会システムの構築は喫緊の課題である。

　わが国において価値観は多様になった。しかし，いかに価値観が多様になろうとも，最も大切なものは生命であり，必要なのはそれを快適，確実に支える社会であるという価値観は普遍であろう。

第11章

認知症高齢者の意思能力をめぐる
司法判断

川島通世

はじめに

　弁護士として法律実務に携わっていて，認知症高齢者の意思能力をめぐる事件を次々と受任している現状がある。

　それらの事件を経験するうちに，一般的に重い認知症患者に見られるとされる事情があっても，裁判所が意思能力を否定しない場合があることがわかってきた。例えば，「数年前，外出した際に自宅への帰り道がわからなくなることが複数回あった。」，「数年前，料理中であることを忘れて鍋を焦がすことが複数回あった。」，「しばらく前から，定期的に何度も会う人を覚えていなかった。」，「近頃は，身近な親族がわからなくなっていた。」，「話しかけても応答がない，応答があってもつじつまが合わなかった。」，「全体的に体調も悪化し，排せつのコントロールも困難になっていた。」，「表情が乏しく，性格も以前とは変わっていた。」等は，一般的に，重い認知症患者のエピソードとして聞くことがあるが，それらと類似したエピソードがいくつもあって，医師の診断書等の一定の信用性がある証拠があっても，裁判所が意思能力を否定しない場合が見受けられたのである。これらのことを契機として，意思能力とはいったい何かということについて，大きな関心を寄せるようになった。

　そこで本章では，認知症に罹患した高齢者[1]が遺言や養子縁組等の法律行為を行った際の意思能力が，後日，問題となったとき，裁判所がどのように判断したのか，その課題はどこにあるのかを検討し，それらの課題の解決方法を模索する。

---

1)　本章の「高齢者」の典型像は「85歳以上で認知症に罹患しており，遺言等の法律行為を行った高齢者」である。本章Ⅱで検討した裁判例（末尾別表）において，判決文から年齢が推定できる法律行為者全49名の平均年齢は85.5歳で85歳以上が32名であることによる。一般的に65歳以上を高齢者と定義することに対する問題意識について，本書第1章Ⅰの2.2「高齢者法と年齢」。

262 第3部 実 務 編

I 認知症高齢者の意思能力をめぐる事件の増加

1 認知症とはどのような病気か

1.1 認知症の定義

　認知症は，一般的に「一度正常に達した認知機能が後天的な脳の障害によって持続的に低下し，日常生活や社会生活に支障を来すようになった状態を指し，これらの症状に感情，意欲，性格などの障害が加わることもあるが，意識障害のないときにみられる」[2]と定義されている[3]。認知症は，脳に異常たんぱくが少しずつ蓄積する病気であるため[4]，認知機能は持続的に低下し，認知機能をめぐる病状も徐々に悪化する。認知機能が良好な時と良好でない時がまだら状態に発現しながら悪化していくとのとらえ方があるが，認知症の病状としては，認知機能は「持続的に低下する」のである。

1.2 アルツハイマー型認知症

　認知症のうち67.6％を占める病型が，アルツハイマー型認知症である[5]。記銘力障害が強いという特徴があり，発病すると新しいことが覚え込めなくなる。計算力や判断力の低下により，金銭管理能力も早期から落ちる。感情や人格はよく保たれ，表情も読みとることができる[6]。発病前の記憶は記銘されているため，発病前に覚えたことはよく保たれる[7]。発病後の経過は，比較的均質である[8]。

1.3 認知症の評価スケール

　国内で，認知症の評価によく使われるスケールが，長谷川式認知症スケール（「HDS-R」と表記されることがある。）である[9]。9項目で30点満点となっており

---

2) 中島健二＝天野直二ほか編『認知症ハンドブック』（医学書院，2014）3頁〔和田健二〕。
3) 認知症の診断基準については，本書第10章Iの2「認知症の診断基準と評価スケール」。
4) 本書第10章IIの2「真の『認知症』」。
5) 本書第10章IIの2.5「血管性認知症」。
6) 本書第10章IIの2.2「アルツハイマー型認知症」。
7) 本書第10章IIの1.1「生理的物忘れと認知機能障害」。
8) 本書第10章Iの1.2「アルツハイマー型認知症の『型』とは」。

第11章　認知症高齢者の意思能力をめぐる司法判断　　263

20点以下で認知症の可能性が高いと判断される。また，国際的に使われる評価方法としては MMSE がある。

1.4　認知症高齢者数の増加

2022年の日本における65歳以上の認知症患者数は約443万人で，2030年には約523万人，2050年には約587万人になると推計されている[10]。また，前記患者数推計とはデータの引用元が異なるが，年齢階級別の認知症の推定有病率は，80〜84歳で約20％，85〜89歳で約40％，90〜94歳で約60％，95歳以上では約80％であり[11]，その罹患率の高さは特筆すべきものがある[12]。

2　「意思能力」の定義

2.1　「意思能力」の定義

「意思能力」の定義については[13]，古典的に，私的自治の原則から，「自分の行為の結果を判断することのできる精神的能力であって，正常な認識力と予期力とを含むものである」[14]，「(法律) 行為の結果 (それによって自分の権利義務が変動するという) を弁識するに足るだけの精神能力 (法律行為によって異なるが大体7〜10歳の子供の精神能力である)」[15]とされてきた。

今般の民法 (債権関係) 改正にかかる審議過程では，意思能力の定義規定を設ける案について議論されたが，結果としては意思能力の定義を具体的に条文に盛り込むことは見送られて，引き続き解釈に委ねられることとなった。3条

---

9)　以下，本書第10章Ⅰの2「認知症の診断基準と評価スケール」。

10)　本書第1章Ⅰの3.2「弱い高齢者像」。

11)　本書第10章Ⅱの2.6「認知症推定有病率」。

12)　本書第3章Ⅱの1.2「高齢者の特徴のリスト」の1項目として「認知症の発病率は加齢により増加するため，高齢者は，認知症の影響を見過ごせない人たちである。」が挙げられている。

13)　「意思」が多義的であることは，特に「意思決定支援」の「意思」との関係で注意が必要である。2020年10月30日に最高裁判所，厚生労働省，日本弁護士連合会，成年後見センター・リーガルサポートおよび日本社会福祉士会により構成される「意思決定支援ワーキング・グループ」が発表した「意思決定支援を踏まえた後見事務のガイドライン」には「意思決定能力は法律で定められた概念ではなく，意思能力や行為能力とは異なるものである。」との記載がある (同ガイドライン3頁　注6)。本章における「意思」は，民法3条の2の「意思」をいう。「意思決定支援」の「意思」については，本書第4章Ⅳの8.1「意思決定能力との関係」。

14)　我妻栄『新訂　民法総則』(岩波書店，1971) 60頁。

15)　四宮和夫『民法総則〔第3版〕』(弘文堂，1982) 51頁。

264 第3部 実務編

の2に「法律行為の当事者が意思表示をした時に意思能力を有しなかったときは，その法律行為は，無効とする。」とのみ規定された[16]。

2.2 「意思能力」の近接概念

(1) 事理弁識能力（民法7条）

平成11年民法改正前の「心身喪失ノ常況ニ在ル」については，「自分の行為の結果について合理的な判断をする能力のないこと，すなわち，意思能力のないこと」が「大体において……普通の状態としているもの」[17]，「通常，意思能力喪失の状態にあること」[18]と解されている。要するに「心身喪失」と「意思無能力」は同義であると考えられてきた。現行法の「事理を弁識する能力を欠く常況」についても，ほぼ同様に解すべきとされている[19]。

この点，平成11年民法改正の立案担当者によれば，意思能力は，法律行為を行った結果（法律行為に基づく権利義務の変動）を理解するに足る精神能力を指すものであるのに対し，事理弁識能力は，意思能力があることを前提に，十分に自己の利害得失を認識して経済合理性に則った意思決定をするに足る能力であるとされる[20]。この立場では，理論上は，意思能力は有するが事理弁識能力を欠く状態を観念できることになる。

(2) 養子縁組能力（民法799条，738条）

民法の規定によれば，成年被後見人が養子縁組をするには，その成年後見人の同意を要しない。つまり，ある人が事理弁識能力を欠く常況にあるとして，後見開始審判を受けた後であっても，意思能力があれば，単独で有効に養子縁組ができることになる。この点，前述のとおり，意思能力と事理弁識能力が同義であるとの立場に立てば，この規定にほとんど意味はない。いずれにしても後見開始後に意思能力を回復しているタイミングにのみ意味を持つ規定であるといえる。認知症患者については，「認知症」が「認知機能が持続的に低下」する病気であることからすれば，いったん「精神上の障害（認知症）により事

---

16) 今般の民法改正にかかる「意思能力」の審議過程については，三輪まどか『契約者としての高齢者』（信山社，2019）97頁。

17) 我妻・前掲書（注14）76頁。

18) 四宮・前掲書（注15）60頁。

19) 谷口知平＝石田喜久夫『新版注釈民法(1)総則(1)〔改訂版〕』（有斐閣，2002）323頁〔鈴木ハツヨ〕。

20) 法制審議会　民法（債権関係）部会第30回会議議事録，部会資料27「民法（債権関係）の改正に関する論点の検討（1）」16頁。

理弁識能力を欠く常況」になった患者が，判断能力を回復する状況は，「持続的低下」という病状に合わない。したがって，認知症と診断された高齢者については，後見開始後に養子縁組能力が認められることは，病気の性質上，ないと言えるであろう。

(3) 遺言能力（民法963条）

本章末尾別表記載の裁判例1番では，「遺言時に有すべき遺言能力（民法963条）は，有効に遺言をする能力のことであり，その要件として15歳に達すること（同法961条）が求められるほかは，意思能力と同義と解される（同法962条）」と判示されている。裁判例1番の解釈によれば，年齢が15歳以上であれば，精神上の障害等の事由により判断能力が7〜10歳程度であっても，意思能力が認められれば遺言能力はあると判断されることになろう[21]。一方で，裁判例11番は「このような亡Aの状況に鑑みると，亡Aが，平成21年1月30日時点で，15歳程度の判断能力を有していたかは疑わしく」と判示している。裁判例11番によれば，年齢が15歳以上であっても，判断能力が15歳程度未満であれば，遺言能力は認められないことになるのであって，両裁判例の遺言能力についての解釈には違いがある。

また，前述した養子縁組能力と同様に，認知症と診断された高齢者については，いったん事理弁識能力を欠く常況と認定されて後見開始の審判を受けた後に遺言能力が認められることは，認知機能が持続的に低下するという病気の性質上，ないと言えるであろう。

3 認知症高齢者の意思能力をめぐる事件の増加と特徴

3.1 事件の増加

日本公証人連合会によれば，平成31年1月から令和元年12月までに作成された遺言公正証書の件数は113,137件であって，平成22年の件数に比べて約1.4倍となっている[22]。遺言公正証書作成数の増加により，遺言公正証書作成時の

---

21) 遺言能力についての従来の議論状況については，土井文美「遺言能力（遺言能力の理論的検討及びその判断・審理方法）」判例タイムズ1423号（2016）15頁に詳細に論じられている。「遺言能力として必要なのは，法律行為に最低限必要な能力である意思能力のみで足りるというべきであろう。とはいえ，財産行為における意思能力（事理弁識能力）の程度も，法律行為毎に相対的に考えるべきものなのであるから，遺言能力の場合に限って財産行為における能力と異質の低い程度のものとする必要まではないと考える。」（24頁）。

266　第3部　実務編

意思能力に関する法律問題も増加していると推定できよう。

　認知症高齢者の意思能力をめぐる裁判数の推移に関する資料は見当たらない。この点，LLI/DB判例秘書の裁判例検索において，キーワードを「認知症」OR「痴呆症」AND「意思能力」と指定し，民事事件を検索すると，1991年1月1日〜2000年12月31日は32件，2001年1月1日〜2010年12月31日は109件，2011年1月1日〜2020年12月31日は200件（2021年6月24日検索）と，増加傾向にある。

3.2　事件の特徴

　認知症高齢者の意思能力をめぐる事件で問題となる法律行為は，遺言や養子縁組が多く，事件は親族間紛争になる。親族間紛争以外の事件では，当事者の関係が，当該法律行為およびその前後に限定される。これと比較して，親族間の紛争では，親族としての長い間の人間関係に様々な紛争の火種があり，それが当該紛争を契機に噴出するため，対立が深刻化する。また，意思能力を問われる本人は死亡していることも多く，当該法律行為から裁判時点までに時間が経過しているために，当該法律行為時点の意思能力の立証が困難で，解決までに長い時間がかかることが特徴である。したがって，紛争予防の要請およびいったん紛争化してしまった場合の早期解決の要請が，特に高い事件類型であると言える。

Ⅱ　裁判例の検討

1　検討の対象

　本章Ⅰの3.1に述べた判例秘書の裁判例検索（検索対象は平成20年1月1日から平成29年12月31日の10年間）で該当した裁判例から，意思能力が争点となった事件を抽出し，本章の検討対象とした。検討対象の裁判例は本章末尾別表のとおりである。

---

22)　日本公証人連合会〈令和元年（平成31年）の遺言公正証書作成件数について　日本公証人連合会（koshonin.gr.jp）〉（最終アクセス：2021年6月29日）。

第11章　認知症高齢者の意思能力をめぐる司法判断　　267

2　検討の内容

2.1　検討の視点

　本章では，「長谷川式点数と意思能力判断の関係」，「公正証書の効力が否定された裁判例」，「一審と控訴審で結論が分かれた裁判例」を検討した。人は「長谷川式点数が高ければ意思能力は認められるだろう」，「公正証書なら有効性が認められるだろう」等の予測をもって法律行為を行う。この点，長谷川式点数が高いのに意思能力が否定された場合や公正証書の有効性が否定された場合は，当該予測が裏切られることになり，関係者の経済生活への影響が大きいからである[23]。また，一審と控訴審で結論が分かれた裁判例の検討により，本章Ⅰの3.2に述べた「事件の特徴」が説明できると考えた。

2.2　長谷川式点数と意思能力判断の関係

⑴　分 布 図

　本章Ⅰの1.3に述べたとおり，国内でよく使われている認知症評価スケールが，長谷川式認知症スケールである。その長谷川式認知症スケールの点数と裁判における意思能力の有無の判断の関係を分布図に表した（図1）。本章末尾別表に掲げた裁判例のうち，法律行為者の法律行為前後1年以内の長谷川式点数が，判決文から明らかになっている35例（複数回の検査をしている場合は，法律行為時に最も近い時点の検査結果を採用し，第一審と控訴審はそれぞれ別のデータとして採用した）について作成した分布図である。縦軸は長谷川式点数（0点〜30点），横軸は判決日，●が「意思能力あり」，●が「意思能力なし」の裁判例である。

　35例はサンプル数として多くないことに注意を要するが，分布図を一見して，裁判例の意思能力の有無の判断と，各裁判例における行為者の長谷川式点数の間に「長谷川式点数が高いほど，意思能力ありと判断される」等の相関関係は，見られないといえる[24]。

---

23)　三輪まどかは，公証の意義を「遺言者がなした遺言の正確性と遺言の真意の確保であり，遺言をめぐる紛争の防止である。」と述べる（三輪まどか「遺言無効確認訴訟における公証の役割―公証でなす遺言の意義をめぐって」南山大学紀要『アカデミア』社会科学編17号（2019）203頁。

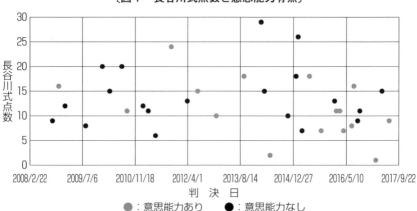

〔図1　長谷川式点数と意思能力有無〕

（筆者作成）

(2) 長谷川式点数が低いケースで意思能力ありとされた裁判例

　裁判例3番は，当時86歳の贈与者による土地建物の生前贈与約1か月前の長谷川式点数が1点の場合に，意思能力ありと判断した。①贈与者の従前のかかりつけ病院でなく，初めて連れて行った病院で診察を受けさせ，成年後見用の診断書作成を依頼したこと，②しかも，後日必ずMRI検査をすることを約束して，急いで診断書作成を依頼したものの，MRI検査をキャンセルしたこと，③診断書作成医が，贈与約3か月後作成の家庭裁判所依頼の鑑定書において，認知症罹患の有無について「不明」と判断したこと等から，診断書作成医が実施した長谷川式スケールが1点であっても，意思能力ありと判断した。一方で，前記鑑定書には「重度の認知機能の障害があり，知的能力がほとんどない」，「自力歩行は可能であるが，簡単な計算はできず，数字の逆呼や野菜の名前を

24)　土井・前掲（注21）33頁は，平成2年から平成26年に出された46件の裁判例の分析結果として「HDS-Rの結果から重症度を認定していると思われる裁判例は数多い。少なくとも，HDS-Rの結果が証拠として出された場合には必ず重要な要因として認定している。後掲裁判例表『認知症スケール』欄を見れば，点数が下がるにつれ遺言能力が否定される傾向がうかがえる。10点代なら半々くらい，1桁なら能力が否定されるものが多いといえよう。」と述べ，本章とは異なる分析を行っている。長谷川式検査については，「HDS-Rの結果は，スクリーニング検査である以上20点を下回るか否かが重要であって，それ以上に，点数如何によって重症度を正確に測り得るものではない。」と評価する。一方，本書第10章Ⅰの2「認知症の診断基準と評価スケール」では，長谷川式検査について，点数と重症度が相関する研究結果を紹介している。

言うこともできない。」，「発語がほとんどなく，失語症が原因と思われるが，認知機能の障害も発話がない一因であると思われる。」等の記載があったとの事実が摘示されている。

　裁判例27番は，当時84歳の遺言者による自筆証書遺言作成の約10か月後の長谷川式点数が2点の場合に，意思能力ありと判断した。遺言の約10日後の入院記録に，看護師の来室に際し「どうもありがとう，でも何もお礼するものも持ってなくて」等と発言し，リハビリテーション総合実施計画書にコミュニケーションとして理解・表出とも「可」とされており，入院中に問題行動等の認知症の症状発現がなかったことから，「総合して判断すれば，Aは本件各遺言時において，認知症高齢者日常生活自立度の判定基準のレベル『Ⅲ』に該当する…程度のおおむね中等度の認知症による短期記憶障害等の精神機能障害によって意思能力…が時々限定される状態にあったものと推認されるのであり，Aが本件各遺言書に記載した内容（Aの全ての財産を長男の被告1に相続させるという極めて単純なもの）を理解して決定する程度の意思能力まで常時喪失していたことは，認めることができない」と判断した。一方で，弁護士会照会[25]に対する診療所の回答として「初診時（筆者注：遺言時の約1か月半後）よりパーキンソン病のため，日常生活はほぼ寝たきりで，当初から，時間，自己，場所に対する見当識の喪失を認め，Aは一貫して認知症等の精神障害の程度は高度であった。挨拶や時候，現在の体調など簡単な会話は成立するものの，見当識障害，記銘力障害などからその内容は浅薄，場当たり的なものにとどまっていた。」との回答があった事実を摘示している。また，同判決は控訴審判決であるが，原審は意思能力なしと判断していた。

(3)　長谷川式点数が高いケースで意思能力なしとされた裁判例

　裁判例29番は，当時87歳（推定）の売主が不動産売買契約をした約7か月後に長谷川式点数が29点の場合に，意思能力なしと判断した。この裁判例は，「原告及び被告ら双方の主張を公平に考慮し，MRI画像やHDS-Rの結果等の客観証拠や認知症に関する医学的知見を踏まえた上で，亡B子の認知症は軽度から中等度であり，判断力，意思能力が著しく減退していたとはいえない」と

---

25)　「弁護士会照会」とは，弁護士法23条の2にもとづいて，弁護士が受任している事件について，所属弁護士会に対し，公務所又は公私の団体に照会して必要な事項の報告を求めることを申し出て，この申し出にもとづいて，弁護士会が公務所又は公私の団体に対して行う照会のことである。

270 第3部 実務編

の結論を導いた裁判所の鑑定人の鑑定結果は採用せず，HDS-R の結果を踏ま
えつつ，「得点は高いが，生活場面では上記のように記銘力障害や意志薄弱な
態度が認められ，理解・判断力の喪失を認める。」との本人の主治医の診断を
重視した。その上で，「本件売買契約締結当時，亡B子は，中等度の認知症に
罹患し，記憶や見当識等の障害があった上，周囲に対して取り繕ったり迎合的
になったりして場面や相手によって自らの意見を変える顕著な傾向があり，社
会生活上状況に即した合理的な判断をする能力が著しく障害され，自己の財産
を管理・処分するには常に援助が必要な状態であったと認めるのが相当であ
る。」と判示した。

　裁判例21番は，当時87歳（推定）の高齢者について，相続放棄と同じ月に長
谷川式点数が26点の場合に，意思能力なしと判断した。長谷川式検査を実施し
た医師が「30点満点中26点であり，年齢相応以上で問題ありません。」との診
断書を作成した一方で，同じ月に別の医師が「認知症の状態にあり，計算力の
低下，失行などを認めている，自己の財産を管理・処分することができない。」
等の鑑定書を作成している事実を摘示している。その上で，長谷川式を実施し
た医師が精神科の医師ではなく，鑑定書を作成した医師が精神科の専門医で4
回にわたり本人を診察して必要な検査を行った上で診断していること等を指摘
した。そして，「抗告人は，本件放棄申述当時，精神上の障害の程度が重度で，
特に経済面での理解力は極めて低下した状態にあり，相続放棄の意味を的確に
理解することができないまま，家族の求めに応じて本件放棄申述をしたものと
認められるから，本件放棄申述は，抗告人において相続放棄の意思が欠けてお
り，無効というべきである。」と判断した。

　なお，裁判例4番①および②は，判決文から長谷川式点数は不明であるが，
「認知症高齢者の日常生活自立度」が「Ⅱb」の場合に意思能力なしとしてお
り，認知症が比較的軽度な場合に無効と判断した事例である。

2.3　公正証書の効力が否定された裁判例

　本章末尾別表の裁判例のうち，公正証書遺言の効力が否定された裁判例は，
8番，16番，23番①および②，35番①，39番，40番，45番①および②，46番，
47番である。このうち，23番①は口授要件欠如により無効判断しており，遺言
能力の有無は直接判断していない（原審である23番②は「脳血管性認知症のため，
遺言能力を喪失し」として遺言能力を否定している。）。

前記各裁判例のうち，裁判例8番は，意思能力にかかる医学的判断と法的判断のあり方について分かりやすく示されている裁判例であって，興味深い。公正証書遺言の作成前に，認知症専門病院の院長が遺言者を診察して診断書を作成し，遺言作成を受任した弁護士がその診断書を公証人に持ち込んで，公証人が法的観点から遺言者に遺言能力があると判断して公正証書遺言を作成した。後日，当該遺言の有効性が裁判で争われ，当該公証人が裁判で証言を行った後，証言内容について，前記認知症専門病院の院長であった医師が書面尋問に応じて，それらの訴訟資料をもとに裁判所が遺言能力を否定する判決を下した事例である。公証人が，「物忘れを自覚しており，物忘れのエピソードを自ら語ることができた」との診断書の記載について，「かなり高度な認識能力がなければできない」と判断し，また，「自己の相続人の名前を想起でき，不完全ながら自己の資産の概略を想起することができた」，「自己の資産，相続に関する基本的な事柄は想起することができ，『C家の資産を守るために養子夫妻にまとめて相続させたい』という意思を明示していた」との診断書の記載について，「遺言能力があるのではないかと思わせるもの」と判断した。これに対し，医師が書面尋問で，物忘れの自覚は「かなり高度の認識能力がないとできない」との見解は，「医学的根拠が全くない。」，「D子がC家の資産を守るために養子夫妻にまとめて相続させたいという意思を明示していたことも，遺言作成のための必要条件であるが十分条件ではなく，その『意思』の意味について司法的な判断が必要である。それが現実の状況を把握した上での自発的に形成された意思であれば十分条件となるであろうが，病的に低下した認知機能を利用して誘導されたものであれば，正当な意思と呼ぶことはできない。D子が述べている一見合理的な目的は，認知症が進行すればいくらでも誘導が可能である。」等と反論した。これらを踏まえて裁判所が，①公証人の認知症患者に関する理解には医学的根拠に欠ける部分が存在すること，②公証人の会話の方法がアルツハイマー型認知症患者の「取り繕い」に手を貸して能力の欠陥を見えなくしてしまう方法である旨医師が述べていること，に照らせば，遺言者に遺言能力があると判断したとの公証人の陳述は，遺言能力を認める的確な証拠とは評価できないとして，遺言能力を否定したものである。

2.4　一審と控訴審で結論が分かれた裁判例

本章末尾別表の裁判例のうち，一審と控訴審（または抗告審）で結論が分か

272　第3部　実務編

れた裁判例は，1番，5番①および②，27番，32番，33番，34番，35番①および②，43番①および②，49番①および②である。

　このうち裁判例35番①は，公正証書遺言の効力を否定した事例でもある。一審判決は「しかしながら，上記診療録等に『認知症』との記載があるものの，その具体的症状，程度等は特に記載されておらず，…本件遺言の約二週間前に実施されたCT検査でも脳に委縮は認められなかったこと，アリセプトの投与量も比較的少量にとどまっていたこと，…○○○○（筆者注：病院名称）に入院していた当時，聴力に問題はなく，助けを借りれば更衣や歩行が可能であり，食事も自分でとることができるなど，全面的な介助までは必要でなかったこと，見当識障害や意識障害は特に認められず，意思疎通はできていたことが認められることに照らすと，亡Eが認知症に罹患していたとしても，遺言能力を欠く程度のものであったとは認めがたい。…さらに…本件遺言の内容自体に照らしても，亡Eの全財産を原告に相続させるという単純明瞭なものであるし，本件遺言証書にも難解な表現等は使われていないから，公証人から読み聞かせをされれば，亡Eにおいて，それを理解することや，その当否を判断することが困難であったとは認められない。」と判断して公正証書遺言の効力を認めた。

　これに対し，控訴審判決は「本件遺言書作成当時，Eは，うつ病と認知症に罹患しており，平成19年2月19日と20日には大声独語，幻視幻聴，妄想，ベッドよりの滑落，体動，言語活発などの問題がある行動があり，同月28日には精神科のF医師による情動不安定，易怒性，常同保続の所見から種々の薬剤が処方されていた状態であり，同年3月1日の時点においてもリスパダールを処方され，夜間時々覚醒していて不眠を訴えており，Eは，判断能力が減弱した状態にあり，意思能力を備えていたと認めることが困難である。」と判断して，公正証書遺言の効力を否定した。遺言者が平成19年8月に死亡し，原告が遺言者の妹，被告らが遺言者の弟および妹ならびに他の弟の妻の3名であるところ，平成24年9月に公正証書遺言を有効とする一審判決が出て，平成25年3月にこれを覆して遺言を無効とする控訴審判決が出ている。本件は，本章Ⅰの3.2に述べた事件の特徴（親族間紛争で対立が激化し，長期化する。）どおりの事件といえ，当事者の精神的負担が大きいことが推認される。

Ⅲ　裁判例の検討からみられる課題

1　「意思能力」とその近接概念の定義に関する課題

1.1　定義のあいまいさ

　一般的な「意思能力」の定義について，本章Ⅰの2.1に述べたが，これは抽象性が高い文言であって，個別具体的な目の前の人が意思能力を有するか否かの有用な物差しになるとは言い難い。今般の民法改正にあたっても，条文化されずに引き続き解釈に委ねられたことも，すでに述べたとおりである。

　「意思能力」と他の近接概念との異同もわかりにくい。例えば，実務上，「意思能力」と「事理弁識能力」は，ほとんど区別せずに使われていると言ってよい。他方で，両者が同じであると仮定すると，認知症は「持続的に低下する」という病気特性を有することから，認知症によって，いったん事理弁識能力を欠く常況になった場合には回復しないことになる。すると，認知症により後見相当となった人は「意思能力」＝「事理弁識能力」を回復することはないから，以後の法律行為は無効となるはずであるが，これに反する裁判例は存在する。例えば，裁判例5番②は，「後見相当の精神状況であるからといって，直ちに，意思能力に欠けるものではない上，…」と判示し，裁判例36番は，遺言作成の約4か月後に後見相当の診断書は出ていたが，「（遺言作成当時）認知症は重度であったとは思われず，意思能力もかなり保たれていた」との鑑定結果を採用した。「意思能力」と「事理弁識能力」の異同，異なるとするとどのように異なるのかが，整理されていない点に問題があると言える[26]。

　また，「遺言能力」や「養子縁組能力」については，民法961条（15歳に達した者は，遺言をすることができる。）[27]，民法797条1項（養子となる者が15歳未満であるときは，その法定代理人が，これに代わって，縁組の承諾をすることができる。）との関係も問題となる（本章Ⅰの2.2(2)および(3)参照）。「意思能力」は7～10歳程度の判断能力であるとされるが，7～10歳（小学校低学年から中学年）と

---

[26]　民法に「意思能力」および「事理弁識能力」の明確な定義規定がないことについて，三輪・前掲書（注16）13頁。

[27]　民法起草者が「15歳」と規定した理由について，二宮周平「認知症高齢者の遺言能力」棚村政行＝小川富之『中川淳先生傘寿記念論集　家族法の理論と実務』（日本加除出版，2011）770頁。

274　第3部　実務編

15歳（中学3年または高校1年）の判断能力は、全く違うからである。民法の他の規定も鑑みると、文理解釈としては、遺言は、年齢が15歳に達してさえいれば、認知症等の精神上の障害等により判断能力が15歳相当に達していなくても（意思能力さえあれば）可能である。養子縁組も、年齢が15歳に達した場合は、精神上の障害等により判断能力が15歳相当に達していなくても（意思能力さえあれば）法定代理人が縁組の承諾をすることはできないと読める。しかし、そのように解釈すると、遺言や養子縁組は法律行為であるから意思能力が要求されることは当然であるのに、それに加えて、民法が「15歳」と規定している意味がなくなると言わざるをえない。そうであれば、単独で有効な遺言や養子縁組を行うには、15歳程度の判断能力が要求されていると解釈すべきであると考える。この立場に立てば、認知症により、15歳程度の判断能力を欠くことになった場合は、遺言能力および養子縁組能力を欠くと解することになる[28]。

1.2　病気特性に合わない定義

　さらに、アルツハイマー型認知症患者の意思能力判断に場面を限定した場合は、その病気特性に一般的な意思能力の定義が合わない。つまり、認知症の定義が、本章Ⅰの1.1で示したとおり「一度正常に達した認知機能が」、「後天的な脳の障害によって持続的に低下し」た病気であり、かつ、発病前に覚えたことはよく保たれているのであるから、例えば80歳で発症した患者が、30歳代の記憶を障害されるのは、相当程度病状が進んでからである。そうすると意思能力を喪失しても30歳代の記憶は障害されていない場合もありうるので、「7～10歳の精神能力」との定義は合わないと思われるのである。

　また、アルツハイマー型認知症患者の意思能力判断については、その中核症状が記銘力障害である点が、別の困難な問題も生じさせる。発病後の記憶は定かでなくなるが、発病前の記憶はよく保たれるため、例えば、「（数日前に）遺言を作成した」、「（数日前に）養子縁組をした」というエピソードはまるっきり抜け落ちるが、遺言時や養子縁組時の瞬間的な判断は、本人の発病前の記憶にもとづく「真意」にもとづく場合がありうることである。このような段階で

---

28)　「遺言に必要とされる能力は財産行為に必要とされる能力より低いという考え方には問題があり、また、遺言能力を抽象的に意思能力ないし事理弁識能力と捉えることにも疑問がある。」鹿野菜穂子「遺言能力」岡部喜代子＝伊藤昌司『新家族法実務体系　第4巻　相続〔Ⅱ〕—遺言・遺留分—』（新日本法規出版、2008）59頁。

は，意思能力があると言えるのか。この点，遺言や養子縁組が，できる限り本人の気持ちを尊重すべき性質の法律行為であることからすれば，発病前の記憶にもとづく「真意」を尊重すべきであるとの考え方もありうる。弁護士が適切な法律相談を行うことにより，意思能力が一定程度衰えている場面でも，本人意思が実現できることもあろう[29]。

他方で，「遺言を作成した」，「養子縁組をした」記憶がまるっきり抜け落ちる場合には，その後の行動が「遺言作成」や「養子縁組」の事実と整合しないことになり，結果的に本人の利益を損なう可能性がある。また，認知症の発病後は，遺言作成や養子縁組で利益を受ける者から「病的に低下した認知機能を利用して誘導」されてしまいかねず（本章Ⅱの2.3　裁判例8番参照），その点でも本人意思尊重につながらない。当該高齢者がそれまでの長い人生の間に，同じ内容の遺言を作ったことがなかったり，同じ内容の養子縁組をしたことがなかった事実もあわせ鑑みれば，「遺言作成」や「養子縁組」等のエピソードが抜け落ちる段階に認知症の程度が至った場合は，意思能力を否定することが，むしろ本人保護に資すると言えるのではないだろうか[30]。

2　判断構造の各要素における課題

2.1　意思能力判断の構造

遺言無効確認請求訴訟に関する東京地方裁判所の研究会は，遺言能力の判断構造について，「①遺言時における遺言者の精神上の障害の存否，内容及び程度，②遺言内容それ自体の複雑性，③遺言の動機・理由，遺言者と相続人又は受遺者との人的関係・交際状況，遺言に至る経緯等といった諸事情が総合考慮されることになると考えられる。」，との研究結果を発表している[31]。①ないし③の事情のうち，遺言能力の存否の判断にあたっては，①が最も基礎的かつ重要な事情であると評価し，診断書や検査結果，担当医師の供述や鑑定結果か

---

29)　高齢者の特徴と法律相談について，本書第13章「法律相談における高齢者対応」，アメリカでは意思能力が低下した依頼者に弁護士がどう対応すべきかの倫理規定が定められていることについて，関ふ佐子「高齢者法の意義」樋口範雄＝関ふ佐子『高齢者法　長寿社会の法の基礎』（東京大学出版会，2019）22頁。

30)　鈴木ゆめは「筆者としては，認知症と専門の医師が診断する程度の範疇に入る認知機能低下がある場合には，遺言状の有効性はなしとした方が，明快であると考える。」と述べている。本書第10章Ⅲの1.5「臨床医から見た法的課題」。

31)　東京地方裁判所民事部プラクティス委員会第二小委員会「遺言無効確認請求事件を巡る諸問題」判例タイムズ1380号（2012）10頁。

276　第3部　実務編

ら判断するとしている。以下，同研究会が発表した判断構造に従って，①精神
医学的観点に関する判断，②法律行為の内容に関する判断，③法律行為の動
機・理由，人的関係等の諸事情に関する判断，の各課題を検討する。

2.2　各要素における課題

⑴　精神医学的観点に関する判断

　精神医学的観点に関する判断にあたって，判断の前提となる一定の医学知識
が必要となることは避けられない。例えば，本章Ⅰの1.1で述べた認知症の定
義を参照すると，「意識障害のないこと」は認知症と他の判断能力低下をもた
らす疾患との鑑別の基準であることがわかる。したがって，意識障害があれば
認知症以外の疾患が疑われるのであって，「意識が清明である」との医療記録
の記載は，疾患が認知症であることの1つの証左として記載されるものである。
この点，裁判例9番と裁判例40番は，「意識清明」であることを認知症が軽い
との結論を導くための1つの判断材料にしていることがうかがえる[32]。裁判
官が認知症の定義に関する判断材料の1つの要素を読み間違えている可能性が
ある。また，裁判所の判断とは場面が異なるが，裁判例8番について，公正証
書遺言を作成した公証人が「物忘れの自覚」を「かなり高度な認識能力がなけ
ればできない」と考えて，遺言能力があると判断したことについて，認知症専
門医が，物忘れの自覚はかなり高度な認識能力がないとできないとの見解は，
医学的根拠が全くないとして否定したことはすでに述べた。

　これらの認知症という病気に関する理解不足は，意思能力判断という法的判
断の誤りにつながる可能性が高い。認知症高齢者の意思能力をめぐる問題には，
法律専門家だけでなく，医療専門家の参加も得て，解決策を検討する場の設定
が有効であると考える（本章Ⅳの1に詳述する。）。

⑵　法律行為の内容に関する判断

　本章Ⅱで検討した裁判例のうち，27番と35番②は，いずれも「全財産を特定

---

32)　例えば，裁判例9番は「平成25年5月に作成された鑑定書においても，意識は清明
　で意思疎通には問題がなく，読書をする能力や簡単な計算力は保持していること，日常
　生活動作を行うにあたっての理解，判断力は比較的問題がないことが読み取れ，結局
　「重要な」判断をするための理解力・決定力が欠如していると指摘されるにとどまって
　いるところであり，こうした事情から推察される原告1の本件各取引当時の認知症の程
　度に照らせば，およそ投資信託取引の仕組みやリスクが理解できないほどの精神的状況
　にあったということはできない。」と判示している。

の１名に相続させる」旨の遺言内容を「極めて単純」等と評価して，意思能力を肯定した裁判例であり，他にも同様の裁判例がある（13番①，30番，36番等）。しかし，例えば遺言者に複数の子があり，少なくない財産があるとき，「『１人の子に対して全財産を相続させる』との遺言は単純なので，要求される意思能力のレベルは低い」との評価が適切であろうか。少なくとも，40年，50年の長きにわたり，複数の子らに対して，親として全人格をもって接してきたときに，そのうちの１人の子に全財産を相続させるとの決意が軽いものとは思われないし，多くの考慮要素にもとづいた「人生を懸けた決断」である可能性もあると考える[33]。「遺言能力の相対性（筆者注：要求される能力の程度は遺言内容との関係で相対的であるべきこと）の意義は，あくまでも，『遺言者が当該遺言の文言の含意をどれだけ正確に理解して遺言をなしたか』を判断するところにあり，それは，処分する財産の大きさ，結果とその重大性，潜在的受益者についての考慮などを含むものであって，文言の単純さに尽きるべきものではないのである。」[34] そして，そもそも，遺言作成がそれほど普及していない社会では[35]，遺言作成は日常生活上の行為からは相当離れているため，「遺言を作成する」との意思形成自体に，一定程度以上の能力が要求されているとの視点があってよい。

　なお，認知症高齢者の意思能力判断の場面に限定した場合，「遺言能力は遺言内容によって相対的に評価される」との通説が妥当するのかは，疑問の余地があると考えている。この通説では，ある１人の認知症患者について，「難しい内容の遺言はできないが，簡単な内容の遺言ならできる。」との医学的判断が可能であることが前提となるが，相当微妙な病状の判別となるのではないだ

---

33)　養子縁組能力についても，裁判所は，「養子縁組をなすについて求められる意思能力ないし精神機能の程度は，格別高度な内容である必要はなく，親子という親族関係を人為的に設定することの意義を常識的に理解しうる程度であれば足りる」（裁判例38番参照）との判断基準をいわば決まり文句として，養子縁組に要求される能力を低く設定しており，遺言能力と同様の問題がある。

34)　鹿野・前掲論文（注28）61頁。同旨の裁判例として14番や40番がある。「本件公正証書遺言の内容自体は，全財産を被告１に遺贈するという，単純なものであるが，そのような内容の遺言をする意思を形成する過程では，遺産を構成する個々の財産やその財産的価値を認識し，受遺者である被告１だけでなく，その他の身近な人たちとの従前の関係を理解し，財産を遺贈するということの意味を理解する必要があるのであって，その思考過程は決して単純なものとはいえない。」（40番）

35)　近年増加しているとはいえ，公正証書遺言の作成件数は年間11万件程度である。本章Ⅰの3.1参照。

278　第3部　実務編

ろうか。

(3) 法律行為の動機・理由，人的関係等の諸事情に関する判断

　高齢者がアルツハイマー型認知症の場合は，「取り繕い」とよばれる言動があり，「話をあわせてしまう」という特質により，病気の特性として意思が誘導されてしまうことが起こる[36]。このため，遺言や養子縁組等の法律相談を受けるにあたっては，本人の真意か，病的に低下した認知機能を利用して誘導された話なのか，の見極めに注意が必要である。そうではあるが，弁護士には病状の判断はできないため，筆者は「物覚えに不安があって診療を受けているか，アリセプト等の抗認知症薬の処方を受けていないか。」等を確認して，認知症の診断を受けたことがある，またはその可能性が高いと考えた場合は，まずは主治医に遺言等が可能な病状か否かを確認してもらい，遺言等が可能であればその旨の診断書を持参してもらうようにしている。本章Iの3.2に述べたとおり，万一，遺言等の効力が争われることになれば，深刻化，長期化する可能性が高いからである。

　この点，遺言能力の判断において，遺言者が他者の影響に服さず，自由に行動しうるような精神状態にあったことも必要とされるべきであるとの見解がある[37]。また，本来は本人の真意に対する不法な影響の問題は詐欺，強迫等の意思表示の瑕疵の理論の分野であることを指摘した上で，他からの影響を受けやすい高齢者については，本人の意思形成に与える影響力を遺言能力の判断から除外する理由はないとの見解もある[38]。これらはあくまでも本人の真意を重視する見解で賛同したい。一方で，判断能力には問題がないものの重い身体障害があって生活の全面を子どもの介護に頼らざるを得ない高齢者が，介護者である子どもから自分に有利な遺言を作成するよう迫られて，他の子どもとの関係から苦渋の決断をして介護者の意に沿う遺言を作成した場合は，苦渋の決断であっても本人の真意であることを否定できない。このように，意思形成に与える他の影響力を遺言能力の判断に含めることには，難しさも残る。

---

36)　本書第10章IIの2.2「アルツハイマー型認知症」，裁判例8番参照。
37)　鹿野・前掲論文（注28）61頁。
38)　大塚明「実務から見た高齢者の遺言と『遺言能力』」久貴忠彦『遺言と遺留分　第1巻　遺言〔第2版〕』（日本評論社，2011）89頁。

第11章　認知症高齢者の意思能力をめぐる司法判断　　279

Ⅳ　課題克服の方策

1　認知症の特徴をふまえた意思能力判断基準の構築

　今後，認知症患者数は増加していくと推計されており（本章Ⅰの1.4），認知症高齢者の意思能力をめぐる事件が減少する見通しはつかない。近年，遺言無効確認訴訟で問題となる疾患のほとんどが認知症であることからすると[39]，認知症のうち約68％を占め，特徴や経過が比較的均質なアルツハイマー型認知症に焦点を当てた判断基準を新たに構築することに意味があると考える。その他の認知症類型については，アルツハイマー型認知症の判断基準から，相違点を考えればよい。認知症高齢者について，「7〜10歳の精神能力」との定義が合わないことはすでに述べたとおりである。

　判断基準の構築にあたり認知症の特徴として考慮すべき点は，①認知症の中核症状が記銘力障害であって，早い段階から新しいことを覚え込めなくなるが，相当程度病状が進むまでは，発症前の記憶に照らした意思表示は可能であること，②発症後は初期であっても遺言作成・養子縁組等の法律行為を行ったこと自体を記憶できなくなってくること，③「取り繕い」と呼ばれる病気の特性上，意思が誘導されてしまうこと等である。

　判断基準の検討にあたっては，法学研究者，法律実務家以外にも，認知症専門医，認知症患者の生活状況に詳しい福祉関係者等の参加も得て，多角的な検討がなされることが望ましい[40]。

　さらには，「アルツハイマー型認知症の意思能力判断」という焦点に絞った検討の結果から，演繹的に，意思能力一般についての定義が具体化する方向に進むことも望まれる。

---

39)　土井・前掲論文（注21）26頁。

40)　2019年1月28日，一般社団法人日本意思決定支援推進機構と京都府立医科大学が遺言能力評価の標準化に向け遺言能力観察式チェックリストを開発したと発表した。「昨今，遺言能力の有無を争点とする遺言無効確認訴訟が増加する傾向にあり，遺言者の意思決定能力の適切な評価手法の確立や標準化は，高齢化社会の深化における課題の一つとなっています。そこでこの度，弁護士や司法書士等の法律職や慶應義塾大学，志學館大学とも連携し，法律職と医療職の多職種連携のもと，遺言能力観察式チェックリストを開発しました。」との多職種連携の取組みがある〈https://www.kpum.ac.jp/doc/news/2019/files/19620.pdf〉（最終アクセス：2021年6月29日）。

280　第3部　実務編

2　紛争予防策

2.1　意思能力検査

　医学的な根拠があり，後日検証可能で，実施が簡易な意思能力検査が開発されることが理想であるが，そもそも困難な課題であり，開発には時間もかかる。当面の方法としては，例えば，タッチパネル式のパソコンを使って，言葉を覚えていられるか，今がいつなのか，図形を認識できるか等をチェックする検査がある。所要時間は3分から5分程度，15点満点で，13点だと軽度認知障害の疑いがあり，12点以下で認知症が疑われる。全国200以上の自治体で導入されており，一部医療機関でも使われているが[41]，このような簡易検査を公証役場や市町村役場の戸籍課，自筆証書遺言を預かる法務局等に備えることが考えられる。簡易検査を行うにあたっての検査対象や検査方法（任意か否か等）は問題であるが，運転免許の更新にあたり，75歳以上のドライバーに認知機能検査を課している道路交通法の高齢運転者対策も参考になる[42]。例えば，年齢階層別の認知症罹患率が約4割となる85歳以上に対し，希望者に検査を行い，後日，裁判等で意思能力が争われた場合には，簡易検査を受けなかった事実を意思能力を否定する方向の1つの事情とすることも考えられるであろう。

2.2　開かれた質問・複数回の確認

　導入に費用をかけることなく，運用のレベルで改善できると思われる方法は，「開かれた質問」と「複数回の確認」である。例えば，養子縁組届出窓口や遺言作成を行う公証人が，高齢者に対し「今日は何の目的で来ましたか？」，「どのような遺言を作りたいですか（誰と養子縁組しますか）？」等の開かれた質問で意思確認することが有効であると考える[43]。また，養子縁組の届出や公正証書遺言作成にあたり，手続を1回で済ませずに，1週間程度の時間をおいて複数回意思確認することも有効である。認知症は，記銘力障害が中核症状で

---

41)　日本放送協会＝NHK出版編『NHKきょうの健康』8月号　No.353（NHK出版，2017）41頁〔浦上克哉〕。

42)　「講習予備検査（認知機能検査）について」〈https://www.npa.go.jp/policies/application/license_renewal/ninchi.htm〉（最終アクセス：2020年1月11日），「改正道路交通法の施行状況」〈https://www.npa.go.jp/koutsuu/menkyo/kaisei_doukouhou/sekoujokyo1nen.pdf〉（最終アクセス：2020年1月11日）。

43)　弁護士があらかじめ遺言文案を作成する場合の公正証書遺言における公証人による意思確認の問題点について，大塚・前掲論文（注38）84頁。

あるため，前回と矛盾する発言等がないか，法律行為の内容だけでなく，前回の日時や天気，ニュース等も含めて確認することが考えられる[44]。これらの確認により，意思能力に疑問がある場合には，認知症の病状判断は，「取り繕い」等があるため専門医以外には難しいことをふまえて，専門医の診断書を求める等の対応をすることが望まれる[45]。

おわりに

記憶障害を主症状とする病と共に生きる高齢者の長きにわたる人生に照らした思いが，できる限り実現されるように，そして，その高齢者や周囲の人々が，財産上のもめごとでつらい思いをしないように，認知症高齢者の意思能力をめぐる問題に対し，予防的見地からの早急な対策が望まれる。患者数が500万人を超える時代は，すぐそこまで来ているのである。

---

44) 複数回の確認が有効であることについて，鈴木ゆめ医師に直接ご教示いただいた。注40の遺言能力観察式チェックリストにも「遺言内容に関して表明された意思を複数回確認しても一貫性がある。」との項目が含まれる。

45) 高齢運転者対策における「医師の診断体制の確保」について，「改正道路交通法の施行状況」（注42）によれば，2018年3月末時点で全国で6172名である。

282　第3部　実務編

〔別表〕

	裁判所	判決等年月日		裁判所	判決等年月日
1	東京高裁	平成29年6月26日	27	東京高裁	平成26年5月21日
2	東京地裁	平成29年4月25日	28	東京地裁	平成26年3月28日
3	横浜地裁川崎支部	平成29年2月16日	29	東京地裁	平成26年2月25日
4①	広島高裁	平成28年12月1日	30	東京地裁	平成25年10月9日
4②	(原審)広島地裁	平成27年11月18日	31①	東京高裁	平成25年9月25日
5①	名古屋高裁金沢支部	平成28年9月14日	31②	(原審)横浜地裁	平成25年2月22日
5②	(原審)金沢家裁	平成28年3月9日	32	東京地裁	平成25年9月18日
6	東京地裁	平成28年9月2日	33	東京高裁	平成25年6月25日
7	東京地裁	平成28年8月30日	34	広島高裁	平成25年5月9日
8	東京地裁	平成28年8月25日	35①	東京高裁	平成25年3月6日
9	東京地裁	平成28年7月20日	35②	(原審)横浜地裁横須賀支部	平成24年9月3日
10	東京地裁	平成28年6月29日	36	東京地裁	平成24年12月27日
11	東京地裁	平成28年6月3日	37	東京地裁	平成24年7月6日
12	東京地裁	平成28年4月27日	38	長野家裁諏訪支部	平成24年5月31日
13①	東京高裁	平成28年4月12日	39	東京地裁	平成24年5月25日
13②	(原審)さいたま地裁	平成27年9月14日	40	高知地裁	平成24年3月29日
14	長野地裁松本支部	平成28年3月17日	41	大分地裁	平成23年10月27日
15	東京地裁	平成28年2月4日	42	東京地裁	平成23年5月31日
16	東京地裁	平成28年1月18日	43①	東京高裁	平成23年3月23日
17	東京地裁	平成27年12月18日	43②	(原審)横浜地裁	平成22年9月2日
18	東京地裁	平成27年10月27日	44	東京地裁	平成23年1月31日
19	東京地裁	平成27年5月26日	45①	東京高裁	平成22年7月15日
20	東京地裁	平成27年3月18日	45②	(原審)横浜地裁	平成22年1月14日
21	東京高裁	平成27年2月9日	46	東京地裁	平成22年3月24日
22	東京地裁	平成27年1月21日	47	東京地裁	平成21年6月24日
23①	大阪高裁	平成26年11月28日	48	盛岡地裁	平成21年1月23日
23②	(原審)神戸地裁尼崎支部	平成26年3月7日	49①	東京高裁	平成21年8月6日
24	東京地裁	平成26年11月6日	49②	同上第一審	(公刊物未登載)
25	大阪高裁	平成26年10月30日	50	東京地裁	平成20年12月24日
26①	大阪高裁	平成26年8月28日	51	東京地裁	平成20年11月25日
26②	(原審)大阪地裁堺支部	平成25年12月17日	52	東京地裁	平成20年9月26日

第12章

福祉現場での高齢者の意思決定支援
—ソーシャルワーク実践における支援のプロセス

水谷紀子

はじめに

日常生活に制限なく生活できる期間（健康寿命）は，令和元年時点で男性が72.68歳，女性が75.38歳であり，平均寿命と健康寿命との差となる約9～12年間は，日常生活に何かしら制限があるということになる[1]。福祉現場で出会う高齢者には，足腰が弱り杖をついて歩く，耳が遠くなり，物忘れが多く，人とのかかわりが少なく閉じこもりがちなフレイル[2]状態の人がいる。これらの人たちは持病があり，内科や整形外科，眼科，耳鼻科などの複数の病院に通う高齢者である。人との交流がない高齢者や，先々のことを不安に思い塞ぎがちな高齢者もいる。個々人の状況は違っていても心身の老化が起こっている。また，1人暮らしや夫婦のみの高齢世帯は全世帯の半数以上を占める。本人より年齢が上のみならず，同年代や時には年下の親族や友人知人が亡くなり人間関係が変化し，希薄になっている。世の中の情勢や社会のIT化など，めまぐるしい環境変化についていけず，情報難民となる現実がある[3]。

新型コロナウイルスの感染拡大により，高齢者は自粛生活の長期化により，フレイル状態の進行が懸念されている。さらに，福祉サービスの利用控え，あるいは，サービス事業者によるサービス提供の縮小や停止，入所施設での面会

---

1) 厚生労働省「令和5年版厚生労働白書」26頁。

2) 日本老年医学会＝国立長寿医療研究センター「フレイル診療ガイド2018年版」(2018) によると，フレイルについて「要介護状態に至る前段階として位置づけられるが，身体的脆弱性のみならず精神心理的脆弱性や社会的脆弱性などの多面的な問題を抱えやすく，自立障害や死亡を含む健康障害を招きやすいハイリスク状態を意味する。」と定義されている。

3) 本書第3章において，高齢者の人間像について記載されている。また，厚生労働省・前掲（注1）55頁によると高齢者のインターネット利用率が大きく上昇し，連絡手段や情報検索での利用が多いことがわかる。SNSの利用率も上昇し，今後は，高齢者であってもICTサービスの利用はさらに一般化するだろう。そのような時代になると，情報に取り残されることで起きる課題についても注視する必要がある。

や外出の禁止，レクリエーション活動の中止などでの人的交流の剥奪ともいえる状況が起こり[4]，認知症状の悪化が生じていると実感する。

　身体的な変化や生活環境の大きな変化に対処したくとも，情報や利用に至る方法を知る機会がなく，相談先が分からず，あるいは相談しようとも思わずに社会的な孤立状態になっている高齢者がいる[5]。言葉がすんなりと出てこず，思ったことをうまく伝えられなかったり，生活に関する判断に時間がかかり自分1人で決めかねる高齢者もいる。自立した生活ができている高齢者であっても，「長生きしてしまった。これからどうしたらいいのだろうか。」「病気になったら，動けなくなったら，死んだらどうなるのか。」との不安にかられ，これからの生活で頼れる制度や仕組み，頼れる人を求めている場合もある[6]。

　本章では，そのような現状にある高齢者が生活上必要な意思決定（意思形成，意思表出，意思実現)[7]をする場面において，社会福祉士として関係機関と連携しながら継続的にかかわり支援した，ソーシャルワーク実践事例について述べたい。特に，成年後見人としての実践は，財産管理を身上監護（保護[8]）のための事務として行い，法律行為を行うために必要となる事実行為に視点を置い

---

4)　筆者は，在宅の方には，感染予防対策を講じて訪問し，生活上の意思決定支援を継続し，あるいは，通院時に病院に出向き待ち時間や診察に同席するなどして，必要最小限の意思確認の場を持った。施設によっては，玄関外にベンチを置き天気の良い時にはそこで本人と面会ができた。

5)　制度につながったとしても，人とのつながりがないことで「社会的孤立」状態にあるといえる。単身世帯で頼れる人がおらず，社会活動に参加していないと，人と話す機会も少なく孤立しやすい。国立社会保障・人口問題研究所「生活と支えあいに関する調査結果」(2017) 20頁～29頁。新型コロナウイルス禍で，より深刻化した孤独・孤立問題に対し，2021年6月18日に閣議決定された「経済財政運営と改革の基本方針2021（骨太方針2021)」に政策が明記された。

6)　神奈川県社会福祉協議会「身寄りのない人等のエンディングサポートに関する調査報告書」（社会福祉法人神奈川県社会福祉協議会，2020.2) 24頁では，様々な相談機関において，身元保証および死後事務について課題があると述べられている。そして，家族・親族による支援が望めないことで課題に直面する状況があるとも述べられている。筆者が成年後見に関する相談として受ける中の，5件に1件は，判断能力に問題のない高齢者から「ひとり暮らしの今後のことが心配だ。」というものである。よく話を聴くと，財産管理ではなく，将来病気になった時に頼る相手や死後の事務を委ねる先に関して，今の生活では見当がつかず，不安を持ち相談相手を求めていることがわかる。答えの出ない苦しみ（なぜ自分だけがこんな大変な目に合うのかなど解決方法のない苦しみ）を持つ本人の話を聴くケースもある。

7)　意思決定に対する法的支援については本書第4章を参照されたい。

8)　民法では，身上監護と記されているところ，成年後見制度利用促進法には，身上保護と記されている。また，最高裁判所「成年後見関係事件の概況（平成31年1月～令和元年12月)」以降は，申立ての動機として身上保護と記されるようになった。

た身上配慮の実践である。なお，紹介する事例の内容は，個人情報保護の観点から一部変えている。また，事例は項目ごとに分けて挙げているものの，イニシャルが同じ場合は，同一の高齢者の事例となる。

I　生活費管理と介護保険制度利用の支援事例

1　法テラス相談・介護サービス利用契約

1.1　支援前

　結婚歴がなく，子どももいないＡさんは，50代半ばから母親と公営住宅で同居を開始した。母親が寝たきりとなった頃から地域住民との交流が途切れ，Ａさんは１人で母親を介護していた。母親が100歳を過ぎ亡くなった後，70歳になったＡさんの収入は年金のみとなった。

　市役所公営住宅管理課から市役所高齢福祉担当に，Ａさんの家賃滞納が続いているとの連絡が入り，市役所高齢福祉担当職員は地域包括支援センターの職員と共にＡさん宅を訪問した。すると，家の床には様々な督促状が多数散乱していた。しかし，Ａさんには，家賃の滞納に覚えがなく，他の督促状の内容も分からない様子だった。また，母親が亡くなってから手持ちのお金がなく，食べ物も買えない状況であることがわかった。

　市役所高齢福祉担当職員は，Ａさんは認知症により金銭管理の能力が低下していると判断し，成年後見制度の利用を前提に日常生活自立支援事業（以下，「日自事業」とする。）の利用を提案した。同時に，市役所の高齢者支援担当職員と地域包括支援センター職員は，家賃滞納や債務の整理はあるものの，その法的課題の解決後は福祉的支援が必要であると考え，社会福祉士を受任候補者として後見開始の首長申立てを行い審判がなされた[9]。

1.2　支援の実施

　筆者は，成年後見人（以下，「後見人」とする[10]。）として，まず日自事業か

9）　厚生労働省「成年後見制度利用促進基本計画」（2017.3決定）の施策目標には，利用者がメリットを実感できる制度・運用へと改善することが示されている。この事例では，支援するチームが本人の生活を守り，権利を擁護する身上保護の側面を重視し，後見人候補者を検討し，法的課題の解決には法律家の関与を依頼する事務も含めて，社会福祉士を候補者として首長申立てを行った。

286　第3部　実務編

らＡさんの財産を引き継いだ。そして，Ａさん自身のこれからの生活に対する希望を聴いたところ，「このままこの家でこの２匹の猫と暮らしていきたい。」と話してくれた。

　そこで，まず滞納家賃と督促状の対応について，法テラスの「特定援助対象者法律相談援助」制度の利用を提案した。Ａさんが制度の利用意思を表明し，後見人が同席の上弁護士に相談したところ，担当した弁護士からは，自己破産を提案された。Ａさんは「家に住んでいられるならそうする。」と意思表明したため，後見人は代理で自己破産手続を行い，地方裁判所に出向き，Ａさんの債務は免責された。

　次に，Ａさんの生活実態を確認した。Ａさんの自宅内はゴミが溜まっており，猫用トイレは掃除されずにコバエが飛び，家のトイレの床は濡れたままとなっていた。衣類は洗濯済みのものとそうでないものが混ざり部屋の隅に山積みになり，食事は近くのコンビニでカップ麺や漬物を買って食べていた。Ａさんは，「これまで料理は味噌汁くらい。いつも好きなものを買って食べているんだよ。」「お風呂は（中で倒れたら）怖いから，身体を拭いている。」「ここに住むよ。自分でやれるよ。」と話した。そこで，後見人はＡさんに，自宅内の環境の整備と健康の維持のために訪問介護サービスの利用と，安心して入浴できるデイサービスの利用を提案し，内容を説明した。Ａさんは介護サービスの利用を了承した。

　介護サービスの利用には，要介護認定の申請が必要であるが，Ａさんはかかりつけ医がおらず，申請に必要な医師の意見書作成を依頼する医師を探す必要があった。そこで，市役所高齢福祉担当の保健師に協力を依頼し，通院可能なクリニックにつながった。すると，高血圧症であることが判明し，投薬治療が開始された。医師の意見書を得て，要介護認定の申請を行い，ケアマネジャー（介護支援専門員）[11]を選定し，ケアプランにより訪問介護とデイサービスの利用を開始することができた。

　さらに，後見人は訪問するたびにＡさんから生活歴を聴き取り，家族関係，これまでの仕事の様子，母親と２匹の猫との約20年の暮らしなどから，辛くと

---

10)　本章では，成年後見人を「後見人」と記述し，成年後見人，保佐人，補助人を総称する言葉として「後見人等」と記述する。この「後見人等」には，専門職後見人のみならず，親族後見人や市民後見人を含めることとする。また本章の事例における，後見人，保佐人との記述は，審判を受けた筆者自身を示している。

もいつも前向きに暮らしてきた様子がわかった。そして，これからの生活に対するＡさん自身の希望や思いをもとに，課題が生じるたびに解決方法の情報を収集，提案し，Ａさんが選択できるよう関係機関と共に意思決定支援を行った。その選択決定を受け，後見人として契約手続や財産管理を行った。

1.3　明らかとなった課題

　この事例から，親族からの支援もなく，意思決定や実行の力が弱い高齢者には，生活上必要な制度や施策につながるための利用申請や手続き，申込みなどの様々な事柄において意思決定の支援が必要であることがわかる。意思決定の支援には，信頼関係を構築し，本人の生き方や暮らし方の希望をくみ取り，尊重して，選択肢を提示するという，本人の意思形成や意思表明のための準備も必要である。

　また，高齢になればなるほど健康問題は生活に影響を与え，介護保険による介護サービス利用の必要性が高くなる[12]。満65歳の誕生月に介護保険証は交付されるが，そのままでは介護サービスの利用はできないことを知る高齢者は少ないだろう。介護サービスを利用するには，交付された介護保険証を市役所の担当窓口などに提示し，要介護認定を申請し，主治医に意見書作成を依頼し，認定調査を受け，2回の判定審査を経て要介護の認定を受ける必要がある。そして，要介護度が認定された後も，居宅介護支援事業所やケアマネジャーを選定し，居宅介護支援契約を結んで初めて介護サービス利用のケアプラン作成となる。それらはすべて，利用者本人の自己決定が原則となっている。たとえ判断能力の低下がなくとも，サービスの情報一覧を読み，比較し，選択することは，介護サービスが必要な状況となっている高齢者にとっては，1人で行うことが難しい事柄が多く，ケアマネジャーに対し「わからないので，お願いします。」と頼むことになりがちである。

---

11)　ケアマネジャー（介護支援専門員）は，保健・医療・福祉に関する国家資格保有者としての実務を5年以上かつ900日以上経験し，実務研修受講試験に合格した後，実務研修を修了することで，都道府県知事により登録される，公的資格である。ケアマネジャーは本人の状況に応じた介護サービスを組み合わせてケアプランを作成し提案する。そのケアプランの内容を本人自身が確認し，納得した上でサービス提供事業所と契約する。

12)　内閣府「令和5年版高齢社会白書」30頁。65〜74歳で要支援の認定を受けた人は1.4%，要介護の認定を受けた人は3.0%であるのに対して，75歳以上では，要支援の認定を受けた人は8.9%，要介護の認定を受けた人は23.4%となり，割合が大きく上昇する。

288 第3部 実務編

　また，生活上生じた課題について，福祉関係者が課題をアセスメントし，法的な対応の必要性があると促しても，高齢者にとって法律家への相談は，費用面でも心理面でもハードルが高く感じられ，相談自体を躊躇し，ときにはやめてしまうこともある。そのような時には，法テラスの「特定援助対象者法律相談援助」制度の仕組みが，本人にとっても法律相談につながりやすいものだと思われる。この制度は，本人にかかわった福祉機関などの支援者が申し込む制度である。相談を受ける法律家側も，本人の法的課題に関係する生活状況の把握を福祉支援者からも確認でき，課題整理がしやすい制度である。

2　日常生活自立支援事業利用・生活保護受給申請

2.1　支援前

　Bさんは自分名義のトラックを持ち込み，運送会社からの業務委託による配送を請け負い，トラック運転手として収入を得ていた。しかし70歳になると，仕事の依頼が来なくなり，また，無年金であったために収入が途絶え，貯金を切り崩して生活せざるを得なくなった。Bさんは1人暮らしのアパートで一日中テレビを見て過ごし，時折外出してかかりつけ医に栄養剤をもらい，その際にカップ麺や菓子パン，缶コーヒーを買うという生活をしていた。

　生活費は，以前仕事を請負っていた運送会社の社員に頼んで，月に1度郵便局に引き出しに行ってもらっていた。ある時，運送会社の社員が訪れると，Bさんが立ち上がれなくなっていたため，総合病院を受診させた。検査では特段の原因はみつからなかったが，それ以降，自宅内で伝い歩きをして転倒するようになってしまった。運送会社の社員は，生活費の出納だけでなく，用事を頻繁に依頼されるようになり，負担が大きくなったため，再度総合病院に相談したところ，地域包括支援センターにつながった。

　Bさんはこの後，地域包括支援センター職員の社会福祉士がフードバンク[13]につなぎ，食事の支援を受けることができた。その後，Bさん自身が「このままじゃぁもうだめだな。」と，介護サービスの利用を決意した。

2.2　支援の実施

　本件では，要介護認定の申請から居宅介護支援事業所へのつなぎ，訪問介護

---

13)　フードバンクについては，農林水産省HP「フードバンク」を参照されたい。

サービスの利用までを地域包括支援センター職員が支援し，併せて，日自事業の利用契約により生活費の引き出しや介護サービス費の支払いが可能となった。日自事業担当者がBさんの収支状況を確認したところ，無年金で他に収入がないため貯金を切り崩す生活であり，近いうちに貯金が底をつく実情が明らかになった。

　さらに，Bさんには税務署から修正申告と追徴課税の通知が届いていた。Bさんは，通知内容の説明を日自事業担当者から受けると，税務署との連絡調整や税務調査の立会いを「ひとりじゃできないよ。」と言って，支援を希望した。

　税務調査の結果によって，追徴金を支払うと預貯金が底をつくことが分かったが，Bさん自身は生活費が不足すると自覚しておらず，「（生活保護受給は）いらない。」と言った。そこで，日自事業担当者が生活保護受給の必要性を丁寧に説明したところ，受給申請の意思が形成され，「ひとりで生活保護受給の相談はできない。一緒に行って欲しい。」とはっきり意思表明した。Bさんの意思表明を受け，日自事業担当者は市役所生活保護担当への相談と，受給申請手続を支援した。

2.3　明らかとなった課題

　日自事業利用者の支援には，税務署との連絡調整のように，事業に規定された活動以外にも支援が必要となる事柄がある。既存の制度，施策では対応できない場合には，本人の課題解決に向けた意思決定を支援し，対応せざるを得ないケースが増えている[14]。これは，成年後見制度の利用との狭間に生じる課題でもある。

3　生活保護受給申請・介護サービス利用契約・孤立

3.1　支　援　前

　70代後半のCさんは，夫を亡くした後，子供が独立し，賃貸アパートで1人暮らしをしていた。貯金はなくても年金収入でなんとか生活していたが，時折手元にお金がなくなると「年金で返す。」と言っては知人から数千円を借りてしのいでいた。ある時，電気と電話が止まり，家賃も支払えなくなり，知人に

---

14)　全国社会福祉協議会『日常生活自立支援事業の今後の展開に向けて～地域での暮らしを支える意思決定支援と権利擁護（平成30年度日常生活自立支援事業実態調査報告書）』（2018年3月）。

借金を頼んだところ，知人は「お金を貸しても同じことの繰り返しになる。」と考え，地域の民生委員につなげた。民生委員はCさんと共に市役所生活保護担当に相談した。しかし，Cさんの年金収入額では，生活保護の受給要件をわずかに超えていたため，社会福祉協議会の生活福祉資金の利用を紹介された。

　社会福祉協議会の相談窓口担当者がCさんの状況を聴き，「社会福祉法人による生計困難者に対する相談支援事業」[15]の利用を勧め，アパートの家賃1か月分の支援が決まった。併せて，Cさんに日自事業による金銭管理の支援の利用が提案された。

3.2　支援の実施

　Cさんは「お金がなんとかなるならお願いしたい。」と言い，日自事業の利用を契約した。定期的な訪問と生活費の管理を受けることで，生活費がやりくりでき，水道光熱費，家賃の支払いは滞らなくなった。また，民生委員からの連絡を受けた地域包括支援センター職員の訪問によって，Cさんの状況では訪問介護サービスの利用による家事支援と定期通院による体調管理の必要性が明らかとなった。ところが，介護サービス利用と定期通院，服薬が始まると，途端にCさんの生活費の収支が赤字となった。そこで，日自事業担当者とともにCさんが市役所生活保護担当に相談したところ，介護扶助と医療扶助の受給が可能となった。

　通院と介護サービスの利用がはじまったことで，様々な関係機関がかかわるようになり，Cさんも落ち着いて生活ができるようになった。ところが，しばらくして生活費が足りないとCさんが訴えるようになった。そこで，生活の様子を日自事業担当者が訪問時にじっくり聴くように努めた。すると，昔の職場にいた年下の同僚に買い物を頼んでは話し相手に来てもらい，代金以上のお金を渡し，また，時には同僚から無心されていたことが明らかとなった。Cさんは，「こんな迷惑をかけるなら死んだ方がいい。」とうなだれていたのだった。

---

15)　社会福祉法人による生活困窮者に対する相談支援事業とは，社会福祉法人が，第二種社会福祉事業として定款に明示し，コミュニティソーシャルワーカーを配置し，社会福祉協議会所属のライフサポーターと共に相談支援活動をする事業である。Cさんのケースでは，家賃分の現金を給付するのではなく，直接不動産管理会社に家賃額を振り込む対応となった。

3.3 明らかになった課題

　要介護認定や生活保護受給などの申請は，本人が申請手続をすることが基本であり，本人が1人でできない場合は，家族や周囲の支援が必要となる。生活が困窮していても生活保護受給をためらう高齢者もあり，生活保護の受給は権利であるとの意思を形成することも支援となる。年金だけでは生活できず，さりとて高齢であるために健康であっても仕事が見つからず生活保護を受給するしかないと嘆く高齢者もいる。生活費だけなら賄えても，高齢になり介護や医療の利用料までは払えないからと，家に閉じこもっている高齢者もいる。生活保護の受給要件や，生活保護の相談窓口での事情確認について情報がわからずに，高齢者が申請をあきらめてしまう場合がある[16]。

　また，日常生活は，様々な福祉的支援が入ることで維持できるようになるものの，高齢者は，1人暮らしの寂しさや将来への不安については，すぐさま言葉にできない。継続的にかかわることによる信頼関係があって初めて明らかとなる課題もある。

Ⅱ　医療や看取りに関する判断の支援事例

　医療行為への同意について，本人が判断できない場合には家族や親族の同意が慣行とされ，その同意によって治療方針が決まる場合も多い。看取りについても，どこで，どのように死を迎えるかの本人の意思が不明で，その上表出できなくなっている場合は，やはり，親族が判断を求められる。身寄りがない場合，入院加療を断られるケースもある[17]。また，判断能力の程度によっては，成年後見制度の利用により，医療に関する契約のみならず，医療に関する判断についてまで，医療同意の権限がない後見人等に関与を求められる場合がある。身寄りがない，あるいは親族との関係が疎遠であったり，親族も高齢で支援が

---

16) 厚生労働省HP「生活保護制度に関するQ&A」のQ2（最終アクセス：2024年3月6日）には，申請に必要な書類の記載がある。筆者が実際に保護費受給のための相談を支援したすべてのケースにおいて，世帯の収入・資産などの状況がわかる資料の他に生活費の収支表が必須であった。さらに，生活歴，仕事歴，家族に関する事情を詳しく尋ねられた。

17) 厚生労働省「身元保証人等がいないことのみを理由に医療機関において入院を拒否することについて」（医政局医事課長発2018年4月27日），および「身寄りがない人の入院及び医療に係る意思決定が困難な人への支援に関するガイドラインの発出について」（2019年6月3日）参照。

292　第3部　実務編

望めなかったりするケースについて，厚生労働省は「身寄りがない人の入院及び医療に係る意思決定が困難な人への支援に関するガイドライン」を2019年6月に策定している。

1　受診および服薬支援

1.1　支援前

　Aさん（本章Iの1）の生活について，後見人は介護サービスの利用による食事の提供と清潔保持のための入浴，健康維持のための定期通院が必要であるとアセスメントし，Aさんの了承を得て，関係機関と連携し，介護サービスの利用が開始された。介護サービスは始まったものの，毎月の定期通院と服薬管理は，認知症のある1人暮らしのAさんにはさらに支援が必要であった。

　Aさんが通院することになったクリニックは，自宅最寄りのバス停から4つ目のところにあり，1人で行き帰りするのは難しかった。また，自宅で日ごろの健康状態を自覚し，血圧や服薬の記録と管理を行い，通院日にクリニックに出かけることは，認知症のAさんには容易にできなかった。毎朝血圧を測り記録し，朝食後に薬を飲む。健康状態の変化を感じ，状況を記憶する。受診日には血圧手帳と診察券，医療保険証を持参し，名前が呼ばれたら診察室で医師に生活状況や体調と服薬状況を伝え，医師から診察内容を聞く。そして，受診料を支払い，処方箋をクリニックの隣の薬局に出し，薬代を支払い，薬を受け取る。さらに，診察内容を生活に反映し処方どおり服薬する。この一連の流れを高齢でなおかつ認知症のあるAさんは，1人では行えなかったのである。

1.2　支援の実施

　Aさんの医療ニーズを受け，後見人としてはやむを得ず，医療費と薬代の支払いは財産管理に付随する事実行為であると判断し[18]，通院は介護タクシーを利用して受診時に同席することにした。また，自宅内での1日1回の服薬や血圧測定については，ケアマネジャーと話し合い，訪問看護を利用し[19]，併せて定期通院の際の医師への状況報告も訪問看護師に依頼することとした。

---

18)　費用の支払いには，本人の生活状況と医療内容の相互関係を確認し，本人にとって生活上留意する点や介護サービス関係者と共有すべき情報はないかを確認する身上配慮が必要であると，後見人として判断した。身寄りのない1人暮らしの高齢者にとって，本人の要介護状況が健康状態と密接な関係があるという理由から，業務外とは言えやむを得ずケアマネジャーが通院に同行するケースもある。

1.3 課　題

　高齢者の受診の支援については，社会保障制度ごとに設けられてはいる。介護保険でのサービスとして，病院と自宅間の通院介助を利用し，院内については，医療保険の対象施設として院内の移動介助を受けることができる。しかし，受診時の治療に関する医師とのやりとりや自身の病状や薬の処方についての医師への相談，次回の予約や診察代の支払い，処方箋を持って調剤薬局に行き薬の受け取りをするといった行為については，各制度には支援の規定がない。高齢であったり，判断能力の低下や認知症などから本人１人では受診が難しい場合，医師や看護師から「誰か一緒に来られる人はいないの？」などと聞かれるのである。事実上受診の支援は家族の存在が前提であるといえないだろうか。すると，身寄りがないあるいは，近くに頼れる家族がいない場合は，どうすればよいのであろうか。例えば，受診時のやりとりを含めた院内介助[20]に，介助ヘルパーや看護師が支援する自費サービスを利用する方法はある。しかし，費用が嵩むことになる。そうなると，家族の支援がなく資力の乏しい高齢者の場合，やむを得ずケアマネジャーや後見人等が業務範囲外であっても同行対応せざるを得ないことがある。

　他にも，複数の持病があり，持病ごとに通院先が異なる高齢者や，これまで病院をめったに受診したことがない高齢者が，要介護認定の申請のために医師の意見書作成の依頼先を決めるためには適切な判断が必要である[21]。高齢者にとって介護保険制度の利用と医療は密接な関連があり，ケアマネジャーが医療に関する情報や知識を持つことも重要だろう。また，かかりつけ医も今後増加の一途をたどる高齢者，特に認知症やフレイル状態となる後期高齢者の対応について理解を深めることが必要であろう[22]。かかりつけ医にとっても，本人のこれまでの健康状態や生活状況を勘案して，地域の福祉関連サービスにつ

---

19)　訪問看護師は，血圧測定の一覧と残薬確認による投薬必要日数を受診日前にかかりつけ医に連絡するなど健康管理について医療連携業務も担う。
20)　厚生労働省老健局振興課・事務連絡「訪問介護における院内介助の取扱いについて」（2010年４月）参照。
21)　介護が必要となった主な原因についての受診先と，かかりつけ医の専門科が異なる場合には，直接原因となっている傷病と介護サービスの必要度によって医師の意見書の依頼先を検討し判断する必要がある。例えば，高血圧症でかかりつけ医として内科に通院していても，下肢骨折時に受診した整形外科医が骨折による歩行困難化についての介護の必要状況に関する意見を記載することにより，生活機能に関する要介護認定の判定に現状を反映できることになる。

294　第3部　実務編

なげ，孤立を防止する「社会的処方」という取組みの推進が重要となるだろう[23]。

2　治療方針の意思決定

2.1　支援前

　70代前半の女性のDさんは，生活保護を受給し認知症対応のグループホームで暮らしていた。夫と子供を早くに亡くし，親族は遠方に住む高齢の姉のみであった。ある日，ベッドからポータブルトイレに1人で移ろうとしてバランスを崩し，床に尻もちをつき動けなくなってしまった。グループホームの職員が送迎同行し提携病院の整形外科を受診したところ，大腿骨骨頭の骨折が判明した。診察した医師から，術式の説明を受けるよう後見人に依頼があった。医師は，人工骨頭置換術が第一選択肢であり，その手術を受けることでまた歩けるようになる，手術をしなければ寝たきりになると説明し，後見人に対し手術の同意書へのサインを求めた。しかし，後見人等には医療同意の権限がない。

2.2　支援の実施

　寝たきりとなった場合の介護や入居継続についてグループホームの体制を確認したところ，胃瘻や経管栄養の場合は対応できないが，寝たきりとなった後も看取りまで対応可能と分かった。また，70歳代前半とまだ若いDさんは，体力もあり，認知症の進行もそれほどではなく，グループホームとしては，これまでの生活継続が良いと考え，1か月以内に退院すれば受け入れるとの申し出があった。

　Dさんには，以前から「具合が悪い時には病院を受診したい。」との意向があり，今回も手術をすれば歩けるようになるとの説明を理解していた。また，Dさんは，緊急時の延命措置や看取りについての意思をグループホームに入居

---

22)　一般社団法人日本老年学会「かかりつけ医のための後期高齢者の質問票対応マニュアル」（2020年5月）は，高齢者の特徴を踏まえた日常診察時の視点や連携先について記載している。

23)　「社会的処方」については，内閣府・前掲基本方針（注5）第2章5（4）に記載されている。また，「損保ジャパン日本興亜総研レポート Vol.74」（2019年3月）52〜67頁には，英国では「社会的処方」に取組むかかりつけ医が増えているとの報告もあり，社会的に孤立している人1人ひとりに寄り添う支援がなされているとある。英国と日本の様々な事例については，西智弘編著『社会的処方―孤立という病を地域のつながりで治す方法』（学芸出版社，2020）参照。

時に提出していた[24]。そこで，治療方針について，グループホーム，市役所生活保護担当，後見人とでDさんの意向を共有し，手術を受けることがDさんの今後の生活に最善の選択であると判断したことを医師に伝えた。その上で，後見人は同意書の「同意」という文言をすべて二重線で消し，医師の説明を聞いた旨を記入し署名するとともに，入院の契約をした。

Dさんは術後1か月入院し，グループホームに戻り，従前と同様の生活を取り戻した。しかし，1か月にわたる入院中は人との会話がほとんどなく，発語が不明瞭となり，言葉での意思確認が難しくなった[25]。

2.3 医療同意に関する課題

高齢になればなるほど医療の利用が増え，治療に関して本人の選択を求められることが多くなる。判断能力が低下している人の場合，医療に関する本人の従前の意思が明らかであれば，その意思をもとに関係者による意思決定の支援や共同意思決定ができるのではないだろうか。特にけがや骨折などは高齢者の生活の中では起こりやすく，手術もあり得る。判断能力の程度にかかわらず，特に高齢であれば，生死にかかわるか，日常生活への支障はどの程度か，予防的な事柄かなど，段階を想定した事前の本人の意思確認やチームでの意思決定支援が必要であろう。さらに，医的侵襲がある場合の日常生活への影響についての医療同意の考え方など，いまだ検討する余地があろう[26]。

また，後見人等としても，医療同意はできないと断るのみではなく，特に身寄りのない被後見人等の身上配慮のためには，本人に関する医療についての情報を得て，最善の利益を検討する時に備えることも必要であると考える。

---

24) 胃ろうや経鼻，静脈栄養，人工呼吸器使用や気管挿管，心臓マッサージやAEDの使用，看取り期の場所などについて，後見人として本人から希望を聴き取り，選択肢にチェックし，記入者として署名した。

25) 家族，友人，知人などが見舞いに行き，言葉を交わすことがあればまだ，発語も保たれたであろう。後見人も，週に1度は本人に面会したが，ベッド上安静であったため，長時間の滞在はできず，人とかかわることの重要性を感じた。

26) 厚生労働省は，「人生会議（アドバンス・ケア・プランニング）」を推奨している。人生の最終段階については，厚生労働省が「人生の最終段階における医療・ケアの決定プロセスに関するガイドライン」（2018年3月改訂），身寄りのない人については，「医療現場における成年後見制度への理解及び病院が身元保証人に求める役割等の実態把握に関する研究」班「身寄りがない人の入院及び医療に係る意思決定が困難な人への支援に関するガイドライン」（2019年5月）が策定されている。

296　第3部　実務編

3　治療方針の共同意思決定と死後事務

3.1　支援前

　80歳代後半の女性，Eさんは特別養護老人ホームに入所していた。後見人として受任した当初は会話も可能であり，故郷の海での兄弟との遊びなどについて話してくれた。Eさんは生涯独身で，子どももおらず，兄弟はみな亡くなっており，推定相続人となる親族は全員が65歳以上となる甥姪17人であったが，Eさんとはみな疎遠であり，また甥姪同士もお互いにかかわりが薄く，後見人就任の通知に対しての反応は様々であった[27]。

　Eさんの認知症が進み，意思の疎通が難しくなってきたころ，血尿が出ているとの報告がホームからあった。ホームの嘱託医の指示により精密検査を受けた。そして，検査の必要性の確認と検査料支払いのために後見人として医師の説明を聞いた。検査結果は，膀胱癌の疑いであった。診察医からの説明は，Eさんは高齢であり，これ以上の検査，治療，手術をせず，このまま経過観察することが本人にとって良いというものだった。Eさんも説明の場に居たが，理解できる状況ではなく，後見人としても医師の診断内容の説明を聞く対応しかできなかった。

3.2　支援の実施

　17人の甥姪に対し，今回の医師の診断内容と今後の看取り，火葬や納骨に関する親族としての意思について確認する文書を作成し送付した。封も切らずに，「二度と連絡をよこさないでほしい。」というメモ付きでそのまま返送してきた親族もあれば，自身に責任がかからないかを尋ねる電話ののち，「後見人に任せる。」と回答した親族もいた。唯一，Eさんの末弟の子で，施設入所前にはEさんの近所に住んでいた姪から，「手術はせずに，自然に任せていいのではないか。」との回答があった。親族の回答状況を取りまとめ，今後の対応について，その姪と相談しながら行う旨，家庭裁判所に上申書を提出した。2か月後，看取り期に入り，Eさんは入所していた特別養護老人ホームで亡くなった。火葬について家庭裁判所に許可を申し立て，姪の立ち会いにより直葬し，費用

---

27)　後見人受任の際は，申立て時に同意書の提出があった親族に対して後見人就任を知らせると共に，医療同意や看取り期，さらに事務終了時の対応について協力を依頼する文書を送っている。申立て時に，非開示希望があった場合には，この限りではない。

はEさんの財産から支払った。遺骨は姪が引き取り，Eさんの話によく出ていた海の近くの生まれ故郷にある菩提寺に納骨されることとなった。

3.3　課　　題

　この事例では，医師の診断について，その時点ではEさん自身の意思は不明であった。しかし，特別養護老人ホームの看取り指針を姪と共有し，「このような場面で本人はどう判断しただろうか」とホームでの生活を振り返りながら，ホームの医師や職員，姪，後見人での話し合いによって延命措置は行わず自然に任せることを共同で決定した。本人の意向が不明な場合，共同代行決定には，事前の準備が不可欠である。その準備や共同代行決定のプロセスにおいて，支援者側の都合で進めてしまわないシステムが重要である[28]。

Ⅲ　「生き方」「暮らし方」の意思実現の支援事例

1　住まいの選択と住み替え

1.1　支　援　前

　Aさん（本章Ⅰの1）は，関係機関の連携，協力を得て，訪問介護とデイサービス，訪問看護を利用し，定期通院をしながらこれまでどおり猫と一緒に暮らしていた。2年ほど過ぎたころから，自宅内ではほとんど横になってテレビを見て過ごすようになってきた。訪問介護ヘルパーに「腰が痛い。」「猫がいない（実際は居る）。」などと言い，用意された食事を食べ残すことも多くなった。また，後見人に対しては，「泊まっていけばいいのに。」「一緒にご飯を食べよう。」と，訪問の度に言うようになった。

　ある日，デイサービスの職員が迎えに行くと玄関のインターフォンに応答がなく，電話をかけたところ受話器越しに「腰が痛くて動けない。」との訴えがあるという連絡が，ケアマネジャーに入った。ケアマネジャーが電話でAさんを励まし続け，Aさんは玄関まで這っていくことで鍵を開けることができた。トイレに間に合わなかったようで廊下には失禁の跡があった。ケアマネジャーが同行し整形外科を受診するも，レントゲンでは所見はなく，自宅に戻ったが，

---

28)　意思決定支援ワーキング・グループ「意思決定支援を踏まえた後見事務のガイドライン」（2020年10月30日）。

298　第3部　実 務 編

その後も何度も同様の状況が続いた[29]。また，介護サービス関係者が訪問する日中は，話し相手もおり気が紛れたが，以前からしていた晩酌が夕方からとなり酒量も増え，酔って寝てしまう毎日になってしまったようだった。酔って自宅内で転倒したり，失禁したり，何があったのか記憶がなく，朝も起きられないことも多くなった。腰の痛みも，相手により訴えの程度が変わり，関係機関同士の認識の違いから連携に支障が出る場面が出てきた。

1.2　支援の実施

　Aさん，ケアマネジャー，後見人の3人で，夕方以降の生活について話し合ったところ，Aさんには「夜はひとりになって，何かあるんじゃないかと不安。」という気持ちがあることがわかった。そこで，夜間1人にならない施設での生活の体験を提案し，特別養護老人ホームでの5日間のショートステイを利用した。ところが，ショートステイでの集団生活は，初日はなんとか過ごせたものの，その後はAさんにとって居心地のよい場所とは感じられない様子だった。特別養護老人ホームの入所基準は要介護3以上であり，寝たきりの入所者以外の利用者は，日中は皆一緒に広いフロアで座って過ごし，話し相手もおらず，食事は黙って食べていた。自由に席を移動することもできず，自室と言っても4人部屋であった。ショートステイを終え自宅に戻ったAさんは，「もう行きたくない。」と言った。

　後見人の訪問時は，Aさんは何事もないかのように玄関で出迎え，食卓で世間話をし，次回訪問日の約束をして別れるという様子であったが，夕方から飲酒をし，腰の痛みで動けず，転倒し，介護サービスの利用もできない状況の繰り返しであった。そして，かかわる相手により違う面を見せていることが明らかになった。そこで改めてAさんの話をじっくり聴いたところ，Aさんは，「誰かが居てくれると安心だけれど，常に人がいるのはしんどい。」「食事が出てくるのはありがたい。」「夜，ひとりでいるのは不安。」との気持ちを話してくれた。そこで，ケアマネジャーにAさんの気持ちを代弁し，Aさんの要介護度と認知症の状況で生活できる住まいの検討を依頼した。すると，Aさんの自

---

29)　この一件でAさんから「鍵を預かってほしい。」と頼まれ，本人の了解を得て暗証番号付きキーボックスを玄関の外に設置した。というのも，応答なく玄関が施錠されていると家には入れず，緊急と判断した場合は，最終的には警察を呼ぶことになるからである。

宅近くの認知症対応型グループホーム[30] に空きが出ることがわかり，見学ができた。Aさんは，自分の個室があり使い慣れた家具やお気に入りの物，亡くなった母親の形見を持って行くことができると知り，また，食事の心配や夜間の心細さが解消されると分かり，入居を決意した。入居してからは，腰の痛みはなくなり，三食しっかり食べ，職員の手伝いをしたり，自室で好きなテレビ番組を見たりしながら，穏やかに暮らしている。短期記憶は保てないが，それ以外の認知症の症状の進行はほとんどみられていない。

1.3 課　題

Aさんの事例では，自身の生き方を話す機会があり，気持ちや意向を支援者が受け止め，住まいの選択と住み替えについての意思の形成と実現を支援することで，それまでの暮らし方を尊重しながら，住み慣れた地域で本人の状況に応じた生活が選択できた。Aさん自身は，自宅で介護サービスの利用などの支援を受けて生活できていたが，自分で自分が分からなくなることがあるということに不安があった。高齢になって，寂しさや不安，喪失感を抱えていると心身に症状が出るという，高齢者特有の誘因からくる老年期のうつ状況であったともいえる[31]。生活は途切れることなく，課題は生活の中でその時々に起こるため，特に判断能力が不十分な方に対する支援は，周囲の関係者との連携を継続することで，本人の心身状況に応じた対応が可能となるのである。

---

30)　認知症対応型グループホームとは，地域密着型の介護保険上の施設で，主に認知症と診断された要介護度1以上の高齢者を受け入れ，少人数（5～9人）の家庭的な雰囲気の中で，症状の進行を遅らせて，できる限り自立した生活が送れるよう支援する共同生活の場である。

31)　厚生労働省自殺対策推進室・警察庁生活安全局生活安全企画課「令和元年中における自殺の状況」（2020年3月）によると，70歳以上の高齢者の自殺者数は全年齢の自殺者数の25％を占めている。健康問題，家庭問題が原因の1位，2位となっており，親族がいて経済的に困っていない場合であっても，「長く生きすぎた。」「迷惑をかけたくない。」と遠慮し，孤立感を強め，辛い気持ちを抱えている高齢者が多いという。高齢者の孤立に対しては，社会参加や地域での役割といった生きがいや，居場所，仲間づくりも必要とされている。厚生労働省『令和2年版自殺対策白書』（2020）45頁以下では，中高年，高齢者の自殺をめぐる状況が詳しく述べられている。高齢者のうつについては，厚生労働省「介護予防マニュアル」（改訂版：2012年3月）資料8-1に高齢者特有の症状や誘因が詳しく提示されている。

300　第3部　実 務 編

2　施設の住み替えと趣味活動の実現

2.1　支 援 前

　Fさんは大手企業に勤め，要職についていたが，50代前半にアルツハイマー型認知症（若年性）と診断された。すでに配偶者とは離婚し，子どもはなく，自己所有のマンションに1人で暮らしていた。親族は隣接市の有料老人ホームに入居している80代後半の母親のみだが，他県に住む長年の友人とは交流が続いていた。

　会社を早期退職したFさんは，紹介業者の勧める有料老人ホームと入居契約し[32]，友人の協力を得て引っ越した。また，障害年金の受給申請，要介護認定申請も，友人が同行支援することで手続きができた。日常の金銭管理については，日自事業を利用しようと社会福祉協議会に相談した。すると，現在空き家となっている自己所有のマンションの売却を希望していることや，今後の認知症の進行を理由に，成年後見制度の利用が相当と助言された。そこで，社会福祉協議会からの助言をもとに，母親が申立人となり社会福祉士を受任候補者として保佐開始の申立てを行い，保佐開始相当との審判が下りた。

　有料老人ホームの自立者向け住戸に住むFさんを保佐人が訪問したところ，外部の居宅介護支援事業所と契約し訪問介護サービスを利用していた[33]。これまでの生活歴や現在の生活への希望をFさんから聴くと，大学入学以降1人暮らしとなり，自分の生活スタイルを大切にし，1人で居ることが好きである

---

32)　高齢者向けの住まいを紹介する事業者の中には，入居を検討している人のニーズや状況と多少マッチしておらずとも，紹介先との関係で施設を勧めるところもある。介護保険法の順守や苦情解決について課題も多く生じており，高齢者住まい事業者団体連合会が2015年に発足し「高齢者向け住まい紹介事業者届出公表制度」ができている。
　　民間の有料老人ホームは，運営主体や入所条件，入居目的により様々な形態がある。自立の方向けの施設，入居時自立が条件の施設，要介護状態の方も入居できる施設，認知症の方を受け入れる施設などである。本来であれば入居の検討の際は見学だけでなく体験入居をするなど，設備の豪華さだけでなく，従業員や介護者の対応，費用面についても確認し，状態が変化した際の利用についても検討する必要がある。数多の中から自身のニーズに合致し，雰囲気も気に入る施設を選択するのは大変ではあるが，多額の費用支払いや終末期までの自分自身の生き方と生活を考え，慎重に選択することが重要である。

33)　入居した有料老人ホームは，5階建て1棟の上階に自立高齢者の一般住戸があり，途中階2フロアに介護フロアとフロントがあり，フロント業務は交代制であった。自立住戸フロアへはフロントを通らずエレベーターを利用し出入りできる。外部の介護サービス事業を利用し，要介護状態が進むと追加金なしで自立住戸フロアから介護フロアに住み替えが可能であった。

ことと，現在は，困った時にはすぐに助けてほしいということが分かった。た
だ，若年性認知症であるFさんは，認知症の進行が早く，有料老人ホームの入
居時から保佐人が選任された2か月の間に，入浴や食事の際は，自費の見守り
を付けた形での介護フロアでの利用となっていた。また，住戸内でトイレに間
に合わなかった時や，什器の使い方が分からない時には緊急コールを押し，内
線での対応が難しい時にはフロント職員が，やむを得ず駆けつけることもあっ
た。Fさん自身もトイレを失敗したことや，対処の方法がわからないという自
覚があり，フロント職員が来ないと不安が大きくなり，表情はいつも強張って
いた。認知症の周辺症状（BPSD）[34] も顕著に出現し始め，有料老人ホームと
しても対応に苦慮することがしばしばとなっていた。

2.2 支援の実施

保佐人としてFさんを交えたサービス担当者会議を開き，本人からの緊急
コールについてはフロント業務として，必要な支援をする対応を要望し，ケア
マネジャーにはケアプランの再検討を依頼した。しかし，ホームの運営会社か
らは，フロント業務として認知症のFさんに今以上の対応はできないという回
答があり，ケアマネジャーからは，介護保険では，Fさんのニーズに対応でき
るサービスがなく，やはり対応が難しいということだった。

今後さらに認知症が進行することを考え，ホームの介護フロアへの住み替え
を検討するために見学をしたが，Fさん自身は介護フロアについて，「病院み
たいで行きたくない。」との意思を示した。また，「部屋にトイレがあること。」
「部屋の外に誰かがいて助けてくれること。」が希望だと話してくれた。認知症
の進行があるといっても平均余命としては約30年あるFさんが，これから暮ら
す住まいとして考えられる候補を，担当ケアマネジャーや地域包括支援セン
ターと検討した。検討の結果，認知症対応型グループホームが候補となり，若
年性認知症を受け入れているグループホームの中から第3者評価を参考にした
上で，母親の住む有料老人ホームと行き来が可能である3施設を選び本人と共
に見学した。そして，本人が「ここが良い。」と選択したグループホームと入
居契約をした[35]。

グループホーム入居後は，Fさんの希望する対応が受けられ，表情が柔らか

---

34) 認知症の周辺症状（BPSD）については，本書第10章 I の1.5参照。Fさんは特に，
介護拒否もあり，大声を出し，歩き回る点が顕著だった。

くなり，フロアを散歩し，介護職員と会話をし，活動的になった。保佐人は訪問の度に対話をし，Ｆさんは様々な趣味を持っていたことやこれからやってみたいことが明らかになった。グループホームの職員ともＦさんの意向を情報共有し，可能な限り意思を尊重した生活ができるように配慮した[36]。

2.3 課　題

本人の暮らし方の希望を汲み取ることで，その思いを尊重した住まいの選択と住み替えの実現支援ができる。本人の意思を尊重し，残りの人生の過ごし方の希望を実現支援することで，本人のQOLは向上し，精神的な安定も得られ，何よりその人らしい生活を送るための住まいが確保できた。意思決定支援の前提となる，本人の「生き方」「暮らし方」をくみ取ることは，支援者にとって必要不可欠であり，その実施方法については関係機関や支援者に委ねられている。本人自身の希望や利益よりも，支援者側の支援のしやすさを本人の利益であるとして優先する代行決定が意思決定支援とされることが危惧される。

3　看取りと葬送・納骨の希望の実現

3.1 支　援　前

後見人として受任した特別養護老人ホームで暮らすＧさんは，90歳を目前に眠っていることが多くなり，食事を摂ることもままならなくなった。それまでは，認知症で会話は難しくとも，お気に入りの職員には笑顔を向けたり，口に合わないおかずは「いやだ。」と言って皿を押しやったり，おむつが汚れるとお尻を浮かせてもぞもぞするなど，短い言葉や態度での意思表示は可能であった。また，以前，胸椎粉砕骨折で入院した際には，「注射は嫌だ。」「病院に入院するのは嫌だ。」と言って手術を受け入れず，「ホームに戻りたい。」とコルセットをしたベッド上での安静を選び，1か月間遂行したこともあった。

---

35)　選択したグループホームでは小型犬を飼っており，入居者の膝に乗ったり，一緒に散歩することができた。「小さい時から犬が飼いたかった。」という本人の気持ちが，決め手となった。

36)　JAZZを聴くことが一番の趣味とのことで，音楽療法士の資格も持つ介護福祉士と自費でのサービス利用の契約をし，定期訪問によるJAZZ鑑賞と音楽談義のほか，時にはコンサートに出かけた。また，乗馬の希望には，認知症患者の受け入れ可能な乗馬クラブを探し，介護タクシーの定期利用と移動支援の契約を行い，週1回レッスンに通った。レッスンの帰りには，外食を楽しんだ。趣味活動の実現には，入所施設やサービス提供側との十分な情報共有と協力体制が重要である。

第12章　福祉現場での高齢者の意思決定支援　　303

　Gさんには，親族として遠方に住む妹がいたが，音信不通であった。しかし，賃貸アパートで暮らしていた時の大家で遠縁でもある女性との交流は，特別養護老人ホーム入所後も続いていた。

3.2　支援の実施

　Gさんに面会の際は，その遠縁の女性に同席を依頼し，子どもの頃のことやアパートでの生活状況のやりとりを聴く過程を通してGさんと女性との関係性を確認した。また，Gさんはその女性に「死んだら後を頼む。」と意思を表明し，女性からも「うちのお墓に入るといいよ。」との会話があった。そこで，女性の家族の菩提寺へ出向き，住職に事情を説明したところ，女性が了解するのであれば構わないと，Gさんの納骨が了承された。

　また，Gさんの看取りについての意向確認として，音信不通の妹に連絡を試みたが不調であった。そこで，現在の関係者である遠縁の女性，ホームの職員や看護師，嘱託医，後見人とで話し合い，Gさんは以前病院よりも施設での療養を願っていたこと，既往症はなく，年齢的にも自然の成り行きに任せるならば苦痛が少ないことを確認した。Gさんは施設の看取り指針に基づき，眠るように亡くなった。

3.3　課　　題

　社会福祉士が受任するケースは，身寄りがない，あるいは親族との関係が疎遠である被後見人等が多く，死後の事務管理として火葬や納骨の対応をせざるを得ない場合がある。この事例では，本人の意向や周囲の関係者からの情報を得て，意思を実現することができた。

　判断能力が低下し意思表示ができなくなる前に，火葬や納骨についての本人の考えを明確にし，親族の支援の如何にかかわらず，事前契約や意思の登録などができれば，本人の意思を尊重した「終い方」の意思実現につながり，安心して老後を暮らせるようになるのではないだろうか。住民が亡くなっても親族に辿り着かず，火葬納骨が自治体の負担となっているケースもあり，葬儀生前契約の支援事業などを行っている自治体もある[37]。資力に左右されない施策として，今後の広がりが期待される。

Ⅳ　高齢者の生活と意思決定のソーシャルワーク

　人生100年時代と言われ，身寄りのない高齢者が増加し，年金生活の長期化，医療費や介護費の増加が顕著となっている。65歳以上の５人に１人が認知症になるという2025年は目の前である。日常生活や社会生活に様々な支援を必要とする人が多くなることは想像に難くない。

　高齢者の生活を支えるために，各種保険制度や高齢者施策がある。地域で連携して支える地域包括ケアシステムなどの仕組みも計画推進されている。その制度や施策の対象年齢に達する頃には，健康状態や身体的機能・認知機能の変化，人間関係・生活環境・社会環境の変化に影響される役割や立場の変化（離死別，役割の交代，退職など）にすでに直面している場合がある。すると，制度や施策を利用するための支援が必要なケースや，制度や施策を利用しただけでは解決できない課題やニーズを抱えるケースもある。また，日常生活に制限がある上に，身体や環境の変化によって課題が生じ，福祉的支援，身上保護，財産管理が必要となった場合には，法的権利行使のために成年後見制度の利用を第一義的に検討するケースがある。

　本章では，そのような現状について事例を述べた。各事例では，判断能力が低下したり，後見人等の選任の審判を受けた場合であっても，本人と共に支援者や関係機関がチームとなり，本人を中心とした話し合いによって意思決定を支援している。そして，意思の実現状況を検証し，話し合い，見直すというプロセスを繰り返した[38]。そこでは，意思決定能力は，判断能力の低下と同様に低下しているとはとらえず，本人の意思決定は支援する側の対応によって可能であるとの前提がある。そして，本人の高齢になるまでの生活において，人間関係，生活環境，社会環境などに影響されながらも自分自身で選択・判断を繰り返し，積み重ねるうちに培われ醸成された，その人の生き方そのものであ

---

37)　神奈川県大和市の「おひとり様などの終活支援事業」，神奈川県横須賀市の「エンディングプランサポート事業」，東京都青梅市の「葬儀生前契約サポート事業」，入院時の保証人に準じる支援もする東京都足立区社会福祉協議会の「高齢者あんしん生活支援事業」などがある。

38)　公益社団法人日本社会福祉士会編『意思決定支援実践ハンドブック―意思決定支援のためのツール活用と本人情報シート作成』（民事法研究会，2019年７月）27頁，意思決定支援の７原則から抜粋。これは，ソーシャルワークの実践プロセスがアセスメント，支援計画策定，支援実施，モニタリング，再アセスメントを繰り返すことと同様である。

る価値観，信条，選好がある。それを支援者がくみ取ることを，意思決定支援の基本とした。

　本章の事例のみならず，筆者はこれまで他の実践においても，本人の「生活歴」，「生き方」，「暮らし方」を聴き，揺れ動き定まらない気持ちや思い，希望に寄り添い，汲み取りながら，1人の生活者としての本人にかかわることを繰り返してきた。高齢者と対話していると，長い人生の中での様々な経験があり，それが「生き方」「暮らし方」に対する考え方に強く反映されているとわかる。高齢者はみな，生活様式や人とのかかわり方に人それぞれのスタイルがあり，自らの考え方や価値観に沿った選択肢を選びその中から自己決定していた。さらに介護サービスの利用，生活場所，治療法などの選択をする場面では，その人なりの考えを中心に関係機関がチームとなり，必要に応じて意思決定を支援した。高齢者の生活を支え権利を擁護するためには，個々に生じた課題の解決方法の選択の場面において，十分な聴き取りとアセスメントが欠かせない。その上で意思決定を支援し，結果を検証することが，ソーシャルワークのプロセスである[39]。

　筆者は，障害のある人に対しても意思決定の支援を実践している。障害のある人は，自己決定した経験がない場合は，「生き方」「暮らし方」への本人自身の考え方や価値観が醸成されにくいと思われる。他方で，障害により特有の行動パターンや物・事柄へのこだわりがある場合がある。そのようなケースでは，本人の行動パターンや物・事柄へのこだわりを生活上の意思表示として受け取り，意思決定の支援に反映した。これまで親族や支援者によって生活の場や生活そのものが左右されてきた障害のある人には，合理的配慮による支援付き意思決定を行い，「生き方」についての気持ちや思い，希望の表出を本人自身ができるように経験を重ねる支援をすることも必要となる[40]。高齢者に対する意思決定支援とは違いを感じるところである。年齢を重ねる中で，1人ひとりが「生き方」「暮らし方」について自らの考え方や価値観を持ち，人生において生活上の選択を自らの意思で行ってきたことは，高齢者の特徴ともいえよう。

---

39)　ソーシャルワークにおいては，本人との利益相反や支援者側の立場の優位性を利用した誘導の可能性について，当然留意し検討する必要がある。

40)　津久井やまゆり園の利用者の後見人をしている社会福祉士からは，これまで意思表出のなかった本人が，施設職員の意思決定支援の取組みにより「伝えたい。」という前向きな様子が見られるようになり，施設職員自身も「本人をもっと理解したい。」と気持ちが変化した，と報告があった。

おわりに

　法的に重要な判断や財産管理に関する行為について，認知症などにより判断能力が不十分となっている高齢者には，成年後見制度の利用が選択肢となる。そして，判断能力が不十分であるために，家族や周囲の意向により，また資力の多寡により，さらに福祉サービスの利用状況により，本人不在のまま代行決定され，意思が尊重されないケースがある。例えば，成年後見人は，被後見人が予防接種を受けるための必要な措置を講ずるよう保護者として努めねばならないが[41]，一方では意思を可能な限り確認することとされている[42]。成年後見人としての事務遂行の際に法律のみに視点を置くと，事理を弁識する能力を欠く常態であるとされる被成年後見人には意思はないとされ，本人保護という名のもとに様々な事柄が包括代理権を持つ成年後見人によって代行決定されているという懸念が社会福祉士の間にはある。令和4年9月9日には，国連の障害者権利委員会において，成年後見制度について見直しが勧告[43]されている。

　そこで，法的な後見支援の適用を，重要な財産行為，法律行為に支援が必要な場合に限定し，その上で，日常生活上の課題解決の方法として，意思決定支援を制度化することはできないだろうか。日常生活上の範囲に限られた事柄の選択について，本人が支援を必要と考えた時に意思決定支援者あるいは支援機関を自ら選び，支援を受けるようにする。とりわけ，長く生きてきた高齢者にはひとりひとりの「生き方」「考え方」の積み重ねがある。その意思の尊重のために，支援者あるいは支援機関は，本人の意思決定を支援するとともに，意思実現とその後の状況確認を継続する。特に判断能力に懸念がある方に対しては，必要に応じ法律家を加えたチームによる意思決定支援会議を行う。一定以上の財産を保有しておらず，日常生活上の判断選択が収支に大きな影響を生じさせない場合であれば，意思決定支援者・支援機関が本人の生活に継続的にかかわる仕組みが作れるのではないだろうか[44]。そのためには，意思決定支援の実践において，関係者や関係機関，後見人等がソーシャルワークの視点を持ちながらその考え方や実施方法のプロセスを学ぶ[45]ことが重要である。意思

---

41)　予防接種法2条7項，9条2項，予防接種実施規則5条の2第1項。
42)　厚生労働省「成年後見制度利用促進ニュースレター第29号」（2021年3月22日発行）
　　　「6. 接種を受ける際の同意について」および，Q&A に予防接種についての説明がある。
43)　国連　障害者権利委員会　最終所見 CRPD/C/JPN/CO/1　8頁

決定支援のプロセスが，判断能力が不十分な方に対する支援方法であるのみならず，生活上の権利擁護の制度の1つとなることを目指し，ソーシャルワークの視点を以って実践を積み重ね，社会に働きかけていきたい。

---

44) 令和4年3月25日に閣議決定された第二期成年後見制度利用促進基本計画には，成年後見制度の運用改善等が目標に掲げられ，「成年後見制度の在り方に関する研究会（公益社団法人商事法研究会）」では制度の見直しについて検討がなされている。

45) 意思決定支援ワーキング・グループ・前掲ガイドライン（注28）や公益社団法人日本社会福祉士会編・前掲書（注38）24～59頁をもとに，事例への活用を検討する研修が行われている。

第13章

法律相談における高齢者対応

丸尾はるな

I　高齢者からの法律相談

1　高齢者の特徴と法律相談における工夫の必要性

　高齢者のみの世帯が増え，日常生活上の様々な手続きを高齢者が自らしなければならないことが増えた。かつては家族や近所の人に付き添われて法律相談に来る高齢者が多かったが，近年では高齢者が1人で法律相談に訪れることも珍しくなく，「自分のことは自分でしたい」という高齢者の意識の変化や，「家族には相談していない」というプライバシーに関する高齢者の意識の変化も感じられる。高齢者からの法律相談の需要は高い。

　法律相談は，通常30分から1時間という限られた相談時間内に，相談者から事実関係を聞き取って，法的な問題点を整理して事案の見通しを立て，相談者の感情を整理しながら解決の方向性を描くことを目標とする。法律相談料も通常30分5500円〜と決して安価ではないため，弁護士の多くは，相談時間内に効率よく目標まで到達させて，相談者に満足して帰ってもらいたいと思っている。

　ところが高齢者が相談者の時，弁護士はいつものペースを大幅に崩される。高齢者の話は本題になかなか到達せず，関係するか分からない話が延々と続き，話の時系列も分かりにくい。時計を見ればまもなく終了時間だが，事実関係も十分に聞き取れていないということもある。慌てた弁護士は，まだ話足りなそうな相談者の話を乱暴に打ち切って，どうにか時間内に収めようと，断片的な事実関係から一般論を回答する。しかし早口で回答した内容は，相談者には聞き取りにくく，何度も同じことを聞き返される。弁護士は大きな声で再度の説明を試みるが，そもそも相談者の意向を聞き取れていないから的外れな回答のことも多く，相談者はますます混乱する。相談者は，弁護士に「いらいらして

いる」「全然話を聞いてくれない」という悪印象を抱き，期待外れな回答にがっかりと肩を落として帰ることになる。

　筆者の事務所には，他所での法律相談でこのように嫌な思いをしたことがあるという高齢者が多く相談に来る。高齢者から喜ばれる法律相談にするためには，法律相談の一般的な技法に加え[1]，少しの工夫が必要である。

　本章では，著者が高齢者の法律相談で取り入れてきた工夫を紹介するよう試みるが，高齢者の法律相談であらかじめ理解しておくべき高齢者の特徴は主に大きく2つある。高齢者の法律相談のための様々な工夫は，ほぼこの2つの特徴のためにある。第1の特徴は，高齢者は多くの弁護士よりも「長い人生経験」を有しているという点である。「長い人生経験」ゆえに，高齢者は「自尊心」が強く表れる。そのため，高齢者への伝え方や聞き方には配慮が必要である。自分よりも年下であることが多い弁護士に「こんなことを話すのは恥ずかしい」，「馬鹿にされたらどうしよう」という意識をもっていることを弁護士は理解しておいた方がよい。また高齢者は「長い人生経験」によって様々な「価値観」を持っている。弁護士は，紛争解決の方針を決めるにあたり，相談者の価値観と正面から向き合う場面があるが，高齢者の価値観は年下の弁護士がにわかに説得したところで簡単に変えられるものではない。説得しようとすればするほど意固地になってしまうこともある。また，多くの弁護士にとっては未体験の年齢であることから，より意識的に想像するようにしないと高齢者の気持ちや状況を理解することは難しい。

　第2の特徴は，「加齢による影響」である。視力や聴力の低下などの身体的な機能の低下，判断力の低下，理解力や記憶力の低下が見られる。これらは不安や焦りなどの心理面の変化にも表れる。

　この第1の特徴と第2の特徴とは互いに関係しあっている。加齢によりいろんなことができなくなったという不安感や自信喪失がある時に，馬鹿にされてたまるかと自尊心が顔を出すことがある。やけに頑固で意地を張っている印象がある時は，その反面として大きな不安を抱えていることが多い。この場面で

1）　一般的な法律相談の技法については，菅原郁夫・岡田悦典編・日弁連法律相談センター面接技術研究会著『法律相談のための面接技法　相談者とのよりよいコミュニケーションのために』（商事法務，2004），藤井篤『弁護士の仕事術Ⅰ法律相談マニュアル』（日本加除出版，2013），弁護士法人丸の内ソレイユ法律事務所編著『リーガルクリニックハンドブック　法律相談効率化のための論点チェック〔第2版〕』（ぎょうせい，2016）などがある。

必要なのは，不安の原因を早期に発見して，高齢者にしっかりと安心感を与えることであって，無理やりに説得することではない。他の弁護士が高齢者を説得しようとして怒らせてしまった案件があったが，著者が「もしかしたら前の弁護士の説明がよく分からなかっただけかも」と気がつき，図に描いてゆっくり話してみたところ，高齢者の態度が変わりすぐ解決したことがある。

高齢者の法律相談において誰でもすぐ取り入れられて即効性のある工夫は，①何があっても和やかな態度で受け止めること，②滑舌よくゆっくり話すことであり，著者も最初のころはこの2つだけで当面乗り切ってきた。これには第1の特徴である高齢者の「自尊心」への配慮，第2の特徴である高齢者の加齢による「聴力や理解力の低下」に対する最低限の配慮が含まれている。

2　高齢者と法律相談の類型

高齢者の法律相談の内容は非常に幅広い。男女問題をはじめ「まさか高齢者にはないだろう」との思い込みは禁物である。「まさか」と思うと表情に出るが，弁護士の表情が変わった途端に高齢者は本題に入るのを躊躇してしまう[2]。何を相談しても大丈夫，と思われることが信頼関係の第一歩である。若い世代と一見変わらないように思える相談内容にも，以下のように高齢者ならではの問題が含まれている。なお，事業承継に関する相談については本書第14章，高齢者の労働問題に関する相談については本書第5章に詳細があるのでこれらを参照されたい。

以下で紹介する具体例は，著者の守秘義務に従い，いくつかの事例を合わせるなどして特定できないように加工しており，実際にあった事例そのものでないことをご理解いただきたい。

2.1　金銭問題

「知人に貸したお金が返ってこない」というどの世代にも共通する金銭問題も，高齢になってからの「知人」となると，詐欺まがいの事案が一定数含まれる。当初の相談では単に「知人」と説明していても，相談が進むうちに「実は

---

2)　高齢者の「自尊心」に配慮して聞き取りをするように心がけないと，「馬鹿にされるのではないか」「怒られるのではないか」という高齢者の警戒心が先に働いてしまい，心を開いて正直に教えてくれず，嘘をつかれることもある。失敗したことややましいこと，事案に不利になりそうなこと，本人が恥ずかしいと思うようなことは，だいぶ経ってからポロっと教えてくれることも多い。

先月スーパー銭湯で知り合ったばかりの人」、「数か月前に風俗店で知り合った人」などという思わぬ事情が出てくることがある。被害に遭う高齢者は独居者のみならず、家族がいても家族には相談していない例も多い。高齢者は、貸した相手のことを「楽しい」「親切」「好き」と認識し、家族や弁護士よりも「心理的距離」が近いことも多いため、「騙された」という事実を受け入れたがらない傾向がある[3]。

こうした詐欺まがいの事案の場合、高齢者にお金を貸した動機を聞くと、「一緒に事業をやって金儲けしようと言われていた」、「愛人になってくれる約束だった」などと思いのほか野心的な動機や、「誰かの役に立つような使い方をしたかった」という大義名分があることが多い。このため、貸した直後はいわば「人生にもう一花咲かせた」かのような「満足感」や「達成感」「ドキドキ・ワクワクした気持ち」を覚えているのが特徴的である[4]。

相談時に家族が同席した場合には、家族から高齢者に対して「どうしてそんな馬鹿なことを」「年甲斐もなく恥ずかしい」と強い苛立ちや怒りの言葉をぶつける場面を見ることがある。家族を同席させるかどうかは事案によっては検討の余地がある。とりわけ男女関係が背景にあると、家族の嫌悪感は非常に強く、高齢者に対して「気持ち悪い」「信じられない」などと罵倒し、高齢者の自尊心をことさらに傷つけることがある。また家族の中には「高齢者のお金が減ること」を自分のお金が減ったのと同義ととらえている人がいる。相続時の財産が減って自分の取り分が減るという理由や、高齢者の今後の生活費を負担するのは自分だという理由からであるが、その場合には本人以上に被害者感情を高ぶらせ、家族が紛争解決の方針に口を出し、高齢者の意思を無視することも多い。本人の意思をまずは尊重すべきだと弁護士が説明しても、「じゃあ先生は、父が正しいとでも思うんですか」と食ってかかられることもある[5]。

さらには事件発覚後、家族が高齢者に対して、「お金を使うことを禁止するため印鑑と通帳を取り上げた」、「外部と連絡を取ることを禁止するため携帯電

---

3) 貸した相手との心理的距離が非常に近い場合には、家族や弁護士の説明よりも、被害に遭った後も相手の説明を信じてしまうことがある。弁護士への相談後も連絡を取り合い、「弁護士に相談したことを怒られた。弁護士に依頼したら関係を切ると言われた。もう少しでお金ができると言っているので信じて待つことにします。」と依頼を撤回してくる例もある。

4) 「振り込め詐欺」の被害者も、詐欺師からの電話を受け、「家族の役に立ちたい」と思ってお金を引き出しており、非日常的な「大義名分」に興奮状態となった様子が窺える。

312 第3部 実務編

話を取り上げた」,「何をするにも家族の事前許可制にした」という,行き過ぎた扱いをする事案を見ることがある。このように高齢者が金銭問題で被害に遭った場合,老後資金を失う,自尊心を傷つけられる,などの直接的な被害のみならず,家族内での立場が弱まり,行動や自由が制限されるという二次的な被害を受ける面がある。

詐欺まがいの案件だと,契約書もなく,相手の連絡先も知らず,現金は手渡しで証拠もないということはざらにある。たとえ契約書があっても,明らかに高齢者に不利な内容(例えば,900万円を毎月5000円ずつ弁済する約束になっており,全額を返してもらえるまでに150年もかかる契約になっていることに高齢者本人が気づいていない場合など)もある。そもそも詐欺まがいの事案では,相手方の資力がなく回収見込みがないことも多い。被害者が若ければまた働いてやりなおす機会もあるが,高齢者の場合はもはや働いてお金を貯める機会がないことが多いため,回収ができないと非常に気の毒である。老後資金をだまし取られたことを契機に生活保護の申請を検討せざるを得ないケースもある。

2.2　債務整理

近年では「老後破産」という言葉が知られるようになったが,債務整理も高齢者では多く見られる。生活資金が足りなくなり借入れを始め,しばらくは働きながら返済していたものの,高齢となり働けなくなり,返済が滞って破産する事案である。生活保護の申請窓口にて,行政の窓口の担当者から自己破産を勧められて法テラスの弁護士を訪ねてくることも多い。自分の借金だけでなく,知人の事業資金の連帯保証人になっていたが知人が高齢で亡くなった,引きこもりの成人の子供が親のクレジットカードを使って勝手にゲームの課金や買い物に使ってしまっている,という相談も少なくない。

2.3　離　婚

近年は「熟年離婚」という言葉で知られるようになったが,高齢期の離婚は少なくない[6]。子供の独立を機に離婚を切り出される事例,定年退職し一緒に

---

[5]　高齢者の「愚行権」をどのように考えるべきかは,常に弁護士を悩ませる。老後資金を完全に失うなどの深刻な結果が生じる場合は当然引き留めが必要であるが,最後まで自分らしく生きたいというのは高齢者の個人の尊厳にかかわることであり,必ずしも客観的に正しいかどうかではないときがありそうだ。

過ごす機会が増えたことにより夫婦間の対立が顕在化するようになった事例，定年退職して年収が激減したため金銭感覚の不一致が顕在化した事例，人生の最期を愛人と一緒に暮らしたいと言い出す事例，両親の介護問題で夫婦仲が悪化した事例など，高齢者ならではの事情が見られる。すでに子育てを終えていることが多いため親権や養育費など子どもに関する争いは若年層と異なってほぼないが，病気や障害を抱えた子の生活費の負担が議論になる例はある。

　高齢者の場合，再就職先がなく収入を得る方法がない，新たに家を借りられない，頼れる実家はすでにない，など新しい生活を始めることへの支障が大きい。子どもや親せきが経済的な援助をしてくれる事例もあるが，離婚を機に生活保護の受給を申請しなければならない事例や，絶望した当事者が離婚の話し合いの途中で自殺する事例も中にはみられる。経済力のない高齢者が離婚したいと周囲に相談しても「無理に離婚するよりも相手方が死別するまで待っていた方が良いのではないか」と説得をされ，まともに相談に乗ってもらえないことも多いようである。

　他方，裕福な高齢者の場合には財産分与が大きな論点となり，経営者夫婦の場合には株式の分配方法など事業継続にかかわる問題が生じることもある。頼れる人間関係の有無，資産の有無には，人生の歴史の違いによる個人差が大きく見られる。

2.4　家族内のトラブル・相続

　高齢者の家族内のトラブルは，長期にわたる複雑で感情的なもつれがある。当事者間で解決を試みて失敗していることも多く，弁護士がアドバイスをしても「その方法はすでにやったが無駄だった」「そんなことを言って通じる相手じゃない」などと，頭から否定されることもよくある。

　当事者は相手方に対して，「不信感」，「疑心暗鬼」が強くなりすぎ，相手方の言動についても「きっと裏があるはずだ」と言葉どおりに受け止めないことがあり，そのせいで事案をこじらせている傾向がある。「それはすでにやった」「意味がない」「そんな性格でない」などといわれても，第三者である弁護

---

6)　厚生労働省『人口動態統計』（2020年）〈https://www.e-stat.go.jp/stat-search/files?page=1&layout=datalist&toukei=00450011&tstat=000001028897&cycle=7&year=20200&month=0&tclass1=000001053058&tclass2=000001053061&tclass3=000001053070&result_back=1&tclass4val=0〉（最終アクセス：2023年10月30日）

314 第3部 実務編

士が介入することでスムーズに解決することも実際は多い。

　このとき，依頼者から聞いた相手方の人物像を鵜呑みにし，依頼者と同化した気持ちで交渉を始めると，当事者の対立を再現するだけで，敵対関係を解消できない。弁護士としては，あくまでも客観的に，礼儀正しく対応することを心がける必要がある。家族には非常に評判が悪くても，弁護士には態度よく見せたい性格の相手方も一定数いるため，礼儀正しく対応すると解決が早いこともある。家族内のトラブルは他人同士のトラブルと異なり，案件が終わった後にも付き合いが続くため，依頼者からは「縁を切るつもりで，ガンガンやっつけてくれ」などと依頼されても，できるだけ円満解決の方針で説得した方が良いことが多い。解決から数年後に相手方と仲良く家族旅行に出かけた報告が送られてくることもあり，家族とは不思議なものだと思わされる。

　高齢者は，「長い人生経験」ゆえに「したたかさ」があり，過去の成功体験や失敗体験を生かした，自分なりの「戦略」や「戦術」を持っている。大声でどなれば他人は言うことを聞くと思い込んでいる人，嘘も方便だと信じて疑わない人，本音は後出しするとよいと思っている人，脅し文句を多用したい人，何でも大げさに表現するとよいと思っている人，など実に多様な個性がある。特に家庭内トラブルでは，高齢者本人が相手方のことをよく知っているためか，高齢者自らが積極的に「戦略」や「戦術」を弁護士に提案してくる場面が多い。有効な戦術を思いつくこともあるが，かえってこじらせるおそれのある戦術である場合の方が多く，結局は，弁護士が取捨選択せざるを得ない。

　なお，高齢になるに伴い，家庭や親族内での発言力が低下し，若い世代との上下関係が逆転した結果，トラブルに巻き込まれるようになった事案も一定数見られる。家族による身体や精神に対する虐待，経済的な虐待が判明する事例もある。弁護士は高齢者の生活状況を注意深く聞き取る必要がある。

2.5　近隣関係，賃貸借関係

　隣地との境界線，樹木の侵入，塀の設置方法，騒音，立ち退き，再開発，賃料の増減請求，増改築許可など，住まいに関する近隣トラブルは高齢者にも平等に起こりうる。若い頃は近隣トラブルがあっても自分で交渉して解決できていた人も，高齢者になってからは，相手から軽く見られるのではないか，何か嫌がらせをされるのではないかという不安を感じるようになり，交渉自体を弁護士に頼む傾向がある。人間関係のある者同士の近隣トラブルの場合には，過

去の紛争や性格の不一致が尾を引いていることもある。最近引っ越してきた新住民と折り合いが悪くトラブルになることもある。

　高齢者に経済的余裕がある場合や，他に頼る先があるような場合には，トラブルを避けるために転居を選択肢に入れることができる。しかし経済的余裕がない，保証人を付けられず新しい部屋を契約できない，現地に対する愛着が強い，などの事情がある場合には，どこかで折り合いをつけて現地にとどまらざるを得ない。

2.6　消費者問題

　高齢者を狙った悪徳商法などの消費者問題は後を絶たない[7]。高齢者をターゲットにした犯罪まがいの消費者問題は後を絶たず，手口は年々巧妙化している。高齢者であればより騙しやすい，高齢者であればよりお金を持っているなどと思われて，高齢者とみなされただけで様々な問題に巻き込まれやすい面がある。

　高齢者本人に自分が被害に遭っているという認識がなかった場合や，被害に遭ったことを「恥ずかしいこと」と思いすぎている場合には，被害の発覚が遅れることがある。また取引金額が小さく，弁護士に費用を払ったら費用倒れしてしまうような事案もよく見られる[8]。

　高齢者が引っかかりやすいのは「お金」，「健康」，「孤独」，「美容」，「生活の不自由さ」に対する不安につけこんだ商品である。高齢者には，「生活をより良くしたい」という気持ちがあり，新しい商品に対する「好奇心」や「所有欲」もある。

　高齢になるに従い情報源が少ないため，よりよい商品にたどり着く前に，高齢者をターゲットにした営業の被害に遭ってしまう。営業マン（詐欺師）との「心理的距離」が，家族や知人よりも近くなっているような事例も多い。また，近年はインターネットを通じて家族や知人の知らない間の取引を行っていることも多い。

　高齢者をターゲットにした消費者問題は，日々新たに生み出される悪徳商法

---

7)　消費者庁『令和4年版消費者白書』〈https://www.caa.go.jp/policies/policy/consumer_research/white_paper/2022/〉（最終アクセス：2023年10月30日）。

8)　詐欺まがいの消費者問題は，泣き寝入りさせやすいように弁護士を入れて争うには費用対効果が悪いような金額がわざと設定されているのではないかと感じる事例がある。

とのいたちごっこ的な戦いになる。消費者契約法や特定商取引法等の消費者関連法令の知識のアップデートはもちろん，国民生活センター等に集まる新たな悪徳商法の手法に関する情報に目を通しておくとよい。

　高齢者本人は密かに使ってみたいと思って買ったハイスペックな電化製品や高価な宝飾品などにつき，家族が「こんなもの使いこなせるわけない」「いつ使うつもりなんだ」「無駄遣いだ」と頭から否定して返品を希望し，高齢者を連れて弁護士に相談に来る事例もある。この場合，クーリングオフが使えるか等の法律問題の判断以前に，高齢者本人の意思と家族の意見を聞き取って整理するという家族会議の延長のような場になることがある。家族会議の司会など弁護士の仕事じゃない，などという意見もあろうが，高齢者と家族との関係修復がその後の紛争予防につながることもある。また，家族の中には高齢者本人の意思を尊重するという観点自体が全く欠けていることもある。筆者は，家族だけで解決できない時に，法律知識をもって客観的に議論の整理ができるというのは弁護士の技能を使った社会貢献の1つと肯定的にとらえている。

2.7　遺言書

　遺言書についての相談は，特定の家族に特定の財産を相続させたい，または相続させたくないという内容が主である。原則は，高齢者の思うままに遺言書を作成すべきではあるが，時々，明らかに家族同士の紛争が生じることを望んでいるような内容が書かれている場合があるため注意を要する。

　例えば，普段は一部の家族に「私が死んだら財産はすべてあなたにあげるつもりだ」と言って自分への関心をひいておきながら，遺言書では全く異なることを書いている事例などである。ある時は長男の，またある時は次男の利益になるように，真逆の内容の遺言書を繰り返し作成し続けた事例もあった。長男の世話になって生活しているのに，長男が営む事業を妨害する意図で，長男が事業で使用している不動産の一部を別の相続人に相続させる内容の遺言書を作成している事例もあった。高齢者の心理とはつくづく複雑なものであると思い知らされる。

　実際の遺言書の内容と高齢者が家族にしていた説明との間に相違がある場合，家族は遺言書の内容に当然疑問を持つ。肝心の本人はこの世にいないため，弁護士に対して「そそのかしたに違いない」「偽造したのかもしれない」などと明らかな敵意や疑いを向けてくることがある。生前の高齢者も，「弁護士に言

第13章　法律相談における高齢者対応　　317

われたからやむなく作成した」と家族に言い訳して自己保身を図ろうとすることもあるためややこしい。そうなると，弁護士は自ずと紛争に巻き込まれ，いくら費用をもらおうと割に合わないほどの強い心労を受ける羽目になる。

　無用な紛争を避けるにするにはどうしたらよいか。まず，高齢者の遺言書作成を支援するにあたり，高齢者からは個々の財産の帰属先についてどのような考えで決めたのか，家族にはどのように説明しているか，過去の遺言書の作成履歴，現在の相続人らの状況，相続財産の想定される用途など，広く聴きとりをしておくと，紛争リスクがあらかじめ分かりやすい。本人は，紛争リスクにつき全く考えていない場合もあるため，亡くなった後に想定される状況を具体的に説明し，それが本当に望む状態かを本人に確認するとよい。高齢者自身が弁護士とのやり取りを通じて自分の感情のねじれに気づき，家族円満の大切さや紛争予防の観点から，遺言書を落ち着きのよい内容に作成し直せるようになることが理想である。

　しかし，遺言書の作成は，高齢者にとって「長い人生経験」の最終段階におけるものであるため，感情のねじれを修正することは容易でない。かえって，特定の家族への強い憎しみを露わにし，「この内容でいいんです。長男には復讐をしてやるつもりなんです」などと言い出して聞かないこともある。そのため，いわば紛争を起こす時限爆弾のような遺言書を残して他界してしまうことも少なくない。本人の意思が強く，どうしても紛争リスクが残る場合，家族に本人の意思であったことが伝わりやすくなるように，音声や動画で本人のメッセージを残しておき，本人の死後に家族に見せて理解を求めるなどの手段も考えられる。

　とはいえ，遺言書の内容があまりに紛争リスクの高いものの場合，本人の意思を尊重して遺言書の作成をしたことのみで弁護士の任務を果たしたと判断し，遺言執行者の就任は辞退しておいた方がよい事例もありうる[9]。

---

9)　遺言執行者に就任したら良い報酬が得られるだろうと安易に期待して，遺言書の作成を安価で受けてしまうと非常に後悔することも多い。

318　第3部　実務編

Ⅱ　高齢者に対する各種の理解と配慮

1　高齢者の「長い人生経験」

1.1　高齢者との信頼関係の構築

　上記Ⅰの2「高齢者と法律相談の類型」に見たように，法律相談の内容は実に生々しいものが多く，相談者からすればできれば他人に話したくない内容も含まれる。高齢者の法律相談では，時々，高齢者の「なかなか本題に入らない」「嘘をつく」「本音を話してくれない」という現象に出会い，困惑することがある。何でも話してもらえる信頼関係がなければ適切な弁護士業務は行えないが，高齢者に頭ごなしに「嘘をつくな」「本音をいえ」と言うのでは信頼関係は築けない。

　相談者が弁護士に対して情報を正しく開示しない要因としては，①情報を正しく伝えると自尊心が傷つき，自己に対する脅威になる可能性がある場合（「自己に対する脅威」），②情報を正しく伝えると自分の事案に対して不利な状況を生じさせ，事案への脅威になる可能性がある場合（「事案に対する脅威」），と言われている[10]。

　高齢者の場合，上記①の「自己に対する脅威」については，「長い人生経験」を有する年長者としての「自尊心」が大きく作用する。高齢者は，「自尊心」が傷つけられるのをおそれ，自分よりも人生経験の少ない若年者の弁護士に対して「馬鹿にされるのではないか」という警戒心や不安を抱えていることが多い。また「長い人生経験」があるだけに「こんな目に遭って恥ずかしい」と強く傷ついていたりすることもある。そのため，弁護士が気をつけておかないと「自己に対する脅威」が現れ，本当のことを話してくれないことになりかねない。

　さらには事案の解決方針についても「先生の言うとおりにします」「任せたい」などと判断を依存して，高齢者が本音を言わないことがある。弁護士に信頼をおいてくれていると誤信して勝手に進めると大きな間違いを呼ぶ。これは自分の考えが間違っていたら恥をかくのではないか，こんなことを言ってよい

---

10)　菅原＝岡田編・前掲書（注1）94頁。

のだろうか，などと自信を喪失し，上記①の脅威が働いている可能性が高い。弁護士としては高齢者の意見が出にくい時には，いろんな事例を紹介して本人の気持ちに一番近いものを選んでもらうように工夫したり，雑談で空気を和らげてみたりして，高齢者本人が安心して意見を言いやすいような状況を作り出すとよい。

　高齢者と話をするときは，「年長者に対する敬意」をもって接する必要がある。「年長者に対する敬意」といっても，「人生経験」の内容は人それぞれであり，全ての高齢者が知識や人格において全面的に優れている，という意味ではない。かえって理想的な高齢者像を基準にしてしまうと，高齢者に例えば「無知」「思慮浅薄」「不道徳」があった場合，「この年齢にもなってなんでこんなことを」と批判的に感じてしまい，敬意とは真逆の反応になりかねないため注意を要する。「年長者に対する敬意」とは，高齢者が自尊心を傷つけることなく安心して話せるようにするための最低限の配慮と考えればよい。万が一，高齢者が「批判された」「馬鹿にされた」「軽視された」と感じた場合には，上記①の脅威が強く現れてしまい，以後の信頼関係は築きにくくなる。

　高齢者の場合は，上記②の「事案に対する脅威」についても強く現れやすいので注意を要する。高齢者の場合は，「長い人生経験」の中で培われた「価値観」，「偏見」，「思い込み」，「勝負勘」，「戦略」がある。そのため，「こういう情報は人に言わない方がいい」という独自の判断をしていることも多い。高齢者は，周囲の情報源が少なくなっていて，一度インプットされた「誤った情報」を訂正する機会も少ない。そのため，弁護士が気をつけておかないと，「事案に対する脅威」も現れやすく，本当のことを話してくれないことにつながりやすい。

　上記②の「事案に対する脅威」を排除するためには，弁護士を信用して全ての事情を話してもらうよう粘り強く説得することが必要となる。「事案に対する脅威」とは，事案に対するメリット・デメリットについての見込み違いから発生するものであるから，説得の際にはメリット・デメリットという観点で説明するといい。例えば「こういう事情があったら事前に話しておいてもらえるとうまく対処できるが，あとから判明するとこういう不利益がある」「今自分で不利だと思う事情こそ話しておいてもらえると，一番よい対策が見つかる」などの説明が伝わりやすい。また関連する知識や情報自体に誤った思いこみや不理解がないかについても注意しておかないと，弁護士の説明を全く違う意味

320 第3部 実務編

で理解してしまうことがある。

1.2 こだわりが強すぎるときの説得

上記Ⅰの2.4「家族内のトラブル・相続」でも紹介したように，高齢者の法律問題には，過去の経験が強く影響していることが多い。過去の経験に基づき，本人が思わぬ「偏見」や「思いこみ」，「誤解」，「価値観」を形成していることがあり，これらが作用すると，適切な意思決定につながらないことがある。本人のこだわりが強すぎるときは高齢者が意固地になっている原因を見つけることに注力すると説得につながることが多い。

なお，単純に本人の表現力の問題であることも多いため，表面的な言葉に振り回されないようにすることも大事である。例えば，「あの人とは絶対に和解できません」「もう無理です」などと，極端な表現を多用しがちな人がいる。本人の言葉を表面的にとらえると全く解決方法が見いだせないが，表現が極端なだけで本心は異なることも多いので注意を要する。

一時の感情的なものであれば，話を聞く，日時を改める，メールや電話でなくて会って顔を見ながら話してみると，本人の感情が落ち着きやすい。天邪鬼タイプの場合は，わざと弁護士の方で伝え方や質問の方法を変える必要がある。例えば「こういう内容じゃ和解はできませんよね。」と弁護士から先回りしてみると「そんなことはない。それで和解するつもりがある。」と反応が変わることがある。弁護士としては，相談者との普段からの対話を通じて，相談者のタイプを見極めることが必要となる。

2 身体的な機能の低下

2.1 来所時の注意事項

来所日時を決める時，高齢者からは「先生に合わせます」と言われることが多い。これを真に受けて，弁護士の都合のよい日時で指定すると，当日になって高齢者から「今日は体調が」などと急にキャンセルされることがある。日程調整にあたっては，たとえ「先生に合わせます」と言われても，高齢者の最近の生活状況や他の予定などを聞き取りながら，無理のない日程を一緒に決めていくのがよい。天気予報で悪天候になりそうな日は避け，交通機関のラッシュの時間帯や犯罪や事故に遭いやすい夜間を避け，その高齢者が不安に感じる要素の少ない日時にし，なおかつその意図をあらかじめ説明しておくと，当日の

キャンセルが比較的少なくなる。

高齢者によっては，「絶対に遅刻できないと思って」と予約時間より30分以上早く到着する人がいる一方で，「来る途中で道に迷ってしまった」といって30分以上遅れて到着する人もいるため[11]，当日の来所時間の前後の予定は余裕をもっておくとよい。

高齢者の場合，相談時間は一般的な30分から１時間の枠だと短く感じることが多い。じっくり話をする場合には２時間程度の枠をとっておくことが望ましい。他方，２時間を超える場合には，疲れが出てきて，集中力がもたなくなり，理解力や記憶の再現などにも支障が出てくる。２時間を超える恐れがある場合は，「続きは別の日にまたやりましょうか」と別の日程を入れた方がよい。

どうしても打合せが長くなる時は，部屋の温度，水分補給やトイレ休憩などの体調管理にも気を配りたい[12]。さらに，事務所内で転倒のないように高齢者の動線に不安定なものを置いていないか，つまずきやすい場所がないかを注意する。

2.2 視力の低下

文字が読みにくいと訴える高齢者は非常に多い。どうしても資料の検討が必要になる場合には，フォントを大きくしたり，拡大コピーを利用したり，事務所に予備のルーペを置いておくとよい。暗いときだけでなく，明るすぎても，見えにくいと訴えることがある。後から「該当箇所がどこか分からなくなった」と言われることもあるため，付箋やマーカーも適宜利用するとよい。高齢者の場合は「自宅に帰ってよく読んでおいてください」と本人任せにするのは難しいことが多い[13]。そこで，弁護士が相談時にできるだけ一緒に細かく読み上げるなどして，法律相談の場で本人が資料の内容について理解ができるようにするとよい。

---

11) 相談者が早く到着した場合の待機場所の確保や，道に迷った時の道案内の対応などについて，心づもりがないと慌ててしまう。高齢者の来所日はあらかじめ事務所のスタッフに注意喚起しておくとよい。
12) 本人が尿意に気づかないことも多いため注意を要する。面談室で尿を漏らしてしまった高齢者もいた。
13) 帰宅後は「面倒くさくなってしまった」「自宅だと小さい文字は読みにくい」「忘れていた」などと言って資料を読んでくれない高齢者もいる。

2.3　聴力の低下

　法律相談は，口頭で行われるため，高齢者の聴覚的な理解能力については十分な配慮が必要である。聴力の程度は見た目では分かりにくい。高齢者は，聞こえていなくとも，ニコニコうなずいたり，話を合わせたりすることがあるため注意を要する。弁護士から質問をしても，高齢者の回答がなんとなく噛み合わない，高齢者が冗長に回答をする，という時は，質問の内容が本人に聞こえておらず，弁護士の話した内容を理解していないということが考えられる。長く話した後に気づくと，どこまで遡って説明をやり直さないといけないかが分かりにくい。そのため，できるだけ早く気づくようにしたい。少しでも話が噛み合っていないと思った際には，「ここは重要なことだから，念のためもう一度お話しさせてくださいね」と同じ内容を繰り返してみるとよい。聞こえていなかった場合には，初めて聞いたかのような反応をしたり，先ほどと違う反応になる。重要性に気づいておらず，聞き流していたという場合にも有用である。また，「今の話はちょっと難しかったかもしれませんね。お分かりになりましたか。」などといって，説明した内容についての質問をしてみても自然な確認ができる。イエスかノーでは答えられない質問がより望ましい。質問に対して，ニコニコうなずくだけだったり，突然固まったりすると，聴力や理解力への配慮が必要であることが分かりやすい。このやりとりにおいても本人の自尊心を傷つけないよう気をつけることが重要である。

　説明を繰り返す際には，いたずらに大きな声を張り上げるのではなく，①やや低めの声ではっきり話す。②短い文章で，聞きなれた言葉で話す。③身ぶり手ぶりなどの「非言語的表現」（※非言語的表現については後述する。）を活用する。④周囲の騒音がない，静かな場所で話す，といった点に気をつけるとよい[14]。具体的には，加齢に伴う聴力の変化については，高音域から次第に聞き取りにくくなり，カ行サ行ハ行を含む音に聞き間違いが生じやすいこと，短文や単純な構造の文よりも，長文や複雑な構造の文の理解が難しくなる傾向があることが知られている[15]。高齢者が予想できない言葉や文脈は聞き取りにくい。日常聞きなれない法律用語をどうしても使わなければならない場合には，その用語をあらかじめ紙または白板に書き出すなどして，高齢者が予想しなが

---

14)　日本老年行動科学会監修・大川一郎ほか編『高齢者のこころとからだ事典』（中央法規，2014）270〜271頁〔野本ひさ〕。

15)　日本老年行動科学会・前掲書（注14）75頁〔植田恵〕。

ら聞くことができるように工夫するとよい。できるだけ短い文章がいいが，単語のみだと短すぎて，文脈から予想して聞き取ることができず，かえって難しいこともある。語学学習でのヒアリングで苦労するポイントと同様と思えば分かりやすい。

　聴力の問題なのか，それとも理解力の問題なのかの区別は難しい。裁判所の待合室などで，やたらに大声を張り上げて高齢者に対し説明をしている弁護士を時々見かける。聴力と理解力のどちらの問題なのか区別せずに話しているため，その都度表現方法が変わり，かえって分かりにくい説明になっていることが多い。最初に言ったことが伝わらなかったからといって，ただちに違う表現に言い換える必要はない。聴力に問題がある場合は，最初と同じ表現を繰り返してもらった方が二度目は聞き取りやすくなる。もし，2回繰り返してみてもなお伝わらない場合には，理解力の問題の可能性を疑い，表現を変えてみる。待合室の雑音が多いようなら，扉のある個室や階段，廊下などより静かな場所に移動してもよい。

　なお，人は言葉の内容と口調が食い違っているとその口調の方を優先して感情を読み取る傾向があり，特に言語理解の難しい人の場合には，言語の内容よりも「非言語的表現」を優先して受け取ることがあると言われている[16]。そのため聴力や理解力に不安がある高齢者は，弁護士が思っている以上に，内容よりも，まず口調や態度などの「非言語的表現」を重要視していることに注意すべきである。以前，不動産案件で相談に来た高齢者が，登記事項証明書を見ながら説明しても，しばらくすると「所有者の名義はちゃんと移っているでしょうか」と同じ質問を繰り返すため閉口したことがあった。同じやりとりを3～4回繰り返した後，ふと筆者の説明時の態度を思い返したところ，登記事項証明書を見ながら下を向いて機械的に（最後の方はだんだんイライラもしながら）説明をしていたのではと思い当たった。その事案では，所有権移転よりもむしろ契約書に記載されていた特約の内容の方が主論点であったため，本人の関心と弁護士の関心がずれていたという事情もあった。

　そこで，高齢者の方にいったんきちんと向き直り，目を合わせて「名義はちゃんと移っていますよ」と言った後，大きく両手で○を作って笑顔でうなずいてみたところ，ようやく納得してもらえたことがあった[17]。説明内容は聞

---

16)　日本老年行動科学会・前掲書（注14）459頁〔佐藤美和子〕。

こえていたようであったが，説明内容と筆者の表情が一致せず不安を覚えたのであろう。

このように高齢者の法律相談にあたっては，説明内容に沿った分かりやすい表情，手ぶりを心がける必要がある。脈略なく自分のタイミングで笑ったり[18]，眉間にしわを寄せたり，パソコンばかり見ていたり，せわしなくペンを回したり，頭をかいたりするといった動作は，すべて非言語的表現として，高齢者に混乱を与えるおそれがある。また，ポーカーフェイスも，高齢者とのコミュニケーションでは封印する必要があろう。高齢者に対して大声を張り上げる弁護士などは，一所懸命話せば話すほど「この人は怒っている」「なにか不都合があったのかもしれない」などと高齢者を怖がらせている可能性すらある。

3　理解力・記憶力の低下

3.1　理解力

高齢者は，Ⅱの2.3「聴力の低下」でも触れたとおり，加齢の影響により，短文や単純な構造の文よりも，長文や複雑な構造の文の理解が困難になる傾向があることが知られている[19]。また，加齢に伴い，「外からの情報を受け取り，それを処理して，行動に移す」という一連の反応につき，処理速度，処理できる容量，効率などに低下があると言われている[20]。だとすれば，弁護士が法律相談時により正確な説明を時間内に伝えなければならないと思えば思うほど，高齢者の処理能力との関係では，かえって伝わりにくいものになっている可能性がある。正確な説明をしようと思うほど弁護士は仮定条件を付けた複雑な構造の文で話しがちであるし，相談時間には限りがあるため早口でないと時間切れになってしまうためである。しかし，結果として内容が高齢者に伝わらなければ意味がない。高齢者の法律相談においては，高齢者の処理能力に応じてできるだけ文章を短く，文法を簡単にし，ゆっくり話をすることに意識を向ける必要がある。仮定条件はつけざるを得ないにしても，できるかぎり単純化する

---

17)　極端に単純化しなければ理解が難しい相談者の場合であると，法律相談までが限界であり，より複雑な委任契約の締結には至りにくい。

18)　弁護士は相談者の話を聞きながら同時進行で資料を読み，戦略を練っていることが多い。そのため，自分でも気づかぬうちに，相手の書面を見て笑ったり，怒ったり，という表情が出ているものである。

19)　日本老年行動科学会・前掲書（注14）75頁〔植田恵〕。

20)　日本老年行動科学会・前掲書（注14）54～57頁〔大川一郎〕。

ことが必要となろう。ただし，不正確な説明になれば弁護過誤にもなりかねないため，単純化には限界がある。その場合は，前述のように相談時間を長めに持つこと，聴覚のみに頼らず，視覚を使って理解してもらえるよう，紙や白板に図解をして説明する，説明した内容を書面に残す，などの工夫が必要である。

とはいえある程度の理解力がないと，委任契約も締結できないし，委任後も弁護士と意思疎通がとれずトラブルになるおそれもある。そのため，本人の理解力に不安があり，かつ家族など周囲からの適切な支援が得られない高齢者の場合，相談時のやりとりの結果，依頼を断らざるを得ないことも多い。このように，本人は弁護士を付けたくても引き受ける弁護士が見つからない事態が起こりうるため能力が低下しつつある単身の高齢者の権利擁護は不十分な状況にあり，改善されるべき課題といえる。例えば単身者の場合でも，社会福祉士など家族に代わる第三者による支援を受けて弁護士との委任契約を締結するという方法は検討できないだろうか。

3.2　記憶力の低下

弁護士が事件を見立てる上では，当事者から聞いた情報の真否が非常に重要である。ところが高齢者においては，「起こっていない出来事であるにもかかわらず，実際に体験したというように，誤って想起されてしまう（思い出してしまう）」という「偽りの記憶」が生じる傾向があることが知られている[21]。また視力や聴力が低下しているために，見聞した情報自体が誤ってしまうこともある（インプット時の誤り）[22]。また，高齢者の記憶力は日によって変わり，円滑に記憶を再現できる日がある一方で，肝心な記憶が全く出てこない日もある。実際には見ていないのに，「彼は台車に山のように積み上げて持って行ったんですよ」と，あたかも目撃したかのように高齢者が具体的な説明をしたり，実際はBさんなのに「あそこにいたのは確かにAさんでした。私見ました。」と言うこともある。また，普段は所有するすべての不動産の平米数まで完璧に記憶しているのに，体調が悪い日には「不動産なんか持っていたかな」とすっかり記憶が抜け落ちる高齢者もいる。実際は20年前に区画整理で得た土地なのに「10年前に1000万円で買った」と記憶が変化していたこともあった。

---

21)　佐藤眞一＝権藤恭之編『よくわかる高齢者心理学』（ミネルヴァ書房，2016）72頁〔岩原明彦〕。

22)　日本老年行動科学会・前掲書（注14）84頁〔島内晶〕。

弁護士としては，高齢者の記憶の誤りによる影響を最小限にするため，法律相談時には，関係する資料はできるだけ全部持ってきてもらい，客観的な資料とすり合わせながら聞き取ることが効率的である[23]。すべて本人の記憶から聴き取ろうとすると，記憶を思い出そうとするのみで時間がかかり，本人の主観が混ざりやすくなるほか，思い出せないことが本人の「自尊心」をいたずらに傷つけ，その他の聞き取りに支障が出ることもある。記憶に問題があると，日によって質問に対する回答内容が真逆になることもあり，方針を見誤ることがある[24]。そのため，初回の法律相談で資料を持ってきていない場合には，当日は無理に方針を決めず，日を改めて継続相談を利用することも必要である。

なお訴訟となると，一審のみで半年から1年，本人尋問まである事案だと1年以上かかることが多い。判決までには，高齢者が法廷で証言をする本人尋問の手続きもあるため，高齢者が記憶力を持ちこたえられるかどうかが肝となる。また，質問によって答えが変わる場合には，相手方の反対尋問に耐えられない可能性がある。その場合には，訴訟提起という方針については断念し，簡易な交渉だけの委任を受けることもある。また，本人の記憶の状態が悪すぎると，客観的な証拠がない限り，委任契約締結自体を断らざるをえないこともある。

4　高齢者の心理の変化・生活状態

4.1　心理状態の変化

高齢者の法律相談が難しいのは，高齢者の心理状態が常に揺れ動き，言葉と本心が一致せず，表面的な言葉をそのまま受け取ってはならないことがあるという点である。

まず，電話や面談の冒頭で，高齢者がいきなり「いらいら」「あせり」「興奮」「怒り」などの感情をぶつけてどなったり，文句を言ってくることがある。しかし，こういうときは，高齢者自身の不安感が原因であることが多い。言葉が堰を切ったように次から次へと出てくるので，慣れないうちはその様子に圧倒される。弁護士としては，本人の言葉が収まるまで，声のトーンを下げ，ゆっくりと相槌をうち，落ち着いた様子で受け止めるようにするといい。弁護

---

23)　取引に関することは契約書や登記事項証明書，通帳などを見ながら，家族関係に関することは戸籍や住民票を見ながら質問をした方が正確である。

24)　回答内容が真逆になるのは，聴力や理解力に問題があって質問の意図を誤解している場合もある。何が原因でその現象が起きているかを考え，その対策を見つけながら法律相談をする必要がある。

士が落ち着いていると，本人も少しずつ落ち着きはじめ，個人差もあるがだいたいは5分以内には収まる。落ち着いた後の高齢者は，自分がパニックを起こしたことを恥ずかしいと感じていることも多いので，冒頭の様子をとがめたり，呆れたりしない方がよい。受け止めてくれたという安心感が，高齢者をさらに落ち着かせ，次回以降パニックを起こす頻度が減り，落ち着くまでの時間も短くなる。

　さらには，前回の相談時に「不動産を売ってください」「長男が嫌いなので縁を切りたい」と明確に本人が述べていたとしても，次回には「本当は売りたくない」「本当は長男が心配でかわいそう」などと真逆の主張が出てくることがある。本人でさえも，どれが本心なのか分からなくなっていることも少なくない。程度の差こそあれ心変わりは日常的にあるため，弁護士としては，「一度OKと言ったんだからOKの方向で進める」と硬直的に対応するのではなく，心変わりの可能性も予想して柔軟に対応する必要がある。例えば，打ち合わせで方針を決めた場合でも，数日後にもう一度同じ内容でよいか確認をするなど，慎重に意思確認をする必要がある。相手方との交渉時においても，本人から了解を得たその日のうちに相手方に回答するのではなく，高齢者の場合は，本人が心変わりする可能性も予想して翌週に回答するようにすると混乱が少ない。翌週になり「先生，相手方にはもうOKを出しましたか。考え直してみたらやっぱりどうしても受け入れられませんでした。」と真逆のことを言われることが多いためである。さらに注意が必要なのは，たとえ「どうしても受け入れられません」との連絡内容であったとしても，これを真に受けて，その日に相手方にNGの連絡をしてしまうと，本人の真意とはかけ離れた結果になることもある点である。本人とよく話してみると，本心は前回の打合せ結果と同じくOKなのだが，一時的に不安や不満を弁護士に吐露したかった，ということもあるからである。

　また，高齢者は「がんこ」「こだわり」という意固地な面を見せる日もある一方で，「どうしたらよいか分からない」「先生にすべて任せるので，全部決めてほしい」「先生の言うとおりにする」というように「依存」や「従順」の気持ちが強くなる日もある。いずれにせよ極端なことをいう日は調子が万全ではないため，大きな方針決定はしない方がいい。

　本人が不安定すぎて，どちらが本心か分かりにくい場合には，相手方に連絡をとり，回答期限を延ばしてもらうなどし，無理に結論を出さないようにする

必要がある。本人に不満が残れば，弁護士との信頼関係が崩れることになりかねない。本人の性格，思考の癖などを普段からよく観察しておくと，どちらが本心か，単なる一時的な感情の揺れかどうかの見分けるヒントになる。弁護士の業務からは少し離れるようだが，雑談を通じて，高齢者が普段どのような生活を送っており，家族や知人などとの人間関係はどうか，体調はどうか，経済状況はどうか，といった高齢者の生活状況についても把握しておくと，高齢者の理解につながりやすい。

4.2　周りに相談ができる人のいない孤独な高齢者

　周りに相談できる人がいない孤独な高齢者の場合は，法律相談時に話が冗長になりがちである。誰かに相談できている人は，状況をある程度分析して物事の重要度も整理して話せるようになるが，孤独な高齢者の場合は，未整理のまま相談しにくるからである。孤独な高齢者にとっては誰かと話をする貴重な機会ということもあり，本題とは関係ない思い出話まで盛り込んで延々と話し出すことがある。周りに人がいないと，その分正しい情報を得る機会も少ない。そうした高齢者の場合，本題の相続以外にもⅠの2.1「金銭問題」や2.6「消費者問題」で取り上げた詐欺まがいの事案の被害にあっていたり，誤った情報を信じこんでいることが雑談の中で発覚することもある。相談が終わってもなかなか席を立たず，名残惜しそうにするときは弁護士としても時間の許す限り，寄り添って話に応じたい。

　法律相談の終了の際，通常だと「どちらの方針にするか自分で考えて決まったら連絡ください。」と，最終的な意思決定を本人任せにすることがある。しかし，周囲に相談できる人が全くいない高齢の相談者の場合には，誰かと相談しながら最終的な意思決定をすることができないため，本人任せという方法が適切でないこともある。その場合には，法律相談の場を使って，本人の最終的な意思決定まで弁護士がサポートすることが必要になることもある。

4.3　家族のいる高齢者

　高齢者に親身な家族がいる場合には，家族に証拠集めなどの作業を手伝ってもらったり，最終的な意思決定をサポートしてもらったりすることができるため，本人も安心であるし，弁護士も高齢者とのやりとりにかかる負担が軽くなり，非常に心強い。もっとも，家族を同席させる場合には，あくまでも高齢者

本人が相談主体であることを意識する必要がある。家族がでしゃばりすぎないように気をつけ，本人からできる限り聞き取りをするようにする。本人からの聞き取りをするのは，本人の記憶力や理解力の程度を知る上でも必要なことである。

　家族の中には I の2.1「金銭問題」でも紹介したように，相談中に高齢者を苛烈に責めたり，被害者意識を強めたり，高齢者に対する干渉を過度にする家族がいる。このため，弁護士としては，家族が行きすぎた発言などをしないように注意を払い，あくまでも高齢者本人の利益と意思を中心に話を進めていく必要がある。例えば，高齢者本人は自ら女性に好意をもって金員を贈与したと主張していても，家族は断固としてこれを認めようとせず「絶対にその女に騙されたんです。渡したものは全部返してもらうように交渉してください。刑事告訴でも何でもやりたい。」と家族の方が熱くなってしまう事案も多い。

　高齢者と利益相反の関係がある事案では家族の同席を断ることになるが，断る際には断る理由と弁護士の人柄が十分に伝わるように，丁寧に説明するよう心がけたい[25]。「どんな弁護士か分からない」「高齢者1人だけでは不安」と思い，良心や警戒心でついて来ていることもあるし，家族関係を円満に保つことが高齢者の生活状況にとっては最善である場合も多いことから，無用な不信感を招くのは得策でない。高齢者の希望をかなえるためにはどうしても家族の理解と協力が必要だが，高齢者が家族を説得できないで悩んでいる場合には，高齢者の依頼を受けて直接家族に説得をすることもある。

4.4　高齢者の心身の状態

　高齢者の場合，配偶者や近親者の死などの喪失体験，退職や収入・資産の減少などの経済的問題，社会や家族からの孤立，疾病などから「うつ」などの精神疾患を引き起こし，判断力や認知能力が低下し，身辺の事象について錯覚，誤解，曲解，妄想などを形成することがある[26]。弁護士に対しても，眠れない，

---

25)　最初の挨拶や事情の説明までは家族に立ち会ってもらうと本人も安心する。そのうえで家族と本人に「利益相反」の意味が分かるよう説明して離席を促すとよい。付添いの家族と本人の方針が異なることはほぼないが，まれに本人から「実は…」という事情が出てきて，急きょ方針変更になることもある。事前に丁寧に説明し，弁護士の人柄も理解されておくと，家族からも方針変更をされやすいと感じる。

26)　日本老年行動科学会・前掲書（注14）102〜103頁〔小林博子〕，同104〜105頁〔田崎博一〕。

330　第3部　実務編

食欲がない，身体が痛む，無気力，不安焦燥などの他，物忘れなどの症状を訴えることがある。

　Iの2.3「離婚」の事案でも紹介したように，急に自殺してしまう高齢者もいるため，弁護士は，高齢者が抱えやすい精神疾患や認知症に対する理解を深め，医師の受診を勧めるべき場面を見逃さないよう十分気をつけなければならない。

5　高齢者の寿命

　高齢者に残された命の時間は限られている。高齢者本人も，「いつ終わりが来るか分からない。」という不安を抱えている。残された時間を紛争解決のためのみに費やしてよいと考える高齢者は少ない。そのため弁護士が解決方法を検討するにあたっては，高齢者の寿命を考慮せざるを得ない。例えば「訴訟での解決だと1年から1年半はかかる」と見立てた際に，高齢者が「そこまで生きていられるか自信がない」と不安を口にすることは多い。法律相談時における高齢者の様子をみて，客観的にも訴訟期間を乗り切れないと判断し，訴訟という方法をあきらめることもある。他にも，例えば相手方が5年間の分割払いでの返済計画を立てて和解の提案をしてきたような場合に，他の世代の依頼者であれば和解の成立可能性はありうるが，高齢者は「5年も生きていられる自信がない」と不安を口にする。高齢者は寿命との関係でより早い解決を望むことが多いため，より短期間での返済計画でないと和解がまとまりにくい。

　訴訟提起後に予期せず高齢者が亡くなれば，弁護士が相続人を集めて訴訟状況を説明し，訴訟を続けるかどうか意思確認をする。相続人らの意向によって，亡くなった高齢者の代わりに訴訟を継続することもあるが，訴訟の負担を嫌がり早々に終わらせることもある。高齢者としては最後の解決まで見届けることができず，弁護士としても生前に間に合わなかったという無念が残る。このように他の世代の依頼者と比べても，高齢者の場合にはその寿命との関係から，問題解決に時間をかけにくいという特徴がみられる。

おわりに

　高齢者の法律相談の需要が高いにもかかわらず，弁護士の間では高齢者の法律相談の技法について議論されることはあまりなかった。本章では，著者が文字どおり手探りで対応してきた方法をできるだけ紹介するように試みた。後日，

より良い方法が見つかるかもしれないし，中には全くの誤りだったと思い直すこともあるかもしれないが，本章の内容がきっかけとなり，高齢者の法律相談について何らかの議論が進み，より良い高齢者対応について工夫の蓄積につながれば大変光栄である[27]。

---

27)　高齢者の法律相談に現れる事象については，丸尾はるな「高齢者の法律相談における意思決定支援」日本社会保障法学会編『社会保障法第35号　高齢者法の理論と実務/生活困窮者自立支援の法的仕組み』（法律文化社，2019）94〜107頁にもまとめた。

332　第3部　実務編

第14章

高齢者の財産承継
―高齢者の真意に配慮した法的対応

田中恒司

I　高齢者の財産承継

1　「承継」に関する高齢者の真意

　弁護士として法律実務を取り扱う中で，高齢者がかかわるケースの代表は相続の分野である。すでに被相続人が死亡してから相続人間で紛争が顕在化して弁護士を訪ねてくる場合が典型例であるが，高齢社会の中では，被相続人の配偶者が高齢者である場合はもちろん，子などの相続人もすでに高齢者である場合も多い。相続の事件を取り扱うにあたっては，高齢者に一定の財産がある場合に，そのきちんとした管理が重要である（管理が杜撰なら財産が散逸してしまう。）。さらに，その財産を高齢者自身が引退したり死亡したりした後に誰に承継させようとしているのかが明確でない場合が多く，そのために親族等の間で紛争を引き起こしていることも多いと見受けられる。これは，人生経験を積み上げる中で一定の財産をもつに至った高齢者が，その財産を管理し，次の世代に承継させていくことについて十分に検討できていないからではないかと推測される。その原因は，財産の承継に関する法的制度の不十分さにあるようにも思われるし，また制度が複雑すぎて高齢者が理解していないことも理由のようにも思われる。

　必要性を感じて高齢者自身が弁護士に遺言書作成の依頼をしてくることもある。この場合は高齢者が財産の承継を考え始めている場合である。しかし遺言によりすべての問題が解決されるわけではない。財産をもつに至った者は，その財産を自身で費消を目的とすることもあると思われるが，高齢化の中で，自らの死期の予想は難しく，むしろ自身が安心して老後を過ごし，残った財産を有効に次の世代へと承継させていこうと考えることが多いであろう。これは高

齢社会特有の問題ではなく人類普遍の問題であるのかもしれないが，かかる高齢者の意思や真意・動機をできる限り正確に財産承継のあり方に反映させることが法律家の役割かもしれない。

　本章では，財産承継の制度を概観し，高齢者の財産承継の意思とはどのようなものかを検討し，またその意思の形成過程に高齢者自身以外の者がかかわっていることを確認して，問題点を具体的事例を挙げながら指摘したい。なお，ここでは，後見，任意後見等の財産の管理の問題点を指摘することはしない。

2　財産承継の制度概要

2.1　はじめに

　高齢者個人が財産を承継させる典型は遺言である。他に，生前贈与，死因贈与がある。他に，近時，民事信託が注目されている。被相続人の意思がそれを示す遺言書や契約もなく不明であれば，相続によって財産は相続人に承継されることになる。

　財産承継について，その対象財産が株式，特に自身が経営する会社の株式である場合，承継の手法は事業承継という形で表れる。具体的には株式の譲渡，営業の譲渡，重要な財産の譲渡等の契約が複合的に行われる。事業承継については Ⅲ で取り上げる。

2.2　遺　　言

　遺言は財産の所有者が相続人または受遺者に対してその所有財産の全部または一部を取得させる相手方のない単独行為であり遺言者の死亡により効果が生じる法律行為である（民法第5編第7章）。財産の承継先を直接定めることができる。遺言の有効性を高めるために公正証書遺言があるが，遺留分侵害の場合を筆頭に，遺言の無効が争われる例は少なくない。

　そもそも遺言者の意思は，○○を長男に，○○を長女に，といった明確なものであることもあれば，そうでないものもある。要は均等に（法定相続分と同じに）残したいが，誰が何をほしいのか，その希望を聞いてから遺言を残したい，という遺言者もいる。筆者の経験でも，遺言者が，推定相続人の1人と相談して遺言を作成したいという希望を持っていたことがあった（ただし，弁護士倫理上の問題がある。）。遺言という制度のみでは，かかる遺言者の意思を形成し，その真意を実現することはできないことも多い。

334 第3部 実務編

2.3 贈 与

贈与は，生前贈与と死因贈与に分けられる。相手方のある契約である。死因贈与の法律効果は遺贈に準じて規律されるが，契約自体は生前になされる。生前贈与は契約として高齢者の生前に効果を生じさせうるため，高齢者の財産承継の実現手法としてもちいることができる。負担付贈与で負担の不履行があれば別であるが，贈与では高齢者の財産は終局的に移転する。承継を受けた者が財産を費消しても高齢者は文句が言えないため，財産の使途を定めたい場合には高齢者の真意は実現できない。

2.4 信 託

信託とは，特定の者が一定の目的に従い財産の管理または処分およびその他の当該目的達成のために必要な行為をすべきものとすることをいう（信託法2条1項）。財産の管理処分権を受託者に移転し，受託者は委託者に替わり財産を管理・処分し，受益者に利益を与える。遺言が一定の財産を特定の受遺者に与える単独行為であるのに対し，信託は一般的には受託者との契約でなされ，受益者を指定することができる点で遺言よりも財産管理の方法に多様性が生まれ，高齢者の財産承継の手法として注目されている。前述の遺言では解決できない，①いったん子に相続させるがその後孫にも引き継がせたい，②不動産の建替えや処分をしたいが自身では手続きが煩雑で承継を受ける者に任せたい，③推定相続人に障害等があり将来に不安があるが自身の死後も安定的に生活資金を与えたい，といった場合については，この民事信託の活用が叫ばれており，事例の集積が待たれるところである。しかし，遺言に代わる財産承継の手法であるとの認識には注意が必要である。遺言同様に推定相続人間で潜在的な対立関係があるときは，委託者死亡後には相続人間の紛争が顕在化する点では同じである。また，特に民事信託（いわゆる家族信託）は受託者という管理者が登場するため，遺言よりもその法律構成が複雑となり，高齢者が信託の法的効果をきちんと認識できない危険もある。近時出された裁判例の中には，いったん民事信託を組成したものの，委託者である高齢者が信託契約を債務不履行を理由に解除しようとしても認められなかった事例がある[1]。

なお，遺言能力については15歳に達した者（民法961条）かつ意思能力があれ

---

1) 東京地判平成30・10・23金融法務事情2122号85頁。

ば足りるが，信託組成については行為能力まで必要である。また，財産を第3者に管理させやがては相続させる，というのであれば，任意後見契約や財産管理契約を結び，かつ遺言を作成しておくことでも同じ効果は得られることになる。民事信託を選択するメリットは，受託者が信託財産を管理処分できる利点がある場合等でもない限り，限定されたものとなるのではないか。例えば信託財産（特に不動産）を用いて新たな借入れをするとか，信託財産を早期に売却して別の財産に組み替える必要がある場合はメリットがある。

2.5 相続—意思が不明の場合

高齢者がその所有財産の承継について意思を形成せずに死亡した場合，その財産は民法の相続法の規定に従い相続されるが，その根底の理念は，相続人には均等に分割して承継させるというものである。法定相続が高齢者の意思といえるのかは高齢者が死亡した場合は検証することができず，相続による争いがあれば，高齢者の意思を推定することしかできない。

なお，配偶者に対する相続に関しては，近時相続法が改正され，配偶者居住権が規定された[2]。配偶者は，住み慣れた住居で生活を続けるとともに老後の生活資金として預貯金等の資産も確保したいと希望することも多いことから，配偶者居住権により，遺言や遺産分割の選択肢として，配偶者が，無償で，住み慣れた住居に居住する権利を取得することができるようになった。また，夫婦の一方が死亡したときに，残された配偶者が直ちに住み慣れた住居を退去しなければならないとすると，配偶者にとって大きな負担となるため，それを避ける趣旨で設けられたのが配偶者短期居住権である。

Ⅱ　財産承継の意思および真意の内容と決定過程

1　意思および真意の内容並びに既制度における対処

財産承継をする高齢者の意思とはどのようなものか。遺言のような法律行為を中心に考えれば，自身の財産を誰々に取得させる（売却する，贈与する，亡くなったら相続させる）ということが中核になる。しかし，実際に高齢者の考え

---

2)　法務省「残された配偶者の居住権を保護するための方策が新設されます。」〈www.moj.go.jp/MINJI/minji07_00028.html〉（最終アクセス：2021年6月30日）。

336　第3部　実務編

には，財産承継そのもののみならず，その目的，動機，高齢者自身をとりまく
事実上の環境調整，推定相続人に対する将来の希望等様々な事象まで含まれて
いると思われる。具体例でいえば，①いったん子に相続させるが将来は孫にも
引き継がせたい，②不動産の建替えや処分をしたいが自身では手続きが煩雑で
承継を受ける者に任せたい，③推定相続人に障害等があり将来に不安があるが
自身の死後も安定的に生活資金を与えたい，④経営する会社を自身の死後も存
続させたい，⑤相続人間で争うことなく平穏に過ごしてほしい，などといった
ものである。このような財産承継に関する真意・動機を反映させる法制度を概
観しその問題を指摘したい。

　財産承継の典型である遺言についてみると，財産承継の意思は遺言の有効性
が争われたときその解釈の中で現れる。遺言の解釈方法としては，「遺言書の
文言を形式的に判断するだけではなく，遺言者の真意を探求すべきものであり，
遺言書が多数の条項からなる場合にそのうちの特定の条項を解釈するにあたっ
ても，単に遺言書の中から当該条項のみを他から切り離して抽出しその文言を
形式的に解釈するだけでは十分ではなく，遺言書の全記載との関連，遺言書作
成当時の事情及び遺言者の置かれていた状況などを考慮して遺言者の真意を探
求し当該条項の趣旨を確定すべきものである」というのが確たる判例である[3]。
この規範は遺言の解釈は一義的ではないことを示していることから，遺言を作
成する者としては，遺言の文言のみで遺言の内容や効果が決まるわけではない
ことを肝に銘じておかなければならない。遺言を作成しようとする高齢者（特
に自筆証書遺言をしようとする者）にとっては，かえってハードルが高いかもし
れない。判例の規範自体は正当であり揺るがないものと考えられるが，あくま
でも法律行為を記載した遺言の解釈に関するものであり，遺言の動機や真意等，
権利の帰属を定める部分以外の部分についていかなる効果があるか（ないか）
は書かれていない。財産承継に関する高齢者の真意はより広いものであるとす
ると，その真意を反映させる制度の整理・構築が必要である。なお，この最高
裁の事案はいわゆる後継遺贈ともとれる遺言について，負担付遺贈，ないしは
不確定期限付遺贈ともとれるとして原審に差し戻したというものであり，解釈
を通じて遺言者の真意を探ったものともいえる。

　権利の帰属を定める部分に絞ってみても，財産承継の意思は遺言のみならず，

---

3)　最二小判昭和58・3・18民集138号277頁。

生前贈与や死因贈与によることもできるが，遺言との違いは相手方があるということである。遺言は相手方のない法律行為であり，誰にも相談しなくとも作成することができるが，厳格な要式性が求められ，高齢者1人で有効な遺言（特に自筆証書遺言）を作成することは難しい。他方贈与は相手方との合意に基づくため，その内容を秘匿しておくことができないほか，相手方（推定相続人）主導で行われ高齢者の意思が歪曲されたり十分に反映されなかったりする危険が伴う。次の場合などにおいて，高齢者の意思を反映させる難しさを想定できる。①妻や子に引き継がせたあと甥や孫にも引き継がせたい，という場合は，負担付遺贈だとしても有効性に疑問が多い。受遺者が死亡してしまえば負担義務が履行できないことから，かかる意思を遺言として有効に示すことは難しい。②不動産の建替えをしておきたいという場合に，代理権限をしっかり定めて第3者に財産を管理してもらうことはできるが，ローン契約や登記の場合等に結局高齢者自身がかかわることになり，高齢者の負担すべてが解消されるわけではない。生前贈与をすることは可能であるが，受贈者が勝手に処分すると困るということもある。負担付きの贈与契約とすることも考えられるが，負担を履行しなかったときにすべてを元に戻すことが難しい場合も多いであろう。受託者候補がいれば信託契約を締結することも考えられるが，受託者候補探しが容易でない場合も多い。③推定相続人（子）に障害がある場合も，生前贈与をして子が財産を費消してしまっては高齢者の真意とは異なる結果となってしまうであろう。遺言によっても，死後子が財産を費消してしまうと同じ結果となってしまう。これは信託契約を締結すれば解決が可能となりうるが，受託者候補探しが容易でない点は②と同じである。④経営する会社を将来にわたって存続させたいという場合については，株式を遺贈ないし相続させるのみならず，会社に関する諸々の権利関係を次の世代に引き継げるようにしておく必要があり，遺言も必要であるが，それ以外にも様々な方策が必要となる。経営者がかかる制度の理解をしていない場合もあれば目前の経営に追われ承継問題に向き合っていない場合もあろう。事業承継の問題点については本章のⅢで述べる。⑤相続人同士で争いのないようにとの高齢者の真意については，これを完全に実現することは難しいが，財産上の争いを少なくするように分割方法を定めたり，住居や生活費の確保をしたりすることで争いを生じにくくさせることは可能であろう。高齢者がどこまで配慮すべきか，専門家の関与の必要性が重要である。

2　財産承継についての高齢者の意思の明確性

2.1　はじめに

　自身の財産を承継させることについての高齢者の意思・真意は，どの程度明確なものであろうか。あるいはどのくらい明確なものが法的に要求されるのであろうか。高齢者に，自己の財産を誰々に承継させる，させない，という気持ちがあったとしても，それが自身の財産状況を正確に把握した上でのものなのか，単なる推定相続人の選り好みの延長なのか，その判別は難しい。すべての高齢者に一定の内容をもつ財産管理・承継の意思を明示させることは現実的ではなく，エンディングノートの活用や専門家の関与による意思確認等の拡充が必要である。遺言について厳格な様式性が要求されるのは，動機等は捨象し，むしろ法律行為の中核は明確に定めておく，という趣旨である。そこで，遺言に関しては有効な部分は明らかとなる一方，動機等の周辺の事情は遺言作成者の意思として反映させにくい[4]。遺言として明確であるがゆえに高齢者の真意すべてを酌んでいない，ということになるのである。上記最高裁判例は遺言の解釈が明らかでないとして差戻しをしたが，遺言の解釈を通じて遺言者の真意を探求しようとしたものとも評価できるのではないだろうか。なお，遺言がある場合でも，訴訟等で有効無効が判断されると0か100かの判断になってしまうことも多い。無効ならば相続法理により処理させることとなるがそれが高齢の財産所有者の財産承継に対する意思と乖離してしまうこともあるように思う。

2.2　承継させない意思

　存在する財産を誰々に承継させるという意思だけではなく，この推定相続人にはあげたくない（承継させない），という意思もある。この点民法は，一定の者に対して相続人の廃除の制度を設けているが，要件が厳しい上に，実際には廃除の事例は多くないものと思われる。遺言に相続分の指定として特定の者へ取得させない旨記載（または何も記載しないと）しても，遺留分権利者であればこの者に遺留分請求権が生じることとなるため，その限りで遺言者の意思は貫徹されない。したがって，高齢者の，誰々には取得させたくないという意思を表明・実現する仕組みは十分なものといえない。そもそも，そのような意思を

---

4)　浦野由紀子「遺言の解釈」判例タイムズ1100号（2002）188頁。

尊重すべきなのかという根本的な問題（遺留分という制度の趣旨をめぐる論点）もあるが，財産を所有する高齢者の意思と承継の現実とが乖離していることは否めない。下級審の裁判例の中には，誰々には他の遺産は取得させないとの記載がないことから，相続させる旨の遺言が法定相続分を下回る場合には「他の遺産を取得させることを禁止する意図まではないものとみるのが自然である」と判断しているものもある[5]。反対解釈をすれば，仮に他の遺産は誰々に取得させないと記載すれば，相続分の指定として法定相続分を下回る場合を想定しているように見える遺言もあろう。

2.3　意思の変遷

　さらに，遺言は撤回可能であるとおり，高齢者の財産承継の意思は変遷する。理由は様々な要因に基づくと思われる。配偶者であっても熟年離婚の可能性あるほか，離婚しても老後の生活のみは守ろうと思うこともある。親子でも仲違いすることはあるし，子はどうでもよくても世話になった嫁の方が可愛いということもある。子の配偶者（嫁）と養子縁組をすることもある。高齢者の変遷する意思をどの程度フォローするべきかも実務に携わる者としては悩ましい問題である。この点民法は負担付き遺贈につき取消しの制度を定めているが（1027条），遺言者はすでに死亡しているから，高齢者の意思を実現する制度として完全なものとはいえない。負担付贈与では，不履行に対し解除できるが，財産をいったん贈与してしまうため，忘恩行為の危険を排除できないし，生前に余計な紛争を惹起させる可能性も高まるため，これもまた完全なものとはいえない。高齢者の財産承継に関する意思は，承継の可能性が生じたときから随時確認しておく必要があるが，日常的に考えるのは難しい。寿命が延び高齢者である期間が長くなる中で，専門家の関与のもと，定期的に意思を確認する制度が望まれる。

2.4　承継させる者がいない場合

　高齢者の近親者に承継させたいと思う者がいないときは，承継の相手を決めないままでいることも多い。福祉関係者や士業，金融機関がそういう単身高齢者に出会うと，財産を適当な者に承継させるべきなのではないかと思案する。

---

5)　山口家裁萩支部審判平成6・3・28家裁月報47巻4号50頁。

340　第3部　実務編

高齢者が財産を承継させる意思を決めないでおく真意のようなものを尊重するべきなのか，それは単なる無責任なのか，判断は難しいが，意思の尊重の観点からはさらに検討してもよいと思われる。

2.5　債務の承継について

　積極財産とともに債務を負っている場合，高齢者としてはこれも積極財産の承継を受ける者に負担させると考えることも多いであろう。債務といっても一身専属的な債務は相続させようがないため，もっぱら金銭債務，典型としては不動産に関するローンが考えられる。この点民法は，遺言による相続分の指定という形で規定し（民法902条），遺言がなければ法定相続分に従う（民法899条）こととしている。そこで，相続分の指定，すなわち，相続人に対し負担の割合を定めて相続させることは可能である。しかし，特定の債務を特定の相続人や受遺者に承継させたい場合について民法は定めていない。遺言で定めておけば遺言者の意思として遺言に従い処理されることも多いであろうが，相続人間で争いがある場合には，遺言者の意思を探求しなければならない[6]。遺言を作成しようという高齢者としては相続人間で争いが生じることも想定して遺言を作成する必要がでてくる。

3　承継の意思の決まり方—真意・動機の形成過程と第三者の関与

3.1　はじめに

　民法上，所有権の絶対性から，自己の財産処分は所有者しかなしえないし，またそれが当然のこととされている。債権についても譲渡は（債権者が）自由にできるのが原則である。したがって承継の意思の決定はあくまで最終的にはその所有者しかなしえない。

　しかし，財産を形成した高齢者が，次の世代にその財産を承継させることを考えると，承継する高齢者が単独で考えて承継の内容が完結することはまれである。高齢者をとりまく者，具体的にはその親族が少なからず高齢者の意思形成に影響を与えている。そして，親族といっても配偶者，直系卑属，兄弟姉妹の場合等では，それぞれ与える影響が異なる。他にも，次に説明するとおり，

---

6)　最二小判平成21・3・24民集63巻3号427頁。

福祉関係者，介護医療機関関係者，関係士業，金融機関あるいは社会の要請といったものも高齢者の意思やその動機の形成に影響している。

3.2 親族の関与

　高齢の財産所有者にとって，もっとも近い承継の相手方は親族である。いわば親族の協議によって（承継する者と承継を受ける者のコミュニケーションにより），高齢者の意思が形成されていることが多いであろう。承継を受ける者が推定相続人であれば，なおさらである。親族の中でも，配偶者には多くの財産を承継させたい，あるいは配偶者には自己の死後も生活の上で不便はかけたくない，という者も多いであろう（もちろん夫婦関係が破綻している場合は別である。）。配偶者に対しては格別の意思を示さなくとも民法上相続分は2分の1以上とされているし，今般の相続法改正では配偶者居住権なる権利も認められている（民法1028条）。他方，当該配偶者は当該高齢者と年齢が近ければ配偶者自身も高齢者となる。そのため，承継された財産を費消することなく，配偶者（高齢者）との間に子（直系卑属）がいる場合には，さらに次の世代（子）への承継を考えなくてはならない。財産を形成した高齢者としては，配偶者から子への第二相続も見越して財産承継を考えることになる。前述の後継ぎ遺贈の問題がでてくる所以である。子に財産を承継させるのは，親子の情愛に基づくこともあるだろうし，子には生活の上で不便をかけたくない，と考えることもある。他方で親子の関係が悪ければ，子には何も財産を承継させたくないと考えることもある。かかる事情は高齢者の家族構成やそれまでの家族の歴史，個々人の人格性格等様々な要素によるため，千差万別の承継の仕方がありうる。家族構成についてみれば，承継の相手が子1人の場合には，相続により財産は高齢者の死亡後当該子に包括承継されるため，親である高齢者は何も考えないまま，問題が顕在化しないことも多い。もっとも，第三者が養子になっていた，という事例もありうるため，1人っ子だからといって安心はできない。他方，子が複数の場合，親の財産承継を少しでも自身にとって有利にしようと考え，子の一部で親の取り合い（囲い込み）や，介護負担の回避等，子の間での争いが顕在化することがある。親を唆して法定相続分と異なる遺言を書かせたり，生前贈与契約を締結したり，信託を組成したりするのである。いずれの場合でも，高齢者の死亡後相続人間で紛争が顕在化する可能性は高い。以下では，高齢者の囲い込みが問題となった事例につき，個人が特定できないよう事案を修正し

て紹介する。

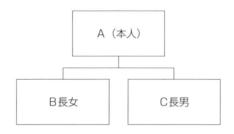

　本人A（高齢者）の生前，長女Bが，本人Aを実家から長女B宅に連れて行き，他の親族（長男C）が会いたくとも会えない状況となった。不審を抱いた長男Cが後見開始の申立てをしたが，鑑定ができないでいるうちに本人が死亡した。本人が長女宅にいる頃に遺産のすべてを長女に相続させる旨の自筆証書遺言書が作成されていた。高齢者Aには多額の年金（受給権）および預貯金があり，また，従前から認知症の疑いがあった。しかし，遺言能力を争える程度の認知症であったのかは明らかとならないまま本人は死亡し，（少なくとも長男Cにとっては）本人Aの財産承継に対する意思ははっきりしないままとなってしまった。兄弟姉妹間の争いはさておき，当該高齢者にとって，自身の財産をのぞむとおりに承継させることができたのかと問われれば，親族の囲い込みにより高齢者自身の財産承継への意思は闇に葬られその実現はできなくなった可能性がある。

3.3　第三者の意思

　単身高齢者（ここで単身高齢者には，相続人が存在しない者と，相続人はいるが疎遠で事実上1人で生活している高齢者の両方を含んでいる。）については，その財産の承継について相談をする相手がいないこともありうる。もっとも，大抵の場合，福祉関係者や医療関係者が当該高齢者にとって身近な存在であることが多く，そこから弁護士等の法律家につながる例もある。そのようなときは福祉関係者・医療関係者と法律家等が共同して，当該高齢者の財産承継に対する意思を探求していくことになる。この際，承継させるべき者がみつからないこともあり，「国庫返還はもったいないから寄付しましょう」などと高齢者にアドバイスすることもありうる。法律家のアドバイスをへて遺言を作成できればよいが，そこに至らないまま意思を表示できなくなることもあり，そのような

場合には当該高齢者の意思は闇に葬られることとなる。

3.4　社会の要請

　会社を経営している者が高齢者となり，会社の実質的な経営権や株式の一部または全部を有している場合，その経営権や保有株式を誰に承継させるのかは大きな問題である。近時中小企業の事業承継が話題となっている。会社の場合，株式の移転（承継）のみならず，営業の移転，労使関係の移転等をともなうために，株式所有者の意思以外の様々な要素を考慮する必要が生じる。かかる意味で，事業承継は中小企業を先代社長の引退・死亡後も存続させ経済発展に資するようにする，という社会的な要請によってなされるともいえる。

4　専門家の関与の必要性

　高齢者は加齢にともないその財産管理能力が減退していく。高齢者の財産管理能力がなくなってしまうと高齢者の意思を第三者が推測することは難しい上に，本来は話し合って高齢者の意思を探索すべき子が兄弟姉妹同士で反目してしまう場合もある。そうなると，高齢者の財産承継に関する意思の確認はますます困難となる。第三者（親族や実務家）が高齢者の明確な意思や真意・動機をくんでいるか否か判別（検証）できない状況で，財産は前の世代から次の世代へと承継されていっている，というのが現実である。高齢者の意思を尊重することを考えると，上記のような意思形成過程を考慮した上で当該高齢者の意思をできるだけ正確にくみ取り（意思を表明させて），財産を承継させる（あるいはさせない）ことが必要である。このような問題に対処するためには，早めに財産の管理を推定相続人以外の第三者に委ねること（ホームロイヤー契約等）が適切であろう[7]。その法的支援も，意思が変遷する可能性があることを考えると，１度のアドバイスではなく継続的な相談の支援が必要であると考えられる。

---

7)　日本弁護士連合会高齢者社会対策本部編『改定　超高齢社会におけるホームロイヤーマニュアル』（日本加除出版，2015）。

344　第3部　実務編

Ⅲ　事業承継と高齢者

1　同族会社の事業承継

1.1　事業承継の高齢者の意思

　中小企業の事業承継の必要性が叫ばれている[8]。本章では，高齢者となった経営者の立場や意思を中心に考えることで，事業承継の必要性につき，新たな視点が生まれる可能性を視野に，高齢者の事業承継について概観する。

　事業承継は，会社経営者が有する株式や経営権を次の世代に承継させるものであるが，承継が十分に進んでいないという現状がある[9]。閉鎖的同族会社の場合，単純化していえば，高齢となった経営者が，子や信頼できる従業員（番頭）に株式や代表者の地位を譲渡する必要がある。しかし，高齢となった経営者にとって，実際には営業の実権を譲ったり代表者の地位を退いたりすることには相当の覚悟や決断が必要であり，日々の業務に追われる中で事業承継自体に取り組むことができないことが多いのが現状である。日本の中小企業のほとんどは同族会社であり，本章もかかる中小企業の事業承継を念頭においている。なお，事業承継に向けた意思決定の要因については経営学の分野では研究がなされているが[10]，法的な視点での分析は少ない。

1.2　事業承継の事例

［事案の概要］

　以下では，事業承継をめぐって紛争となった事件を抽象化した事例を元に[11]，同族会社における事業承継をめぐる課題について検討していく。

---

8)　中小企業庁「経営者のための事業承継マニュアル」（2017）。
9)　独立行政法人中小企業基盤整備機構「令和3年度版中小企業経営者のための事業承継対策」（電子ブック2021）2～5頁，筒井徹「組織のDNAと経営資源の円滑な承継―中小企業の事業承継問題の本質」商工金融2019年1月号21頁。
10)　平田博紀「個人企業の事業承継に与える財務要因の影響に関する計量分析」年報財務管理研究19号（2008）55頁。柳到亨「事業承継意思の高揚に関する決定要因分析」国民経済雑誌194巻5号（2006）91頁。
11)　東京高判平成22年6月23日（判例集未搭載平成22年（ネ）第1021号）

第14章 高齢者の財産承継　345

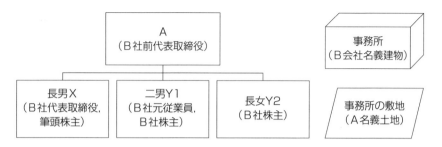

　Xは，先代（A）が行っていた事業を引き継ぎ発展させた人で，若いころからAに代わって実質的な経営を担っていた。真面目な性格で経理から税務申告まで専門家に任せることなく自身が行っていた。先代Aは顧問的な立場であった。Aには，Xを含め3人の子がいた。Xは長男であった。次男Y1は従業員として働いていたが中途退職した。長女Y2は株式のみを所有していた。Aが死亡したときには3人の子らも高齢者となっていた。紛争の発端は，事業を行う事務所の敷地の登記名義がAの個人名義となっていたことであった。Aは，贈与税が高額になることを嫌い，また，遺言書を書かず，死因贈与のつもりで土地の権利証を社長である長男Xに交付したのみであった。ところが，これでは死因贈与契約として明確に有効とはいえず，死因贈与の有効性をめぐって，A死亡後，相続人となった兄弟姉妹であるX，Y1，Y2間で争いが生じた。長男Xが原告となり，他の2人を被告として，会社事務所の敷地につき，死因贈与を理由とした移転登記請求訴訟を提起した。しかし，死因贈与は認められず，会社事務所の敷地については，遺産共有となり，遺産分割を経ることになった。また，長男Xと二男Y1の対立が顕在化し，遺産分割に加えて，二男Y2の退職金が低かったと申し出たために，退職金の金額の多寡も問題となった。会社事務所の敷地については，遺産分割となると均等な分割が原則なため，事務所の敷地が共有となり不安要素が増した。長男Xは，会社事務所の敷地はAの名義ではあったものの，死因贈与を受けたと思っていたうえ，会社の敷地は会社の資産と同視できるものであり，会社の後継代表が承継すべきか会社に帰属すべきものであると主張したが認められなかった。個人財産は遺産であり，遺言や贈与がない限り法定相続分に従って分割されるべきであるというのが原則だからである。

1.3　紛争となった原因の分析

　事業承継が円滑に行われないと，法的な紛争を引き起こす可能性が高まる。1.2で紹介した事例の紛争の原因としては，①経営権の分散化防止措置をとらなかったこと，②遺言の不作成，③個人の資産と会社（法人）財産を峻別しなかったこと，④雇用問題の未整理，⑤税法上の知識の理解不足，⑥相談できる専門家の不存在，が挙げられる。①②③④は，事業承継を見据えて行う必要があるため，現経営者が高齢化した時点で取りかかるべき問題である。しかし，加齢により事業存続への意欲が薄れたり，目の前の業務に追われて時間的な余裕がないと，手をつけることができなくなり，事業承継の実施を遅らせる要因となる。⑤⑥は高齢者に限った事情ではないが，事業承継を実施する上では不可欠の要素であり，中小企業の事業承継のほとんどが高齢の経営者の問題であることからすると，これら①ないし⑥のすべてが（事業を行っている）高齢者が潜在的に持っている問題であるといえる。

　上記事例は，第1に，事業承継において，Aが①経営権の分散化防止措置をとらなかったことが原因となった。経営権といっても，中心は株式の所有である。兄弟姉妹が仲の良いうちは，株式を親族それぞれに持たせた上で配当をすれば親族の信頼関係や絆が醸成されることもあるが，いざ事業を承継するとなると，株式は1人に集中させておく方が便宜である。株主総会の決議1つをとっても，過半数の決議（重要事項については3分の2等の特別決議も必要）がとれないと，会社経営が円滑に進まない。そこで，経営者が高齢化したときには，株式を一定の方法で集中させる（分散化を防止する措置を講じる）必要があるのである。

　第2に，A（高齢者）が②遺言を残さなかったことが相続人間の争いを深刻化させた要因であった。同族中小企業の会社の事業承継では，社長は個人資産はもちろん株式等の会社の財産についてもきちんと遺言を残すことが必要である。一般的にいまだ遺言の有効性を認識していない経営者は多く，遺言が事業承継の一内容だという認識も一般的ではないようである。その理由については定かではないが，すでに何度か述べているとおり，会社経営者は目の前の業務や課題への対処に負われ，ゆっくりと将来の会社について検討する時間がとれないことも理由と思われる。いずれにせよ，遺言には作成の経緯や真意等を記載することもあるが，遺言の厳格な様式性とのバランスの中で，遺言者の真意の探求をすることになるから，遺言を書こうという高齢経営者としては，疑義

の生じないような内容の遺言を作成することが重要である。なお，経営者の遺言については，平成30年の民法改正によって，遺留分が形成権から金銭請求権となった点が重要である。すなわち，従前はすべての株式を特定の相続人等に相続させても，それが相続人の遺留分を侵害していると，被侵害者は遺留分減殺請求権を行使することにより株式の持ち分を取得するため，会社の意思決定に参加し続けることができ，会社経営を巡る紛争が複雑化・長期化することが多かった。これが，民法の改正で遺留分は金銭請求権とされたことにより，株式の帰属について定めておけば，会社経営について後から口出しされる危険を減少させることができるようになったのである。

　第3に，中小企業でも特に同族会社では，個人の資産と会社（法人）財産とが混在し，その整理がなされていないということも多い。上記事例においては，会社財産と個人資産とが峻別されていなかったことで紛争を長期化，複雑化させた。会社が安定的に経営されている過程においては，法人財産の一部を法人名義でなく代表者（先代名義）としておくことに相応の理由があることもある。事例のように会社の敷地を経営者個人名義としておけば，経営者は賃料を会社から得られ，老後の生活が保障される。しかし，先代経営者が権利関係を整理しないまま死亡し，子（兄弟姉妹）の間での紛争が顕在化したときにはかえって解決を困難なものとしてしまうのである。高齢の経営者としては，自身が引退した後の生活の保障の確保とともに，推定相続人たる子らの将来についても心配するのであれば，引退後の会社の経営についても配慮する必要がある。もっとも，高齢経営者が，自身の老後のみを気にして，自身死亡後の権利関係を考慮しないと決めていたとしたら，その経営者の意思はどこまで尊重されるべきなのだろうか。先代経営者の引退後も次期代表であるXと，一従業員であるY1が平穏に経営に関与し続けるための権利関係の整理を，加齢により判断が衰える前に，先代経営者に期待することは難しい問題である。

　第4に，事例では長男Xが代表者で，二男Y1が従業員であった。このため，従業員の立場しかなかった二男Y1の労働者としての地位の整理をしておくことも必要であった。本事例は，事業承継をする上で雇用問題の整理の重要性をも示している。雇用問題をきちんとしておくためには，ある程度の規模以上の会社であれば金銭（退職金）を用意することが重要である。しかし，中小企業，とくに同族会社では，金銭ではなかなか解決できない問題もある。先代の意思を受け継ぐのは誰か，といった経営権獲得の争いや[12]，兄弟間での不平等な

取扱いに対する私怨等が争いの種となりうる。上記事例では事務所不動産の持ち分のみならず，退職金の多寡についても争点となり，兄弟の合意が得られない一因となっていた。

第5に，Aは贈与税を支払うことを嫌っていた。このため，死因贈与の意思を推認することも困難であった。中小企業においては公租公課の負担をできる限り減らしたいと考える経営者は多いと考えられ，事例においてもAのこうした意識が余計な紛争を招いたといえる。もっとも，現在では相続に関する税法上の優遇制度が整備されており，特に事業承継については税法上の優遇措置が制定されるに至っている[13]。かかる税法上の知識を知っていれば[14]，事例のような紛争は未然に防げる可能性が高まる。いずれにせよ事例の結末からすると，Aの事業承継についての意思が実現されたとは言えなかったのではないかと思われる。少なくとも会社事務所やその敷地部分は会社名義とするか，会社を引き継いでもらう者に承継させたかったと考えるのが一般的なのではないだろうか。しかし，経営者の死亡後にかかる意思を推認すること，ましてや裁判手続において厳格な証明をすることは困難さを増すため，高齢の経営者としては，自身の判断が明晰なうちに将来のことを考え，専門家に相談しておくことが肝要である。

第6に，これまでも示したとおり，専門家へ相談をすることが重要である。同族会社の事業承継においては，将来にわたる継続的な事業のために資産構成を考える必要があり，これを適切に助言する者，すなわち弁護士や税理士・会計士の存在が重要である。上記事例のAは経営をXに任せていた上，Xは若い頃から経営を一手に担い経理も自分で行っており，事業承継について専門家のアドバイスを受ける習慣がなかった。こうした点からも，本事例は紛争となったといえる。

2 事業承継の意思決定に関する高齢者の真意と社会的要請

中小企業，特に閉鎖的同族会社でかつ事業規模も大きくない会社の場合，高齢の経営者（社長）が会社を承継させたり閉鎖したりするときの意思はどの程

---

12) 平井貴之「経営支配権をめぐる紛争について」（2016年4月27日）https://www.sn-hoki.co.jp/articles/article090476/（最終アクセス：2021年7月31日）。

13) 中小企業庁「事業承継の際の相続税・贈与税の納税猶予及び免除制度」（2017）。

14) 橋口徹「超少子高齢社会における事業承継問題と我が国の税制・法制上の対応」日本福祉大学経済論集58号（2019）107頁。

度尊重すべきなのであろうか。中小規模とはいえ，会社として営業活動を行っている以上，会社の周辺には様々な関係者が存在する。親族が株式を保有していればその親族，従業員，融資している金融機関，取引先等である。これらの関係者（ステークホルダー）は事業承継すべきか否か，どのような事業を承継すべきなのかという点で，経営者である高齢者の意思決定に対し大なり小なり影響を及ぼしている。中小企業庁は，中小企業の事業活動の継続に資すること（中小企業における経営の承継の円滑化に関する法律１条）という社会経済上の要請から事業承継を促進させようとしている。これも少なからず高齢経営者の意思決定に影響を及ぼしている要素の１つであるといえる。しかし，法的には，中手企業庁が個別の企業の存続を決定することはできないため，あくまで経営者の意思に間接的に影響を及ぼしているに過ぎない。しかし，会社をたたむことも存続させることもできる場合に，上記ステークホルダーが，廃業ではなく存続するように働きかけ，それにより高齢の社長が存続を決めたとすれば，それは，社長個人のみの意思ではないとも評価できるのではないだろうか。

Ⅳ　単身高齢者の財産承継

1　承継させるものがいない場合

　財産を形成した高齢者が，その承継人を定めずに死亡し，かつ相続人がいない，という場合のその財産の承継問題を解決するのは難しい課題である。相続人がいないため，相続法理によって承継人を定めることができないからである。

　もっとも民法はそのような場合に備え相続財産管理人の制度をおいている。原則は利害関係人が相続財産管理人選任の申立てをし，その管理人が財産の整理を行うべきなのであるが，実務でそのとおり運用されているかどうかは不明である。利害関係人が選任の申立てをしなければならないし，相続財産管理人に対し報酬を支払わなければならず，誰も申立てをしないまま眠っている財産が残っている可能性は否定できない。

　単身で生活している高齢者のなかには，相続人がいても，その者に財産を承継させることを望んでいない場合もありうるのではないか（子のいない高齢者で兄弟姉妹と仲が悪い場合や子がいても断絶状態となっている場合等である）。そのような場合には，相続人に財産を承継させないようにする仕組みが必要である

が，現実にはそのような遺言の作成に助力する第三者がいなければ，結局民法の規定に従い単身生活高齢者の意思に反して相続がされてしまうことになるのである。

筆者は，預貯金について比較的多額の財産を形成した単身高齢者から，余命が限られた時点で財産の管理を依頼されたが，遺言はおろか，自身の死後の財産の承継や葬儀の話をする間もなく高齢者が死亡したことがあった。認知症ではなかったため，まだ自身の預金の引出しをどうしようとか前向きな後の話はできても，なかなか高齢者自身が自身の死を受け入れない状況であったため，遺言作成の話に切り込むことができず，様子を見ているうちに体調が急変し身体的な疾患が原因で死亡してしまったのである。相談できる人が少ない単身高齢者は特に，いつ来るかわからない自分の死に対して冷静に向き合っている人は少ないのではないかと推測している。

2　財産が少ない場合

高齢者の有する財産が身の回りの動産とわずかな預貯金のみという場合，自身の葬儀等の後始末のみを葬儀社等の第三者と契約しておく死後事務委任契約の手法がある。しかし，受任者が高齢者の意思をどれだけ忠実に実現しているのかは検証されていないのではないか。筆者が弁護士としてかかわる事例では，多重債務者や生活保護受給者が高齢となり死亡すると，当該高齢者の傍にいるのは福祉関係者か医療関係者となる。ここでも，そのなしうる権限には限りがあるし，高齢者のわずかに残された財産の承継が高齢者の意思と異なる形でなされるのではないかと思うこともある。

第15章

特別養護老人ホームにおける
サービスの質の確保と方法

本間郁子

はじめに

　特別養護老人ホームは，1963年の老人福祉法の制定とともに創設され，2000年にスタートした介護保険制度で介護保険施設として位置付けられるまでの37年間は措置制度のもとにあった。老人福祉法においては名称を特別養護老人ホーム（以下，「特養ホーム」という。）とし，入所を希望する場合は，自治体へ申込みの申請を行い，自治体が入所施設を決めた。申請者が入所の知らせを受けても，どの場所で，どのようなサービスが提供されるのかといった事前に知り得る情報は極めて限られていた。利用者やその家族は，福祉の世話になるという意識が根強くあり，施設に入ることへの負い目を感じながら利用していた。そのような状況下で不満や意見をいう人はほとんどおらず，行政や施設によって決められたサービスを黙って受け入れていた背景が当時はあった。

　介護保険制度は「人間の尊厳を守る」ことを理念に掲げ，国民の合意のもとに40歳以上から介護保険料を徴収して，老後の介護の安心を保障する制度としてスタートした。基本方針は「利用者本位のサービスの提供」「自己決定権の尊重」「必要な時に必要なサービスを選ぶことができる，選択権の尊重」「自立（自律）支援」とした。介護保険制度とともに，特養ホームの名称も指定介護老人福祉施設という名称に変わった（老人福祉法の「特別養護老人ホーム」という名称も使用できる。）。制度の創設から2023年で23年が経過し，市民の福祉サービスを受ける意識は，お金を払っているのだからサービスを利用するのは当然の権利だという考え方に大きく変わった。特養ホームは措置時代の運営方法を見直し，利用者本位のサービス提供に向けて，情報提供を積極的に行い，サービス内容に対する説明責任を果たすようになった。

　さらに，「必要な時に必要なサービスを選ぶことができる」権利を保障するために，重点的に介護サービスの種類と量を増やすと共に，2006年度の介護報

酬改定時には，介護サービスの質を向上させるために「監査の強化」「介護サービス情報の公表」「第三者評価制度」の3つを強化する体制を示した[1]。これにより，介護サービスの量とサービスの質の両輪で，介護保険制度は運営・展開するものと期待された。しかし，申込者数が増加し，需要と供給のバランスが取れず，施設を選ぶのではなく，空いているところに入らざるを得ない状況が続いたために，サービスの質の格差が大きくなり，法が規定している一定水準さえ守られていない施設も存在する要因になってしまった。

利用者としての意識が高まってきている市民ではあるが，多くの人は，あまり関心を持たず，情報にふれる機会もないので，サービスの質の水準を知らない。しかし，今後，老後の人生設計を積極的に検討し作成する人が増えてくると，質の低い特養ホームは市民の信頼を得ることができず，場合によって破綻する可能性も見えてきた。このような現状を変えることができるかどうかは介護保険制度の持続可能性にも影響を与えるものと考える。

本章では，特養ホームのサービスの質に関する法規定や体制に触れ，日本で初めてサービスの質を保証する認証制度「悠」を創設した公益財団法人Uビジョン研究所の評価システムについて述べる。

I　サービスの質の評価に関する法規定と現状

1　サービスの質の評価に関する法規定

高齢者施設の中でも長い歴史を持つ特養ホームは，「社会福祉法」（1951年制定，社会福祉法人の認可や社会福祉施設の設置基準などを規定），「老人福祉法」（1963年制定，特別養護老人ホームの名称や設置基準などを規定），「介護保険法」（1997年制定，「指定介護老人福祉施設」の名称などを規定）の3つの法律に基づいた運営規定を順守する責務が課されており，次のような質の評価に関する規定

---

1)　サービスの質を保障するための監査，第三者評価，情報開示をめぐる政策の展開について，全般的に，岩間大和子「介護・福祉サービスの質保障のための政策の展開と課題—監査，第三者評価及び情報開示を中心に」レファレンス55巻1号（2005）4～26頁参照。アメリカのJCHO（医療機関合同認定委員会）の施設における評価，認定を行う民間非営利団体の活動を取り上げながら，日本の課題を導き出している論考として，石田道彦「社会福祉事業における第三者評価の意義と課題」季刊・社会保障研究35巻3号（1998）285～294頁参照。第三者評価制度と情報公表制度の制度概要について，「第三者評価制度・情報公表制度について」（厚労省平成29年2月21日資料）参照。

第15章　特別養護老人ホームにおけるサービスの質の確保と方法　　353

も定められている。

1.1　福祉サービスの質の向上のための措置など

　社会福祉法78条1項は，「社会福祉事業の経営者は，自らその提供する福祉サービスの質の評価を行うことその他の措置を講ずることにより，常に福祉サービスを受ける者の立場に立つて良質かつ適切な福祉サービスを提供するよう努めなければならない」とし，同条2項は，「国は，社会福祉事業の経営者が行う福祉サービスの質の向上のための措置を援助するために，福祉サービスの質の公正かつ適切な評価の実施に資するための措置を講ずるよう努めなければならない」と規定している。この規定により，社会福祉事業の経営者に対して，自らその提供する福祉サービスの質の自己評価を行うことなどを求めている。また，国はこうした措置を援助するために，「福祉サービス第三者評価事業に関する指針」を示し，国・都道府県で福祉サービス第三者評価事業の推進体制を整備している。これらにより，社会福祉事業者が第三者評価を積極的に受けられる機会を作った。

1.2　老人福祉施設における処遇の質の評価など

　老人福祉法20条の2では，「老人居宅生活支援事業を行う者及び老人福祉施設の設置者は，自らその行う処遇の質の評価を行うことその他の措置を講ずることにより，常に処遇を受ける者の立場に立ってこれを行うように努めなければならない」と規定している。この規定により，老人福祉施設の設置者に対して，自らその行う処遇の質の評価を行うことなどを求めている。高齢社会における利用者の権利を守る体制として老人福祉施設が位置付けられた。

1.3　指定介護老人福祉施設サービスの質の評価

　介護保険法87条では，指定介護老人福祉施設の開設・運営者に対し，「指定介護老人福祉施設の人員，設備及び運営に関する基準」（平成11年厚生省令39号，令和6年厚生労働省令16号改正）（以下，「運営基準」という。）に従い，要介護者の心身の状況などに応じて適切な指定介護老人福祉施設サービスを提供するとともに，自らその提供する指定介護老人福祉施設サービスの質の評価を行うことその他の措置を講じることにより常に指定介護老人福祉施設を受ける者の立場に立ってこれを提供するように努めなければならないと規定している。また，

運営基準では，①指定介護老人福祉施設は，施設サービス計画に基づき，可能な限り，居宅における生活への復帰を念頭に置いて，入浴，排泄，食事などの介護，相談および援助，社会生活上の便宜の供与その他の日常生活上の世話，機能訓練，健康管理および療養上の世話を行うことにより，入所者がその有する能力に応じ自立した日常生活を営むことができるようにすることを目指すのでなければならないこと，②指定介護老人福祉施設は，入所者の意思および人格を尊重し，常にその者の立場に立って指定介護福祉施設サービスを提供するように努めなければならないこと，③指定介護老人福祉施設は，明るく家庭的な雰囲気を有し，地域や家庭との結びつきを重視した運営を行い，市町村，居宅サービス事業者，他の介護保険施設その他の保健医療サービスまたは福祉サービスを提供する者との密接な連携に努めなければならないことを定めている（運営基準１条の２）。さらに，運営基準において，サービス提供の記録，入退所にかかわること，身体拘束廃止，入浴，褥瘡，整容に関することなどが細かく決められ，委員会などに関する設置義務などが規定されている。

　これら３つの法律で共通しているのは，「自らその提供する福祉サービスの質の評価を行う」ことを努力義務として規定している点である。

2　特養ホームの現状

　特養ホームは，介護保険制度で税金（国・都道府県・市区町村）50％，40歳以上が支払う介護保険料40％[2]，介護サービスを利用する際に負担する利用料10％を基本財源とする。介護保険制度からの介護報酬を基に運営される他，法人税などが非課税である上に，施設整備には国・自治体から補助があるなど手厚い保護がある。このように特養ホームを優遇するのは，経営のためではなく公共性の高い福祉を担えるようにするためである。

　特養ホームは，高齢者の人権を守り，サービスの質の向上を図ると共に，社会・市民のニーズに対応するサービスの提供，情報開示を積極的に行うことが求められている。

　その責務を果たせる法人として，自治体・社会福祉法人・農業協同組合連合

---

2)　介護保険料は第１期（2000〜2002年）で2,911円（全国平均）。2020年度および2025年度の保険料は全国の保険者が作成した第６期介護保険事業計画における推計値によると，2020年度は6,771円，2025年度は8,165円となっている。

会・日本赤十字社の4つの法人に限って開設・運営することが認められており，その中でも，社会福祉法人が約95％を占める[3]。

特養ホームの現状を各種データで見ると，施設数10,823か所，定員63.2万人，平均要介護度3.96，平均滞在期間1177日である[4]。また，申込者（要介護3以上の入所待機者）は25.3万人[5]，平均年齢86歳[6]，認知症率は75.3％[7]となっている。

この現状を踏まえつつ，特養ホームにおけるサービスの質を確保する3つの強化体制の整備（2006年度）がどのようにサービスの質の確保に活かされているか，2023年で17年経過したその現状を述べる。とりわけ，常時介護を必要とする高齢者の生活の場である特養ホームの第三者評価について詳しく検討する。

Ⅱ　質を確保する3つの強化体制における現状

1　監　査

特養ホームにおける監査は老人福祉法に基づく監査（老人福祉法18条2項，同19条）と介護保険法に基づく監査（介護保険法90条）がある。これらの監査では，指定基準・運営基準により，最低限度守るべき人員および設置基準や事業目的を達成するための要件を満たしているかを確認する。平成18年に指導監査の改正があり，介護保険制度上の指導監督における「監査」において業務改善勧告，業務改善命令，指定の停止命令，当該処分の公表の権限が追加され，「運営指導」[8]は民間団体などに委託できるようになった。しかしながら，このような改正にもかかわらず，令和3年度における自治体の運営指導は302,206か所の介護保険施設等（令和3年4月1日現在）に対して，全国平均7.8％の実

---

3) 厚生労働省「令和3年12月審査分　介護保険給付費等実態調査」54頁。
4) 社会保障審議会　介護給付費分科会（第221回）令和5年8月7日　資料1。
5) 特別養護老人ホームの入所申込者の状況（令和4年度）に関する調査結果。（厚生労働省老健局高齢者支援課　令和4年12月23日公表）前回調査2019年度より3.9万人減。
6) 社会保障審議会・第62回介護保険部会（平成28年8月31日）配布資料を参照。
7) 社会保障審議会介護給付費分科会第183回（令和2年8月27日）資料1。（出典）「特別養護老人ホームのサービス提供実態に関する調査研究報告書」（令和元年度老人保健健康増進等事業分）＊認知症高齢者の日常生活自立度別入所者割合におけるⅡ〜Mまでの数。
8) 2022（令和4）年3月「実地指導」を「運営指導」へ名称変更。自己点検シートの改正があった。厚生労働省老健局総務課介護保険指導室。

施率となっており低迷している。

　介護保険施設等の指導監督については，厚生労働省老健局長からの通知（令和4年3月31日付老発0331第6号）で，平成18年10月23日付老発1023001号当職通知および介護保険施設等に対する実施指導の標準化・効率化等の運用指針は廃止する通知が出された。新しい指導指針には，入居者の自立支援および尊厳の保持を念頭において，サービスの質の確保および保険給付の適正化を図ることを目的とすることが明記されている。

　そのようなサービスの質の確保に関する繰り返される通知にもかかわらず，施設における虐待件数は増加傾向にあり，最近は深刻な事件も増えている。虐待防止を強化する上においても運営指導の実施率を高めることは極めて重要なことである。

2　介護サービス情報の公表

　介護サービス情報の公表（介護保険法115条の35以下）は平成18（2006）年4月にスタートし，利用者が介護サービスや事業所・施設を比較・検討して適切に選ぶための情報を提供している。2020年度時点で全国約21万か所の事業所情報が検索・閲覧できる[9]。毎年1回，各事業所は最も新しい情報を都道府県に報告し，都道府県が内容を審査（必要に応じて訪問調査を実施）してから都道府県のホームページに情報を掲載する仕組みとなっている。公表される内容は，①「基本情報」（事業所の名称，所在地等，従業者に関するもの，提供サービスの内容，利用料，法人情報），②「運営情報」（利用者の権利擁護，サービスの質の確保の取組み，相談・苦情等への対応，外部機関等との連携，適切な事業運営・管理の体制，安全・衛生管理等の体制，従業者の研修の状況等）。平成30年度制度改正で，県から政令指定都市へ権限移譲された。

　2012年3月に出された通知「『介護サービス情報の公表』制度における調査に関する指針策定ガイドラインについて」[10]によると，調査が必要な場合と必要ではない場合について明記されており，問題があると判断した時に調査を実施する体制となっている。また，第三者評価を受けている場合は調査を必要と

---

9)　厚生労働省「介護サービス情報公表システム」〈https：//www.kaigokensaku.mhlw.go.jp/stf/kaigo-kouhyou.html〉（最終閲覧日：2021年12月29日）。

10)　「『介護サービス情報の公表』制度における調査に関する指針策定ガイドラインについて」（平成24年3月13日老振発0313第1号）。

しないことが要件に入っている。

　介護サービス情報の公表制度は，上記のように一応整えられているが，実際には，次のような課題もみられる。例えば，介護サービス事業所は情報を自ら提供しており，中には，サービス内容が変わっても更新されていない場合がある。さらに，第三者評価を受けていれば調査は必要ないとするその評価の判断基準が明確になっていない。

　利用者にとって，最新情報をもとに比較して選べる条件が満たされているかどうか，検討をしていく必要があると思われる。

3　福祉サービス第三者評価事業

3.1　第三者評価の沿革と意義

　「第三者評価」については，介護保険制度が施行されるより前の1997年に社会福祉基礎構造改革ですでに検討され，福祉サービス第三者評価事業として位置付けられていた。

　厚生労働省は福祉サービス第三者評価事業をベースにして，社会福祉法人などの提供する福祉サービスの質を事業者および利用者以外の公正・中立な第三者機関が専門的かつ客観的な立場から評価を行う事業について，2004年，都道府県知事宛に「福祉サービス第三者評価事業に関する指針について」を通知した。この通知は，2014年と2018年に見直され改正された。

　高齢者福祉サービス事業所などにおける第三者評価事業については，「高齢者福祉サービスに係る福祉サービス第三者評価基準ガイドライン」および「福祉サービス内容評価基準ガイドライン」が策定されており，これに基づいて下記の体制で実施されている[11]。

　「福祉サービス第三者評価事業に関する指針」では，福祉サービス第三者評価事業を，事業者の提供するサービスの質を当事者以外の公正・中立な第三者評価機関が専門的かつ客観的な立場から評価する事業として定義する。そして，その事業の目的は，①個々の事業者が事業運営における問題点を把握し，サービスの質の向上に結びつけることを目的とするものであること，②福祉サービス第三者評価を受けた結果が公表されることにより，利用者の適切なサービス

11）　2017年に「福祉サービス第三者評価事業に関する指針についての全部改正について」が厚生労働省社会・援護局長，老健局長から各都道府県知事宛に通知された（老発0331第10号。平成29年3月31日）。

358 第3部 実務編

の選択に資するための情報となること，とされている。

3.2　推進体制

　全国の推進組織としては，全国社会福祉協議会が，評価事業普及協議会・福祉サービスの質の向上推進委員会を設置し，「評価基準ガイドラインの策定，更新等の全国基準案の策定」と「評価調査指導者，評価者の養成，指導等，事業の普及啓発等」を実施し，福祉サービス第三者評価事業の推進および都道府県推進組織に対する支援を行う。

　都道府県レベルでは，都道府県，都道府県社会福祉協議会などの推進組織が，第三者評価機関認証委員会・第三者評価基準等委員会を設置し，第三者評価の実施に関する業務を担う。第三者評価機関の認証，第三者評価基準の策定，第三者評価基準結果の公表，評価調査者の養成などを行う。

　認定された第三者評価機関は，評価調査者に組織運営管理業務経験者，福祉，医療，保険分野の有資格者，学識経験者を確保し，研修受講者を配置しなければならない。

　評価機関は法人格を有する社会福祉協議会，NPO法人，民間企業（株式会社，有限会社），行政委託型任意団体，公益法人，任意団体が評価機関として認定されており，実施数で最も多いのはNPO法人（最も受審率の高い東京都では民間企業が最多）であった[12]。評価機関数は，認証開始から令和2年3月末までの調査だと合計855機関あったが，その後，認証取消しや認証辞退により，令和3年3月末時点では404機関（47.3％減）となった。

3.3　評価調査者研修と評価調査者認定

　都道府県推進組織が行う評価調査者養成研修等モデルカリキュラム[13]は，基礎的研修課程を「講義Ⅰ」（1.　第三者評価の理念と基本的な考え方，2.　第三者評価の全体像，3.　評価調査者の役割と倫理），「講義Ⅱ」（4.　第三者評価基準の理解と判断のポイント，5.　利用者調査の方法等について），「演習」（書面「事前」審査の着眼点：講義と演習，訪問調査の着眼点），「実習」（1.　実際に施設を訪問，2.

---

12)　平成15年8月現在。「全国社会福祉協議会における福祉サービス第三者評価基準見直し普及促進を図るための資料」の中の「第三者評価機関団体別実施状況」による。

13)　全国社会福祉協議会「評価調査者養成研修等モデルカリキュラム」〈http://www.shakyo-hyouka.net/pdf/p-01.pdf〉（最終閲覧日：2020年12月3日）。

第15章　特別養護老人ホームにおけるサービスの質の確保と方法　　359

訪問した結果），「まとめ」で構成した，総計30.5時間のカリキュラムとなっている。さらに，毎年，評価調査者継続研修（「第三者評価の実施状況と課題」，「演習」，「まとめ」）を実施し，フォローアップ研修を３年に１回受講することが義務づけられている。評価調査者養成研修は，共通項目（モデルカリキュラム）を基本として，都道府県推進組織の行うカリキュラムを加えて実施しているところもある。

　評価は評価者の知識・スキル・観察力による影響が少なくないため，研修が重要である。現行の研修カリキュラムでは，福祉サービス第三者評価の対象事業（特養ホーム，グループホーム，ケアハウス，保育園など）に共通するカリキュラムを全員が受講することになっており，事業ごとに異なる目的や社会的役割，基準などを理解する研修が少ない点は見直す必要があるのではないかと思われる。

　評価調査者養成費用は自治体ごとに異なり，最低０円から最高50,000円までと大きな幅がある。評価調査者が多い東京都では29,000円であった。なお，評価調査者養成を実施していない都道府県は16県あった[14]。

3.4　評価の調査方法

　調査は評価者２〜３名で実施する。規模に応じて決められていない。

(1)　評価方法

- 自己評価：経営者と幹部職員が検討して作成する。
- 利用者調査：アンケート，聞き取り，コミュニケーションなどの方法で行う。
- 訪問調査：１日のみ。各種記録，帳票の確認，経営者層，必要に応じて現場責任者に対するインタビューなどを通して，標準項目内容が実施されているかの確認を行う。

(2)　評価基準と内容

　第三者評価共通評価基準ガイドラインは，全国社会福祉協議会の福祉サービス第三者評価事業部の「福祉サービスの質の向上推進委員会」において検討されている。

---

14)　平成30年12月，全国社会福祉協議会政策企画部調べ。評価調査者の養成状況（1）
　　評価調査者養成数：養成開始〜平成30年３月末まで，（2）評価調査者養成研修の実施
　　状況。

360 第3部 実 務 編

〔表1　評価基準と内容〕

項　目	評価基準	内　容
Ⅰ　福祉サービスの基本方針と組織	1．理念・基本方針	理念・基本方針が確立・周知されている。
	2．経営状況の把握	経営環境の変化等に適切に対応している。
	3．事業計画の策定	中・長期的なビジョンと計画が明確にされている。
	4．福祉サービスの質の向上への組織的・計画的な取組み	質の向上に向けた取組みが組織的・計画的に行われている。
Ⅱ　組織の運営管理	1．管理者の責任とリーダーシップ	管理者の責任が明確にされている。
	2．福祉人材の確保・育成	福祉人材の確保・育成計画，人事管理の体制が整備されている。
	3．運営の透明性の確保	運営の透明性を確保するための取組みが行われている。
	4．地域との交流，地域貢献	地域との関係が適切に確保されている。
Ⅲ　適切な福祉サービスの実施	1．利用者本位の福祉サービス	利用者本位の福祉サービスとなっている。
	2．福祉サービスの質の確保	福祉サービスの質の確保の項目は，生活支援の基本と権利擁護，環境の整備，生活支援（入浴・排泄・移動支援），食生活，褥瘡発生予防・ケア，介護職員等による喀痰吸引・経管栄養，機能訓練・介護予防，認知症ケア，急変時の対応，終末期の対応，家族との連携，サービス提供体制となっている。

(出所)　「第三者評価共通評価基準ガイドライン（高齢者福祉サービス解説版）」『福祉サービス第三者
　　　評価事業関係通知』（高齢者福祉サービス版，平成29年3月31日）より抜粋。

　評価基準は表1の3つの項目に分類されている。

3.5　評価判断基準と評価の講評

　評価は，上記の3つのカテゴリーごとに，「a) 明確にされている，取り組んでいる。b) 十分ではない。c) 実施していない。」の3つの基準で判断し，「評価の着眼点」として，3〜9のチェック項目があり[15]，チェックが多くつくと「a) 明確にされている，取り組んでいる。」と判断される。その上で，良い点と改善が求められる点の講評をそれぞれ項目ごとに3つ書くことになってい

る。

　評価機関から提出された評価結果報告書は福祉サービス評価推進機構のホームページや WAMNET（ワムネット）[16]に公表される。

3.6　受審費用と受審状況

　費用については，平成15年度調査によるものであるが[17]，評価機関による差が大きい。最も高いところは民間企業で56万7千円，最も安いところでは行政で1万5千円だった。その次に高いところは公益法人で53万3千円，NPO法人は39万6千円だった。事業所が評価機関を選ぶことができるため，費用で選ぶことも可能となる。

　全国社会福祉協議会が公表している受審率（令和4年度実績）によると，特養ホームの受審率は表2のとおり5.81％で低調である。

〔**表2　特別養護老人ホームにおける第三者評価の受審率**〕[18]

年　度	平成29	平成30	令和元	令和2	令和3	令和4
受審率	6.35%	6.31%	6.12%	4.77%	5.62%	5.81%

　令和4年度実績で，受審率が最も高かったところは東京都で全体の67.86％を占め，次いで，神奈川県7.23％，3番目に多かったのは京都府で4.00％であった。東京都と他県との差は大きい。受審数が10件以内は16県で，毎年，その数字に大きな変化は見られない。このように低い受審率の中で東京都がその約7割弱を占める理由として，助成金が一律60万円支給されていることが大きく影

---

15)　評価内容は具体的な項目（例えば，「適切なサービスの実施」の「福祉サービスの質の確保」では，項目が「生活支援の基本と権利擁護，環境の整備，生活支援（入浴・排泄・移動支援），食生活，褥瘡発生予防・ケア，介護職員等による喀痰吸引・経管栄養，機能訓練・介護予防，認知症ケア，急変時の対応，終末期の対応，家族との連携，サービス提供体制」に3～9のチェック項目がつけられている。そのチェックに基づいて講評する。

16)　WAMNET は，2000年3月に開設された独立行政法人福祉医療機構が運営する情報サイトである。介護・福祉・医療などの制度解説や研修セミナー情報など，福祉・保健・医療の情報を総合的に提供している。

17)　費用にかかる調査：全国社会福祉協議会平成15年度調査。第三者評価事業の実施状況等について　4．第三者評価受審費用：1機関あたり平均の第三者評価受審費用は，約42.7万円（第三者評価受審費用は，評価機関が示しているモデル料金表等を使用）。

18)　全国社会福祉協議会「令和4年度第三者評価事業実施状況」〈https://www.shakyo.or.jp/gu.de/hyoka〉（最終アクセス：2024年2月27日）参照。

響しているものと思われる。

受審率の低迷が続いていることに関して，厚生労働省子ども家庭局長，社会・援護局長，老健局長から，平成30年3月26日付で，評価の質や受審率の向上などに向けた規制改革に取り組むべきことが通知された[19]。

第三者評価の受審については，義務付けられている事業所[20]と任意の事業所がある。特養ホームは任意となっており，受審数が低いのは費用の問題以上に，施設は義務ではない限り評価を受けるという姿勢がないということを意味している。

特養ホームに入居できる人を要介護度3以上とする制度改正（平成27年度改正）により，重度者対象施設としての特養ホームの社会的役割を果たしていく上で，施設を「見える化」していくことは不可欠である。通知内容を実効性のある取組みにするためには受審を義務化していく必要があるのではないだろうか。

3.7 考　　察

特養ホームのサービスの質は以上の方法で評価される。第三者機関が施設を評価できる体制は市民にとって有意義である。さらに市民や社会のニーズに応えていくために，この体制を様々な社会的環境変化を反映した評価内容で充実させていくことが求められる。それらに対応するため，現状の課題を挙げると次の点などがある。

①組織マネジメントにおける財政（稼働や加算の取得数など）や人材確保，定着を図る体制は，サービスの質の確保や向上を図る上で重要な項目であるが，職員の自己評価に頼っており，組織体制が現場でどのように機能しているのか評価者が知る項目がないこと。

②特養ホームの入居者の75.3%（社会保障審議会介護給付費分科会第183回（令

---

19) 「『「福祉サービス第三者評価事業に関する指針について」の全部改正について』の一部改正について」（平成30年3月26日，子発0326第10号・社援発0326第7号・老発0326第7号）。ここに，「『規制改革実施計画』（平成29年6月9日閣議決定）においては，……本事業について，評価の質や受審率の向上等にむけた規制改革に取り組むべきことが指摘されている。」と記載されている。

20) 「社会的養護関係施設における第三者評価及び自己評価の実施について」（平成27年2月17日雇児発0329第2号・社援発0329第6号）によって，社会的養護関係施設は第三者評価の受審が義務付けられることになった。社会的養護施設とは，児童養護施設・乳児院・母子生活支援施設・情緒障害児短期治療施設・児童自立支援施設である。

和2年8月27日）認知症高齢者の日常生活自立度別入所者割合ⅡA〜Mまで）は認知症の人でターミナル期の人が多い。アンケート調査や聞き取り調査（施設側が選んだ人から意見を聞く）という方法で利用者満足度を知ることは難しいこと。

③家族調査は入居者にとって，良い支援をするための理解者，協力者であるため必要不可欠であること。

④訪問調査は施設見学程度のものであり，サービスの質を確認できるような観察調査になっていないこと。

⑤苦情解決システムは体制整備の書類確認が主になっているが，家族のいない，家族の協力が得られない利用者もいることから，日常生活の中で苦情・不満など把握ができる項目がないこと。

⑥認知症の人やターミナル期の人の意向をどのように把握し支援されているか確認する項目がないこと。

⑦ケース記録や議事録，報告書などから組織マネジメントのあり方を確認する方法が示されていないこと。

⑧コンプライアンス順守が項目の中で確認できないこと。

⑨講評に利用者が良い施設を判断するために必要十分な内容が記述されていないこと[21]。

などである。

Ⅲ　認証「悠」の評価システム

1　「悠」の概要と意義

公益財団法人Uビジョン研究所は，老人ホームにおけるサービスの質を保証するシステムを構築するために，2002年に準備室を設置し，学識者2人，弁護士，社会福祉法人理事長，施設長，施設家族会代表を構成メンバーとして検討会を行った[22]。老人ホームの社会に果たす役割の大きさを考え，社会福祉法，老人福祉法，介護保険法の理解，終の棲家における生活の質について，海外の

---

21)　篠原広樹「福祉サービス第三者評価の現状と課題―東京都の場合を中心として」生活福祉研究（明治安田総合研究所）83号（2013）12頁参照。篠原はよりよい福祉サービス第三者評価に向けて，講評を読んでも他の施設と比べてどう優れているのかはすぐ分かるものではないとしている。

老人ホームにおける評価や認証，監査方法などを参考に検討を続けた。

　その結果，事業の目的を「高齢者が安心して安全に暮らすことができる施設を認証し保証します。」とした。認証においては，施設のサービスを次の5つのカテゴリーに分けた。「わたしたちは，入居者と訪れる人に笑顔で接します。」「わたしたちは，入居者が安心して安全に暮らせるよう全力を尽くします。」「わたしたちは，入居者の要望を大切にし，必要な支援が提供できるよう努めます。」「わたしたちは，清潔に配慮し，豊かな自然に満ちた環境を大切にします。」「わたしたちは，地域との交流を大切にします。」これら1つひとつを評価し，カテゴリーごとに認証「悠」を付与することとした。

　Uビジョン研究所には，認証「悠」と施設評価の事業がある。評価方法は同じだが，認証「悠」は法人と3年間契約し，その期間のサービスの質を担保する。評価基準や調査方法，評価者養成などはUビジョン研究所で一括管理している。一方，施設評価は，調査時におけるサービスの質を評価するもので認証「悠」のようにサービスの質を一定期間保証するものではない。

　介護サービスの質を利用者の立場で評価し保証することが認証「悠」の意義である。保証内容は，利用者に対して「生活の質が守られること」。施設に対して「サービスの質を確保・向上させるため必要な改善・改革のための支援をすること」。市民に対して「施設を選ぶための支援をすること」である。

2　認証の方法

2.1　評価方法

　認証までの流れは次のとおりである。①認証取得するために運営法人の理事

22）　筆者は，特養ホームが市民の人生にとって重要な生活の場であることを考え，NPO法人特養ホームを良くする市民の会を1998年に設立し，入居者や家族の相談，調査，数多くの施設見学を通して，会員と共に市民の立場から特養ホームのあり方について考えてきた。2006（平成18）年度から東京都第三者評価機関として8年間評価調査者としても活動した。その経験を踏まえ，サービスの質とは何か，利用者が安心して安全に暮らせる施設評価とはどうあるべきかの課題を解決するために，助成金を活用して調査研究を行い，海外視察にも自主的・積極的に出かけ，利用者の視点と運営する側の両面から考える機会を得た。そして，日本で初めてとなるサービスの質を保証する認証「悠」を創設するために，2006年4月にUビジョン研究所の事務所を開設，同年10月にNPO法人となり，2016年12月に内閣府から公益財団法人の認定を受けた。公益公益財団法人Uビジョン研究所の活動については，ホームページを参照（https://u-vision.org/）。ホームページでは，認証「悠」施設の一覧，認証結果，報告書，抜き打ち調査の調査結果などを公表している。

会で決定，②契約書の交付，③認証「悠」プレートの掲示，④５つのカテゴリーのうち，認証を受ける２つ以上のカテゴリーを選択，⑤調査日程の決定，⑥事前審査会，⑦訪問調査，⑧最終審査会，⑨認定結果・審査報告書の送付，⑩授与式（利用者や家族，その他関係団体への説明・報告）。契約から認定までの期間は約４か月を要する。

　受審費用は，定員や評価者数によって異なり，交通費や宿泊費は事業所が負担する。

　調査票は17種類（2023年現在）あり，この調査票を基に，５つのカテゴリーを組織マネジメント，利用者，家族，職員，地域の５つの側面から評価し認定する。

　調査は大きく分けて，家族アンケート，職員アンケート，ヒヤリング，書類調査，観察調査がある。ヒヤリング調査は中間管理職以上と職種別の職員，新人職員，外国人職員を対象とし，最終日は経営者のヒヤリングを全評価者で行う。ヒヤリング項目は，共通項目と職種別項目で構成される。経営者ヒヤリング項目は特別に作成される。書類調査では，コンプライアンスの順守，施設サービス計画書，ケース記録，議事録，申し送りノートなどを通してサービスの質と組織機能を確認する。観察調査では，食事の時間帯，ユニットでの生活，共有スペース，夜間調査を通して入居者の暮らしを確認する。

　評価は「最優秀」「優秀」「標準」「一部改善」で審査し，認定は「最優秀」「優秀」のみ行う。保証期間の３年間のうち，２年間は「抜き打ち調査」で質の維持を確認する。

　評価方法や調査票は，法改正や社会のニーズ（情報収集により社会ニーズを把握）により随時見直しを行うと共に，認証「悠」施設には法改正の内容に対する取組みなどの情報提供を行う。

2.2　認証結果の情報公開

　認定結果および評価報告書は，Ｕビジョン研究所のホームページ，広報誌で公開し，施設のホームページや広報誌に掲載される他，来訪者がいつでも閲覧できるように談話コーナーにおかれている。さらに，報告書は所管の自治体に出向き提出・説明する。

3　評価者養成

　評価者養成は約30時間の座学とブレインストーミングを取り入れている。質問にはいつでも対応する。講義終了後は，施設を見学してレポートを提出。評価者認定審査会で一次審査を行い，合格した人は，フィールドワーク（認証審査2日間，夜間の抜き打ち調査）に同行した後，レポートを提出し，最終評価者認定審査会で合否を決定。合格した人には評価者認定証が発行される。評価者として認定されるまで約6か月を要する。

　評価者には，制度や基準改正，社会の動向や個人のニーズの変化，施設で発生する虐待や不祥事などの情報などを随時提供する。勉強会は毎年開催（2023年度は毎月開催）し，評価者と意見交換を行い，評価者のレベルアップを図っている。

4　福祉サービス第三者評価と認証「悠」の評価

　福祉サービス第三者評価事業は，報告書に改善を要する内容がある場合，事業者が改善報告書を各都道府県が設置した推進組織である福祉サービス第三者評価機構に提出することで終了する。事業所が評価機関を選ぶため，改善を指摘した評価機関が改善されたことを確認できるとは限らない。つまり，指摘された改善点に取り組むことで，サービスの質が向上したという再評価ができないのは，認証「悠」との違いの1つである。

　さらに，福祉サービス第三者評価にはコンプライアンスの順守を評価する項目がない。全国社会福祉協議会に設置されている評価事業普及協議会・福祉サービスの質の向上推進委員会で検討されておらず，評価者養成研修カリキュラムにない。コンプライアンスの知識と理解はサービスの質がどのように確保されているか評価に大きな影響を与えるため極めて重要なポイントである。

　国が推進する第三者評価とUビジョン研究所が実施する認証「悠」や施設評価は施設サービスの質を評価し，向上させるという同じ目標を持っている。双方の具体的な実施工程や体制の違いを明らかにすることで，施設評価の原点に戻り，市民の「命」と「尊厳」を守るための評価体制へ変革できることを期待したい。

　また，行政監査における運営指導は，確認項目と確認文書で構成されているが，この点において認証「悠」は確認項目の84%，確認文書項目の86.8%を訪

問調査で確認できている。

　運営指導の実施率が課題となっている現状を改善するためにも，事務受託法人制度（介護保険法24条の2・24条の3）の委託要件をコンプライアンスの知識のある認証機関に委託できるよう検討してもらいたい[23]。

Ⅳ　第三者評価や認証「悠」に期待される社会的役割

1　5つの社会的役割

　第三者評価や認証「悠」の果たす重要な社会的役割は，第1に，特養ホームでのサービスの質の格差の改善に関する役割である。特養ホームは1963年に制定された老人福祉法で設置され，介護保険制度に受け継がれ，2023年で60年という長い歴史がある。特養ホームは，限定した法人しか運営できず，その中でも社会福祉法人の独占的な事業となっている。時代の変化とともに制度も市民のニーズも変化してきているが，それに対応できている特養ホームとできていない特養ホームとの間にはサービスの質や組織体制に大きなばらつきが現れている。例えば，現在でもプライバシーが守られず，入浴の時に行列を作って順番を待つ，食事制限を1人の職員が決める，6人部屋が存在するなどの施設があり，利用者が支払う費用は同じでもそのサービスの質に大きな格差が広がっている。

　第2に，高齢者虐待の発見・防止に関する役割である。「高齢者虐待防止，高齢者の養護者に対する支援等に関する法律」に基づく対応状況等に関する調査結果では，2022年度に虐待と判断した件数は856件（前年度739件15.8％増），相談・通報件数は2,795件（前年度2,390件で16.9％増）であった。施設では特養ホームが274件（32.0％）と最も多かった。虐待件数は2019年度まで13年間増え続けていたが，2020年度は減少した。理由は，新型コロナウイルス感染拡大に伴い，家族・親族等の訪問が減少したことによるものではないかと分析されている。また，過去に虐待が発生していた割合は182件で21.3％，過去に何ら

23）　介護保険制度上の指導監督は，「指導」と「監査」に区分されており，「指導」（指針上，「集団指導」と「実地指導」に分けられる。令和4年3月介護保険施設等運営指導マニュアル作成）は，指定都道府県・市町村事務受託法人制度（介護保険法24条の2，同24条の3）により都道府県知事が指定するもの（民間団体など）に委託できるとされている。Uビジョン研究所は，要件に適合せず事務委託法人にはなれなかった。

368　第3部　実務編

かの指導等を受けていた施設は232件で27.1％だった[24]。Uビジョン研究所は虐待の疑いを職員やその他の関係者から相談されることもあるが，実際，市区町村には通報されないことがある。

　厚労省はこの状況に対し，平成30年3月28日付けで，各都道府県知事宛に「平成28年度『高齢者虐待防止，高齢者の養護者に対する支援等に関する法律に基づく対応状況等に関する調査』の結果及び高齢者虐待の状況等を踏まえた対応の強化について」（平成30年3月28日老発0328第2号）（以下「高齢者虐待の状況等を踏まえた対応の強化について」という。）を出した。このような通知は2年連続で出されており，通知の内容に主に虐待防止に関する研修や行政指導を強化することが記載されている。このような通知に追加すべきは，繰り返し虐待を起こす施設に共通する問題点を把握し，具体的な改善や指導，方法について明記することである。さらに，このような状況に対応できる視点をもつ第三者評価や認証機関が監査と連携する仕組みを作ることで，虐待防止や抑止力につながる効果も期待できそうだ。

　第3に，プライバシー確保に関する役割である。施設では，虐待や事故の事実確認のために監視カメラを設置する施設が増えてきているが，プライバシー保護が重大な課題である。利用者の立場に立った視点や側面から議論・検討された上で，これを調査・評価に反映し，利用者の立場に立った評価の役割を果たせるようにすることである。また，4人部屋などのプライバシー保護について，国は，消費税増収分を財源として，地域医療介護総合確保基金を設置し，平成27年度分から，壁で仕切るための改修を促進するための補助金を出している。このような施策は，利用者の人権にもかかわる重要な支援であると同時に，新型コロナウイルスの感染が世界的に拡大するという非常事態が起きた状況においても感染症防止，まん延を防止するためにも役立った。利用者の安全と生

---

24)　厚生労働省「令和4年度『高齢者虐待の防止，高齢者の養護者に対する支援等に関する法律』に基づく対応状況等に関する調査結果」（2022年12月22日公表）の「（資料2）令和4年度「高齢者虐待の防止，高齢者の養護者に対する支援等に関する法律」に基づく対応状況等に関する調査結果（添付資料）」https://www.mhlw.go.jp/stf/seisakunitsuite/bunya/hukushi_kaigo/kaigo_koureisha/boushi/index.html
　　（資料1）　令和3年度「高齢者虐待の防止，高齢者の養護者に対する支援等に関する法律」に基づく対応状況等に関する調査結果
　　（資料2）　令和3年度「高齢者虐待の防止，高齢者の養護者に対する支援等に関する法律」に基づく対応状況等に関する調査結果（添付資料）
　　参照。なお，2018年には1つの施設で58人の利用者に虐待があったことが発覚している（新潟日報，2019年12月25日）。

活の質を高めるために，評価機関や評価者が，事業所に対して行政支援の活用
を促していくことも大切な役割であろう。

　第4に，安全対策やコンプライアンス順守に対する役割である。入居者が重
度化し高齢化してきた特養ホームで事故が増えているという調査報告があり，
安全対策委員会の役割が問われている。この点においても，評価者が事故報告
書や観察調査を通して防止策に有効な提案をすることで，より安全に暮らせる
ような支援も可能となる。

　第5に，社会福祉法人は家族経営も多くあり，医療法人が社会福祉法人を設
立して運営しているところも少なくない。中には学校法人が社会福祉法人を設
立して特養ホームを運営するところもある。社会福祉法人のバックグラウンド
は様々であり，近年，社会福祉法改正で法人におけるコンプライアンスの順守
とガバナンス体制の強化が求められているにもかかわらず不祥事は後を絶たな
い[25]。このような現状を改善していくためにも専門性の高い第三者機関によ
る評価や認証はその一翼を担えるのではないだろうか。

2　サービスの質の確保に欠かせない施設評価

　2016年7月，元職員により19人が刺殺され，入居者・職員計26名が重軽傷を
負った障害者施設で起きた殺傷事件は社会に大きな衝撃を与えた。被告は衆院
議長宛に「人間としてではなく，動物として生活している」「職員の生気の欠
けた瞳」「車イスに一生，縛られている利用者」と手紙を書いたとされている。
その内容を読んだある入所者の家族が犯人のことを「あの施設の中で，生きて
いても仕方がない命，と思うようになったにちがいありません。」というコメ
ントを出したことの意味は大きく，組織のありようが職場風土を作っていくと
いうことの重要性を指摘している。理事長や施設長の使命感と社会的責務，そ
してそれを全職員に周知させるための教育が日々，実践されていることがサー
ビスの質につながっていくことを本事件は教えてくれた。

　専門性の高い第三者による評価は福祉現場において必要不可欠な仕組みであ
り，評価や認証機関は，社会的に弱い立場にある人たちが安心して安全に暮ら
せる居場所を守ること，施設のケアを「見える化」するという社会的役割を担
う。

---

25)　第12回社会福祉法人の在り方等に関する検討会「社会福祉法人制度の見直しについ
　　て（案）」（平成26年6月16日）。

370 第3部 実務編

　評価者においては，より良いサービスが提供できるように利用者一人一人に心を向け，高い知識をもち，施設職員と協働して，豊かな福祉社会への一翼を担う1人になることである。

　先の通知「高齢者虐待の状況等を踏まえた対応の強化について」では職員教育の強化が求められているが，このことは運営者である施設長のあり方が問われているともいえる。現在，施設長になるには，主事の単位を取得していることや介護経験が2年以上あることが要件とされ，その上で全国社会福祉協議会が開催する福祉施設長専門講座の受講が勧められている。これは，通信授業とスクーリング4日間で9科目の講義と演習で修了証書が交付される。他に福祉施設士の資格を取得する方法もあるが，いずれも国家資格ではない[26]。

　このように社会福祉法人という法人格を持っていても，運営主体の様々なバックグラウンドや施設長の国家資格の有無に加え，入居希望者が多いという状況から，サービスの質をあえて良くする努力をしなくても運営できるという施設経営者の認識が格差を生んでいるとも言える。

　社会福祉法に規定されている第一種社会福祉事業である社会的養護関係施設（児童養護施設，乳児院，情緒障害児短期治療施設，児童自立支援施設および母子生活支援施設をいう。）は，子どもが施設を選ぶ仕組みではない措置制度等であり，また施設長による親権代行等の規定もあるほか，被虐待児童等が増加し，施設運営の質の向上が必要であるとされ，第三者評価が義務付けられることになった。この点，特養ホームにおいても入居者は年々重度化し高齢化しており，家族のいない人も増えている。そうした現状において，施設はますます閉鎖的で密室化していく状況にあり，自ら施設を選べる人はごく限られていることから，評価や認証を義務付けることは社会的な要請である。

おわりに

　人生100年時代に市民が求める特養ホームは，経済状態や家族状況にかかわらず，人間らしい生活を保障する場として，「より良く生き」「より良い最期を迎える」ことができる施設である。

---

26)　本間郁子『特養ホームが変わる　特養ホームを変える―高齢社会の手引き〔第2版〕』（岩波書店，2005）174〜182頁では，日本の特養ホームとアメリカニュージャージー州のナーシングホームの施設長の資格要件を比較し，施設長の養成機関の設置と資格制度の導入を提言した。

第15章　特別養護老人ホームにおけるサービスの質の確保と方法　371

　評価機関や認証機関は専門職として，施設サービスの質の向上に役に立つよう社会的役割を果たせるようにしてほしい。評価結果を公表することで，良くない施設は選ばれず倒産する可能性も出てくることから，第三者評価や認証機関の社会的責務はますます大きくなる。しかし，それは介護保険制度への信頼を確保するために当然の責務であると考える。

　Ｕビジョン研究所では，施設が社会的責務を果たすために直面する課題に積極的に相談にのり，課題解決のために協力する。

　「はじめに」に触れている2006年度に明示されたサービスの質の確保に関する３つの評価体制は，縦割り業務になっているため，質の総合評価につながっていない。そのため，利用者や家族，市民が良い施設を選ぶうえで大きなハードルとなっている。

　サービスの質の確保は，福祉サービス利用者の選択に寄与する情報提供の充実や向上を図る視点で実施されるべきであり，何よりも高齢者に分かりやすい内容で自己決定に基づく選択に寄与できる体制にすることが求められている。

索　引

＜英数＞

40PLUS･･････････････････････････････131
ACP･･････････････････････････････････182
Desert と Merit･･･････････････････････73
Eglit（Howard C.）･･････････････････127
MMSE（Mini-Mental State Examination）
　･････････････････････････････････････246
Palmore（Erdman B.）･･････････････126
　――のエイジズム･････････････････126
"Veteranship"（退役軍人類似の地位）･･･77

＜あ行＞

アファーマティブ・アクション･･････74, 77, 79
アメリカ退職者協会（AARP）･･･････132, 135
アルツハイマー型認知症（アルツハイ
　マー病）･････････････････243, 249, 262
アルツハイマー型認知症患者の意思能力
　判断･････････････････････････････････274
遺言･･････････････････････････316, 333, 336
遺言書･･･････････････････････････････････316
遺言能力･･････････････････265, 273, 334
意思および真意･････････････335, 338, 339
意思が不明の場合の相続･･･････････････335
意思形成支援･･･････････････････････････102
意思決定･･････････････････････････････････294
　――のソーシャルワーク･････････････304
　――のプロセスに対する支援･････････117
意思決定支援･･･････････････････････････100
　――の基本原則･･･････････････････････101
　――の継続性･････････････････････････117
　――の支援体制･･･････････････････････115
　――の主体･･･････････････････････････115
　――の対象･･･････････････････････････113
　――のプロセス･･･････････････････････101
　――の保障･･･････････････････････････120
　――をめぐる法律関係･････････････････118

意思決定支援会議･･･････････････････････116
意思決定支援者･･････････････････100, 115
意思決定支援を踏まえた後見事務の
　ガイドライン･････････････････････････109
意思決定支援を踏まえた成年後見人等の
　事務に関するガイドライン･････････････107
意思決定責任者･･･････････････････････････116
意思決定能力･･････････････････････････113
意思実現支援･･･････････････････････････102
意思能力･････････････････････9, 263, 273
　――にかかる医学的判断と法的
　　判断のあり方･･･････････････････････271
　――の定義･･･････････････････････････263
　――をめぐる事件の特徴･･･････････････266
意思能力検査･･･････････････････････････280
意思能力判断の構造･･･････････････････275
意思表明支援･･･････････････････････････102
遺族年金制度･･･････････････････････････170
医療・介護の自己負担･････････････････165
医療・介護の問題･･･････････････････････163
医療・ケアの方針の決定手続･･･････････104
医療機関における身寄りがない人への
　具体的対応･･･････････････････････････106
医療行為への同意･･･････････････････････291
医療ソーシャルワーカー･･･････････････209
　――の業務･･･････････････････････････209
医療同意･･･････････････････････････････295
医療における支援と「住み替え」･･･207, 210
引退･･･････････････････････････････････5, 70
エイジ・ハラスメント･･･････････････････142
　アメリカの――･･･････････････････････142
　日本の――･･････････････････････････144
エイジズム･･･････････････････26, 60, 125
　――と法との関係･･････････････････････127
　――の定義･･･････････････････････････125
　アメリカ社会と――･･･････････････････128
　医療における――･･･････････････････････176

職場の—— ……148
日本社会と—— ……136
エイジフリー ……11, 26
エンドオブライフ・ケア（End of Life Care） ……183
エンパワーメント（empowerment） ……20, 21
横断的な特徴 ……227
横断的な特徴（中国） ……239
オートノミー ……34
——の尊重 ……37
——の問題 ……33

＜か行＞

介護医療院 ……184
介護サービス情報の公表 ……356
『介護サービス情報の公表』制度における調査に関する指針策定ガイドラインについて ……356
介護サービス利用契約 ……289
介護付有料老人ホーム ……211
介護保険施設 ……184
介護保険における家族介護 ……200
介護保険における在宅介護 ……200
介護保険法 ……352
介護老人福祉施設 ……184, 185
介護老人保健施設 ……184
解約制限付き信託 ……162
過去の人生の評価 ……150
家族信託 ……162
価値観 ……309
監査 ……355
記憶力の低下 ……325
企業年金 ……156
記銘力障害 ……247, 249
休息 ……148
強制退職制度 ……130
金銭管理 ……285
金銭問題 ……310
金融資産の管理 ……159
近隣関係 ……314
愚行権 ……312

グリーフケア ……183
グループと個人（中国） ……228
ケアマネジャーの支援 ……216
経済的，社会的及び文化的権利に関する国際規約 ……178
軽度認知機能障害（MCI） ……243
結合（combine） ……43
健康型有料老人ホーム ……211
健康権 ……178
権利の名宛人 ……35
公益財団法人Uビジョン研究所 ……363
後期高齢者 ……174
後期高齢者医療制度 ……7, 187
後期高齢者医療の診療報酬 ……191
後期高齢者療養担当基準 ……189
貢献 ……58, 68, 73, 75
後見人等による意思決定支援を行う局面 ……110
後見人等の行動指針 ……107
後見人等の身上監護 ……112
後見扶助の創設 ……95
高権法の機能 ……236
高権法の責任主体 ……235
高権法の特徴 ……235, 238
公正証書遺言 ……333
厚生年金 ……156
功績 ……27, 68, 73, 75
構造的エイジズム ……177
肯定的エイジズム ……193
公的後見制度の創設 ……95
公的年金 ……155
抗認知症薬 ……251
高年齢者雇用確保措置 ……139
高年齢者雇用継続給付 ……158
合理的な人間像 ……54, 81
合理的配慮 ……21
高齢 ……24, 26, 52, 78
高齢顧客への勧誘による販売に係るガイドライン ……161
高齢者 ……11, 21
——が有する集団的な利益 ……46

索　引　375

——からの法律相談 308
——と家族 313, 328, 341
——との信頼関係の構築 318
——の意思の実現 114
——の医療・介護ニーズへの対応 169
——の経済的生活実態 154
——の権利の類型化 36
——の自己決定 162
——の自己決定支援 166
——の資産の実態 159
——の社会参加 166
——の所得税制 159
——の所得保障 153
——の人権 32
——の住み替え 194
——の責任能力 254
——の尊厳 27, 28, 73, 76, 78
——の特徴のリスト 65, 71
——の認知症 254
——の貧困への対応 169
——をめぐる法体系（中国） 223
——をめぐる法分野（中国） 225
高齢者医療 175
——における「家族」 180
高齢者虐待の発見・防止 367
高齢者ケアの意思決定プロセスに関する
　　ガイドライン 106
高齢者権益保障法（中国） 220, 229
高齢者固有の権利・利益 23
高齢者雇用 4
高齢者雇用率制度 137
高齢者人権条約 12
高齢者住まい法 212
高齢者像 14, 15, 53
高齢者像（中国） 227, 237
高齢者特有法的課題 9
高齢者特有の経済的ニーズ 149
高齢者入居施設 184
高齢者法（Elder Law） 3, 10, 83
——の意義 29
——の多次元モデル 19, 23

——の理念 149
高齢者向け金融取引 161
高齢単身者 163
国民年金 155
国民年金第3号被保険者制度 170
国連障害者権利委員会（一般的意見1号）
 86
個人とグループ（中国） 239
こだわり 320
子ども法 23
個別化（personalized aging） 21
コミュニティ 21, 23, 25
雇用 157
雇用継続支援 166
雇用における年齢差別禁止法（ADEA） 134
雇用保険 5, 158

＜さ行＞

財産承継と意思の明確性 338
在職老齢年金 157
在宅介護サービスの利用 200
最低保障制度 170
債務整理 312
債務の承継 339, 340
サ高住 211
差別禁止の法理 26
死因贈与 334
ジェロントロジー 29
支援と自律の関係 41
事業承継 333, 344
——と高齢者 344
——における高齢者の意思 344
死後事務 97, 296
——と意思決定支援 97
死後事務委任契約 350
資産管理 152
——における意思決定支援 160
——に関する自己決定 167
事前（ex ante） 21
事前の準備や計画 20
自尊心 309, 310, 312, 318, 326

市町村とケアマネジャーの役割分担········204
指定介護老人福祉施設の人員，設備及び
　運営に関する基準····························353
終い方の意思実現······························303
社会参加··································24, 152
社会情動選択性理論···························72
社会的障壁··················21, 50, 60, 66, 71
社会的処方····································294
社会福祉協議会································300
社会福祉士····································209
社会福祉法····································352
社会法··································22, 55, 56
社会保険制度（中国）·························222
社会保障法の観点からの意思決定支援·····120
社会老年学·····································59
若年性認知症··································243
シャノアール（カフェ・ベローチェ）
　事件··145
住宅型有料老人ホーム·······················211
住宅セーフティーネット法···················212
終末期がより近い（高齢者の特徴）·····69, 72
終末期における意思決定支援·············96, 97
熟年離婚······································312
純粋な褒賞·····································78
障害者基本法23条1項·························89
障害者権利条約····························50, 85
障害者福祉サービス等の提供に係る意思
　決定支援ガイドライン·······················98
生涯発達理論···································59
障害福祉サービス等の提供に係る意思
　決定支援ガイドライン·······················89
障害法·······················13, 21, 50, 71, 76
承継の意思の決まり方·······················340
消費者法···································51, 55
消費者問題····································315
情報公開······································365
職種別雇用率制度·····························138
所得保障······································157
所得保障制度··································153
自律・自立·····································20
自立支援保障法································120

事理弁識能力······························264, 273
人生100年時代·························14, 53, 304
人生の最終段階·································9
　——における医療··························181
人生の最終段階における医療・ケアの
　決定プロセスに関するガイドライン
···103, 182
信託··334
真の「認知症」································249
心理状態の変化································326
住まいの選択··································297
住み替え··································297, 300
　——の定義··································196
　——のリスク································215
　予防的な——·······························218
生活保護·························8, 163, 288, 289
　——における最低保障······················170
　——の補足性の原理························165
生活保護基準の決定方式·····················164
生活保護法····································95
制限行為能力制度·····························161
精神保健福祉士································209
生前贈与······································334
制度的エイジズム·····························177
成年後見制度······························161, 167
成年後見制度利用支援事業····················94
成年後見制度利用促進基本計画···············115
成年後見制度利用促進法······················90
成年後見人····································285
　——による意思決定支援····················118
世代間公正·································28, 79
世代間の相互扶助······························77
前期高齢者····································174
全国社会福祉協議会····························358
全国退職者教員組合（NRTA）·················132
贈与··334
ソーシャルワークの視点·····················306
尊敬される高齢者······························128

＜た行＞

第三者の意思··································342

第三者評価に期待される社会的役割········367
退職金················156
退職金制度················137
第二次的反省（second order reflection）
　の能力················42
多次元モデル················24, 26
単身高齢者の財産承継················349
地域社会（コミュニティ）················44
地域包括ケア················175
地域包括支援センター················205
　──の住み替えの支援················206
地誌的見当識障害················249
中高年齢者等の雇用の促進に関する特別
　措置法················138
中国の高齢者法················220
中国の高齢事業に関する 7 年間の発展
　要綱················230
治癒しない「認知症」················249
治療方針の共同意思決定················296
賃貸借関係················314
低年金················163
定年制度················137
　──の延長················138
定年退職················4
適合性原則················161
手続的独立性の欠如（failure of procedural
　independence）················42
統計的差別················147
特定援助対象者事業················96
特定援助対象者法律相談援助制度·········286
特別な保障············7, 27, 52, 76, 78, 80
特別養護老人ホーム················184, 208, 351
特養ホーム················354
　──の安全対策················369
　──のコンプライアンス順守················369
共に（jointly）················43

<な行>

長い人生経験················318
長澤運輸事件················4, 140
名古屋自動車学校（再雇用）事件·········140

ニーズ············26, 34, 52, 66, 69, 73, 78
日常生活自立支援事業（日自事業）
　················92, 162, 285, 288
日常生活における意思決定支援················102
人間像················54, 81
認証「悠」················364
　──に期待される社会的役割················367
認知機能検査················280
認知機能障害················247
　──をきたす状態・疾患················247
認知症················242, 262
　──と交通事故················257
　──と自動車運転················257
　──に伴う行動心理症状（BPSD）·········244
　──の高齢者の意思能力················255
　──の診断基準················245
　──の定義················262
　──の評価················245
　──の評価スケール················262
認知症基本法················93
認知症高齢者の意思能力判断················277
認知症初期················244
認知症対応型グループホーム················299
認知症の人の日常生活・社会生活における
　意思決定支援ガイドライン················100
年齢が特徴となる法制度················80
年齢差別·······2, 4, 22, 26, 28, 69, 123, 132, 134,
　139, 142
年齢差別禁止アプローチ················139
年齢差別をめぐる法制度················80
年齢に中立的な法制度················80

<は行>

長谷川式点数················267
　──と意思能力判断················267
長谷川式認知症スケール（HDS-R）
　················245, 267
バルネラビリティ················6, 33, 34
　──とオートノミー················40
　──への配慮・応答················37
「バルネラビリティ」と「ニーズ」················16

バルネラブル………………………6, 81
非言語的表現………………………323
否定的エイジズム………………130, 193
評価調査者養成研修等モデルカリキュラム
　………………………………………358
福祉サービス第三者評価事業…………357
福祉サービス第三者評価事業に関する
　指針…………………………………357
フクダ電子長野販売ほか事件…………145
服薬支援………………………………292
プライバシー…………………………368
フレイル…………………………………25
プロダクティブ・エイジング……………60
ベテランシップ（Veteranship／退役軍人
　類似の地位）………………………62, 373
保険外施設介護サービス……197, 211, 212, 214
　──における支援と「住み替え」…214
保護の法理……………………………27, 78
ポリファーマシー……………………186

＜ま行＞

看取り………………………96, 291, 302
　──のケア…………………………183
身元保証・身元引受等の機能…………105
身寄りがない人の入院及び医療に係る意
　思決定が困難な人への支援に関するガ
　イドライン………………………105, 292
民間事業者による住居情報提供………202
民事信託……………………………162, 334
民法……………………………………55

民法典（中国法）……………………221

＜や行＞

家賃滞納………………………………285
家賃問題………………………………163
遺言→遺言
有料老人ホーム……………………184, 211
有料老人ホーム設置運営標準指導指針……211
ユニバーサルデザイン………………67, 81
ユニバーサルな保障…………………58, 78
養子縁組能力………………………264, 273
予防的転居……………………………213
より長く生きてきた………………69, 72, 75

＜ら行＞

理解力…………………………………324
離婚……………………………………312
リバースモーゲージ…………………162
老化……………………………………173
老後準備の支援………………………168
老人医療担当基準……………………188
老人診療報酬点数表…………………189
老人福祉法…………………………61, 352
老人保健法……………………………61
労働法…………………………………51
老年学（Gerontology／ジェロントロジー）
　………………………………………57, 59
老年者控除……………………………159
老年症候群……………………………174
老齢年金…………………………………8

〈編著者・著者紹介〉

秋元美世（あきもと　みよ）
東洋大学大学院社会福祉学研究科特任教授。専門は社会保障法。著書に『社会的人権の理論：社会保障と人権に基づくアプローチ』（信山社，2023年）。〔執筆担当　第2章〕

川久保寛（かわくぼ　ひろし）
北海道大学大学院法学研究科教授。専門は社会保障法。著書に「第9章地域と社会保障」『講座・現代社会保障法学の論点［下巻］現代的論点』（日本社会保障法学会編，日本評論社，2024年）。〔執筆担当　第8章〕

川島通世（かわしま　みちよ）
弁護士（神奈川県弁護士会所属，尾立法律事務所）〔執筆担当　第11章〕

鈴木ゆめ（すずき　ゆめ）
医師（関内ゆめクリニック院長・横浜市立大学名誉教授）専門は，脳神経内科・内科。〔執筆担当　第10章〕

関ふ佐子（せき　ふさこ）〔編著者〕
神奈川大学法学部教授。専門は，高齢者法，社会保障法。著書に「第1章高齢者法の意義」「第4章高齢者と経済的基盤」『高齢者法：長寿社会の法の基礎』（共著，東京大学出版会，2019年）。〔執筆担当　序文，第1章，第3章〕

田中恒司（たなか　こおし）
弁護士（神奈川県弁護士会所属，能見台法律事務所）主に個人からの依頼で，相続，後見，交通事故，債務整理等の案件を取り扱う。〔執筆担当　第14章〕

西村淳（にしむら　じゅん）
神奈川県立保健福祉大学保健福祉学部教授。専門は，社会保障法，社会福祉政策。著書に『所得保障の法的構造』（信山社，2013年）。〔執筆担当　第6章〕

西森利樹（にしもり　としき）
熊本県立大学総合管理学部准教授。専門は，高齢者法，社会保障法，社会老年学。著書に「第5章高齢者の財産管理」『高齢者法：長寿社会の法の基礎』（共著，東京大学出版会，2019年）。〔執筆担当　第4章〕

原田啓一郎（はらだ　けいいちろう）
駒澤大学法学部教授。専門は社会保障法。著書・論文に「第3章第2節　高齢者と住まいに関する法的問題」『高齢者法：長寿社会の法の基礎』（共著，東京大学出版会，2019年），「高齢者の医療保障と法」社会保障法35号（2019年）。〔執筆担当　第7章〕

本間郁子（ほんま　いくこ）

公益財団法人Uビジョン研究所理事長。主な事業は，高齢者施設の第三者機関としての認証・評価，職員教育事業。著書に「特養ホームが変わる，特養ホームを変える第2版」（岩波書店，2005年）。〔執筆担当　第15章〕

丸尾はるな（まるお　はるな）

弁護士（第二東京弁護士会所属，丸尾総合法律事務所）〔執筆担当　第13章〕

水谷紀子（みずたに　のりこ）

社会福祉士（神奈川県社会福祉士会権利擁護・成年後見事業部ぱあとなあ神奈川運営副委員長，みずたに社会福祉士事務所）主に，成年後見人受任，成年後見制度利用に関する相談，研修講師など。〔執筆担当 第12章〕

柳澤武（やなぎさわ　たけし）

名城大学法学部教授。専門は，労働法。論文に「年功型賃金と定年の合理性：日本的年功制度の法的意義を問い直す」法律時報95巻4号（2023年）127～133頁。〔執筆担当　第5章〕

余乾生（よ　けんせい）

長崎国際大学人間社会学部助教。専門は，高齢者法，社会保障法。論文に「中国の介護保障の法的構造―高齢者権益保障法からみる家族と国・社会の役割―」社会保障法第39号（2023年）190～203頁。〔執筆担当 第9章〕

高齢者法の理論と実務

2025年3月15日　第1版第1刷発行

編著者　関　　ふ　佐　子
発行者　山　本　　　継
発行所　㈱中　央　経　済　社
発売元　㈱中央経済グループ
　　　　パ ブ リ ッ シ ン グ

〒101-0051　東京都千代田区神田神保町1-35
電話　03 (3293) 3371 (編集代表)
　　　03 (3293) 3381 (営業代表)
https://www.chuokeizai.co.jp

©2025
Printed in Japan

印　刷／東光整版印刷㈱
製　本／製　本　誠　㈱

＊頁の「欠落」や「順序違い」などがありましたらお取り替えいた
しますので発売元までご送付ください。（送料小社負担）

ISBN978-4-502-49851-0 C3032

JCOPY〈出版者著作権管理機構委託出版物〉本書を無断で複写複製（コピー）することは，著作権法上
の例外を除き，禁じられています。本書をコピーされる場合は事前に出版者著作権管理機構（JCOPY）
の許諾を受けてください。
　　JCOPY〈https://www.jcopy.or.jp　eメール：info@jcopy.or.jp〉